# MINDFULNESS

ANCIENT WISDOM MEETS MODERN PSYCHOLOGY

# 마음챙김

## 고대의 지혜와 현대 심리학의 만남

Christina Feldman · Willem Kuyken 공저
유나래 · 김늘푸른솔 공역 | 박성현 감수

학지사

**Mindfulness: Ancient Wisdom Meets Modern Psychology**
by Christina Feldman and Willem Kuyken, PhD

# 감수자 추천 서문

마음챙김은 이제 단순한 명상 기법을 넘어, 개인의 삶과 정신건강, 그리고 더 넓게는 현대 사회의 치유적 대안으로 자리매김하고 있습니다. 『마음챙김: 고대의 지혜와 현대 심리학의 만남』은 이러한 시대적 흐름 속에서, 마음챙김의 본질과 그것이 상담과 임상 현장에 주는 깊은 의미를 탐구한 소중한 책입니다.

이 책의 저자들은 마음챙김 기반 치료의 선구자들로, 과학적 연구와 불교 전통의 지혜를 융합하여 마음챙김이 인간 삶의 본질적 변화와 어떻게 연결되는지를 명료하게 풀어주고 있습니다. 단순한 기법이나 절차를 넘어, 마음챙김의 철학적 · 심리학적 기반을 치밀하게 드러내고 있는 점이 이 책의 큰 미덕입니다.

역자로 참여한 유나래 선생님과 김늘푸른솔 선생님은 오랜 시간 마음챙김 수행과 상담 현장에서의 실천을 이어오며, "마음챙김이 삶에 어떻게 닿을 수 있는가"에 대한 고민을 깊이 품어 왔습니다. 저자들의 통찰과 함께 역자들의 개인적 · 임상적 탐구가 담긴 이 번역서는, 독자들에게 마음챙김의 본질과 그것이 가져다주는 치유의 가능성을 더욱 생생하게 전해 줄 것입니다.

감수자로서 함께하면서, 저 역시 이 책이 전하는 깊이를 다시금 느낄 수 있었습니다. 이 책은 마음챙김을 배우고자 하는 이들에게, 그리고 상담과 임상현장에서 이를 실천하려는 이들에게 단단한 길잡이가 되어 줄 것입니다. 나아가 마음챙김이 단순한 기법을 넘어 삶의 태도로 자리 잡도록 이끌어 주는 귀한 자원이 되리라 믿습니다.

서울불교대학원대학교 상담심리학과 교수

Litt.D 박성현

# 역자 서문

이 책을 번역하게 된 것은 저의 마음챙김 여정과 우울증 치료와의 깊은 인연에서 비롯되었습니다. 마음챙김을 처음 접한 것은 대학 시절, 틱낫한 스님의 책을 읽고, 한국을 방문하셨을 때 법문에 참석했던 경험에서였습니다. 그 뒤로 틱낫한 스님은 저에게 늘 로망이자 낭만 같은 존재였습니다. 프랑스에 있는 스님의 수행 공동체인 'Plum Village; 자두 마을'을 방문하는 것이 저의 오랜 꿈이었습니다.

그전에도 여러 불교 명상을 접했지만, 저에게는 너무 어려웠습니다. 선불교도 저에게는 막막하게 느껴졌고, 명상센터에서 수련 중 너무 힘들어 뛰쳐나와 지도 교수님께 하소연했던 기억도 있습니다. 저는 명상에 소질도, 자질도 없는 실패한 사람이라고 느꼈습니다. 그럼에도 명상에 대한 동경과 로망은 늘 제 안에 남아 있었습니다.

30대 초반부터는 매년 겨울 틱낫한 스님의 자두 마을의 수행에 참여하게 되었습니다. 가톨릭 문화에 더 익숙했던 저에게 서양 불교 공동체는 신선하게 다가왔고, 크리스마스 축제까지 함께하는 불교 공동체의 분위기는 오히려 가톨릭 공동체처럼 친근했습니다. 특히 매년 저처럼 겨울에 자두 마을을 찾는 유럽의 젊은이들의 얼굴이 3년째 되었을 때 확연히 달라졌다는 것을 느꼈습니다. 평화와 고요, 마음챙김 속에서 상처의 치유가 일어나는 것을 직접 목격하고 체험했습니다.

한겨울, 파리에서 이슬람 테러가 있었던 시기에도 수행에 참여한 적이 있습니다. 공항과 기차역 곳곳에 총을 든 무장 군인들이 배치되어 있었고, 긴장감 속에 프랑스 남부로 이동했습니다. 달마 토크 시간에 한 프랑스 교사가 틱낫한 스님께 "분노로 인해 학생들에게 평화와 용서를 가르치기 너무 어렵다"고 말하자, 스님은 조용히, 하지만 따뜻하고 부드러우면서 단단하게 "그럴수록 우리는 마음챙김으로 돌아가야 한다"며 포용, 사랑, 용서에 대해 이야기하셨습니다. 그 자리에 있던 많은 이들이 울었고, 그 시간은 평화와 치유로 가득했습니다. 저는 그 순간의 감각을 아직도 잊지 못합니다. 진정한 마음챙김이 무엇인지 처음으로 "몸으로 체화하고 이해한 순간"이었기 때문입니다.

저에게 로망과 낭만으로 여겨졌던 마음챙김 수행의 경험을, 제가 뿌리내리고 있는 가톨릭 영성을, 그리고 그것을 더 세속적이고 보편적인 언어이자 과학적 근거를 갖춘 심리학의 언어로 일상의 사람들과 어떻게 나눌 수 있을까에 대한 탐구는 지금도 계속되고 있습니다. MBCT를 창안한 마크 윌리엄스 교수님과 이 책의 저자인 윌렘 카이큰 교수님 역시 이 고민을 깊이 있게 이어가고 있는 분들입니다.

우울증은 아마도 제 평생의 과업일지도 모릅니다. 제가 만나는 많은 내담자가 단독 우울증이든, 동반이환이든 다양한 방식으로 우울증을 겪고 있기 때문입니다. 무엇보다 6년 전, 제 친구가 우울증으로 스스로 생을 마감한 일이 있었습니다. 누구보다 밝고 성실했던 친구였기에, 우리는 "설마"라는 마음속에서 그 우울을 과소평가했던 것 같습니다. 그 사건은 저와 제 친구들, 친구의 가족들에게 큰 충격과 "왜?"라는 질문을 남겼고, 우울증을 제 삶의 핵심 주제로 가져오게 되었습니다. 우울이라는 질병으로 더 이상 소중한 이들을 잃지 않기를, 그 아픔을 다른 이들이 겪지 않기를 진심으로 바랍니다.

그즈음 저는 우울증 재발 방지에 탁월한 치료법인 MBCT를 처음 접하게 되었고, 이 접근이 제가 만나는 우울과 불안에 시달리는 내담자들에게 실질적인 도움이 될 수 있다는 확신이 들었습니다. 처음에는 책을 중심으로 공부하며 내담자에게 적용해 보았지만 곧 한계를 느끼게 되었고 보다 깊이 있는 훈련을 찾기 시작했습니다. 당시까지만 해도 MBCT 트레이닝을 받기 위해서는 영국으로 직접 가야 했지만, 코로나19 팬데믹으로 인해 옥스퍼드 마음챙김 센터에서 최초로 온라인 트레이닝이 개설되었고, 저는 1기 코허트 트레이닝 집단에 참여하게 되었습니다. 그 시기에 『마음챙김: 고대의 지혜와 현대 심리학의 만남』을 접하게 되었습니다. 그린북이라 불리는 MBCT(마음챙김 기반 인지치료: Mindfulness based Cognitive Therapy) 매뉴얼과 함께 이 책, "블랙북"(역주: 원서의 표지가 검은색이기 때문에 블랙

북이라고 지칭)은 필독서였습니다. 이 책은 단순히 마음챙김 치료 접근 및 MBCT 개론서가 아닙니다. 마음챙김 기반 치료들의 근본 원리와 구조적 속성을 불교와 현대 심리학의 관점에서 깊이 있게 설명합니다. 이론과 실천, 철학과 과학, 종교적 전통과 세속적 적용을 잇는 이 책의 시도는 제가 추구하는 길과도 맞닿아 있습니다. 이 책이 독자에게도 마음챙김의 본질과, 그것이 줄 수 있는 치유와 통찰의 가능성을 깊이 있게 전달하길 바랍니다.

마지막으로 이 책을 공동 번역으로 참여해 주신 김늘푸른솔 선생님께 감사드립니다. MBCT 1기 코허트 트레이닝 동기로서 영어로 티칭 실습을 함께 준비하고 연습하고, 개념을 익히면서 공부하던 시간들, 영국 자료를 한국어로 번역하는 작업을 하면서 함께 고민할 수 있어서 많은 의지가 되었습니다. 그리고 이 책의 감수를 맡아주신 박성현 교수님의 전문성과 통찰은 이 책의 깊이를 한층 더해 주었습니다. 마음챙김이 국내에 널리 알려지지 않았던 시기부터 이를 학문과 임상 실천에 도입해 주신 교수님의 혜안에 깊이 감사드립니다. 덕분에 마음챙김 기반 치료법들이 보다 대중적으로 활용되는 데 중요한 기반이 마련되었습니다.

이 책의 번역과 출판을 선뜻 허락해 주신 학지사 김진환 사장님과 저작권 담당부의 이수정 대리님, 세심하게 편집을 살펴주신 편집부 백소현 실장님께도 진심으로 감사드립니다.

삼성물산 리조트부문 책임상담사

Psy.D 유나래

# 추천 서문

메리 올리버(2015)는 시 '여름날'에서 기도를 주의를 가져가는 것에 적절하게 비유한다. 크리스티나 펠드먼과 윌렘 카이큰의 훌륭한 책 『마음챙김: 고대의 지혜와 현대 심리학의 만남』을 읽고, 올리버의 시에 나오는 이 구절이 지난 25년 동안 의학, 건강 관리, 사회에서 일어난 주목할 만한 변화를 반영하고 있음을 알게 되었다. 내가 언급하고자 하는 것, 그리고 두 저자가 중요한 역할을 한 것은 질병과 고통을 다루기 위한 보조 수단으로 주류 건강 및 사회 기관에 명상적 실천을 도입한 것이다. 요가 수업에 가는 것이 더 이상 난해한 것으로 간주되지 않는 것처럼, 기분 장애나 심혈관 질환을 관리하는 사람들에게 마음챙김 명상을 가르치는 것이 양질의 치료에 필수적인 부분으로 점점 더 많이 여겨지고 있다.

이 책의 특별한 가치는 이러한 변화의 근간이 되는 명상과 세속이라는 두 세계에 대한 폭넓은 관점을 제공한다는 데 있다. 이 책이 가장 생생하게 보여 주는 부분은 다양한 연구, 임상, 명상 관련 정보를 종합하여 독자들이 이 두 영역이 가진 표면적인 차이에도 불구하고 암묵적으로 연결되어 있음을 완전히 이해할 수 있게 하는 틀을 제공하는 점이다. 또한 이 책은 이보다 더 좋은 시기에 출간될 수 없었을 것이다. 대부분의 사람들은 마음챙김 분야가 빠르게 확장되고 있으며, 실제로 전 세계적인 현상이 되고 있다는 데 동의할 것이다. 그러나 규모가 커지면 과잉이 발생하고 질이 떨어질 수밖에 없다. 다행히도 이 책은 현대 과학과 고대 전통의 독특한 결합에 영감을 준 근원으로 돌아가 그 공통된 의도를 살펴보도록 우리를 초대한다.

이 자료를 안내하는 데 두 저자인 크리스티나 펠드먼과 윌렘 카이큰보다 더 적합한 사람은 없다고 생각한다. 크리스티나는 세계적으로 유명한 명상 지도자이자 영국의 가이아 하우스의 공동 설립자이며, 윌럼은 옥스퍼드 마음챙김 센터의 소장으로서 이 분야의 중요한 논문을 다수 발표한 연구 심리학자이다. 명상 지도자와 과학자로 이루어진 저자팀, 인지과학과 불교 심리학의 "마음"에 대한 지도 등 독자들에게는 보기 드문 보물 같은 책이 될 것이다.

이 책은 우리 분야에 개념적 명확성과 일관성을 제공하는 것을 넘어서는 야심작이다. 이 책의 핵심은 사실 우리 각자가 스스로에게 던지는 개인적인 탐구, 즉 현대 사회의 조건 속에서 어떻게 하면 편안하게 살 수 있는지에 관한 것이다. 이는 사실 오래된 질문이지만, 이 책에서 우리는 과학과 명상적 실천이 제공하는 최상의 결과를 바탕으로 한 새로운 해답을 발견할 수 있다. 우선, 우리 모두가 직면하는 어려움과 고통의 뿌리를 이해하는 것이 중요하다. 이 지식을 바탕으로 어떻게 하면 더 큰 행복과 온전함의 순간을 맞이할 수 있는가? 마음챙김은 습관의 굴레에서 벗어나 마음을 해방시키는 능력과 새로운 선택과 인식을 실행할 수 있는 기회를 만듦으로써, 즉 진정한 변화의 가능성을 통해 중심적인 역할을 한다. 불교와 현대의 세속적인 마음챙김, 그리고 심리학적 과학 간의 활발한 논의는 우리가 감히 상상할 수 있는 것보다 더 가까운 곳에 자유가 있다는 것을 이해하는 데 도움이 될 것이다.

진델 V. 시걸 박사

# 저자 서문

> 행복이란 무엇이며 좋은 삶을 산다는 것은 무엇을 의미하는가?
>
> 어떻게 하면 우리 자신과 주변 사람들의 심신의 안녕감, 그리고 더 넓은 세상을 위해 고통에서 벗어나는 삶을 살 수 있을까?

이러한 질문은 우리가 인간에 대해 성찰할 수 있게 된 이래로 인류 역사의 일부가 되어온 질문이다. 어떤 형태로든 우리는 모두 스스로에게 이러한 질문들을 던져 왔다. 이들은 수천 년 동안 지혜의 전통, 철학, 심리학의 원동력이 되어온 질문들이었다. 붓다가 남긴 다음의 말을 생각해 보자:

> 발달하지 않은 마음은 큰 해악을 가져온다… 발달된 마음은 큰 이로움을 가져온다… 발달하지 않고 수양되지 않은 마음은 큰 고통을 수반한다… 발달되고 수양된 마음은 큰 행복을 수반한다. (The Mind Is the Key; AN 1; in Bhikkhu Bodhi, 2005)

일상적인 언어로 번역하면, 붓다는 우리의 마음이 고통과 기쁨을 만드는 데 중요한 역할을 한다고 제안하고 있다. 그리고 결정적으로 우리가 마음을 능동적으로 기를 수 있다는 것이다. 이러한 이해는 시간이 지남에 따라 마치 산을 따라 내려가는 물과 같이 강력한 추진력을 가지고 있으며, 자신이 처한 지형에 따라 형태를 취하되 본질을 유지해 왔다.

이제 현대의 응용 심리학자들인 진델 시걸, 마크 윌리엄스, 존 티즈데일이 마음챙김 훈련 중 변화와 그 과정에 대해 설명한 내용을 살펴보자:

연구 자료와 우리의 임상 경험 모두가 시사하는 것은, 사람들이 자신의 생각과 감정이라는 '전쟁터'에 대해 다른 입장을 취하는 법을 배워야만 미래에 일어날 어려운 상황을 일찍 인식하고 그것을 능숙하게 대처할 수 있게 될 것이라는 점이다. 이러한 다른 입장을 취하려면 평소와 다른 마음의 모드를 체험하는 것이 필요하다(Segal, Williams, & Teasdale, 2013, p. 93).

> 이 책의 핵심 논제는 불교 심리학과 현대 과학이 함께 현대 사회에서 어떻게 잘 살 수 있는지에 대한 질문에 대해 유용한 새로운 관점을 제공한다는 것이다. 우리는 이 두 가지가 고통에서 심신의 안녕감과 번영으로 가는 길을 안내하는 데 도움이 될 수 있다고 생각한다.

지난 50년 동안 이러한 고대의 가르침이 현대 심리학, 교육, 의학의 중요한 융합을 이루어 왔다. 세속적인 주류 환경에서 주목할 만한 몇 가지 사례로는 존 카밧진, 마샤 리네한, 진델 시걸, 마크 윌리엄스, 존 티즈데일 등의 연구가 있다.[1]

존 카밧진(1982, 1990)은 여러 불교 학파에서 변화에 대한 고대 수행법의 정수를 추출하여 신념, 배경, 계층, 성별에 관계없이 누구나 접근할 수 있는 프로그램(마음챙김 기반 스트레스 감소)을 만들기 위해 엄청난 선견지명과 통찰력을 보여 주었다(Feldman, 2016).

거의 같은 시기에 심리학자 마샤 리네한은 가장 까다로운 심리적 상태 중 하나인 경계성 성격장애(극심하고 오래 지속되는 감정적, 관계적 불안정성을 특징으로 하는 질환)로 고통받는 사람들을 돕는 방법에 대해 고민하고 있었다. 그녀는 고대의 마음챙김 수행법을 경계선 성격장애를 가진 사람들이 활용할 수 있는 형태(변증법적 행동치료)로 바꾸기 위한 아이디어를 냈다(Linehan, 1993a, 1993b). 그 이후로 다양한 문제를 가진 사람들을 돕고 여러 맥락에서 활용할 수 있는 마음챙김 기반 프로그램이 다양하게 발전해 왔다.

재발성 우울증에 대한 마음챙김 기반 인지치료(MBCT)는 그렇게 개발된 프로그램 중 하나이다. 우울증은 아마도 세계에서 가장 시급한 정신 건강 문제일 것이다. 전 세계 인구 중 약 10억 명이 일생 동안 어느 시점에 우울증으로 고통받을 가능성이 있다. 진델 시걸, 마크 윌리엄스, 존 티즈데일(2013)은 무엇이 우울증에 취약하게 만드는지 이해하는 데 도움이 되는 최상의 심리 과학을 모아서 이 프로그램을 만들었다. 그들은 마음챙김 훈련이 우울증에 취약한 사람들에게 자신의 취약성을 유발하는 마음 상태를 다룰 수 있도록 돕는 수단이 될 수 있다는 가설을 세웠다. 현재까지 최소 10개의 무작위 대조 실험을 통해 평가되었으며, 재발성 우울증의 회복에 효과적임이 입증되었다. 모든 마음챙김 기반 프로그램들의 공통점은 고통을 치유하고 사람들이 좋은 삶을 살며 스스로의 잠재력을 실현하며 번영할 수 있도록 돕는 수단으로 사용한다는 것이다.

현대의 마음챙김 지도자와 마음챙김 훈련법이 2,500년 전에 전해진 최초의 마음챙김 가르침의 영향을 받아 온 것처럼, 많은 불교 지도자들 역시 과학, 연구 및 심리학에서 배운 것을 통해 그들의 이해와 가르침이 풍부해지고 깊어졌음을 발견했다. 이 책에서 우리는 이러한 상호적 학습과 교류가 괴로움을 경감시키고 반응을 가라앉히며 개인과 공동체, 사회에 대한 이해와 자비를 깊게 하는 데 어떻게 기여하는지를 보여 주고자 한다.

세속적 환경에서의 현대의 마음챙김, 심리학, 불교 간의 교류는 항상 쉬운 일만은 아니다. 현대의 마음챙김이 불교 심리학에 지나치게 기반을 두고 있다는 비판도 있고(Baer, 2015), 반대로 충분히 기반을 두고 있지 않다는 비판도 있다(Shonin, Van Gordon, & Griffiths, 2013; Van Gordon, Shonin, & Griffiths, 2016). 불교 전통에 뿌리를 둔 지도자들과 단체들은 마음챙김이 본래의 맥락에서 벗어나 깨달음의 길이 아닌 자기계발 도구가 되어버렸다는 우려를 표명해 왔다. 불교 지도자들은 현대의 마음챙김이 불교의 가르침에서 윤리적 기반을 포함하지 않는다고 염려하고 있다. 다른 한편으로는 불교 내의 많은 관점, 가치, 그리고 더 심오한 수행들이 과학과 현대의 마음챙김에 적용 혹은 조화시키기 어렵다는 의문도 있다(Baer, 2015). 또한 의료나 교육 시스템과 같은 주류 전문 분야에서는 많은 마음챙김 지도자가 전문적 자격을 갖추지 못해 의학, 교육, 심리학의 윤리 규범에 의해 지원받지 못한다는 지적도 있다. 어쩌면 더 넓은 세상의 단면을 반영하듯, 마음챙김 세계에도 상당한 양극화가 존재하며, 서로 다른 입장에서 비판이 오가고 있다.

이 책 전반에서 우리는 다음 질문들에 대해 최선을 다해 고려하고 답변을 제공하고자 한다:

- "마음챙김이란 무엇인가? 마음챙김의 태도적 요소는 무엇인가? 마음챙김은 이미 너무 다양한 의미를 지니게 되어 그 의미가 모호해진 것은 아닌가? 아니면 여러 면을 가진 다이아몬드와 같은가?"
- "괴로움과 고통을 다루기 위한 여러 효과적인 심리적 접근법이 이미 많이 있는데, 마음챙김 훈련은 어떤 가치를 더할 수 있는가?"
- "마음챙김은 우리에게 마음을 알고, 훈련하고, 형성하고, 자유로워지는 방식을 어떻게 알려주는가?"
- "마음챙김은 고통을 번영으로 변화시키는 과정에서 어떻게 도움이 되는가? 마음챙김은 기술인가, 아니면 세상 속에서 존재하는 방식인가, 혹은 둘 다인가? 마음챙김은 어떻게 변화를 가능하게 하는가?"
- "마음챙김 수행자, 지도자, 그리고 더 넓은 분야를 위한 윤리와 전일성에 관한 중요한 질문들은 무엇인가? 이러한 탐구를 뒷받침하는 것은 무엇인가?"
- "마음챙김은 어떤 사람에게 적합한가? 어떤 사람에게는 부적합한가?"
- "평생의 마음챙김 수행의 목적은 무엇인가?"

불교 심리학과 심리 과학 사이의 시너지 효과와 공통점뿐만 아니라 "결코 만날 수 없을 것" 같은 두 학문 사이의 대립과 접점을 탐구하는 여정으로 여러분을 안내하겠다.

## 이야기 속 이야기

### 크리스티나와 윌럼: 우리의 이야기

고대의 지혜와 현대 심리 과학의 융합처럼, 우리의 삶의 길도 우정과 협력 속에서 수렴되었다. 이 책은 우리가 각자 명상 수행과 심리학적 탐구에 수십 년을 바친 결과이자, 친구이자 동료로서 이러한 아이디어를 함께 발전시켜 온 수년의 결실이다. 우리는 많은 문제들이 인간의 마음에서 비롯되는 이 세상에서 마음챙김이 더욱 쉽게 활용될 수 있기를 희망한다.

우리는 세기가 바뀔 무렵, 최초의 학문적 석사 수준의 마음챙김 기반 프로그램 중 하나를 설립하는 데 협력하기 시작하면서 친구이자 동료가 되었다.[2] 프로그램을 설계하고 이끄는 교수로서 윌럼은 크리스티나에게 현대 마음챙김의 불교 심리학적 기초에 대한 그녀의 통찰을 강의에서 나누는 방안을 모색해 보자고 제안했다. 크리스티나는 한 번도 대학에서 강의한 적이 없었기 때문에 다소 놀랐다. 그녀는 "어쩌면 프로그램의 심리적 측면을 우리가 함께 가르칠 수 있을지 않을까요?"라는 생각을 냈고, 윌럼은 눈썹을 치켜뜨며 "정말 우리가 그렇게 할 수 있다고 생각합니까?"라고 물었다. 크리스티나의 대답은 "한번 시도해 봅시다"였다.

첫 번째 석사 과정에서는 심리학자(윌럼)와 불교 지도자(크리스티나)로서 각자의 역할 내에서 가르쳤다. 하지만 과정을 거듭할수록 서로의 관점을 더 깊이 이해하게 되었고, 하나의 일관된 전체로서의 풍경을 볼 수 있게 되었다. 돌이켜보면 이것은 마음챙김의 세속적인 가르침과 비세속적인 가르침 사이의 간극을 메우는 중요한 단계이기도 했다. 석사 과정을 세 번 함께 가르친 후, 우리는 이 아이디어들을 책으로 엮어낼 때가 되었다고 판단했다.

## 크리스티나와 윌럼: 각각의 이야기

우리 둘 다 젊은 시절부터 명상 훈련과 성찰을 시작했다. 이러한 훈련은 우리의 업무와 개인 생활 모두에 큰 영향을 주었다. 우리는 명상 전통과 현대 과학이 어떻게 마음을 훈련하고 세상을 긍정적으로 변화시키는 강력한 도구가 될 수 있는지 이해하게 되었다.

### 크리스티나 펠드먼

나는 40여 년 전 십 대 시절에 인도로 여행을 떠났다. 달라이 라마의 고향이자 티베트 난민 공동체인 다람살라에 도착했을 때, 나는 이루 말할 수 없는 고통을 견디고 극심한 박탈감 속에서 살아온 이 사람들의 평온하고 행복하며 자비로운 태도에 큰 충격을 받았다. 그들에게는 당시의 내 삶에서는 알지 못했던 내면의 자원이 있음이 분명했다. 나는 그 전통에서 가장 유명한 스승들 중 몇 명에게 배우기 시작했고, 이는 평생에 걸친 성찰적 연구와 명상적 탐구의 시작이었다.

1970년대 중반 서부로 돌아온 후, 나는 마음챙김과 통찰 명상을 가르치고 사람들이 집중 수련에 참가할 수 있는 센터를 설립해 달라는 요청을 받기 시작했다. 많은 사람들에게 삶은 어렵고 힘든 여정이지만, 이 가르침은 행복, 안녕감, 자유의 열쇠가 우리 자신의 마음과 이해에 있다는 원칙에서 비롯되었다. 그리고 이 가르침은 마음챙김 기반의 응용 프로그램들의 창시자를 포함한 많은 사람들에게 깊은 울림을 주었다. 세속의 주류 마음챙김이 발전하기 시작하면서 나는 이러한 고대와 현대의 가르침이 어떻게 융합되는지를 이해하는 데 점점 더 끌렸다. 고전적인 가르침에서 마음챙김의 뿌리를 깊이 이해하면 현대적 교육 환경에서 마음챙김을 전달하고 체화할 수 있는 역량이 풍부해진다는 것을 깨닫게 되었다.

### 윌럼 카이큰

임상 심리학자로서 내 직업적 삶은 우울증을 잘 이해하고 예방하며 삶의 전반에 걸쳐 인간의 잠재력을 향상시킬 수 있는 최선의 방법을 연구해 왔다. 내가 기억하는 한, 내 사무실의 게시판에는 아인슈타인의 이 말이 오랫동안 붙어 있었다: "지성은 방법과 기술에 대해서는 예리한 눈을 가지고 있지만, 목표와 가치에는 맹목적이다." 우리는 천연두가 근절되는 것을 본 것처럼, 언젠가는 우울증의 파괴적인 영향이 없는 세상을 볼 수 있기를 바란다. 나는 오랫동안 심리학, 생물학, 철학, 명상 전통, 사회 정의의 폭넓은 관점들이 우울증을 이해하고 예방하는 방법을 찾는 데 어떻게 도움이 될 수 있는지에 대해 관심을 가져왔다.

어렸을 때부터 나의 탐구는 학문적이면서도 지극히 개인적인 것이었다. 많은 사람들이 그렇듯 나의 삶 역시 고투 없이 흘러온 것은 아니었다. 내 부모님은 제2차 세계대전 중 점령된 네덜란드와 인도네시아에서 상상할 수 없는 고통을 겪었고, 내 이름은 일본의 강제 수용소에서 4세의 나이로 세상을 떠난 삼촌의 이름을 딴 것이다. 어린 소년이었던 나는 고통과 괴로움을 마주할 때 깊은 공감과 자비를 자주 느꼈다. 나는 나이지리아에서 자랐고 비록 외국인 공동체 안에서 보호받고 있었지만, 어린 시절의 나에게는 눈앞에서 벌어지는 엄청난 고통을 보지 않을 수 없었다.

젊은 시절 처음으로 우울증을 경험했으며, 이 경험은 나의 삶과 일에 큰 영향을 주었다. 20대 초반, 나는 세계보건기구에서 일하며 다양한 곳을 다녔다. 방콕 공항에서 『좋은 삶: 서양인을 위한 불교안내서(The Good Life: A Guide to Buddhism for the Westerner)』(Roscoe, 1990)라는 제목의 책을 집어 들었고, 제네바로 돌아오는 밤 비행기에서 처음부터 끝까지 읽었다. 비행이 끝날 무렵 나는 비행기 조종석에 앉아 밤하늘을 바라보며 (당시에는 정중하게 부탁하면 조종사와 함께 앉을 수 있었다!) 그 가르침에 깊이 공감하고, 공통된 인간성과 일종의 깨달음을 느꼈던 것을 기억한다. 이 가르침은 개인적인 경험과 젊은 과학자로서의 나의 일이라는 두 가지 차원에서 깊은 울림을 주었다. 이 개념들은 내 마음과 삶에 대한 이해뿐만 아니라 내가 개발 중이던 연구 프로그램에도 큰 영향을 미쳤다. 책의 말미에는 더 많은 자료가 소개되어 있었고, 나는 열정적으로 그 자료를 찾아보며 마음챙김 실천과 학습의 길로 들어섰다. 몇 년 후, '동양과 서양의 만남 (East Meets West)'이라는 이름의 학회에서 나와 같은 주제로 각기 다른 방식으로 연구하는 여러 감명을 준 사람들과 그들의 아이디어를 접하게 되었다. 존 카밧진은 3시간에 걸친 훌륭한 기조

연설을 했고, 프란시스코 바렐라는 철학, 불교, 인지를 활용해 체화에 대해 연구했으며, 스티븐 배철러는 불교 심리학의 세속적이고 더 많은 사람들이 이해할 수 있는 연구를 했다. 바에서 술을 마시던 중, 임상 심리학자인 존 티즈데일이 나에게 우울증에 대한 연구와 마음챙김에 대한 개인적인 관심을 결합해 보는 것이 좋겠다고 조언해 주었다. 이는 내 인생의 놀라운 전환점이었고, 그 이후로 내 경력과 삶의 방향을 정하는 계기가 되었다.

이 책을 집필하면서 우리가 가장 깊이 지닌 의도는 현대 심리학과 불교 심리학을 잇는 변화적 가능성을 실현하고자 하는 열망이었다:

- 이러한 관점의 융합은 현대 세계의 주요 과제에 대한 새로운 해답을 제시하거나 적어도 새로운 관점을 제시할 수 있다.
- 불교 심리학 및 현대 과학은 서로에게서 배울 점이 많다.
- 울타리를 치고 벽을 쌓는 것보다 다리를 놓고 시너지를 찾는 것이 더 건설적인 방법이다.

이 책에 담긴 아이디어는 독창적인 것이 아니다—풍부한 고대의 전통과 현대 과학의 방대한 자료를 기반으로 하고 있다. 우리는 많은 사람들의 작업을 참고하며, 수년 동안 함께 일해 온 거장들의 업적에 힘입어 여기까지 왔으며, 함께 일해 온 동료와 팀의 기여에도 크게 의존하고 있다. 감사의 말에 이 중 많은 분들을 언급했지만, 우리가 빠뜨린 분들도 있을 것이다.

## 이 책을 최대한 활용하는 방법

이 책은 마치 블록을 쌓아 올리듯이 순차적으로 구성되어 있다. 각 장은 다음 장의 이해를 돕고, 앞부분의 내용이 후반부의 종합적인 내용을 위한 토대로 되어 있다. 1장에서는 마음챙김의 포장을 푸는 것으로 시작한다. 마음챙김을 자세히 설명하며, 마음챙김이란 무엇인지 논의하고 책 전체를 위한 실용적인 정의를 제시한다.

그런 다음 심리 과학(2장과 3장)과 불교 심리학(4장)의 틀을 사용하여 괴로움과 고통이 어떻게 일어나고 지속되는지에 대한 구조를 제시한다. 5장에서는 이러한 불교와 심리학의 틀을 하나의 지도로 통합하여 마음챙김 지도자와 참가자들이 괴로움과 고통이 어떻게 만들어지고 유지되는지 더 잘 이해할 수 있도록 돕고자 한다.

이후, 앞에서 다룬 개념적 내용(2~5장)을 토대로, 마음챙김 훈련이 괴로움과 고통에서 벗어나 회복탄력성과 번영으로 나아가는 데 어떻게 도움이 되는지에 대한 실질적인 경로를 제시한다(6~8장). 이 부분은 마음챙김 기반 프로그램에 더 중점을 둔 실제적인 내용으로 구성되어 있다. 9장에서는 마음챙김 프로그램의 윤리적 측면을 살펴보면서, 이러한 프로그램이 목적과 의미, 전일성을 가지고 살아가는 데 어떻게 기여하는지에 대해 다룬다. 10장에서는 책의 내용을 정리하고 결론을 맺는다. 또한 각 장에서는 네 명의 사례 연구(모하메드, 링, 소피아, 샘)를 소개하는데, 이들은 우리가 만나온 사람들의 특성을 반영하여 엮은 것으로, 이야기에 생동감을 더하기 위해 사용하였다.

각 장에서 다루는 내용이 낯설 수도 있고 익숙할 수도 있을 것이다. 예를 들어, 이미 심리학자라면 심리학적 과학을 다루는 장이 친숙할 것이고, 불교를 공부한 적이 있다면 불교 심리학을 다룬 장이 더 익숙하게 느껴질 것이다. 마지막으로, 각 장의 끝에는 주요 내용을 요약해 두었으며, 책의 마지막에도 전체 내용을 항목으로 정리한 요약본이 포함되어 있다.

우리는 책 전체에서 일관되고 일반적인 용어를 사용하려고 노력했다. 고대와 현대의 다양한 접근 방식이 만나면서, 자연스럽게 공통의 용어와 언어가 필요했다. 부록 1에서는 이 책에서 우리가 의도한 특정 의미로 일관되게 사용하는 단어와 용어들을 정리했다.

불교 사상이 발전해 온 문화적 맥락과 언어는 오늘날과는 다르기 때문에, 경우에 따라 번역 과정에서 섬세하고 복잡한 뉘앙스가 잘 전달되지 않을 수도 있다. 더 정확한 의미 전달을 위해 필요한 경우에는, 본래의 팔리어(불교의 기초 가르침이 전해진 언어) 단어 또는 과학적 용어를 주석으로 추가하여 설명하였다. 불교 심리학에서는 종종 이미지나 비유, 우화, 은유를 사용한다. 우리는 이러한 표현이 더욱 풍부한 의미를 효과적으로 전달할 때는 그대로 사용하였다. 예를 들어, 고대 불교 경전에서 장인, 농부, 외과 의사에 대한 다양한 비유에 착안하여, 마음을 빚어낸다거나 알아차림을 기른다는 표현을 사용하기도 했다. 이러한 용어들과 정의는 불교 경전의 어원적 요소와 심리학적 과학의 정밀성을 연결하는 역할을 한다. 책 전반에서 우리는 마음챙김 훈련과 마음챙김 기반 프로그램에 대해 언급한다. 마음챙김 훈련의 정의와 마음챙김 기반 프로그램의 핵심과 본질적인 특성은 부록 2에 정리해 두었다. 우리의 의도는 주요 논지를 전개하면서 어원이나 주요 용어 정의, 문화적 맥락과 역사에 대한 상세한 논의로 흐름이 끊기지 않도록 하는 것이다. 이와 같은 논의가 중요하다는 점을 인식하고 있지만, 우리의 주된 초점은 괴로움을 종식시키기 위한 수단으로서 고대와 현대의 마음챙김 가르침을 연결하는 데 있다.

독자들의 이해를 돕기 위해 본문에서는 번호가 매겨진 주석 시스템을 사용하여 출처와 추가 설명을 제공한다. 이를 통해 본문의 흐름이 방해받지 않도록 하였으며, 더 깊이 알고 싶은 독자들은 책 마지막에 있는 주석 부분을 참조할 수 있다. 주석은 각 장별로 정리되어 있으며, 우리는 일반적인 인용 방식과 출처 표기 방식을 따랐다. 관심 있는 독자들은 일부 주요 자료를 직접 읽어보고 더 많은 정보를 얻을 수 있을 것이다. 학습을 뒷받침하기 위해 독서 모임을 구성하여 서로의 의견을 나누고, 개념을 깊이 탐구하며 그 응용 가능성을 함께 논의할 것을 권장한다. 참고 문헌은 추가 연구를 위한 아이디어를 제공한다.

마지막으로, 이 책을 집필하는 내내 우리의 마음과 머릿속에는 항상 우리와 함께한 선생님들과 학생들이 있었다. 7년간의 공동 강의와 3년에 걸친 집필 과정에서 그들이 주신 유익한 조언, 피드백, 그리고 도전적이지만 노력할 가치가 있는 점들이 모두 우리의 작업에 큰 영향을 주었다. 독자 여러분이 이 책을 읽으며 우리가 이 책을 쓰며 느꼈던 보람과 즐거움을 함께 느끼길 바란다. 이 책의 내용이 우리의 삶을 풍요롭게 했던 것처럼 독자 여러분의 삶에 풍요로움을 더해 주기를 희망한다.

# 차례

# 마음챙김 풀어보기

> 만약 당신이 자신의 사회적 지위가 무엇인지, 인종은 무엇인지, 성별이나 성적 지향은 무엇인지, 어느 나라에 살고 있는지를 미리 알지 못한 채 어느 시기에 태어날지를 선택해야 한다면, 당신은 지금 이 순간을 선택할 것이다.
>
> —Barack Obama (in Gold, 2016)

오늘날 세상은 역사상 어느 때보다 더 나은 상태에 있다. 이는 기대 수명의 증가, 유아 사망률 감소, 의료 서비스에의 접근성 향상, 빈곤에서 벗어난 세계 인구 비율 증가, 폭력으로 인한 사망자 감소, 아동 교육의 접근성 향상, 청년들을 위한 더 큰 기회 등 다양한 지표를 통해 알 수 있다(Rosling, Rosling, & Rosling-Ronnlund, 2018).[1] 그럼에도 불구하고, 이러한 지표가 개선된 것과 현대 사회에서 여전히 명백하게 드러나는 고통 사이에는 큰 간극이 존재한다.

이제 한 가지 긍정적인 지표인 기대 수명의 증가에 대해 살펴보자. 전 세계 많은 지역에서 생활 환경과 의료 서비스가 개선되면서 더 오래 사는 사람이 많아졌다. 하지만 이는 만성적인 신체 질환과 통증 속에서 살아가는 시간도 늘어났다는 대가를 수반한다. 관절염, 근골격계 질환, 치매, 당뇨병, 관상동맥 심장병 등을 포함해 만성적인 신체 질환을 겪는 사람들이 많아졌기 때문이다(GBD 2015 Disease and Injury Incidence and Prevalence Collaborators, 2016; Kings Fund, 2016). 이에 따라 많은 사람들이 통증과 불편함, 기능상의 제한을 감내하며 수년을 살아가야 하며, 이는 흔히 인생의 마지막 장에 해당하는 시기에 집중된다. 전 세계적으로 이 문제의 규모는 방대하다. 선진국에서 40세 이상의 사람들 중 14%가 한 가지 이상의 만성 신체 질환을 앓고 있으며, 65세 이상에서는 그 비율이 50%로 증가한다(GBD 2015 Disease and Injury Incidence and Prevalence Collaborators, 2016; Kings Fund, 2016).

첫 번째 사례 연구의 주인공인 모하메드를 소개한다.[2]

> 모하메드는 대학 시절 운동을 하다 허리를 다쳤고, 그 이후로 그의 삶은 만성적이고 심각하며 일상 생활을 제한하는 통증으로 얼룩졌다. 의사들은 할 수 있는 모든 치료를 다 했다고 전했지만, 다른 많은 사람들과 마찬가지로 모하메드도 최선을 다해 통증을 관리하면서 가능한 한 생산적인 삶을 살아갈 방법을 스스로 찾아야 했다.

이제 또 다른 지표인 정신 건강 문제의 발생률을 살펴보자. 우리의 4명 중 1명은 일생 중 어느 시점에 우울증이나 불안과 같은 심각한 정신 건강 문제를 겪는다. 정신 건강 문제는 전 세계적으로 10억 명이 겪는 문제, 즉 전 세계 인구의 5명 중 1명꼴로 살아가면서 정신 건강 문제를 경험하게 된다. 세계보건기구는 우울증을 주요 장애 원인 중 하나로 지목하고 있다. 우울증은 주로 청소년 후반기나 성인 초기에 발병하며, 재발을 반복하며 삶을 온전히 살아가는 능력에 근본적인 영향을 미칠 수 있다(Bockting, Hollon, Jarrett, Kuyken, & Dobson, 2015; GBD 2015 Disease and Injury Incidence and Prevalence Collaborators, 2016; World Health Organization, 2011).

다음으로 두 번째 사례로 링을 소개한다.

> 링은 십 대 초반부터 시작된 우울증으로 수차례 고통을 겪어 왔다. 처음의 우울증

은 가정과 학교에서의 많은 어려움으로 인해 발병했으나, 최근에는 뚜렷한 원인 없이 찾아오곤 했다. 링은 가장 최근에 겪은 우울증 삽화를 이렇게 묘사했다: "기분이 곤두박질치는 느낌이었어요. 그냥 완전히 바닥으로 떨어진 거죠. 침대에 누워 잠만 자고 아무것도 할 수 없었어요. 일상적인 활동을 할 수 없었어요." 다른 많은 사람들과 마찬가지로 링도 반복되는 우울증을 관리하면서 일을 하고 한부모로 살아가는 방법을 찾아야 했다.

우울증 외에도 불안 장애, 중독, 정신증 등 다양한 정신 건강 문제가 존재한다. 예를 들어, 선진국에서는 특히 젊은 층 사이에서 섭식 장애와 자해 행동의 발생률은 우려할 만한 수준이다. 일부 국가에서는 약 6.9%의 젊은 사람들이 감정을 다스리기 위해 자해를 시도하는 것으로 추정되며(Hawton, Rodham, Evans, & Weatherall, 2002), 13%가 자살이나 죽음에 대해 생각해 본 적이 있다고 보고했다(Klonsky, Oltmanns, & Turkheimer, 2003). 신체적, 정신적 건강 문제는 특히 더 열악한 환경에서 자란 사람들에서 더 높은 비율로 나타난다(Barnett et al., 2012). 선진국과 개발도상국 모두에서 만성적 신체 및 정신 건강 문제로 인한 고통과 삶의 기능적 손상이 점차 인정되고 있다.

신체적, 정신적 건강을 누리고, 고통에서 벗어나며, 자신과 사랑하는 이들이 의미와 안정, 편안함을 느끼는 삶을 원하는 것은 인간의 본능이다. 하지만 우리는 삶 속에서 경험하는 단절감, 불행, 비애로 인해 혼란을 느끼곤 한다. 이러한 절망과 불행을 삶의 외부 조건 탓으로 돌리는 경향이 있으며, 끊임없이 그 조건들을 우리가 상상하는 이상적인 현실로 바꾸려 노력한다.

그 이상적인 현실이야말로 우리가 갈망하는 행복과 의미를 가져다줄 것이라고 믿기 때문이다. 그러나 우리의 행복과 성공이 너무도 짧게 느껴지고, 불가피한 변화에 의해 쉽게 흔들릴 때, 이는 낙담으로 이어질 수 있다. 이로 인해 혼란과 실망이 뒤따르고, 시간이 흐르면서 이는 익숙한 심리적 괴로움의 상태로 자리잡게 된다. 이는 우리가 이해할 만한, 그러나 바꿀 수 없는 것을 변화시키려는 잘못된 시도들에 의해 지속된다.

세 번째 사례의 주인공인 소피아를 소개한다.

> 소피아는 어린 시절부터 불안에 시달려 왔으며, 때로는 그 불안이 삶을 마비시킬 정도였다. 20대에는 불안으로 인해 몇 달간 병가를 내고 쉬어야 했고, 그동안 심리 치료를 받았다. 이 과정에서 자신의 불안과 삶 속에서 느끼던 단절감과 피로의 상당 부분이 자신이 하는 거의 모든 행동을 판단하고 부족함을 느끼게 만드는 강력한 내면의 비판자에 의해 생긴다는 것을 깨달았다. 치료사의 권유로 정기적인 마음챙김 수행을 시작하게 되었고, 수십 년에 걸쳐 이 내면의 비판자를 해체하는 작업을 했다. 그녀는 이 비판자에게 "별로야"씨라는 이름까지 붙여주었고, 자신과 가족, 스스로의 삶에 대한 새로운 사고 방식을 발전시켜 나갔다. 후에 소피아는 파킨슨병을 진단받았으나, 수십 년간의 마음챙김 수행과 함께 삶의 경험을 통해 배운 대로 놀라운 용기와 평정심으로 이를 받아들였다.

우리는 각자 삶의 도전들을 서로 다른 방식으로 헤쳐 나간다. 마틴 루터 킹 주니어는 자신의 추도사에서 무엇을 언급했으면 좋겠느냐는 질문에 노벨상을 언급하지 말고, 다른 이들을 위해 헌신적인 삶을 살았으며 사랑을 목적으로 삼았다는 점을 언급해 달라고 했다. 물론, 마틴 루터 킹 주니어, 마더 테레사, 데스몬드 투투, 엘리너 루즈벨트, 넬슨 만델라와 같은 영웅적인 인물들을 떠올리는 것은 쉬운 일이다. 그러나 이런 영웅적인 모습은 우리 모두의 삶 속에서도 나타난다. 예를 들어, 아직 스스로를 돌볼 수 없는 아이들을 돌보고, 오랜 시간 일하며 가족을 위한 음식과 주거, 노후의 안정을 제공하려 노력하며, 부모님과 자신에게 닥쳐오는 질병과 노년의 피할 수 없는 고통을 맞닥뜨리는 것에서 그러한 모습을 찾을 수 있다.

## 마음챙김 및 마음챙김 기반 프로그램

약 40년 전, 과학자이자 헌신적인 명상가였던 존 카밧진은 서양 의학에서 마음챙김이 지닌 변화의 잠재력을 깨달았다(Kabat-Zinn, 1982, 2011). 그는 놀라운 선견지명과 능숙함으로 고대의 마음챙김 수련을 현대 사회의 문제와 서양의학적 환경에 적합한 용어와 방법론으로 번역했다(Kabat-Zinn, 1990). 물론 괴로움과 고통, 혼란은 인간이 경험하는 보편적인 현상이지만, 이는 반응, 망각, 자신감과 이해 부족이라는 특정한 심리적 경향들이 이러한 경험을 촉발시키고 심화시키는 역할을 한다. 카밧진은 만성 통증과 질병을 앓고 있는 사람들이 있는 바쁜 도심 병원이라는 고통의 최전선에서 일을 시작했다. 그의 환자 중 상당수는 가능한 모든 전략과 치료법을 시도했으나 여전히 만성 통증과 질병에 따른 정신 건강 문제를 겪고 있었다. 그는 기존 의학 내에서 더 이상 해결책을 찾지 못한 사람들에게 프로그램을 제공했고 그 의뢰가 끊이지 않았다.

이 마음챙김 프로그램에 참여한 사람들은 통증, 두려움, 절망 속에서 의식적으로 마음챙김과 자비심을 길러 나가며, 점차 변화를 경험하기 시작했다(Kabat-Zinn, 1982). 이것은 마음챙김 기반 스트레스 감소 프로그램(Mindfulness-based stress reduction: MBSR)이라고 불렀으며, 마법 같은 치료법이 아니었다. 중요한 것은 두려움과 회피라는 익숙한 반응이 통증을 악화시킨다는 점을 인식하게 해 주고, 통증에 완전히 새로운 방식으로 대응할 수 있는 가능성을 열어준다는 점이었다. MBSR은 만성 신체 질환을 가진 사람들을 위해 개발된 프로그램으로, 숙련된 지도자와 함께 8주간 주 2시간씩 진행되었다(Kabat-Zinn, 1990).

방대한 양의 연구 증거가 증가하고 있으며, 이는 MBSR이 만성적인 신체 건강 상태를 관리하는 법을 배우는 데 효과적임을 시사한다(Gotink et al., 2015; Grossman, Niemann, Schmidt, & Walach, 2004). 참가자들은 이러한 건강 상태 속에서도 정신 건강과 기능이 더 좋아졌다고 보고했다. 마음챙김 프로그램은 몸과 신체에 대한 통합적인 접근 방식을 제공하므로 신체적, 정신적 건강 모두에 도움이 될 수 있다. 이와 같은 동반 질환을 가진 사람들에게서 긍정적인 결과를 보여 주는 유망한 증거들이 있다(Bohlmeijer, Prenger, Taal, & Cuijpers, 2010; Khoury, Sharma, Rush, & Fournier, 2015; Lakhan & Schofield, 2013).

MBSR은 다양한 환경에서 특정 집단의 필요에 맞추어 적용되어 왔으며, 카밧진은(Kabat-Zinn, 2005, 2006) MBSR을 이해와 변화를 위한 수단으로 그 설명의 범위를 넓혔다. 그는 2015년 **마음챙김 국가 보고서**(Mindful Nation Report)의 서문에서 다음과 같이 말했다:

> 마음챙김에 대한 관심이 현대 사회와 그 제도 전반에서 빠르게 전 세계적인 현상이 되고 있다. 이는 점점 더 정밀해지는 과학적 연구에 의해 뒷받침되고 있으며, 개인과 집단적으로 우리가 직면한 건강 문제를 이해하고 해결할 수 있는 새로운 모델과 수행 방식을 찾으려는 열망에 의해 추진되고 있다. 이러한 관심은 행복과 안녕감을 위한 최적의 조건을 조성하고, 불행과 고통의 원인 및 조건을 최소화하려는 노력의 일환으로 이루어지고 있다(Mindfulness All-Party Parliamentary Group, 2015).

마음챙김과 마음챙김 기반 프로그램이 다양한 집단과 상황에서 변화의 잠재력을 지니고 있다는 증거가 점점 더 늘어나고 있다. 다음은 특정 대상과 환경에 맞춰 개발된 마음챙김 기반 프로그램의 일부 사례이다.

- **우울증과 중독.** 마음챙김 기반 인지치료(MBCT)는 반복적인 우울증을 겪는 사람들에게 건강을 유지할 수 있는 다양한 도구를 제공한다(Gu, Strauss, Bond, & Cavanagh, 2015; Kuyken et al., 2016). 또 다른 적용 프로그램인, 마음챙김 기반 재발 예방 프로그램(Mindfulness-based relapse prevention: MBRP)은 약물 남용 및 중독으로 어려움을 겪는 사람들이 중독을 강화하는 유발 요인과 강렬한 욕구에 새로운 방식으로 대처하도록 돕는다(Brewer, Elwafi, & Davis, 2013).
- **어린이와 청소년.** 마음챙김 기반 프로그램은 아동과 청소년의 사회적, 정서적 학습을 도와주고 어려움에 대처하고 번영할 수 있는 능력을 키울 수 있도록 적용하여 사용되고 있다. 이러한 프로그램들은 초등학교 및 중/고등학교, 임상 환경, 가정을 대상으로 진행되고 있다(Greenberg & Harris, 2012; Kallapiran,

Koo, Kiruba-karan, & Hancock, 2015; Zenner, Herrnleben-Kurz, & Walach, 2014).

- **형사 사법 시스템.** 마음챙김은 시스템 내의 수감자와 그곳에서 일하는 사람들 모두에게 현재에 머무는 기술, 자비, 평정심, 인내를 가르치는 데 활용되고 있다(Mindfulness All-Party Parlia-mentary Group, 2015).
- **직장.** 마음챙김이 활용되는 건강한 직장은 근로자와 경제적인 면 모두에 도움이 된다(Good et al., 2016). 그러나 많은 국가에서 업무와 관련된 정신건강 문제가 증가하고 있으며, 이는 높은 결근율 및 출근 시 생산성 저하 현상이 두드러지고 있다. 마음챙김이 직원의 안녕감, 숙련된 리더십, 조직의 효율성과 관련이 있다는 증거가 점점 늘어나고 있다(Good et al., 2016; Wolever et al., 2012).

마음챙김은 인간의 정신과 마음을 이해할 수 있는 방법을 제공한다는 것이 가장 중요한 깨달음이다. 다양한 대상과 환경에서 이루어지는 마음챙김 훈련은 세계에서 가장 시급한 과제에 부분적으로나마 대응할 수 있는 방법을 제공한다.

## 고대의 지혜, 현대 과학, 그리고 현대 세계를 잇는 다리

> 우리가 자주 생각하고 오래 머무는 것, 그것으로 우리의 마음은 기울어진다.[3]
>
> —Nanamoli and Bodhi (1995)

이 고대 불교의 가르침은 현대 심리학적 과학에 의해 뒷받침되고 있다. 우리의 마음은 세상을 형성하고, 동시에 세상에 의해 형성된다. 마음은 우리가 경험하는 세상의 토대를 이루며, 세상에 적응하고 배우는 과정에서 평생 동안 변형될 수 있는 **가소성**[4]을 지닌다. 이 가소성은 태어날 때부터 성인기를 거쳐 노년기까지 이어진다. 우리는 마음을 형성하고 훈련하는 놀라운 능력을 지니고 있으며, 이는 우리가 삶을 더 잘 살아갈 수 있도록 돕는 데 큰 역할을 한다(Kok & Singer, 2017; Lutz et al., 2009; Slagter, Davidson, & Lutz, 2011).

## 고대의 지혜

마음챙김과 마음챙김 훈련은 대부분의 명상 전통 속에 깊이 뿌리내리고 있다. 기원전 900년에서 200년 사이, 네 가지 독자적인 명상 전통이 발전했는데, 이는 인도 아대륙에서의 힌두교, 불교, 자이나교, 중국에서의 유교와 도교, 중동의 일신교, 그리스의 철학적 합리주의이다. 이 지적이고 영적으로 풍요로운 시기에, 붓다, 소크라테스, 공자가 각자의 사상을 발전시켰으며, 이는 몇백 년 후에 그리스도와 무함마드의 가르침을 구축할 토대가 되었다. 현대의 마음챙김이 이러한 초기 전통 각각의 풍부한 계보에서 어떤 영향을 받았는지 개략적으로 설명할 수 있지만, 이 책에서는 주로 불교, 특히 불교 심리학에 초점을 맞추고 있다.

불교의 가르침은 2,000여 년 전에 인도에서 시작되었으며, 그 주인공은 우리가 오늘날 붓다라고 부르는 젊은 남성, 싯다르타 고타마였다. 그는 자신을 둘러싼 세상과 자신의 심리적 경험을 면밀히 관찰하여 마음의 모델과 마음을 훈련하는 방법론을 개발했다(글상자 1-1 참조). 붓다는 여러 면에서 최초의 심리학자 중 한 명이라고 할 수 있다.

붓다의 생애에 대한 고전적인 이야기에서, 그는 젊은 시절 비현실적인 관점을 가진 요새와 같은 삶을 떠나 더 믿을 만한 안식처가 될 깨달음을 찾고자 했다. 이 여정을 통해 그는 기쁨만큼이나 괴로움도 인간의 조건에 본질적으로 얽혀 있다는 사실을 깨달았다. 동시에 그는 현실로부터 도피하는 것의 한계와 불확실성, 불편함, 변화로부터 자신을 보호하려고 쌓아올린 방어의 부적절함을 인식했다. 당시 흔히 추구되던 고통을 극복하고 벗어나려는 전통적 경로들(초월, 회피, 억압) 대신, 그는 고통을 두려움 없이 마주할 수 있으며, 괴로움의 근원을 이해할 수 있다는 사실을 깨달았다. 이러한 이해를 통해 많은 인간의 괴로움이 종식될 수 있었다. 그는 인간의 괴로움 중 상당 부분이 삶에서 불가피하게 맞닥뜨리는 역경의 순간들을 용기와 이해로 마주하지 못하거나 회피하려는 데서 비롯된다는 것을 깨닫게 되었다. 붓다는 인생의 기쁨과 슬픔을 호기심과 탐구, 보살핌으로 마주하는 포괄적이고 실용적인 길을 고안했다. 그는 제자들과 함께 약 2,600년 전, 이 가르침을 구두로 전파했다. 이 가르침은 인도, 스리랑카, 미얀마, 중국 그리고 이후 서양 등 다양한 문화와 언어로 퍼지면서 점차 변화하고 발전했다. 초기에는 팔리어와 산스크리트어로 기록되었으며, 원래의 가르침은 15,000개 이상의 경전(수타, suttas)으로 구성되어 있었다.[5] 그리고 이 방대한 가르침이 현대 마음챙김의 기초를 형성하게 되었다.[6]

### 글상자 1-1 싯다르타 고타마: 붓다의 이야기

많이 알려진 고대 가르침 속 이야기에서, 젊은 싯다르타 고타마는 과보호적인 아버지 아래에서 자랐다. 아버지는 귀한 아들을 인생의 가혹한 현실로부터 지키고자 애썼다. 그러나 20대가 된 싯다르타는 안락하게 꾸며진 환경의 경계를 넘어 바깥세상으로 나가고자 하는 갈망과 결심을 품게 되었다. 그는 병들고 아픈 사람의 모습을 보고 충격을 받았다. 이어서 구부정하고 허약한 노인의 모습을 보고 다시 한번 놀랐다. 세 번째로 그를 멈춰 서게 만든 것은 길가에 놓인 한 구의 시체였다. 그는 매번 동행자에게 물었다. "이런 일이 나에게도 일어날까요?" 매번 돌아오는 대답은 같았다. "그렇습니다. 이것 또한 당신의 삶의 일부가 될 것입니다." 젊은 싯다르타는 자신의 지위, 안락함, 모든 소유물이 인생의 필연적인 흐름을 막을 수 없음을 깨달았다. 가족의 모든 사랑도 그를 노화, 질병, 죽음으로부터 보호할 수 없다는 사실을 알게 되었다. 그 후 얼마 지나지 않아, 싯다르타는 고향을 떠나 그가 간절히 바랐던 평온과 자유를 찾기 위한 여정을 시작했다. 마지막으로 그가 마주친 모습은 군중 속 한 남자의 모습이었다. 그는 고요함과 평온함을 온전히 체화하고 있었다. 이 모습은 싯다르타에게 내적 탐구의 길을 시작하도록 영감을 주었다. 그는 고통, 고통의 근원, 그리고 고통을 끝내고 좋은 삶을 사는 방법을 이해하기 위해 체계적인 탐구를 시작했다. 바로 이 여정이 싯다르타를 최초의 과학자이자 심리학자 중 한 사람으로 만들었다.

## 현대 심리학적 과학

명상 전통에 비해 과학은 비교적 최근에 발전한 분야이다. 현재 옥스퍼드 대학교 과학사 박물관은 17세기에 실험 철학부로 시작되었으며, 지하에는 화학 실험실이, 1층에는 학부 강의실이 있었다. 현대 심리학은 100여 년 전에야 비로소 탄생했으며, 신경과학은 그보다 역사가 더 짧다. 그럼에도 불구하고, 우리는 그 기간 동안 다음과 같은 주제들에 대해 방대한 지식을 축적해 왔다:

- 우리가 세상을 어떻게 보고 경험하는지(예: 주의와 지각);
- 우리가 세상을 어떻게 이해하는지(예: 학습과 기억, 언어와 사고, 사회적 지각);
- 정신 건강과 인간의 번영을 무엇이 뒷받침하는지;
- 정신 건강 문제를 무엇이 야기하고 유지하는지(예: 성격, 정신병리[7]);
- 그리고 이 이해를 통해 어떻게 더 잘 살아갈 수 있는지.

아직까지 마음에 대한 통합적인 모델은 존재하지 않으며, 이를 완성하려면 갈 길이 먼 듯하다. 현대 심리학적 과학은 여러 면에서 데카르트의 관점에서 보았을 때, 오히려 퇴보한 측면이 있다고 볼 수 있다. 데카르트는 마음과 몸을 분리된 것으로 보고, 의식은 마음에 위치한다고 주장했으며, 더 최근에는 의식을 뇌로 설명할 수 있다는 견해가 제시되었다(Damasio, 1994). 그러나 점점 더 명확해지는 것은 복잡한 심신 체계가 우리의 경험, 건강, 안녕감을 형성한다는 점이다. 마음에 대한 통합적인 모델을 향해 나아가기 위해서는 심리학뿐만 아니라 다양한 학문 분야를 통합해야 할 것으로 보인다. 이 과정에서 불교 심리학과 같은 명상 전통에서의 이해와 관점 또한 중요한 역할을 할 것이다.

## 고대 전통과 현대 과학의 융합

인간의 마음과 몸의 구조와 기능은 지난 수천 년 동안 크게 변화하지 않았다.

더불어, 유년기와 청소년기를 지나고, 건강과 질병, 노년과 죽음을 마주하는 등, 삶의 근본적인 도전 과제들은 인류 역사를 통틀어 항상 존재해 왔던 문제들이다. 붓다가 제시했던 이해와 변화를 위한 포괄적인 경로들은 수 세기가 지난 오늘날에도 여전히 의미가 깊다. 마치 두 강이 합류하듯, 고대 불교 심리학과 현대 심리학 및 신경과학의 놀라운 융합이 이루어지고 있다(예: Dalai Lama, 2002, 2011b; Kabat-Zinn, 2011). 이러한 융합은 현대 세계의 일부 도전 과제를 다루기 위한 새로운 관점과 방법들을 제공한다.

우리가 강조하고자 하는 핵심은 고대 불교 심리학과 현대 심리학이 결합되어 마음을 더 잘 이해할 수 있도록 돕는다는 것이다. 마음챙김 훈련은 마음을 훈련하고 형성하여, 우리가 삶의 도전에 더 잘 대응하고 다른 이들 또한 그들의 도전에 대응할 수 있도록 돕는 방법을 제시한다.

마지막으로 소개할 사례는 샘이다. 그는 중독으로 인해 자신과 주변 사람들을 거의 파괴할 뻔한 삶에서 벗어나, 활동적이고 유용한 사람이 되기까지의 여정을 걸어왔다.

> 샘은 중독에서 회복 중인 사람이었다. 그는 수년간 12단계 프로그램을 통해 회복 과정을 거쳤으며, 이후 MBRP 프로그램에 참여하면서 자신의 중독을 이해하는 법을 배웠다. 먼저 자신의 "내면의 악마 길들이기"를 시작했고, 시간이 지나면서 삶의 큰 변화를 이루어 냈다. 다른 많은 사람들과 마찬가지로 심리학 및 12단계 프로그램의 지식을 활용해 자신을 거의 죽음으로 몰고 갔던 갈망과 자기 파괴적인 행동을 다룰 수 있었다. 몇 년간의 회복 과정을 거친 뒤, 그리고 12단계 모임에서 다른 사람들을 후원하면서, 그는 중독 상담사가 되기로 결심했다.

## 마음챙김이란 무엇인가

마음챙김은 마음을 아는 데 있어 결코 실패하지 않는 만능 열쇠이며, 따라서 출발

> 점이다. 마음을 형성하는 완벽한 도구이며, 따라서 초점이 된다. 또한 마음이 이룬 자유를 드높이 드러내는 것이다.
>
> —Nyanaponika Thera (1962)

모하메드는 그날만 해도 이미 백 번은 느꼈을 허리의 찌르는 듯한 감각을 경험한다. 그는 이 통증을 주의 깊고 평정심 있게 마주하며 부드럽게 간단한 스트레칭을 한다. 링은 "오늘 하루를 버틸 수 없을 것 같아. 너무 힘들 거야"라는 부정적인 생각을 알아차리고 스스로에게 말한다. "이건 하나의 생각일 뿐이지, 사실이 아니야." 샘은 슈퍼마켓에서 위스키 병을 보고 술을 마시고 싶은 강렬한 충동을 느끼고, 그 충동이 사라질 때까지 충동의 파도를 타듯 대처한다. 소피아는 진료 대기실에서 최근의 건강검진 결과가 어떻게 나올지 걱정하고 있다. 그녀는 한쪽에서 거미가 거미줄을 치고 있는 것을 발견하고, 의도적으로 그 거미의 움직임에 몰입하며 경이로움을 느낀다. 모하메드, 샘, 링, 소피아의 이러한 경험들은 모두 마음챙김을 잘 보여 준다. 휴대전화의 알림이 우리의 주의를 요구할 때, 현재의 작업에 집중하기로 선택하는 것. 출퇴근 시간의 교통 체증의 분주함 속에서도 호기심과 돌봄을 가지고 호흡과 몸에 주의를 고정시키며 평온을 찾는 것. 음식을 먹을 때 그 맛을 진정으로 음미하기로 선택하는 것. 사랑하는 사람과 함께 있을 때 그 사람과 그 순간에 온전히 존재하기로 적극적인 선택을 하는 것. 이러한 경험들은 우리 모두가 언제든지 사용할 수 있는 마음챙김의 또 다른 예이다.

**마음챙김**이라는 단어가 어떻게 이처럼 다양한 의미를 담아낼 수 있을까? 마음챙김이라는 단어는 너무 널리 사용되고 남용되어 그 의미가 흐려진 것은 아닐까(Heffernan, 2015)? 아니면 마음챙김은 다면체의 다이아몬드처럼 모하메드, 링, 샘, 소피아의 경험을 각각 비출 수 있는 여러 면을 지닌 것일까? 이 장의 나머지 부분에서는 **마음챙김**이라는 단어를 풀어볼 것이다. 우리는 다이아몬드의 서로 다른 면처럼 각각의 면을 살펴보며 고대와 현대의 정의를 검토한다(〈표 1-1〉 참조). 또한 마음챙김을 정의하는 데 사용되는 가장 상징적인 비유, 은유, 심상 등을 정리한다(〈표 1-2〉 참조). 마음챙김의 기능에 대해서도 논의하며, 이 각각의 측면과 기능을 살펴봄으로써 마음챙김이라는 개념을 구성하는 다양한 관점을 제시한다. 더불어, 마음챙김에 대한 일반적인 오해와 잘못된 해석에 대해서도 간단히 다룬다. 마지막으로, 마음챙김에 대한 요약 및 실용적인 정의를 제시하며 이 장을 마무리한다. 이러한 방식으로 마음챙김을 풀어내는 것이 이 책의 나머지 내용의 토대가 되며, 마음챙김이 삶의 어려움과 기쁨을 헤쳐 나가는 데 어떻게 도움을 주는지에 대한 지도를 그리는 역할을 한다.

우리가 직면했던 과제 중 하나는 심리학과 불교 심리학에서 용어와 표현이 다르게 사용된다는 점이었다. 이에 균형을 맞추기 위해, 부록 1에 주요 용어들에 대한 실용적인 정의를 수록했다. 또한 마음챙김 접근법과 프로그램이 점점 확산되고 있는 상황을 고려하여, 부록 2에서는 마음챙김 훈련과 마음챙김 기반 프로그램에 대한 정의도 함께 제시한다.

**표 1-1 마음챙김의 정의**

"지금 우리에게 일어나고 있는 일과 우리의 내면에서 일어나는 일을 순간순간 분명하고 한결같이 알아차리는 것"(Nyanaponika Thera, 1962, p. 32).

"거울과 같은 사고. 마음챙김은 현재 일어나는 일을 있는 그대로 반영하며, 어떠한 편향도 없다"(Gunaratana, 2002, p. 139).

"현재 순간의 알아차림, 마음의 존재, 깨어 있음"(Goldstein, 2013, p. 13).

엘렌 랭거(1989)는 마음챙김을 다소 다른 방식으로 정의하며, 네 가지 상호 연관된 차원으로 정의했다: (1) 새로움을 찾는 것, (2) 관여하는 것, (3) 새로움을 만들어 내는 것, (4) 유연성.

주의의 자기 조절(지속적인 주의 유지, 전환, 추가적인 복잡한 처리 과정을 제어하는 것과 같은 기술)과 경험에 대한 태도(호기심, 경험에 대한 개방성, 수용; Bishop et al., 2006).

가장 자주 인용되는 마음챙김의 정의는 아마도 존 카밧진의 정의일 것이며, 그의 여러 기사와 책에 등장하는 정의이다: "자신의 내적 경험과 외적 경험 모두와 현명하고 의도적인 관계를 맺는 하나의 방식이다. 이는 의도적으로, 현재 순간에 판단하지 않는 방식으로 주의를 기울이는 능력을 체계적으로 훈련함으로써 길러질 수 있다."

또한 그는 마음챙김의 일곱 가지 원칙을 강조했다: 수용, 판단하지 않음, 애쓰지 않음, 초심자의 마음, 내려놓음, 인내, 신뢰(Kabat-Zinn, 1990, 2006; Mindfulness All-Party Parliamentary Group, 2015).

인지 과학자 존 티즈데일은 마음챙김의 본질을 매 순간 우리의 경험에 대한 온전한 알아차림으로, 경험하는 모든 것을 동등하게 받아들이고, 종종 목표 지향적이며 현재 상태를 다른 방식으로 바꾸고자 하는 습관적이고 자동적인 인지적 패턴의 지배로부터 벗어나는 것이라고 설명했다(Teasdale & Chaskalson, 2011a, 2011b).

샤우나 샤피로(2009)는 마음챙김을 현재 순간에 일어나는 모든 것을 열린 태도와 분별력 있게 의도적으로 주의를 기울이며 생겨나는 인식으로 정의했다. 그녀는 주의, 의도, 태도(개방성과 판단하지 않음)를 강조했다.

**표 1-2 마음챙김의 은유**

**단순한 앎**

단순한 앎 혹은 알아차림은 높은 전망대나 탑 위에 서서 주변 풍경을 바라보는 것으로 설명된다. 특별한 목적 없이 단순히 보는 것에 집중하며, 우리의 주의와 알아차림은 의도적이고, 수용적이며, 편안한 상태이다. 이 관점은 풍경의 세부사항에 과도하게 몰입하지 않으며, 탈동일시 혹은 탈중심화의 첫 단계가 된다.

손전등의 빛으로 표현하자면, 주의의 빛은 의도적으로 다양한 대상을 향해 이동할 수 있으며, 빛의 초점, 크기 및 톤의 특성을 조정할 수 있다.

**보호적 알아차림**

보호적 마음챙김은 마을의 현명한 문지기와 같다. 현명한 문지기는 마을의 진정한 주민을 알아보고 누구를 들여보낼지, 누구를 들이지 않을지를 결정할 수 있다. 감각의 문을 지키는 관리인은 어떤 경험이 문을 통해 들어오는지 관찰하고, 그것이 유익한 결과를 가져올지 해를 끼칠지를 분별하며 적극적으로 입장을 허용하거나 허용하지 않는다. 조금 더 현대적인 예로는 보안 요원으로 표현할 수 있다.

소를 돌보는 목동은 처음에는 소가 농작물이 자라는 밭으로 들어가지 않도록 가까이에서 세심히 지켜보아야 했다. 그러나 농작물을 수확한 후에는 나무 아래에서 편안히 쉬며 멀리서 소를 지켜볼 수 있다. 이는 마음챙김 훈련이 보호적 알아차림(작물이 수확되기 전)을 위해 사용되다가, 작물이 수확된 이후에는 넓고 선택하지 않는 알아차림으로 전환될 수 있음을 보여 준다.

버스 정류장에서 버스를 기다리는 사람은 버스를 기다리며 어느 버스에 탈지 선택한다. 때로는 자동 조종모드에 의해 무의식적으로 버스에 올라타 얼마 후 자신이 의도하지 않은 곳으로 가고 있다는 것을 깨닫고, 자각의 순간에 버스에서 내릴지를 선택할 수 있다. 마음챙김은 버스가 오고 가는 것을 알아차리고, 버스를 탈지 말지를 능동적으로 선택할 수 있는 능력이다.

### 탐구적 알아차림

탐구적 마음챙김은 화살에 맞아 부상당한 사람을 수술하는 외과의사에 비유된다. 억지로 화살을 뽑으려 하기보다는, 숙련된 외과의사는 상처 주위를 살피며 상처의 본질을 파악할 것이다. 그리고 부상의 상태를 파악하고, 진단하며, 화살을 제거하는 가장 유익한 방법을 고르고, 적절한 치료 방법을 처방할 수 있다.

### 지각과 관점의 재구성

마치 수동 기어 차량을 운전하는 사람처럼, 우리는 자동적이고 충동적이며 반응적인 모드에서 의도적이고 분별력 있는 선택의 모드로 마음을 자발적으로 전환할 수 있다.

음악가는 같은 곡을 다른 키로 연주할 수 있다. 우리가 음악을 듣고 경험하는 방식은 그것이 어떤 키로 연주되는지, 그리고 어쿠스틱 악기인지 전자 악기인지에 따라 근본적으로 달라진다. 마음챙김은 이러한 키나 모드를 의도적으로 선택하게 하여 우리의 경험을 변형시킬 수 있다.

우주에서 바라본 지구의 모습은 새로운 관점을 제시한다. 우주비행사들은 우주에서 지구를 바라볼 때 민족, 국가, 문화 간의 경계가 임의적이고 무의미하게 보일 수 있다고 말한다. 은하수를 바라보면 훨씬 더 거대한 관점과 규모를 체감할 수 있다.

### 마음챙김의 은유 정리

혼잡한 거리를 지나가며 마차를 조심스럽게 인도하는 마부처럼, 마음챙김은 주의, 사고, 행동을 신중히 이끌 수 있는 능력을 가지고 있다.

훈련된 코끼리는 그 힘과 충동이 길들여진 후에야 사람들을 태워 나르거나 무거운 짐을 옮기는 데 도움을 줄 수 있다. 마을에 위협이 되었던 코끼리(마음)가 이제는 훌륭한 친구이자 자원이 되었다.

말과 기수가 조화롭게 협력한다. 기수는 말을 이해하며, 그들의 조화는 엄청난 속도, 지구력, 힘을 발휘하게 한다. 말(마음)은 이제 큰 자산이 되었다.

카약을 다루는 사람의 숙련된 기술은 강의 모든 상태를 안전하고 능숙하며 의도적으로 탐험할 수 있게 한다.

## 마음챙김의 고대와 현대적 정의

마음챙김에 대한 가장 오래된 설명 중 하나는 마을 사람들이 야생 코끼리를 길들이는 모습이다. 훈련되지 않은 코끼리는 충동에 의해 움직이며 위협을 느낄 때 난폭하게 날뛰어 주변에 큰 피해를 남길 수 있다. 하지만 훈련된 코끼리는 그 힘이 마을 사람들에게 매우 소중한 자산이 된다. 마음도 코끼리와 같다. 난폭할 때는 파괴적이지만, 잘 훈련하면 놀라운 선의의 힘을 발휘할 수 있다.

불교 심리학이 서구 사회에 소개된 이후로, 마음챙김을 가장 잘 정의하는 방법에 대해 가르치는 사람들과 배우는 사람들이 오랫동안 고민해 왔다. 19세기, 팔리어와 산스크리트어 불교 경전을 번역한 초기 불교 학자들도 비슷한 어려움을 겪었다. 당시 다른 용어들이 적합하지 않다고 판단한 그들은 기독교 복음서에서 사용된 "**마인드풀니스**(mindfulness)"라는 단어를 차용했다(Gethin, 2011).

불교의 기술 용어였던 팔리어 **사띠**(Sati, 念)를 처음 마음챙김으로 번역한 사람은 리스 데이비드(1881)였다. **사띠**를 문자 그대로 번역하면 **기억하는** 것을 뜻한다. 여기서 기억은 과거의 사건이나 정보를 떠올리는 것이 아니라 현재 순간의 경험에 대한 명료한 알아차림으로 돌아오는 것을 의미한다. 이는 마음이 산만하거나 과거와 미래에 대한 생각에 사로잡히는 대신, 현재 순간에 자리 잡고 있다는 것을 나타낸다.

마음챙김은 더 통합된 존재 방식을 돕는다. 신체 감각, 감정, 정신적 상태, 현재 순간의 경험은 모두 알아차림 속에서 인지되고, 호기심, 인내, 친절의 태도로 탐구된다. 이러한 유형의 알아차림은 매우 간단하게 들리지만, 실제로 시도해 보면 그렇지 않다는 것을 알게 된다(글상자 1-2 참조). 책에서 말을 타는 법을 읽고 배운다고 해서 실제로 말에 올라탔을 때 그 지식이 충분하다고 말하기는 어렵다. 특히 그 말이 조금 겁을 먹거나 흥분하기 쉬운 상태라면 더욱 그렇다. 마음챙김을 배우는 과정도 이와 비슷하다. 마음챙김은 주로 경험적으로 학습하는 연습이다.

우리가 그 순간의 직접적인 경험에 알아차림을 가져가려고 할 때, 일반적으로 마음이 현재 순간에서 벗어나려는 강한 성향과 습관을 지니고 있다는 것을 발견

**글상자 1-2 마음챙김 연습: 멈추어 경험에 주의를 기울이기**

간단한 연습으로, 지금 이 순간 잠시 멈춰서 몸과 마음에서 어떤 일이 일어나고 있는지, 그리고 주변에서 어떤 일이 일어나고 있는지 느껴 봅니다. 신체 경험에 주의를 기울이며, 의자가 몸에 닿는 느낌, 피부 위를 스치는 공기의 감각, 어깨에 느껴지는 긴장감을 알아차립니다. 그리고 이제, 기분을 알아차릴 수도 있습니다. 피곤한지 활기찬지? 불안한지 안정적인지? 초조한지 차분한지? 머릿속에서 속삭이듯 들리는 생각들이 점차 분명해질 수도 있습니다. 지금 이 순간의 소리와 시각적 자극에 점점 더 민감해지는 자신을 발견할 수도 있습니다. 주의의 손전등을 이러한 경험들 사이에서 이동시키고, 이 순간을 구성하는 즉각적인 경험에 주의를 기울입니다. 이야기나 추측을 덧붙이지 않고, 단순히 지금 이 순간에 있는 것들을 있는 그대로 알아차려 봅니다.

하게 된다. 마음은 쉽게 산만해지고 잊어버리며, 종종 우리가 알아차리지 못하는 사이에 다양한 방향으로 끌려가고는 한다. 부정적인 생각, 통증, 욕구가 우리를 강렬한 반응의 소용돌이 속으로 끌어당기기도 한다.

그러나 마음챙김 훈련은 반복적으로 지금 이 순간의 경험으로 돌아오는 과정을 통해, 주의를 지속하는 능력을 키우고, 현재 순간의 경험을 이해하며, 우리의 일반적인 반응적 패턴을 진정시키는 과정을 발전시킨다. 이러한 훈련은 휴대전화 알림과 같은 사소한 자극에 대응하는(혹은 대응하지 않는) 데도, 샘의 경우처럼 중독의 파괴적인 욕구과 같은 중대한 경험에 대처하는 데도 사용할 수 있다.

마음챙김이 주류 문화에 더 확고히 자리 잡으면서, 이를 적절히 설명할 수 있는 정의를 찾기 위한 노력이 계속되고 있다. 〈표 1-1〉은 불교 경전(Nyanaponika Thera, 1962), 불교 학자(Gunaratana, 2002), 서구 불교 심리학의 1세대 지도자들(Goldstein, 2013), 현대의 마음챙김 과학자들(Bishop et al., 2006; Langer, 1989; Shapiro, 2009)의 몇 가지 대표적인 정의를 보여 준다. 각각의 정의를 하나씩 논의하기보다는, 고대와 현대의 마음챙김 정의들 사이에서 공통점과 주제를 살펴본다.

먼저, 마음챙김은 상태, 과정, 능력으로 설명할 수 있다:

- 현재 순간에 존재하는 상태(예: 개방성, 허용, 포괄성). 이는 우리 삶 속에서 체화되고 경험적인 방식으로 지속적으로 현존하는 것이다. 이는 몸과 현재 순간의 경험에서 벗어나 다른 일에 몰두하거나 생각, 기억, 기대 등으로 산만해지는 마음의 습관적인 경향인 망각의 해독제라 할 수 있다.
- 순간순간의 경험을 펼쳐나가는 과정.
- 능력. 마음챙김이 우리 삶 속에서 길러지고 적용될 수 있는 훈련 가능한 자질이라는 점에서 중요한 의미를 지닌다.

둘째, 마음챙김의 핵심에는 주의와 알아차림을 어떻게 활용할 것인지에 대한 의도성이 있다. 즉, 마음챙김은 주의를 손전등의 빛처럼 어디에 비출지, 무엇을 어둠 속에 남겨둘지를 선택하는 것이다. 이뿐만 아니라, 주의를 가지고 놀듯이 초점을 좁히거나 넓히고, 선명하게 또는 흐리게, 역동적으로 또는 더 수동적으로 조정할 수도 있다. 주의를 의식적으로 선택하고, 초점을 맞추거나 더 넓은 알아차림으로 확장할 수 있다. 주의가 넓어지면 단일한 초점이 있는 것이 아니라, 주의의 작업대에 떠오르는 모든 경험에 의도적으로 주의를 기울이게 된다.

아이들이 마음챙김을 배울 때, 손전등의 비유를 사용할 수 있다.[8] 손전등을 가지고 노는 활동은 주의를 가지고 노는 활동의 준비 단계가 될 수 있다. 손전등은 다양한 방향으로 빛을 비출 수 있으며, 일부 손전등은 빛의 초점과 렌즈를 조절할 수도 있다. 이러한 놀이를 통해 아이들은 알아차림 속에서 무엇을 주의의 전경(前景)에 두고, 무엇을 배경으로 둘지를 배울 수 있다.

주의는 또한 의도적으로 다양한 감각 방식에 놓일 수 있다. 예를 들어, 청각, 시각, 촉각, 미각, 후각 등이다. 각 감각 방식은 우리가 경험에 주의를 기울이는 주요 창구가 될 수 있다. 주의는 또한 생각, 이미지, 기분의 영역에 놓일 수도 있으며, 우리는 이 중 무엇을 주의의 대상으로 삼을지를 선택할 수 있다.

마음챙김 훈련은 보통 초점적 주의로 시작한다. 이를 통해 사람들이 앞서 설명한 방식으로 주의를 안정시키고 활용하는 방법을 배울 수 있다. 이러한 기초가 마련되면, 더 넓고 확장된 방식으로 경험을 바라보도록 안내를 받는다. 이를 때때로 열린 모니터링이라고 한다(Lutz, Slagter, Dunne, & Davidson, 2008).

셋째, 주의와 알아차림은 특정한 **태도적 특성**을 담고 있다. 가장 기본적으로, 우리는 긍정적이든, 부정적이든, 중립적이든 경험에 대해 열려 있고, 허용적이며, 포괄적인 태도를 개발시킬 수 있다. 그 밖의 태도적 특성으로는 호기심, 끈기, 인내, 친절, 돌봄, 신뢰, 평정심이 포함된다. 주의력과 알아차림의 영역은 반드시 짚고 넘어가야 할 점이지만, 태도적으로는 중립적이지 않다. 마음챙김은 차갑거나 기계적인 것이 아니다. 오히려, 주의에는 목적, 흥미, 따뜻함, 생동감이 깃들어 있다.

넷째, 마음챙김 훈련과 프로그램에는 **노력**이 필요하다. 마음챙김 수행자는 지속적인 노력이 무엇인지 배우게 되며, 이는 지나치거나 부족하지 않은 적절한 수준의 노력을 의미한다. 이 노력은 억지로 애쓰는 것이 아니라, 따뜻한 감정을 동반하고, 겪는 어려움에 대해 자비를 가지며, 균형잡힌 열정이나 헌신을 동반하는 노력이다. 시간이 지나면서, 어려운 경험이라 할지라도 그것을 마주할 수 있다는 신뢰감이 생겨난다. 종종 사용되는 비유로, 적절한 노력은 기타 줄을 조율하는 것과 같다고 한다. 줄이 너무 팽팽하면 음이 너무 높아지고, 너무 느슨하면 음이 낮아지는 것처럼, 적절한 균형이 필요하다.

다섯째, 마음챙김은 **윤리적 차원**을 가지고 있다. 마음챙김은 이해를 돕고, 고통을 줄이며, 기쁨을 증진하고, 자비를 늘리며, 더 마음챙김이 있는 삶을 살 수 있는 기회를 제공하기 위한 목적으로 활용되고 훈련된다. 마음은 현재 순간의 경험 속에서 더 큰 명확성, 대응, 평온함을 배울 수 있으며, 이를 통해 고통이 줄어들거나 완전히 사라질 수도 있다. 이 윤리적 차원의 중심에는, 우리의 경험에서 무엇이 건전한지 알아내는 것이 있다. 즉, 좋은 결과로 이어질 가능성이 높은 것을 향해 나아가는 것이다. 이 과정에서 다른 이들이나 우리 자신의 안녕감을 저해하는 패턴과 경향을 놓아버리도록 선택할 수 있다. 예를 들어, 고통에 직면했을 때, 우리는 자비의 태도를 취하며, 가혹한 경향을 놓아버릴 수 있다.

요약하자면, 마음챙김은 여러 면을 가진 다이아몬드와 같다. 마음챙김은 상태, 과정, 능력이며, 그 중심에는 의도성이 있다. 또한 마음챙김은 특정한 태도(호기심, 친절, 인내, 돌봄)를 내포하고 있으며, 노력을 요구하고, 본질적으로 윤리적이다. 마음챙김의 이러한 여러 측면은 종종 무엇과 어떻게로 요약된다. 무엇은 주의의 초점과 넓은 알아차림이고, 어떻게는 모든 경험에 대해 호기심과 돌봄을 가지고 경험을 향해 나아가는 태도이다. 여기에 우리는 마음챙김의 왜를 추가하고자 한다. 즉, 윤리에 따른 분명한 의도성과, 우리가 가고자 하는 방향에 대한 명확한 안내가 마음챙김의 왜를 설명한다.

## 마음챙김의 기능

마음챙김의 기능은 자동적 반응에서 벗어나 대응으로 전환하게 돕고, 회피적 패턴에서 현재 순간의 경험을 있는 그대로 마주하려는 진정한 의지로 변화시키는 것이다. 전통적으로 마음챙김은 무의식에서 알아차림으로, 충동적 행동에서 의도적인 존재 방식으로의 전환을 돕는다. 위협, 역경, 통증에 직면하면 우리의 첫 번째 반응은 도망치거나 단절하려는 것이며, 과거로 물러가거나 미래로 달아나려 한다. 위협과 고통은 종종 반추, 불안, 집착, 혼란을 유발하는 계기가 된다. 우리는 괴로움을 이해하려 하기보다는 그것을 고치려는 집착에 사로잡히게 된다. 불편함과 고통에 직면했을 때 마음이 움츠러들고 도망가려는 습관적 패턴은 평생 지속되는 회피와 불안의 패턴으로 굳어질 수 있다. 회피 기제가 우리의 마음과 삶을 지배할 때, 회복탄력성, 인내력, 평정심에 대한 우리의 능력은 약화된다. 샘이 중독의 늪에 빠졌을 때, 그의 욕구와 자기 파괴적인 행동이 그의 삶을 완전히 지배했었다. 이와 같은 현상은 정도의 차이는 있을지언정 우리 모두에게도 해당된다. 우리는 종종 하루를 보내며 온전히 깨어 있고 생생하게 알아차릴 수 있는 순간이 거의 없이 지내기도 한다.

마음챙김은 이러한 습관적 경향을 반전시킨다. 마음챙김은 현재 순간을 알고, 이해하고, 온전히 경험하는 능력을 기르는 데 도움이 된다. 불교 가르침은 이를

"고통은 이해되어야 한다"라고 표현한다. 도피와 회피는 고통 앞에서 두려움과 무력감을 더욱 깊게 할 뿐, 능숙하게 대응할 수 있는 역량을 방해한다. 현재의 경험을 외면하기보다는 직면하려는 의지가 더 큰 자신감, 헌신, 이해로 나아가는 여정의 시작점이 된다. 마음챙김은 우리 삶이라는 실제적 교실에서만 길러질 수 있으며, 인간 경험의 일부인 모든 기쁨과 슬픔 속에서 배운다. 괴로움과 그 기원을 이해하는 것이 유일한 교육 과정이며, 여기에서 우리는 치유와 변화를 위한 교훈을 얻는다.

괴로움을 유발하는 많은 패턴은 긴 역사를 가지고 있다. 이는 단순히 개인적인 학습뿐 아니라 인간 종의 진화적 역사에도 뿌리를 두고 있다. 우리는 이러한 마음의 습관을 물려받았는데, 이는 종의 생존을 위해 기능해 왔기 때문이다. 그러나 마음은 가소성을 지니며, 놀라운 변화를 이룰 수 있는 능력이 있다. 마음챙김 훈련은 먼저 이러한 마음의 패턴을 보고, 알고, 이를 바꾸는 과정을 돕는다. 예를 들어, 단 8주간의 마음챙김 프로그램과 같이 놀라울 정도로 짧은 기간만으로도 참가자들은 현재 순간의 경험과의 관계를 바꾸며 삶에 중요한 변화를 가져올 수 있다(Allen, Bromley, Kuyken, & Sonnenberg, 2009). 수천 시간을 지속적으로 훈련한 장기 마음챙김 수행자들 사이에서는 이러한 변화가 더욱 두드러진다(Lazar et al., 2005; Lutz, Slagter, et al., 2008). 점점 더 많은 과학적 증거에서 이러한 변화는 우리의 뇌 구조와 기능, 신경계, 스트레스에 대한 신체 반응, 심지어 유전체에도 반영된다는 것을 보여 준다(예: Goleman & Davidson, 2017; Luders, Cherbuin, & Gaser, 2016; Luders, Toga, Lepore, & Gaser, 2009; Lutz, Brefczynski-Lewis, Johnstone, & Davidson, 2008; Schutte & Malouff, 2014).

전통적으로 마음챙김은 네 가지 주요 기능을 가진 것으로 설명되어 왔다.

### 단순한 앎과 알아차림

단순한 앎과 알아차림을 확립하는 것이 모든 마음챙김 훈련의 출발점이다. 편견이나 선호 없이 현재 순간의 경험에 대해 명료하고 지속적인 주의의 빛을 비추는 것을 배우는 지점에서 우리는 경험 그 자체와 그 경험의 내용을 알아차릴 수 있는 능력을 구분하기 시작한다. 알아차림은 우리의 감정, 감각적 인상, 기분, 생각에 다가간다. 무의식적이고 습관적이며 혼란 속에 가려져 있던 경험의 측면들을 점차 인식하고, 시간이 지나면 명확하게 볼 수 있게 된다. 마음챙김 연습에서 우리는 현재 순간의 감각, 생각, 감정을 강조하면서 경험 전체를 손전등의 빛처럼 비추도록 안내 받는데, 이는 우리가 그 순간의 미묘한 차이들을 익숙하게 알 수 있도록 하기 위해서이다.

단순한 앎과 알아차림은 높은 전망대나 탑 위에 서서 주변 풍경을 바라보는 것에 비유된다. 특별한 목적 없이 단순히 관찰하며, 알아차림은 수용적이고 편안하며, 의도적이다. 우리는 지형의 특정 요소에 지나치게 동일시하지 않는 관점을 유지한다.

마음챙김 기반 프로그램에서 사용되는 모든 주요 마음챙김 연습은 이 첫 번째 기능인 단순한 앎을 함양시킨다. 예를 들어, 의도적인 걷기 명상에서는 사람들이 길을 선택하고 그 길을 걷기로 다짐하며 걷는 동안 오직 걷기의 직접적인 감각적 경험에만 주의를 기울인다. 이 연습은 습관적이고 자동적인 걷기 방식과 마음챙김 상태에서 걷는 방식을 구분하도록 한다. 생각에 빠지거나 멍해지거나 다른 데 몰두했을 때, 우리는 20분 동안 한 길을 걸으면서도 아무것도 보지 못하고, 아무것에도 감동받지 못하며, 세상이 그저 정신적 활동의 배경에 불과한 상태로 있을 수 있다. 그러나 같은 길을 의도적으로 걸으며, 반복적으로 주의를 현재로 되돌리며, 걷는 것 자체, 그리고 몸과 순간에 머무를 때, 우리는 마음챙김이 세상을 비추는 방식을 느낄 수 있다. 보이고 들리는 것이 우리를 감동시키고, 몸은 끊임없이 변하는 유동적인 경험이 된다. 이는 깨어 있음의 분명한 순간으로, 우리는 다시금 현재 순간으로 반복해서 돌아오는 것을 기억하게 된다.

이 단순한 알아차림을 길러내고, 이를 모든 순간의 경험 속에서 지속하는 법을 배우면 의식에 깊은 변화를 일으킨다. 단순한 앎은 현재 순간의 경험에 어떠한 판단이나 이야기를 덧붙이지 않는 방식으로 주의를 기울이는 것이다. 생각은 그저 생각일 뿐이고, 감각은 그저 감각일 뿐이며, 소리는 그저 소리일 뿐이고, 느낌은 그저 느낌일 뿐이다. 과거와의 연관성, 미래에 대한 두려움이나 기대는 놓아버리고, 우리는 현재 순간을 있는 그대로 아는 역량을 갖추게 된다. 우리는 해석, 평가, 추측, 반추하려는 습관적 패턴에 빠져드는 힘을 명확히 알아차릴 수 있다. 그럼에도 불구하고 이러한 패턴 역시 단순한 알아차림의 빛 속에서, 습관은 습관으로, 반응은 반응으로 알 수도 있다.

중독에서 회복 중이었던 샘은 12단계 모임에 참석하기로 했다. 어느 날 저녁, 모임 후에 그는 심한 불안과 충동을 느꼈고, 재발의 위기에 놓였다. 온몸의 세포가 그를 몰아세우며 마약 딜러에게 전화를 걸어 약을 구하라고 속삭였다. 그는 12단계 프로그램의 후원자에게 전화를 걸었고, 후원자는 함께 해변에서 산책하자고 제안했다. 샘은 후원자를 기다리는 동안 해변을 걸었다. 걸으면서 그는 자신의 극심한 불안감을 명확히 알아차리게 되었다. 그의 온몸은 망각의 상태로 도망치고 싶어 했다. 충동은 그를 강하게 움켜 쥐었고, 그것은 행동으로 옮기고 싶은 강렬한 것이었다. 이것은 샘이 자신의 마음과 신체 상태를 관찰하면서도 행동에 옮기지 않은 첫 사례였다. 이후에도 이런 경험이 반복되었고, 그는 매번 더 명확하게 관찰할 수 있었다. 시간이 지나면서, 그는 이러한 충동을 예상하고 파도를 타듯 다룰 수 있게 되었다. 샘의 경험은 극단적인 예이지만, 욕구가 생겨나고 사라지는 과정은 누구나 겪는 보편적인 경험이다.

샘의 중독이 극단적으로 느껴진다면, 휴대전화를 꺼내 알림을 확인하려는 충동이나 배가 고프지 않음에도 무언가를 먹으려는 욕구, 해야 할 일이 있지만 피하고 싶은 마음에 즐겨 찾는 웹사이트를 확인하려는 충동을 떠올려보라. 이 모든 것은 회피와 도피라는 습관적인 형태로 나타난다.

단순한 알아차림을 길러내는 것은 일종의 단식과도 같다. 이는 생각과 추측을 통해 고통을 유발하는 습관과 패턴이 지속되지 않게 막는다. 마음챙김을 발전시키기 위한 핵심은, 즐거운 경험이든 불쾌한 경험이든 모든 경험에 직면했을 때, 그 경험을 밀어내거나 그 내용에 빠지거나 반추하지 않고 주의를 꾸준히 유지할 수 있는 역량을 훈련하는 것이다. 단순한 앎을 기르는 것은 쉬운 일이 아니다. 이는 놀라울 만큼 많은 노력을 필요로 하는 의도적으로 현재 순간에 존재하는 방식이다. 우리는 현재 여기에 있으려는 의도를 가지는 것부터 시작하지만, 곧 우리의 주의가 습관적인 망각과 산만함에 의해 가로채지는 것을 발견한다. 그러나 의도를 가져가고 다시 가져가는 법을 배우면서 주의를 지속하는 역량이 점점 자라기 시작한다. 이 과정의 기본적인 공식은 단순하다. 관심이 있는 곳에 의도가 따르고, 의도가 있는 곳에 주의가 따른다.

### 보호적 알아차림

마음챙김의 두 번째 기능은 보호적 알아차림이다. 마음챙김은 습관적 패턴과 기분들이 마음을 공격할 때 그 파괴적인 힘을 분명히 인식하고, 이를 통해 마음을 보호하는 방식을 가르친다. 마음챙김은 반추, 불안, 혐오, 해리, 동일시가 어떻게 괴로움을 만들어 내고, 우리의 능력을 약화시키며, 부정적인 자기 인식을 형성하는지 보여 준다. 단순한 알아차림을 통해 우리는 마음의 풍경을 탐색하고, 안녕감을 해치는 익숙하고 반복적인 습관들과 친숙해진다. 이를 통해 주의를 활용해 무엇을 알아차림 속에 허용할지, 그리고 무엇을 알아차림 밖에 머물게 할지를 선택하기 시작할 수 있다. 이는 결코 쉬운 일이 아니다. 이러한 습관들이 끝나기를 바라면서도 동시에 그것들에 매료되거나 거의 중독된 듯한 상태에 빠지는 묘한 긴장감을 경험하기도 한다.

고대의 비유 중에는 도시의 문지기에 대한 이야기가 있다. 문지기의 역할은 도시를 찾아오는 모든 방문객을 만나는 것이다. 문지기는 도시에 도움이 되는 유익한 방문객들을 알아보고 환영하며, 도시에 해를 끼치는 방문객은 돌려보낸다.

> 문지기는 지혜롭고 유능하며, 똑똑한 사람으로, 낯선 이를 막고 아는 사람은 들여보낼 것이다. 그가 도시를 둘러싸고 있는 길을 따라 걷는 동안, 고양이 한 마리가 지나갈 만한 틈이나 구멍조차도 벽에서 찾아볼 수 없었다. 그는 이렇게 생각할지도 모른다. "이 도시로 들어오고 나가는 모든 큰 생명체들은 이 한 개의 문을 통해 드나드는구나." (Bhikkuhu Bodhi, 2005)

보호적 알아차림에는 분별력이 필요하다. 이는 도시의 주민이 누구인지, 방문객이 누구인지, 이들이 이익을 의도하는지 아니면 해를 끼치려는지를 아는 것을 포함한다. 이는 마음챙김의 비판하지 않고 포용적인 특성을 강조하는 주류 마음챙김 기반 응용 프로그램과는 상충하는 것처럼 보일 수 있다. 그러나 불교 심리학에서는 판단하는 마음이 필연적으로 갈등과 고통을 만들어 낸다고 본다. 판단과 분별은 서로 다른 과정이다. 불교 심리학에서 마음챙김은 윤리적인 삶의 기초이자 능숙한 대응을 연결하는 다리로서, 분별력을 함양하고 강화하는 데 중점을 둔다.

분별력은 주로 무엇이 더 좋고 나쁜지, 건전한지 불건전한지, 선과 악인지, 가치가 있는지 없는지에 초점을 맞추지 않는다. 대신, 이는 단순한 알아차림에 의해 뒷받침된다. 예를 들어, 길을 걷다가 몸이 약한 사람이 쓰러지는 것을 보게 된다면, 단순한 앎은 우리가 그 사건을 분명히 인지하도록 해 준다. 그러나 그저 그 장면을 관찰하는 것만으로는 당연히 다친 사람을 돕지 못한다. 만성 통증을 겪고 있는 모하메드를 떠올려보자. 만약 그가 통증의 감각을 명확히 알아차릴 수는 있지만, 이에 대한 선택이나 행위의 주체성을 느끼지 못한다면, 이는 큰 도움이 되지 않을 것이다. 분별력은 고통을 인식하고, 자신의 고통이나 다른 사람들의 고통을 해결하기 위해 능숙한 선택을 하도록 이끈다. 샘이 재발의 위기에 처했음을 알아차리고 후원자에게 전화를 거는 순간이 바로 분별의 순간이다. 모하메드가 자신의 통증이 재앙화와 절망으로 빠져들고 있음을 깨닫는 순간 또한 분별의 순간이다. 따라서 마음챙김은 역동적이고, 경험과 능동적으로 상호작용하며, 무엇이 괴로움을 유발하고 무엇이 괴로움을 끝내는지를 아는 것에 뿌리를 둔다.

분별력은 배울 수 있다. 몸에 대한 마음챙김을 수련할 때, 익숙한 습관(혐오, 반추, 수치심 등)에 이끌리는 것을 느낄 수 있다. 그러나 주의를 이러한 부정적인 패턴에 빼앗기는 대신, 몸을 몸으로, 생각을 생각으로 알아차리는 상태로 되돌아가는 것이 가능하다. 이것이 바로 보호적 알아차림의 기능이다. 보호적 알아차림은 혐오, 회피, 두려움에서 비롯된 회피나 억압과는 다르다. 보호적 알아차림은 어려운 경험을 외면하고 멀어지기보다는, 현재 순간의 경험을 온전히 알아차리도록 돕고, 괴로움을 만들어 내고 재생산하는 패턴에 관여하지 않기로 선택할 수 있게 한다. 모하메드가 고른 적절한 스트레칭을 통해, 자신의 통증 감각을 알아차리는 순간, 날카롭고 타는 듯한 통증에서 빠르게 완화되는 경험을 할 수 있다. 이는 신체의 긴장, 절망감, 파국화라는 오래된 패턴을 대체할 수 있는 대안이 된다.

인간의 마음이 비난하고, 수치심을 느끼고, 판단하고, 반추하며, 단순히 상황이 지금과 다르기를 바라는 경향은 강력하고, 반복적이며, 개인적이면서도 보편적이다. 그리고 이는 예측 가능한 고통스러운 결과를 초래한다. 이러한 경향이나 습관은 정신 건강 문제에 직접적인 영향을 미칠 수 있다. 심지어 불안과 우울, 그리고 걱정하거나 반추하려는 경향이 대를 이어 유전될 수 있다는 증거도 있다(Ziegert & Kistner, 2002). 이러한 괴로움의 패턴에 대해 이해해야 할 점이 많을지라도, 그 이해는 반추를 통해 얻어지는 경우가 드물다. 보호적 마음챙김은 원하지 않는 것을 밀어내는 과정이 아니라, 반복적으로 압도당하지 않고도 살아갈 수 있다는 것을 배우는 과정이다. 또한 이것은 세대에서 세대로 전달되는 도움이 되지 않는 사고 패턴의 순환을 끊는 데 도움을 줄 수 있다.

### 탐구적 알아차림

마음챙김의 세 번째 기능은 탐구적 알아차림이다. 이를 설명하는 비유는 화살에 맞은 사람을 수술하는 외과의사의 모습이다. 숙련된 외과의사는 화살을 무작정 뽑기보다는, 먼저 상처를 평가하여 그 특징을 파악한다. 평가가 끝나면, 진단을 내리고, 화살을 제거하는 가장 유익한 방법을 결정하고, 치료 결과를 예측하고 치료 방법을 처방한다. 탐구적 마음챙김은 주로 이해와 통찰에 관한 것이다. 이는 마음챙김을 통해 이해를 얻고, 그 이해가 우리의 경험의 형태는 물론 마음 자체를 근본적으로 변화시킬 수 있는 창(window)을 마련한다. 탐구한다는 것은 마음챙김 훈련과 프로그램의 핵심적인 가르침과 연결된다—괴로움이 있음을 아는 것, 괴로움에 원인이 있음을 아는 것, 괴로움이 끝날 수 있음을 아는 것, 괴로움의 끝으로 나아가는 길이 있음을 아는 것이다(Teasdale & Chaskalson, 2011a).

탐구적 알아차림은 경험적이면서도 개념적이다. 공식적인 마음챙김 연습, 심리 교육, 그룹 내 인콰이어리를 통해 우리는 마음에 대한 이해를 점점 더 깊게 하게 된다. 이는 마음이 우리의 내적 경험을 만들어 내는 방식과 동시에 외적 세계에 의해 형성되고 영향을 받는 방식을 이해하는 데 도움을 준다. 가장 단순한 차원에서, 모하메드는 허리에 느껴지는 고통스러운 감각을 알아차리게 되지만, 마음챙김을 통해 혐오와 저항이 이 감각을 더 악화시킨다는 사실도 알게 된다. 그는 통증을 있는 그대로 바라보며, 그 통증이 "타는 듯한" 또는 "찌르는 듯한" 감각임을 인식한다. 그는 통증을 돌봄을 가진 주의로 대하는 법을 배우고, 통증이 자신을 정의하지 않으며, 그를 정의하는 것은 좋은 아버지로서의 역할과 같은 다른 요소들이 있음을 이해한다. 마음챙김이 항상 신체 감각을 사라지게 하는 것은 아니지만, 신체 감각과 관계를 맺는 방식, 그리고 신체 감각이 우리의 의식에 미치는 영향을 근본적으로 변화시킬 수 있다. 탐구적 알아차림은 분별력과 선택권을 제공한다. 예를 들어, 몰입할 수 있고, 주의를 분산시키며, 즐거움을 주는 활동들이 많지만, 우리는 분별력을 발휘하여 그 활동들을 선택적으로 행한다(예: 뜨개질, 정원 가꾸기, TV 시청, 친구와 대화하기, 팟캐스트 듣기 등). 탐구적 알아차림의 핵심은 의도성과 선택이다.

### 지각과 관점의 재구성

마음챙김의 네 번째 기능은 앞의 세 가지 기능과 밀접하게 연결되어 있으며, 지각과 관점을 의식적으로 재구성하는 것이다. 불교 심리학에서는 이 기능을 자신, 타인, 그리고 모든 사건과 경험에 대해 친절함과 친밀한 태도를 의식적으로 기르는 것을 통해 가르친다. 친절함과 친밀한 태도는 모든 마음챙김 가르침에 스며들어 있다. 반면, 혐오는 우리로 하여금 자신, 타인, 그리고 우리의 삶에서 일어나는 사건들을 외면하게 만든다. 혐오를 느낄 때, 우리는 원하지 않는 것을 두려워하며 판단과 비난에 빠지고, 너무도 자주 동요하며 회피하는 상태에서 삶을 보내게 된다. 하지만 우리의 알아차림이 모든 경험에 호기심과 친밀한 태도로 맞이하게 되면, 타인을 적이나 위협으로 바라보는 관점이 부드러워지기 시작한다. 우리는 더 이상 스스로가 믿고 있는 것처럼 상처받고 불완전한 사람으로만 여기지 않게 된다. 고통은 일어나고 변화한다는 것을, 암울함은 영구적이지 않다는 것을 알게 된다. 이러한 새로운 지각 속에서 스스로를 가치 없다고 묘사하는 방식을 다시 바라볼 수 있다. 한때 위협적이고 회색빛이며 의미 없다고 느껴졌던 삶은 새로운 방식으로 보이기 시작한다. 우리는 자신의 생각과 삶을 변화시킬 수 있는 선택지가 있다는 것을 깨닫게 된다.

마음챙김의 네 가지 기능을 기르는 것을 불교 심리학에서는 지혜로운 마음챙김 혹은 능숙한 마음챙김이라 부른다. 이는 마음을 고통에서 벗어날 수 있도록 돕고, 마음챙김적인 삶의 방식 속에 체현된다. 이 네 가지 기능을 실제로 이해하기 위해, 두 십 대 자녀를 둔 44세의 법원 치안 판사이자 싱글맘인 링의 이야기를 다시 살펴보자. 링은 십 대 시절부터 시작된 우울증 병력이 있었다. 2년 전 MBCT 프로그램에 참여하면서 그녀는 장기적으로 자신의 안녕감을 유지하기 위한 새로운 기술을 배웠다. 그녀는 이 프로그램이 도움이 되었다고 느꼈고, 이후 마음챙김 연습을 지속하면서 자신을 돌보았다. 아래는 마음챙김이 링에게 어떻게 이 네 가지 기능을 충족시켰는지를 보여 주는 예시이다.

> 링은 특별한 이유 없이 새벽 3시에 불길한 예감과 함께 깨어났다. 깨어나자마자 거의 동시에, 그녀의 마음속에 형성된 모든 익숙한 경로들이 그녀를 걱정과 초조함으로 이끌었다. 하루가 피곤함으로 망가질 것이라는 익숙한 감각이 있었고, 이는 우울증을 촉발할 수 있는 비옥한 토양이었다(단순한 앎과 알아차림). 그녀는 가라앉는 듯한 느낌을 알아차렸다. 그것은 익숙하고도 두려운 느낌이였다. 링에게는 이 인식이 첫 번째 단계였다. 용기와 단호함을 가지고 스스로에게 말했다. "이건 내 검은 개야. 이건 우울이야."
>
> 그다음 단계는 미세하지만 깊이 있는 마음의 방향 전환(보호적 마음챙김)으로, 친근하게 허용하는 태도로 바뀌는 것이었다. 그녀는 자신에게 이렇게 말했다. "또 왔구나, 익숙한 옛 친구야. 괜찮아, 나는 너를 잘 알아." 링은 가라앉는 느낌을 친밀함으로 맞이하고, 몸과 마음에서 무엇을 경험하고 있는지 탐구하기 위해 열린 자세로 마주했다. 그다음 그녀가 의도적으로 취한 단계는 호흡과 몸을 안정시키는 것이었다. 그녀는 주의를 복부로 가져와 배에 손을 얹고, 숨이 들어오고 나가며 복부가 움직이는 것

을 느꼈다. 한 호흡, 두 호흡, 의도적으로 호흡에 주의를 천천히 안정시켰다. 하지만 어쩔 수 없이 마음은 다시 걱정으로 끌려가는 듯했다. 하지만 그녀는 단호하고 부드럽게 주의를 복부와 호흡으로 다시 가져갔다(보호적 알아차림). 링은 주의를 통해 스스로를 안정시키고 있었다.

10분 동안 호흡에 주의를 고정하며 안정시킨 후, 링은 자신이 능동적으로 선택할 수 있다고 느꼈다. 침대에 그대로 머물며 잠들도록 도와줄 만한 연습을 할 수도 있었고, 아니면 일어나서 커피를 한 잔 마시고 하루를 시작하며 그날 밤에는 숙면을 취할 가능성이 높다고 생각할 수도 있었다(탐구적 알아차림). 링은 일어나기로 선택했고, (가족들이 깨어나기 전에) 커피를 한 잔 마시는 시간을 진심으로 음미하며, 오랫동안 미뤄왔던 일을 시작하기로 했다. 그것은 전 직장 동료를 위한 추천서를 작성하는 일이었다. 한 시간 후, 그녀는 추천서를 인쇄하며 잠시 멈춰 그 내용을 읽었고, 동료를 도울 수 있었다는 사실에 뿌듯함을 느꼈다. 동료가 좋은 직장을 구하는 데 자신의 추천서가 도움이 될 것이라는 생각에 미소가 번졌다. 그러면서 자녀들이 위층에서 자고 있는 모습이 떠올랐다. 링은 커피를 한 잔 더 따르고 앉아, 커피를 음미하며 아이들을 떠올렸다. 그날 아침 링이 만들어 낸 마음의 변화는 중요한 전환점이 되었으며, 그녀에게 힘을 실어 주었다. 그녀의 검은 개는 여전히 그곳에 있었지만, 그녀는 마음챙김으로 그것을 마주할 수 있었다(지각과 관점의 재구성).

우리는 링의 이른 아침을 통해 마음챙김의 다양한 측면과 기능이 어떻게 작동하는지를 볼 수 있다. 과거였다면, 이러한 순간은 우울증 삽화로 발전했을 가능성이 높다. 그녀의 불길한 예감은 그 경험을 집어삼키며 하향 나선을 그렸을 가능성이 크다. 그러나 이번에는 링이 이를 인식하고 주의를 안정시켰으며, 경험에 친절함과 인내의 태도를 가져왔다. 그녀는 호흡과 몸에 대한 마음챙김 연습을 실천하며 주의를 더욱 안정시켰다(보호적 알아차림). 그녀는 이 불길한 예감을 "검은 개"라고 이름 붙였고(통찰 및 지각과 관점의 재구성), 친절함, 평정심, 인내의 태도로 이를 대했다. "또 왔구나, 익숙한 옛 친구야. 괜찮아, 나는 너를 잘 알아." 그녀는 점차 자신이 능동적으로 선택할 수 있다고 느꼈고, 일어나서 생산적인 무언가를 하기로 선택했다. 이는 우울증의 조기 경고 신호에 직면하여 분별력과 회복력을 보여 준 것이다. 그녀는 커피를 음미하며 자신이 도왔던 동료와 위층에서 자고 있는 가족들을 떠올리며 뿌듯한 마음을 가졌다(긍정적인 경험에 대한 알아차림). 이 모든 몸과 마음에 대한 행동은 그녀가 우울증의 굴레에서 벗어나 더 나은 정신 건강과 안녕감을 누리고자 하는 의도 위에서 이루어진 것이었다. 이는 그녀 자신뿐만 아니라 그녀의 삶에 영향을 미치는 모든 사람들(자녀, 친구, 동료)을 위한 것이기도 했다. 이러한 마음의 전환은 링이 하루의 방향을 바꿀 수 있게 했으며, 시간이 지나면서 그녀가 마음챙김적인 삶을 살아가는 역량을 키워나갈 수 있도록 도왔다.

> 핵심적인 통찰은 마음챙김이 네 가지 기능을 가지고 있다는 점이다: (1) 단순한 앎과 알아차림, (2) 보호적 알아차림, (3) 탐구적 알아차림, (4) 지각과 관점의 재구성.

## 마음챙김의 은유

불교 심리학과 현대 마음챙김에 대한 설명에서는 마음챙김을 전달하기 위해 비유, 은유, 심상이 자주 사용된다. 이미 마음챙김을 정의하는 과정에서 몇 가지를 언급했으며, 가장 유용한 예들을 〈표 1-2〉에 요약했다. 이러한 은유는 서술적인 글만으로는 다 담아낼 수 없는 마음챙김의 다양한 측면을 표현하여 이해에 깊이와 질감을 더해 준다.

마음챙김 프로그램에 참가한 한 참가자로부터 배운 강력한 비유는 뉴욕의 나이아가라 폭포 상류에서 격류를 헤쳐나가는 카약 선수의 모습이었다. 참가자는 마음챙김이 없으면 카약 선수가 강의 흐름에 휩쓸려 내려가고 위험에 빠지기 쉬운 것과 같다고 설명했다.

알아차리지 못하면 카약 선수는 나이아가라 폭포를 향해 끌려가 떨어지는 위험에 노출되는데, 그녀는 이를 우울증 재발에 휘말리는 경험에 비유했다. 반면, 숙련된 카약 선수는 강을 따라 내려갈 때 현명한 선택을 통해 강을 탐색할 수 있다.

예를 들어, 격류 속에서도 숙련된 카약 선수는 비교적 안전하게 쉬어갈 수 있는 공간을 찾아 카약을 안정시키고, 능숙하게 하류로 내려갈 경로를 선택할 수 있다. 그녀는 이를 우울증의 조기 경고 신호를 알아차리고, 알아차림을 중심으로, 우울증을 예방하고 회복과 안녕감을 지원하는 방식으로 대응하는 것에 비유했다.

## 마음챙김이 아닌 것

이 장의 서두에서 언급했듯, 마음챙김은 다양한 의미를 내포한다. 그렇기 때문에 오해가 생기기 쉽고, 진부하게 여겨지거나, 심지어 풍자화되기도 한다. 여기에서는 가장 흔한 오해 몇 가지를 차례로 살펴본다.

마음챙김은 이완이나 긴장을 풀기 위한 것이 아니다. 일부 마음챙김 연습의 긍정적인 결과로 이완될 수는 있지만, 마음챙김의 본질은 경험에 주의를 기울이고 이를 알아차리는 것이다. 이는 경험이 긍정적이든, 부정적이든, 중립적이든 상관없다. 마음챙김은 멍 때리기가 아니다. 사실 고전적인 가르침에서는 마음챙김을 우리의 경험과 삶에 깨어 있는 것으로 설명한다.

마음챙김은 빠른 해결책도 아니고 간단하지도 않다. 마음챙김의 한 측면이 단순히 아는 것이긴 하나, 이것이 마음챙김이나 마음챙김 연습이 단순하거나 쉽고 빠른 변화를 가져온다는 뜻은 아니다. 마음챙김을 연습하기 위해 앉는 순간, 우리는 곧바로 마음챙김이 쉽지 않다는 것을 깨닫게 된다. 잠시 멈추고 마음을 살펴보면, 경험은 즐거운 것과 불쾌한 것을 포함하여 그 자체로 질감과 깊이, 풍요로움을 지닌다.

마음챙김은 마음을 비우거나, 생각하지 않거나, 경험에서 벗어나는 것이 아니다. 오히려 마음챙김은 경험을 향해 눈을 돌리고, 경험 속에서 발견하는 모든 것과 함께 머무르는 것이다. 여기서 의도하는 바는 마음챙김이 선택과 더 명확한 사고를 가능하게 한다는 것이다. 일부 숙련된 마음챙김 수행자들은 생각의 끊임없는 흐름이 잠시 멈추는 넓은 상태로 묘사되는 경험을 하기도 하지만 이러한 상태는 흔하지 않으며, 마음챙김 기반 프로그램의 목표도 아니다.

마음챙김은 자아를 없애는 것이 아니다. 대신 마음챙김은 우리가 마음에 대해 직접적이고 경험적으로 배울 수 있는 조건을 만들어 준다. 이러한 배움이 종종 관점의 변화를 가져오곤 한다. 예를 들어, 링은 경험이 방향을 바꾸거나 그 자체가 변화한다는 점, 즉 무상하다는 것을 이해하게 되었다. 자신의 생각과 감정을 알아차림으로써 "나는 나의 부정적인 생각이 아니다"라는 사고로 전환하며, 오래된 패턴에 빠지지 않고 긍정적인 선택을 할 수 있게 되었다. 모하메드 역시 "나는 나의 통증이 아니다"라는 중요한 깨달음을 얻었고, 샘도 자신이 갈망 그 자체가 아니라는 사실을 보았다. 비록 욕구가 강렬했을지라도, 그는 이러한 감각의 파도를 타며 배우는 과정을 통해, 강렬한 마음 상태를 인식하고 다룰 수 있는 자신의 역량에 대한 신뢰를 쌓게 되었다. 이는 자아를 없애는 것이 아니라, 존재와 앎의 새로운 방식을 배우는 것이었다. 마치 자동차를 운전하며 다른 기어로 전환하듯, 마음에도 그 상태를 보고 다른 기어를 선택할 수 있다.

마음챙김과 명상은 동일한 것이 아니다. 명상 수행은 거의 모든 묵상을 하는 전통에서 찾아볼 수 있으며, 다양한 목적을 가진다. 명상은 주의를 훈련하고, 다양한 종류의 알아차림을 개발하며, 마음의 태도를 기르고, 의도성과 윤리 의식을 함양하는 데 도움을 줄 수 있다. 반면, 마음챙김은 누구나 가지고 있는 상태이자 과정이며 능력으로, 이러한 명상 연습을 통해 훈련되고 길러질 수 있다. 마음챙김 기반 프로그램에서는 이러한 연습에 특별한 의도, 즉 마음을 더 잘 이해하고, 고통을 줄이고 더 큰 기쁨과 평온 속에서 살아갈 수 있도록 훈련하는 것을 목적으로 한다. 마음챙김 훈련과 마음챙김 기반 프로그램에 대한 더 자세한 설명은 부록 2를 참고하면 된다.

마음챙김 연습은 낯설고, 익숙하지 않으며, 때로는 두려운 경험을 불러일으킬 수 있다. 여기에는 의도하지 않은 신체의 움직임, 빛을 보거나 소리를 듣는 경험, 해리 상태, 또는 불안이나 우울감의 악화와 같은 것이 포함될 수 있다. 물론 이러한 경험은 마음챙김 연습의 의도가 아니다. 따라서 마음챙김 지도자가 적절히 훈련을 받는 것이 필수적이다. 엔지니어나 의사가 자신이 자격을 갖춘 일만 해야 하듯, 마음챙김 지도자도 충분히 훈련받아야 한다. 그들은 인간의 마음이라는 매우 복잡하고 강력한 기관을 다루고 있기 때문이다(Baer & Kuyken, 2016).

마지막으로, 마음챙김은 윤리적으로 의심스러운 일을 위해 사용할 수 있는 단순한 주의 훈련이 아니다. 만약 저격수가 사람을 더 잘 죽이기 위해 주의를 훈련한다면, 이는 주의 훈련일 뿐 마음챙김이 아니다. 만약 어떤 조직이 특정 명상법을 사용하여 구성원을 복종하도록 만든다면, 이는 마음챙김이 아니라 세뇌이다. 마음챙김은 본질적으로 윤리적이다. 마음챙김 훈련은 모든 것이 의도성 위에 기초한다. 즉, 사람들이 고통을 덜 받고, 의미 있고 보람 있는 삶을 살도록 돕는 것을 목적으로 한다.

## 개요

여러 면에서 우리는 지금 놀라운 가능성을 가진 시대에 살고 있다. 전 세계적으로 더 많은 사람들이 더 오래 살고, 경제적 안정 속에서 살며, 폭력의 위험이 줄어들고, 교육과 기회의 향상을 누리고 있다. 그러나 여전히 다양한 형태의 인간적 고통이 존재하며, 그 대부분은 인간의 마음과 내면에서 비롯된다. 우리는 마음챙김이 불교 심리학과 현대 심리학적 과학의 고대 이해와 연습이 어떻게 융합되어 있는지 설명했다. 또한 마음챙김과 마음챙김 훈련이 이러한 고통을 이해하고 변화시키는 방법을 제공할 수 있으며, 더 큰 이해, 자비, 대응을 가지고 살아가는 길을 열어줄 수 있다고 제안했다. 그러나 먼저, 마음챙김의 정의와 그 다양한 의미를 살펴볼 필요가 있다.

마음챙김은 훈련할 수 있는 상태이자 과정이며 능력이다. 이는 명확한 의도성과 특정한 태도를 담고 있는 알아차림으로, 경험에 관심과 돌봄을 가지고 다가가는 것을 의미한다. 마음챙김은 다양한 요소가 조화를 이루며 그 효과를 발휘한다. 윤리, 에너지, 분별력과 같은 요소들이 상호작용하며 서로 조화를 이루어 우리의 이해를 깊게 하고, 마음에 중요한 심리적 변화를 일으키며, 이를 통해 마음을 고통에서 해방시키고 통찰과 이해를 얻으며, 마음챙김적인 삶을 살아갈 수 있는 가능성을 열어준다. 이러한 삶은 심리적 안녕감, 만족스러운 관계, 불안과 우울의 감소, 중독적 행동으로부터의 해방감, 고통과 불가피한 어려움 속에서도 삶이 충만하고 의미 있다는 느낌으로 특징지어진다. 이러한 변화는 인간관계, 가족, 공동체, 조직, 그리고 더 넓은 세상으로 확산된다.

마음챙김은 다음과 같은 주요 기능을 가진다:

- 단순한 앎과 알아차림
- 보호적 알아차림
- 탐구적 알아차림
- 지각과 관점 재구성

> 다음의 실질적 정의는 위에서 언급된 마음챙김의 요소와 기능을 포함하고 있다. 이는 마음챙김을 배우고 가르치는 사람들에게 도움이 될 수 있게 유용한 핵심적인 측면을 담아내기 위해 작성되었다.
>
> 마음챙김:
>
> - 인간이 지닌 자연스럽고 훈련 가능한 역량이다.
> - 모든 경험에 주의와 알아차림을 가져오도록 돕는다.
> - 특정 순간에 존재하는 모든 것에 똑같이 개방적이다.
> - 호기심, 친절함, 자비의 태도를 전달한다.
> - 분별력이다.
> - 고통을 줄이고, 더 큰 안녕감을 누리며, 의미 있고 보람 있는 삶을 살아가는 데 기여한다.

# 마음의 지도

## 주의, 지각, 판단하는 마음

> 모든 경험은 마음에서 시작되고 마음에 의해 이끌리며
> 마음에 의해 형성된다.
>
> –Acharya Buddharakkhita (1996)

사람들이 사막이나 황야 같은 장소에 떨어졌을 때, 길을 찾아 나가도록 지시를 받으면 어떤 일이 벌어지는지에 대한 흥미로운 연구가 있었다. 연구 결과, 지도나 참고할 만한 기준점 없이 길을 찾으려 하면 사람들은 원을 그리며 걷다가 처음 시작했던 지점으로 돌아오는 경향이 있다는 사실이 밝혀졌다(Souman, Frissen, Sreenivasa, & Ernst, 2009). 이는 싯다르타 고타마(붓다)가 가족의 보호 아래 있는 집을 떠나 새로운 탐구를 위해 몇 년간 방황했던 이야기와 유사하다. 그는 여러 경로를 따라갔지만, 그것들이 결국 제자리로 돌아오거나 막다른 길임을 깨닫고 그 길들을 피했다. 결국 여러 해에 걸쳐 그는 자신의 마음이 어떻게 괴로움을 유지하고 고통을 만들어 내는지를 보여 주는 지도를 그렸다. 이 지도는 그가 자신의 삶을 탐험하고 방향을 잡는 데 사용되었다.

심리학의 격언 중 하나는 "좋은 이론만큼 실용적인 것은 없다"는 것이다(Lewin, 1951). 심리학 이론은 지도와 같아서 우리가 마음의 지형을 이해하고, 이를 탐색하는 방법을 배우는 데 도움이 된다.[1] 심리학적 과학은 마음의 특정 영역(예: 주의, 지각)에 대한 상세한 지도를 만드는 데 큰 기여를 해 왔다. 현재 많은 정신 건강 문제에 대해서도 이를 유지하고 악화시키는 원리를 설명하는 이론이 생겨났다. 여기에는 불안 장애, 우울증, 중독, 강박장애, 정신증 등이 포함된다. 예를 들어, 심리학적 연구는 주의 집중, 파국화, 반복적 사고, 반증 가능한 증거를 배제하는 것과 같은 선택적 처리가 특정한 정신건강 문제를 유지시키는 주요 특징임을 보여주었다(Beck, 2005; Watkins, 2008). 건강 불안이 있는 사람들은 신체 감각에 대해 과도하게 경계하고, 일반적인 감각을 심각한 건강 문제로 해석하는 경향이 있다(Rode, Salkovskis, & Jack, 2001). 또 다른 예로, 오랜 우울증 병력을 가진 사람들은 슬픔과 같은 정상적인 감정을 다르게 경험한다. 슬픔을 느낄 때, 이는 부정적인 생각과 기억이 쇄도하여 일반적인 슬픔이 우울증으로 확대될 수 있다(Farb et al., 2010; Segal et al., 2006). 이러한 질환별 심리학적 지도(이론)는 이러한 상태가 어떻게 발생하고 유지되는지를 설명하고 이해하는 데 도움을 준다. 무엇보다, 이러한 이론을 바탕으로 심리학자들이 맞춤형 심리 치료법을 개발할 수 있게 되었다. 특정 처리 과정을 목표로 삼음으로써 사람들은 정신 건강을 회복할 수 있게 되었다(Beck & Dozois, 2011; Beck & Haigh, 2014).

이러한 지도들은 **개인 맞춤형 개념화**를 하는 데도 활용될 수 있다(Kuyken, Padesky, & Dudley, 2009). 즉, 내담자와 치료자가 함께 특정한 시점에 그 사람이 어떤 어려움을 경험하게 되었는지에 대한 지도를 만들 수 있다. 이는 건강 불안, 우울증 또는 다른 문제의 형태를 포함할 수 있다. 그들은 그 사람 특유의 믿음과 반응 패턴을 검토하여, 이러한 어려움을 유지시키는 요인을 살펴볼 수 있다. 이는 단순한 학문적 작업이 아니라, 건강과 안녕을 향한 길을 찾기 위한 것이다.

지도는 보편적인 수준, 특정 집단에 특화된 수준, 개별화된 수준 등 각 단계에서 삶의 방향을 잡는 데 유용하다.

## 불교와 현대 심리학의 지도

불교 심리학과 현대 심리학에서 개발된 지도는 많은 부분에서 서로 공통된다. 이 두 지도를 겹쳐 봄으로써, 고대의 통찰 중 일부가 현대 과학에 의해 어떻게 입증되고 정교화되고 있는지, 그리고 현대 과학이 불교 심리학에 의해 어떻게 입증되고 정교화될 수 있는지를 확인할 수 있다. 더 나아가, 불교 심리학은 심리학적 과학이 거의 탐험을 시작하지 않은 지형을 파악하는 데 도움을 줄 수 있으며, 심리학적 과학이 검증할 수 있는 가설을 제시할 수 있다.

우리는 과학적 관점과 명상적 관점을 통합하기 위해 지도의 비유를 선택했다. 지도는 중립적이기 때문에 어느 한쪽의 관점을 선택할 필요가 없다. 지도는 지형을 설명하고 A에서 B로 이동하는 데 도움을 주기 위한 실용적인 도구로 사용된다. 마찬가지로, 우리는 더 나은 삶을 살기 위해 마음의 지도를 그리는 것이다. 이번 장과 다음 장에서는 이러한 지도에 대해 설명한다. 먼저 심리학적 과학의 관점에서 마음을 묘사하는 지도를 살펴보고(이번 장과 3장), 이어서 불교 심리학의 지도(4장)를 다룬다. 5장에서는 불교 심리학과 현대 심리학적 과학의 주제를 함께 엮어낸다. 심리학적 과학에 익숙하지 않은 독자는 이번 장과 다음 장이 가장 도움이 될 수 있으며, 불교 심리학에 익숙하지 않은 독자는 4장이 가장 유용할 것이다. 불교와 현대 심리학의 통합한 내용은 5장에서 가장 잘 다루어진다.

현대 심리학이나 불교 심리학 중 어느 하나가 마음의 결정적인 지도를 가지고 있다고 주장한다면 그것은 오만한 일이다. 또한 우리가 이 고대와 현대 전통을 여기서 완벽히 표현할 수 있다고 하거나, 이들 간에 완벽한 통합을 이루었다고 가정하는 것은 더 큰 오만일 것이다. 대신, 이 지도들은 마음의 지형에 대한 대략적인 스케치이다. 이러한 아이디어가 과학이나 명상 연습이라는 경험주의의 잣대에 비추어 볼 때 이러한 생각들이 얼마나 공감을 얻는가 하는 것이 그 생각들의 타당성과 유용성을 판단하는 진정한 기준이다.

## 감각으로 돌아가기

많은 마음챙김 기반 프로그램에서는 참가자들에게 우리가 보통 자동 조종 모드로 하는 일상 활동에 대해 온전한 알아차림을 가져가는 연습을 통해 마음챙김을 소개한다. 참가자들은 하나의 물체에 의도적이고, 흥미를 가지고, 현재의 모든 것을 즐겁든 불쾌하든, 중립적이든 간에 동등하게 열려 있는 태도를 가져가도록 안내받는다. 이 연습은 일반적으로 건포도를 사용하며, 각 참가자는 건포도 하나를 먹는 행위에 대해 온전한 알아차림과 오감을 모두 활용해 보라는 지도를 받는다. 마음챙김 지도자는 사람들에게 건포도를 의도적으로 다루도록 설명하며, 연습 과정을 천천히 진행하면서 먼저 보고, 냄새 맡고, 만지고, 듣고, 마지막으로 맛보는 순서로 주의를 기울이도록 한다. 이 연습은 지각과 주의의 처리 방식을 이해하도록 돕고, 참가자들이 말 그대로 감각으로 돌아오도록 돕는 것을 목표로 한다(Kabat-Zinn, 2005). 아래는 연습 후 지도자가 주도한 인콰이어리 과정에서 나온 참가자들의 대표적인 반응이다(Kuyken & Evans, 2014에서 각색):

**지도자:** 무엇을 알아차렸나요? 어떤 감각이 느껴졌나요?

**링:** 저는 건포도 하나가 아니라 덩어리로 있다는 것을 알아차렸어요… 그러고 나서 바로 다양한 제빵 아이디어를 떠올리고 있는 저 자신을 발견했어요… 그러다 어린 시절 할머니 댁에 갔던 기억이 떠올랐어요… 그리고 제가 안내를 전혀 듣고 있지 않다는 것도 알아차렸고, 그래서 결국 선생님이 먹으라고 하시기도 전에 건포도를 다 먹어버렸네요. (미안한 듯 미소를 지으며)

**지도자:** 와, 정말 많은 일이 있었군요. 생각들을 잘 알아차리셨군요. 다른 분들은 무엇을 알아차리셨나요?

**모하메드:** 건포도가 마치 달처럼 보여요. 분화구와 능선이 있고, 부드럽고 반짝이는 표면도 있어요.

**지도자:** 정말 잘 보셨네요. 달과 비슷한 점도 보시고, 다른 특징들도 발견하셨

군요. 멋진 설명 감사합니다. 다른 분들은 어떠셨나요?

**소피아:** 저는 마음이 방황하지는 않았지만, 이 연습이 별로였어요. 건포도의 질감과 끈적임이 느껴졌는데, 좀 역겹다는 생각이 들었고, 버리고 싶다는 생각이 들었어요.

**링:**(소피아의 말에 답하며) 저는 좀 다른 경험을 했어요. 냄새가 정말 강하고 달콤하고 따뜻했어요. 그 냄새가 제 모든 감각을 자극했어요.

**지도자:** …그랬군요. 그리고 어땠나요?

**링:** 그 냄새가 저를 공상에서 깨워줬어요. 처음에는 약간 불안감을 느꼈지만, 곧 기분 좋은 느낌으로 변했어요. 냄새가 강하고 달콤하고 따뜻했는데, 그 때문에 침이 고이기 시작하면서 건포도를 먹는 게 기대됐어요.

**지도자:** 정말 흥미롭네요, 링. 고맙습니다. 소피아, 당신의 경험은 질감을 싫어하고 "역겨워"라고 생각하며 버리고 싶어 했던 마음이었군요. 공유해 주셔서 감사합니다.

**샘:** 제가 알아차린 건, 건포도를 입에 넣으라고 하셨을 때, 건포도를 씹기 전까지는 딱딱하고 아무 맛도 없었다는 거예요. 한 입 베어 물라고 말씀하시고 나서야 맛이 퍼졌어요. 링이 말한 것처럼 정말 미각이 반응하는 순간이었어요. 그리고 건포도를 삼키고 또 하나를 먹고 싶다는 강한 충동도 느꼈어요. (웃으며)

**지도자:** (미소를 지으며) 흥미롭네요.

**샘:** 네.

**지도자:** 몇 분 동안만 진행했는데도 많은 일이 있었네요.

다른 경험을 하신 분?

**샘:** …여기서 제가 가장 크게 느낀 건 천천히 하는 것이었어요. 저는 빨리 삼키고 싶었는데, 집에 있었다면 한 줌을 집어서 금방 먹었을 거예요. 그런데 천천히 하니까 훨씬 더 많은 것을 알아차릴 수 있었어요. 건포도가 마치 코스 요리처럼 느껴졌어요. (웃으며)

**지도자:** 다른 분들도 고개를 끄덕이고 계시네요. 혹시 다른 경험이나 어렵게

느껴졌던 순간이 있으셨던 분?

**소피아:** 오늘 아침에 스트레스를 많이 받았어요. 차가 시동이 걸리지 않았고, 늦게 일어나서 정신없이 준비했어요. 어젯밤 늦게 겨우 끝낸 과제를 가져왔는지도 기억이 잘 안 나요. (눈물이 날 것 같은 표정) 여기에 오기 위해 연차를 냈는데, 업무에서 뒤처질까 걱정되고, 이 기회를 잘 활용하지 못할까 두려워요. 그리고 제가 제대로 하고 있는지도 모르겠어요.제 머릿속은 그런 생각들로 가득 차 있어서, 선생님의 안내를 거의 따라가지 못했어요.

**지도자:** 정말 많은 일이 있었군요, 소피아. 마음이 바빴던 게 당연하네요. (잠시 멈춰서 호흡을 하고, 그룹에게도 똑같이 하도록 안내하며 소피아와 그룹 모두에게 계속 주의를 기울인다) 마음은 주의를 필요로 하는 것을 잘 알아차립니다. 제가 건포도의 다양한 측면에 주의를 기울이라고 했을 때, 그 순간을 계속 돌아오도록 했을 때는 어땠나요?

**소피아:** 제 마음은 마치 찍찍이 같았어요—걱정에서 마음을 떼어내라고 하실 때마다, 다시 거기에 달라붙었어요. (반쯤 미소 지으며)

**지도자:** 정말 멋진 표현이네요. 그렇죠, 걱정은 정말 찍찍이같죠. 다른 분들도 고개를 끄덕이시네요. 또 다른 비유를 들어보자면, 마음은 찍찍이 같으면서도 훈련시킬 수 있는 강아지와도 비슷해요. 강아지를 긴 목줄에 두고, 원하지 않는 행동을 할 때마다 부드럽지만 단호하게 불러들이고, 돌아올 때마다 칭찬해 주고, 또 도망갈 때마다 참을성을 갖고 끈을 잡아당기고, 다시 불러들이기를 반복하는 거죠. 이렇게 훈련하는 데는 시간이 걸리고 인내가 필요하지만, 강아지 훈련에 투자하듯 시간이 지나면 큰 보답을 얻게 돼요. 이번 먹기 연습에서도 우리가 건포도에 진정으로 주의를 기울일 때 평소에 보지 못했던 것들을 보게 된다는 점을 알 수 있죠. 냄새를 맡고, 제대로 보고, 맛이 퍼지는 순간 같은 것들이요. 이렇게 속도를 늦추면 마음이 무엇을 하고 있는지도 보게 돼요—좋아하거나 싫어하거나, 연상을 하거나, 찍찍이처럼 달라붙어버리는 것들 말이죠. 우리가 마음을 안정시키는 법을 배우면 더 많은 것을 알게 될 겁니다. 감사합니다.

마음챙김 기반 프로그램은 이 연습으로 시작하는데, 이는 우리가 모두 공감할 수 있는 먹기와 같은 일상 활동을 통해 프로그램에서 배우는 많은 것을 소개하기 때문이다. 이 연습은 마음이 우리의 현실을 형성하는 방식을 경험적으로 보여 준다. 종종 우리는 마음이 이를 어떻게 하는지조차 알아차리지 못한다. 자동 조종 모드에서 벗어나 매 순간에 알아차림을 가져옴으로써, 우리는 마음에 주의를 기울이고 시간이 지나면서 마음을 변화시킬 수 있다는 개념을 제시한다. 이 장에서는 건포도 연습을 여러 번 언급하는데, 이는 마음챙김과 마음챙김 연습을 이해하는 데 필수적인 주요 심리학적 원리를 보여 주기 때문이다.

이 장의 나머지 부분에서는 마음챙김을 이해하는 데 도움이 되는 심리학의 여러 측면을 다룬다. 다룰 내용은 다음과 같다:

- 자동 조종 모드
- 지각 처리 과정
- 경험의 관문으로서의 주의(경계적 주의, 정향적 주의, 집행적 주의, 멀티태스킹과 작업 전환 중의 주의에 대한 부분이 포함된다)
- 감각, 감정, 인지, 행동적 충동의 구분
- 마음의 역동적이고 끊임없이 변화하는 특성
- 판단하는 마음을 작동시키는 불일치 모니터링[2]

## 자동 조종 모드

비행기 조종사는 비행기의 고도, 방향, 속도를 유지하기 위해 자동 조종 모드를 사용할 수 있다. 우리의 마음도 이와 유사한 형태의 자동 조종 모드를 사용할 수 있다. 앞서 언급한 건포도 연습을 다시 살펴보자. 사람들은 평생 동안 음식을 먹어왔고, 대부분은 건포도를 여러 번 먹어본 경험이 있다. 이는 더 이상 새롭지 않은 경험이다. 우리는 무엇을 기대해야 하고 어떻게 해야 할지 알고 있기 때문에 건포도를 자동 조종 모드로 먹는 것이 자연스럽다. 그러나 이 연습이 보여 주는 것은 자동 조종 모드를 벗어나면 우리의 감각으로, 말 그대로, 비유적으로 다시 돌아올 수 있게 된다는 점이다. 물론 우리가 자주 하는 일의 많은 부분을 자동화하는 이 능력이 없다면, 매번 모든 것을 새로 배워야 할 것이다. 예를 들어, 아이가 처음으로 혼자 걸음마를 떼거나, 자전거를 타거나, 신발 끈을 묶을 때는 시행착오를 거치는 의도적인 학습 과정이 필요하다. 그러나 시간이 지나면서 이러한 행동들은 자동적이고 자연스러워지며, 더 이상 의식적으로 생각하지 않고도 수행할 수 있게 된다. 자동 조종 모드는 이미 학습된 사고와 행동 방식을 사용하여 일상적이고 반복적인 작업을 의도적이고 주의를 가져가지 않아도 수행할 수 있도록 한다. 마음이 이러한 작업의 대부분을 자동으로 수행할 수 있는 능력은 놀라운 강점이다. 이를 통해 다양한 일상적인 작업을 학습하고 무의식적으로 수행할 수 있게 되며, 우리는 특히 새로운 상황이나 도전적인 상황에 집중할 수 있게 된다.

식사하기, 걷기, 자전거 타기, 신발끈 묶기 등은 우리가 자동 조종 모드로 할 수 있는 수많은 행동 중 일부에 불과하다. 또 다른 예로는 얼굴을 알아보거나, 다른 사람들의 감정 상태를 감지하거나, 사회적 상황의 정서적 분위기를 파악하거나, 구어 또는 문어를 이해하는 일이 포함된다. 예를 들어, 단어 또는 간단한 문장을 이해하는 과정은 자동 조종 모드에서 이루어지며, 이는 빠르고, 비의도적이며, 우리의 통제를 벗어나 있다.

자동 조종 모드가 언제 문제가 될 수 있을까? 마음챙김 프로그램의 두 번째 주에, 샘은 하루 한 끼를 마음챙김으로 먹는 과제를 수행한 경험을 공유했다. 그는 매일 점심으로 몇 년 동안 같은 음식을 먹어왔다고 말했다. 그것은 플라스틱 용기에 뜨거운 물을 붓고 분말 스프를 섞어 먹는 컵라면이었다. 샘은 뜨거운 물을 플라스틱 용기에 붓고 이 음식을 먹으면서 온전한 알아차림을 가져가자 이 음식이 얼마나 "화학적"인 냄새와 맛이 나는지 깨닫게 되었다고 설명했다. 놀랍게도, 그는 이 음식의 냄새, 맛, 식감을 좋아하지 않는다는 사실을 알게 되었다. 몇 년 동안 점심으로 매일 먹어온 음식을 실제로는 즐기지 못했던 것이다! 그 결과, 샘은 점심 메뉴를 바꾸기로 했다. 마음챙김의 중요한 점은 부정적인 경험조차도 새로운 무언가로 발전할 수 있다는 것이다. 누군가가 이렇게 말하는 것은 드문 일이 아니다. "마음챙김 먹기 연습을 시작했을 때, '아니, 난 건포도를 좋아하지 않아'라고 생각했어요. 그런데 냄새를 맡아보니 생각했던 것과 달리 좀 더 달콤한 냄새가 났어요. 사실 저는 단것을 좋아하거든요. 건포도를 입 안에서 굴려봤을 때는 꽤 중립적이고 약간 무미건조하다는 느낌이 들었어요. 그래서 '아, 맞아. 내가 건포도를 싫어하는 이유가 이거지'라고 생각했어요. 그런데 건포도를 깨물었을 때, 달콤함이 입안에서 폭발하듯 퍼지면서 예상치 못하게 기분 좋은 놀라움을 줬어요. 건포도 한 알이 정말 달고 풍미가 가득하더라고요! 그렇다고 이제 건포도를 좋아하게 됐다는 건 아니지만, 생각했던 것보다 더 많은 경험을 할 수 있었어요." 이처럼, 경험을 오감으로 펼쳐보면, 자동화된 방식으로 인해 가려졌던 풍부함이 드러난다.

때로는 이전에는 기능적이었던 자동 조종 모드가 이제는 더 이상 목적에 부합하지 않을 때도 있다. 사소한 예로, 평소에 가던 길로 출근하다가 오늘 아침에는 다른 볼일을 먼저 봐야 한다는 것을 잊어버리는 경우가 있다. 이런 경우에는 자동 조종 모드를 무시하고, 볼일을 보러 가는 경로를 찾아 출근해야 한다. 더 심각한 예로는, 자동화된 사고 방식이 흔한 정신 건강 문제를 지속시키는 경우가 있다. 심리학자들은 불안(대개 위협에 대한 과민 반응)과 우울(대개 자신, 타인, 세상에 대한 부정적 신념)을 키우고 유지시키는 자동화된 문맥에 대해 밝혀냈다(Beck, 1976). 이러한 부정적인 사고는 자동 조종 모드에서 발생하며, 정신 건강 문제를 유지시키는 역할을 한다. 이는 편향되고, 선입견에 가득 찬, 부정적인 메시지 프로그램이 작동하는 것과 비슷하다. 이러한 자동화는 한때는 유용했을지 모르지만, 이제는 기능을 상실한 습관이 된 것이다. 링이 그 예이다:

링의 어린 시절은 힘들었고 그녀는 살아남기 위한 방법을 찾아야 했다. 어렸을 때 링은 아버지가 어머니를 자주 구타하고 사촌을 성적으로 학대했으며, 링이 8세 무렵에는 자신도 성적으로 학대하기 시작했다고 기억한다. 결국 링은 12세 때 가정에서 분리되어 청소년기의 대부분을 보호 시설에서 보냈다. 링은 다른 십 대들과 함께 생활하며 거부당하는 것과 사회적으로 소외당하는 것에 대한 뛰어난 안테나를 발달시켜 생존 방법을 배워야 했다. 그들 대부분도 학대받는 가정에서 온 아이들이었다. 시설에서 외톨이가 되는 것은 재앙이었다—도망칠 곳이 없었기 때문이다. 링은 거부의 가장 작은 신호도 감지할 수 있는 예민한 감각을 키웠고, 괴롭힘이나 거부를 당할 만한 자신의 약점을 감추기 위해 마치 카멜레온처럼 상황마다 다양한 모습으로 어떻게든 거부당하지 않는 방법을 터득했다. 하지만 그녀의 내면에는 어머니에게 거부당하고 아버지에게 학대받았다고 느끼며 스스로를 사랑받을 자격이 없는 존재로 여기는 신념이 자리 잡았다. 이러한 신념은 점차 뿌리 깊게 확산되어, 그녀가 자신을 바라보는 방식, 타인을 대하는 방식, 그리고 세상을 인식하는 방식을 지배했다. 이 모든 것은 링이 어린 시절과 청소년기에 처했던 상황 속에서 이해할 수 있는 생존 전략이었다. 그러나 그녀가 성인이 되어 좋은 친구들과 사랑하는 두 자녀를 가진 이후에는 더 이상 기능적이지 않았다. 사실, 이러한 민감성과 믿음 체계는 십 대 자녀 두 명을 양육하는 데 있어 매우 비효율적이고 역기능적이었다. 또한 법원 치안 판사로 일하면서, 가족 학대 사건을 접할 때마다 늘 그녀의 취약성에 대한 신념이 자극되었고, 하루 종일 들은 이야기들로 인해 동요된 마음으로 저녁에 집에 돌아오곤 했다. 무엇보다 중요한 점은, 링이 마음챙김 훈련 프로그램을 시작하기 전까지는 그녀의 부정적 사고가 얼마나 만연해 있었는지, 그리고 그것이 자신의 삶에 얼마나 해로운 영향을 미쳤는지를 거의 인식하지 못했다는 것이다. 그 부정적 사고는 마치 미리 짜인 각본처럼 거의 의식하지 못한 상태에서 반복적으로 발생했다. 그것은 마치 그녀가 몇 년 전부터 더 이상 신경 쓰지 않게 된 거실 벽의 페인트 색깔처럼, 단지 배경으로 존재할 뿐이었다.

자동 조종 상태는 때때로 삶의 풍요로움과 멋진 경험들을 놓치게 만든다. 음식을 먹거나, 사랑하는 사람과 함께 시간을 보내거나, 사랑을 나누거나, 웃거나, 예술, 음악, 자연을 즐기는 것 같은 순간들조차도 자동으로 흘러가기 때문에 우리는 종종 경험의 미세한 차이나 삶의 충만함을 보지 못할 수 있다. 우리는 소중한 사람과 함께 있는 순간에도 상상의 나래를 펼치거나, 온전히 그 순간에 존재하지 못하거나, 심지어 상대방이 무슨 말을 하는지도 듣지 못하는 자신을 발견할 수가 있다. 저자(WK)의 경험은 이를 잘 보여 준다. 어느 날 저녁, 바쁜 하루를 보낸 후, 그는 당시 4~5세 정도였던 딸에게 자기 전 동화책을 읽어주고 있었다. 책을 다 읽은 후 그가 잘 자라고 말하고 불을 끄고 나가기 전에, 딸은 책의 내용에 대해 이야기하고 싶어 했다. 그런데 그는 자신이 자동 조종 상태에서 책을 읽어 내려갔을 뿐, 내용을 전혀 파악하지 못했다는 사실에 큰 충격을 받았다. 그의 마음은 책을 읽는 동안에도 온통 업무에 대한 생각으로 가득 차 있었던 것이다.

건포도를 먹는 것과 같은 마음챙김 연습은 자동 조종 모드에 빠져 있는 자신을 알아차리고, 한 걸음 물러서서 우리의 생각, 감정, 감각, 행동을 온전히 경험할 수 있는 기회를 제공한다. 마음챙김은 또한 자동 조종 모드가 언제 유용하고 언제 유용하지 않은지를 드러내기도 한다. 특히, 우리가 얼마나 많은 시간을 자동 조종 모드로 보내는지를 알아차리게 될 때, 새로운 가능성이 드러난다: 우리 삶과 우리 자신에 대해 더욱 깨어 있을 수 있다는 가능성이다. 자동 조종 모드는 지각, 주의, 평가라는 보조 장치들과 광범위한 학습 경험과 기억의 저장소에 의존한다. 이제 우리는 이러한 주제들을 다루어 볼 것이다.

> 심리학적 연구에서 얻은 핵심적인 통찰은 우리가 익숙한 일들을 자동 조종 모드로 수행함으로써 삶의 복잡성을 헤쳐나갈 수 있다는 것이다. 그러나 이 자동 조종 모드는 때때로 도움이 덜 되는 과거의 익숙한 길로 우리를 이끌기도 하며, 삶이 가진 풍요로움을 온전히 깨닫지 못하게 만들 수도 있다.

## 지각 처리 과정

앞서 언급된 마음챙김 먹기 연습은 첫째, 우리가 종종 감각이 감지하는 것을 실제로 알아차리지 못한다는 점을 보여 준다. 심지어 마음속에서 완전히 다른 장소로 이동해 있을 수도 있다. 예를 들어, 건포도는 링에게 할머니 댁을 떠올리게 했다. 사람들은 보통 건포도를 한 움큼씩 먹으면서도 제대로 그 맛을 음미하지 않는다고 이야기한다. 둘째, 마음챙김 먹기 연습은 우리가 감각에 주의를 기울일 때 그 감각이 더욱 생생하게 드러난다는 것을 가르쳐준다. 우리는 냄새를 "강하고, 달콤하며, 따뜻하다"고 느끼고, 시각적으로 "부드럽고 반짝이는 표면"을 보며, 미각이 "활발히 반응하는" 것을 알아차린다. 셋째, 지각하는 속도를 늦추면 현재 순간에 집중하는 대상을 더 세밀하고 정교하게 볼 수 있다.

지각은 때때로 우리를 속이기도 한다. 〈글상자 2-1〉에 있는 마음챙김 보기 연습은 우리의 지각 과정을 이해하는 데 도움을 준다. 잠시 시간을 내어 이 연습을 시도해 보라.

대부분의 사람들에게 이 연습은 우리가 의도적으로 보는 것에 집중할 때 지각에 무엇이 관여하는지 일부를 인식할 수 있게 한다는 것을 보여 준다. 지각의 자동성은 세상을 빠르게 이해하고 탐색하는 데 핵심적인 역할을 한다. 하지만 우리는 지각의 풍부함을 놓치기도 한다. 지각의 속도를 늦춤으로써 색상, 모양, 밝기 같은 시각적 요소에 더욱 주의를 기울일 수 있다. 우리는 감각과 접촉하는 순간에 더 가까이 다가가는 법을 배우고, 일반적으로 알아차리지 못하는 방식으로 경험이 어떻게 전개되는지를 직접 관찰할 수 있다. 예를 들어, 시선을 한 지점에 고정하면 시야는 주변의 다른 대상들을 포함하려는 경향을 보이며 이를 시각 체계 안으로 끌어들일려고 하는데, 이러한 현상을 '암묵적 주의(covert attention)'라고 부른

**글상자 2-1 마음챙김 연습: 보기 연습**

창문이 있다면 창문을 통해 볼 수 있는 대상 중 하나를 선택합니다. 창문이 없다면, 현재 있는 곳 가까이에 있는 사물 중 하나를 선택합니다. 그 사물이 무엇인지 크게 중요하지 않습니다. 어떤 것이든 괜찮으니, 그 사물의 한 지점을 선택하여 그곳에 주의를 고정합니다. 가능한 한 색상, 모양, 명암, 패턴, 움직임 등의 측면에서 바라봅니다. 마치 요람에 누워 이 물체를 처음 보는 아기처럼, 호기심과 초심자의 마음으로 그 물체를 봅니다. 눈에 보이는 색은 정확히 어떤 색인가요? 색상이 일정한지, 아니면 변화하고 있거나 색조가 점점 바뀌나요? 물체의 모양은 어떤가요? 만약 마음이 방황한다면, 부드럽지만 단호하게 다시 주

의를 가져옵니다. 중요한 것은, 마음이 거의 틀림없이 경험을 요약하려고 서두를 것이라는 점입니다—이것은 x다 혹은 이것은 y다 또는 나는 이것이 무엇인지 안다와 같은 식으로요. 이를 부드럽고 단호하게 알아차리고, 가능한 한 다시 단순히 보는 것으로 돌아오면 됩니다. 연습을 마칠 때, 물체 주변의 공간으로 시야를 확장하며 마무리해 봅니다. 시야를 넓히면서 시야 안에 무엇이 있는지 알아차림을 가져갑니다. 물체, 색상, 질감, 가장자리 등을 포함하여 주의를 기울입니다.

다(Posner, 1980; Posner, Snyder, & Davidson, 1980). 이는 뇌가 디지털 이미지 보정 시스템처럼 작동하여 초점을 가져가는 영역을 밝히고, 정보를 추가하고, 이미지를 보정하는 방식을 보여 준다. 보는 것은 과거에 생각했던 것처럼 눈에 들어온 빛을 마음속의 이미지로 기계적으로 변환하는 과정이 아니다. 지각은 훨씬 더 창의적이고 구성적인 과정이다. 가장 영향력 있는 지각 이론가이자 연구자 중 한 명은 구성적인 과정으로서의 보는 방식을 전달하기 위해 자신의 기념비적인 책 제목을 지적인 눈(The Intelligent Eye; Gregory, 1970)이라고 지었다.

초기 철학자들은 시각, 청각, 미각, 후각, 촉각이라는 현재 잘 알려진 다섯 가지 감각을 정의했다. 심리학에서는 여기에 온도, 시간, 배고픔/갈증, 균형 감각 같은 다른 감각을 추가했다. 그 외에도 외부 세계를 지각하는 방법(예: 시각), 내부 세계를 지각하는 방법(예: 신체 감각, 통증, 배고픔), 움직임에 대한 지각을 통해 공간 속에서의 자신의 위치를 감지하는 방법으로 유용하게 구분할 수 있는 감각이 있다. 우리는 이러한 다양한 지각 과정을 알아차림으로써 점차 관찰하고 이해할 수 있다. 마음챙김 연습은 이러한 모든 감각을 탐구하고, 지각의 다양한 측면을 유연하게 즐길 수 있도록 도와준다. 우리는 속도를 늦추고 감각 기관을 통해 세계를 인지하는 첫 접촉 지점부터, 그 경험이 마음에 어떻게 표현되는지까지 우리가 세상을 인식하는 방식을 실제로 보는 법을 배울 수 있다. 예를 들어, 이 페이지의 글자를 생각해 보라. 글자들은 빛과 선으로 시작되지만, 언어로 변환되고 이해로 이어진다. 앞의 보기 연습은 빛, 색상, 패턴의 감각이 뇌와 끊임없이 상호작용하여 세상을 보고 이해하는 과정에 어떻게 기여하는지 보여 준다.

모든 감각은 대체로 비슷한 방식으로 작동한다. 즉, 수용체가 원시 데이터를 받아 이를 뇌가 처리할 수 있는 형태로 변환한다. 이후 뇌는 이 정보를 바탕으로 의미를 만들고, 이를 통합하여 하나의 전체로 형성한다. 이 전체가 우리의 경험이 된다. 지각이 구성적인 과정이라는 것을 이해하는 것은 마음의 지도를 이해하는 데 중요한 특징이다. 지각을 이해하는 것은 마음챙김 및 마음챙김 기반 프로그램에서 중요한데, 우리의 모든 경험이 지각에서 시작되기 때문이다.

"이해가 되다"라는 의미를 담은 영어 표현 making sense를 잠시 생각해 볼 가치가 있다. 우리는 감각적 인상을 바탕으로 의미를 만들어 낸다. 어떤 사물을 보기 위해 마음은 정보를 해석하고, 빈틈을 메우며, 기존의 지식을 활용한다. 이는 우리가 현실로 간주하는 것을 만들어 내는 구성적 과정이다. 최초의 근대 심리학자 중 한 명인 윌리엄 제임스(1890)는 이를 다음과 같이 설명했다. "마음은 조각가가 돌을 깎아 작품을 만들어 내듯, 들어온 데이터를 다룬다." 이는 종종 "내가 보다(I see)"라는 표현이 "내가 이해하다(I understand)"라는 의미로 사용되는 것에서도 드러난다. 마음챙김 없이는 주의와 지각 과정을 한 걸음 물러서서 속도를 늦추고 우리의 경험을 명확하게 바라보기가 거의 불가능하다. 마음은 경험을 빠르게 보고, 분류하고, 이름을 붙이는 방법을 배워서 우리가 효율적으로 행동할 수 있도록 한다. 예를 들어, 대도시의 인도 위에서 주의를 기울여야 할 많은 것(예: 피해야 할 움직이는 차들), 따라가고 싶을지도 모를 좋은 향기(예: 멋진 카페), 무시해도 안전한 배경 소음(예: 하늘 높이 날아가는 비행기 소리) 등을 빠르게 구분하고 지각하여 상황을 이해할 수 있다. 앞의 보기 연습은 주의를 의도적으로 안정시키고 지각의 속도를 늦춰 지각 과정의 일부를 볼 수 있게 하는 것이다. 눈과 신경계 그리고 뇌는 색상, 빛, 모양의 패턴을 받아들여 이를 시각으로 변환한다. 분주한 도시 풍경의 예는 우리가 알아차리지 못하는 동안에도 배경에서 얼마나 많은 일이 일어나고 있는지를 보여 준다. 마음챙김 프로그램에서 배우는 것은, 우리가 언제든 속도를 늦추고 감각을 통해 세상을 경험하는 방식을 알아차릴 수 있다는 것이다. 이는 단지 마음챙김 먹기나 보기 연습에서만 가능한 것이 아니라, 바쁜 일상의 도시 환경에서도 적용될 수 있다.

이러한 주의를 안정시키는 것과 속도를 늦추는 것은 우리가 삶의 풍요로움을 더 온전히 감상할 수 있도록 한다. 시와 예술이 종종 감각의 영역을 묘사하는 것을 선택하는 것은 우연이 아니다. 마음이 이러한 작업을 수행하도록 얼마나 놀라울 만큼 정교하게 설계되었는지, 그리고 우리가 경험을 호기심과 돌봄의 마음으로 바라볼 때 무엇이 드러날 수 있는지를 보는 것은 경이로울 수 있다. 마음챙김은 각기 다른 감각에 새로운 관심과 경외감을 가져다주며, 지각 과정을 밝혀 우리에게 도움이 될 때와 그렇지 않을 때를 더 분명히 볼 수 있도록 돕는다.

> 심리학의 핵심적인 통찰은 지각이 감각 기관에서 시작되지만, 본질적으로 구성적이고 창의적인 과정이라는 점이다. 마음챙김은 이 과정을 진정으로 볼 수 있게 해 주며, 이를 통해 우리가 "감각으로 돌아오는" 데 도움이 된다.

## 경험의 관문으로서의 주의

주의는 우리가 무엇에 초점을 맞출지 선택하는 능력이며, 신호와 잡음을 구별하는 능력이다. 제임스(1890)는 주의를 "동시에 존재할 수 있는 여러 대상이나 사고의 흐름 중 하나를 명확하고 생생한 형태로 마음에 담는 것"이라고 정의했다. 주의는 여러 핵심적인 속성과 차원으로 이루어진 자연스러운 인간의 능력이다.

이전 장에서는 마음챙김을 모든 방문객을 맞이한 다음 누구를 들이고 누구를 배제할지를 판단하는 보호적인 문지기에 비유한 바 있다. 유능한 문지기나 보안 요원은 능숙하게 주의를 가져가는 능력을 필요로 한다. 감각, 생각, 이미지는 주의라는 관문에서 만나며, 이를 알아차림에 들일지 말지를 결정하게 된다.

모든 마음챙김 연습에서 참가자들은 가능한 한 순간순간의 경험에 주의를 유지하도록 안내받는다. 예를 들어, 마음챙김 먹기 연습에서는 참가자들이 감각적 경험(예: 만지기, 보기, 냄새 맡기, 맛보기)을 받아들이게 한다. 하지만 때로는 감각적 경험이 기억을 불러일으키거나(링: "어린 시절 할머니 댁에 있었던 일이 떠올랐다"), 생각이나 연상을 유발하기도 한다(모하메드: "건포도는 달처럼 보이네요. 분화구와 능선이 있지만 부드럽고 반짝이는 표면도 있어요"). 주의 훈련은 사람들이 먼저 이러한 일이 일어나고 있다는 것을 알아차리고, 이후 무엇에 집중하고 무엇을 놓아줄지를 선택하는 방법을 배우도록 돕기 위한 것이다. 제임스(1890)는 주의의 정의에서 "다른 것들을 효과적으로 다루기 위해 일부로부터 물러나는 것을 포함한다"라고 추가적으로 설명하며 이를 강조했다.

현재 주의에 대한 방대한 이론적, 실험적 문헌이 축적되어 있으며, 심리학자들은 일반적으로 주의를 세 가지 차원으로 구분한다(Baddeley, 1996, 2012; Mirsky & Duncan, 2001; Posner, 1980): 경계적 주의(alerting), 정향적 주의(orienting), 집행적 주의(executive).

## 경계적 주의

마음은 끊임없이 방대한 양의 정보를 스캔하며, 주의의 주요 기능 중 하나는 신경을 기울여야 할 사항에 대해 우리에게 경고를 보내는 것이다. 기본적으로 우리는 모든 것을 짧은 시간 동안 스캔하여 그것이 익숙한지 새로운지, 안전한지, 위협을 가하는지 평가한다(Phelps & LeDoux, 2005). 우리는 특정 유형의 정보(예: 새로운 것이나 위협적인 것)에 대해 즉각적으로 경계하고 신속히 대처하도록 준비되어 있다.

경계적 주의는 끊임없이 주변을 스캔하는 경비원과 비슷하고, 이는 각성이나 경계 상태와 유사하다. 무언가가 감지되면 "인지적/신경적 경보"가 울린다. 마음은 새로운 문제, 주의를 요하는 문제, 우리가 주의를 기울여야 한다고 판단하는 문제로 자연스럽게 향한다. 경계적 주의의 자동적인 측면의 예로는 신체적 통증(예: 날카로운 것 또는 뜨거운 것을 만졌을 때), 즉각적인 외부 위협(예: 자전거를 타고 있는데 골목에서 자동차가 갑자기 나오는 경우), 주의를 요구하는 사회적 신호(예: 상사나 배우자가 불만스러운 표정을 지을 때)가 있다. 경계적 주의는 대체로 자동적이고 빠르며, 대부분 우리의 자발적 통제 범위를 넘어선다. 이는 원시적인 뇌 구조에 깊이 연결되어 있으며, 경계와 각성과 관련된 신경내분비 기능과 연관되어 있다(Phelps, Delgado, Nearing, & LeDoux, 2004; Phelps & LeDoux, 2005). 이러한 과정은 뇌의 "깊은" 구조가 관여하는 인지 과정을 포함한다(Rogan, Staubli, & LeDoux, 1997). 즉, 많은 다른 종들과 공유하는 뇌 구조이다. 이러한 구조는 진화론적으로도 의미가 있다. 위협을 빠르게 감지하고 이에 효과적으로 반응하는 것은 우리의 생존 가능성을 높인다. 이러한 위협을 감지하고 적절히 대응함으로써 우리는 생존하고, 우리의 유전자는 다음 세대로 전달된다.

## 정향적 주의

정향적 주의는 주의를 특정 대상으로 돌려 이를 더 자세히 살펴보는 것을 말한다. 이는 종종 경계적 주의 바로 뒤에 이어지는 일이다. 이 위협적이거나 새로운 상황은 무엇인가?라는 질문에 따라, 주의가 자동으로 그 대상 쪽으로 향하게 되고, 이를 탐구하여 상황을 이해하려 한다. 이 과정에서 정향적 주의는 기존의 방식을 빠르게 동원하여 대상을 탐색한다. 예를 들어, 그것이 나에게 다가오는가, 아니면 멀어지는가? 뜨겁거나 차갑지는 않은가? 강해지거나 약해지고 있는가? 이렇게 정향적 주의가 작동하면, "이제 어떻게 할 것인가? 주의를 유지하고 감각적 세부 사항을 더 알아낼 것인가, 아니면 다음으로 넘어갈 것인가?"라는 질문으로 이어질 수 있다. 이러한 질문은 분석적인 접근을 암시하지만, 대부분 빠르고 효율적인 방식으로 이루어진다.

이런 방식으로 정향적 주의는 의도적으로 작동할 수 있다. 예를 들어, 건포도 명상에서 사람들은 시각("건포도는 달처럼 보였어요. 분화구와 능선이 있지만 부드럽고 반짝이는 표면도 있었어요"), 후각("냄새가 아주 강하고 달콤하며 따뜻했어요"), 촉각("질감과 끈적임을 느꼈어요. 약간 불쾌했어요"), 미각("씹으라고 했을 때 비로소 맛이 느껴졌어요. 정말 맛이 활발히 반응하는 순간이었어요") 등 각 감각에 의도적으로 주의를 기울이게 된다. 이러한 먹기 연습은 습관적이고 자동적인 방식에서 벗어나 특정 감각에 머물며 더 많은 감각적 세부 사항을 알아내는 연습이다. 정향적 주의가 우리의 의도적이고 자발적인 통제 아래 있을 때, 이는 집행적 주의의 도움을 받는다.

## 집행적 주의

집행적 주의는 우리가 주의를 관리하기 위해 특정한 기능을 사용하는 것을 포함한다. 가장 잘 계획하고 논리적으로 사고하려면, 마음이 한순간에 처리하는 많은 자극 중에서 무엇을 알아차림의 중심으로 가져올지 선택해야 하며, 한 작업에 얼마나 오래 머물지와 작업 기억이라는 "작업대" 위의 정보를 어떻게 관리할지도 결정해야 한다. 이 비유에서, 주의는 작업대와 같다. 우리는 작업대에 무엇을 놓을지 선택한 후 그 위에서 작업할 도구를 결정하는 것이다. 예를 들어, 코 안의 감각을 알아차림으로 가져와 숨을 들이쉬고 내쉬는 동안 순간마다 변화하는 것을 관찰할 수 있으며, 다른 생각, 이미지, 감각이 떠오를 때 그것들을 알아차리고 다시 코 안의 감각으로 돌아올 수 있다. 현대의 인지 과학자인 아델 다이아몬드(2013)는 집행적 기능을 다음과 같이 요약했다. 집행적 기능은 "아이디어를 마음속에서 놀이처럼 다루고, 행동하기 전에 생각할 시간을 가지며, 예측 불가능한 새로운 도전에 대처하고, 유혹에 저항하며, 집중을 유지할 수 있게 한다"(p. 135).

집행적 주의의 주요 특징은 한 번에 처리할 수 있는 정보의 양이 제한된 용량을 가진다는 점이다. 주의 배분은 종종 자동적이지만, 어느 정도는 우리의 성향, 특정 순간의 의도, 상황의 요구, 맥락에 따라 자발적으로 통제할 수 있다. 예를 들어, 조용한 환경에서 방해 없이 이 책을 읽는다면 집행적 주의에 대한 요구가 적어진다. 반면, 배경 음악, 사람들의 대화, 그리고 모바일 기기의 알림 소리가 있다면 주의가 더 많이 요구되며, 주의의 한정된 용량이 소모되고 심지어 초과될 수도 있어 책을 읽는 데 집중하기 어려워질 수 있다.

마음챙김 먹기 연습에서, 지도자는 사람들이 건포도의 직접적인 경험을 주의의 중심으로 가져오도록 안내했다. 이는 항상 쉬운 일이 아니며, 소피아의 경우 주의가 더 긴급하다고 판단된 문제들로 마음이 끌려 분산되었다. 그녀는 먹기 연습에 주의를 가져오는 상태와 벗어나는 상태를 반복했다. 이후에 살펴보겠지만, 마음은 특정 방식으로 주의를 분산시키는 데 능숙하며, 한순간에도 여러 학습된 자동적 작업들이 배경에서 진행되는 동시에 전경에서 무엇인가에 주의를 기울인다. 예를 들어, 이 글을 읽는 동안에도 마음은 알아차림의 범위 바로 바깥에서 자세를 유지하고, 체온을 조절하며, 신체와 외부 환경을 지속적으로 모니터링하는 여러 작업을 수행하고 있다.

선택적 주의가 자동적이고 신속한 과정과 보다 통제되고 숙고된 과정을 모두 포함한다는 점에 대해 상당한 논쟁이 있다. 우리가 세상을 이해하는 과정에서 항상 하향식 의미 생성과 더불어 상향식 감각적 입력이 존재한다. 예를 들어, 링은 건포도를 코 가까이에 놓고 냄새에 주의를 기울이라는 말을 들었을 때, "공상에서 벗어나 약간의 불안감을 느꼈지만, 그 후에 좋은 느낌이 들었어요. 냄새는 강하고 달콤하며 따뜻했고, 입에 침이 고이고 건포도를 먹고 싶다는 기대감이 들었어요"라고 설명했다. 이 짧은 순간 동안, 배경에서 진행되는 자동적 과정(예: 공상)을 볼 수 있다. 이후 링이 의도적으로 주의의 방향을 후각으로 가져갈 때, 일련의 감각적 인상과 신체적 반응이 통제된 방식과 자동적 방식이 혼합되어 나타났다. 1890년, 제임스는 "나의 경험은 내가 주의를 기울이기로 동의한 것이다. 내가 알아차린 것만이 내 마음을 형성한다. 선택적 관심이 없다면 경험은 완전한 혼돈이다"라고 말했다. 우리가 현재 알고 있는 바에 따르면, 매 순간 우리가 알아차리지 못하는 많은 것이 자동적으로 처리되며, 동시에 우리의 마음을 형성하고 있다. 집행적 주의는 혼돈 속에서 질서를 만들어 내기 위해 사용하는 일련의 인지적 기능이다.

집행적 주의는 제한된 인지적 자원을 사용한다. 이는 정보를 유지하고 처리하기 위해 작업 기억을 필요로 한다. 작업 기억은 우리의 정신적 체계 내에서 정보를 배치하고 작업하는 작업 공간이다(Teasdale & Chaskalson, 2011a). 작업 기억의 이러한 제한된 용량은 우리의 일상생활에서 핵심적인 역할을 하며 마음챙김 훈련이 도움을 줄 수 있는 부분이다. 예를 들어, 우리가 불안하거나 피곤할 때, 작업 기억의 자원이 고갈되어 주의를 기울이는 능력에 영향을 미친다. 앞의 사례에서 소피아는 전날 밤 숙면을 취하지 못했고, 아침에 일어난 일들에 대한 걱정으로 마음이 사로잡혀 있었기 때문에 먹기 연습에 주의를 기울이기가 너무 어려웠다. 피로와 걱정으로 인해 그녀가 사용할 수 있는 인지적 자원이 고갈된 것이다. 마찬가지로, 작업 기억의 용량은 지나치게 많은 경쟁적 요구로 인해 압도될 수도 있다. 작업 기억이 손상되거나 과부하될 때, 운전, 독서, 대화를 이해하기, 의사결정과 같은 많은 일들이 부정적인 영향을 받는다.

## 멀티태스킹과 작업 전환 중의 주의

우리는 주의 집중을 요구하는 많은 경쟁이 있는 세상에 살고 있으며, 멀티태스킹 능력이 가치 있는 기술로 여겨져 이를 목표로 삼아야 한다는 믿음이 있다. 젊은 사람들은 종종 실제 혹은 가상의 사회적 그룹에 속해 있으면서 여러 소셜 미디어에서 정보를 받고, 동시에 음악을 듣기도 한다. 그들에게 한 번에 한 가지 일만 하라고 하면, "왜요? 저는 멀티태스킹이 가능한데요"라고 말할 수도 있다. 직장에서 우리는 중요한 작업(예: 보고서 작성)을 하고 있지만, 이메일, 소셜 미디어, 문자 메시지 등으로 인해 주의가 끌리기도 한다. 〈글상자 2-2〉의 연습을 살펴보자.

〈글상자 2-2〉 연습을 통해 알 수 있는 것은, 우리는 많은 정보를 병렬적이고 자동적으로 처리할 수 있지만, 특히 주의 조절을 요구하고 작업 기억에 부담을 주는 과제들에서는 우리가 멀티태스킹을 쉽게 해낼 수 있다는 생각이 그리 현실적이지 않다는 점이다(Gopher, Armony, & Greenshpan, 2000). 이는 두 가지 다른 인지적 요구를 가지며, 실제로 병렬적으로 수행하는 것이 아니라 두 작업을 동시에 수행하기 위해 작업을 전환해야 한다. 이 과정에서 추가적인 시간과 인지 자원이 필요하다. 특히 복잡하거나 새로운 작업의 경우, 한 번에 여러 작업을 수행하는 것은 주의와 에너지를 소모한다. 왜냐하면 멀티태스킹이란 실제로는 작업을 병렬적으로 수행하기 위해 작업 전환을 반복하는 것을 의미하기 때문이다(Yeung & Monsell, 2003). 우리의 마음과 뇌는 분주하고 바쁜 세상에서 우리가 요구하는 복잡한 멀티태스킹을 관리하기 위해 고군분투한다. 멀티태스킹을 할 때 우리가 실제로 하는 것은 빠르게 작업을 전환하는 것이다. 이를 통해 최소한 다양한 작업을 병렬적으로 수행하려고 시도할 수는 있다. 하지만 항상 그렇게 할 수 있는 것은 아니며, 항상

**글상자 2-2 연습: 작업 전환 또는 멀티태스킹?**

### 한 가지 예시

"주의는 경험으로 가는 관문이다"라는 문구를 사용합니다. 이 문구에 몇 개의 글자가 있는지 마음속으로 자음과 모음을 나누어서 사용된 개수를 세어 봅니다. 몇 초가 걸리나요?

여기에는 32개의 자음과 모음이 사용되었으며, 보통은 이것을 세는 데 23초 정도 걸립니다.

이제 마음속으로 이 문구를 자음과 모음으로 나누어서 천천히 발음해 봅니다(ㅈ, ㅜ, ㅇ…). 얼마나 걸리나요? 보통 몇 초 정도 덜 걸리지만 여전히 꽤 많은 시간이 걸립니다.

이제 이 문구를 자음과 모음으로 하나씩 말하면서 동시에 글자 수도 세어 봅니다. 이 작업은 보통 훨씬 더 오래 걸리며, 분명히 같은 시간 안에 끝낼 수는 없습니다. 만약 멀티태스킹에 대한 흔한 속설이 사실이라면, 우리는 이 두 작업을 같은 시간이나 더 짧은 시간 안에 할 수 있어야 하지만, 이는 주의와 작업 기억에 대한 근본적인 오해에서 비롯된 것입니다.

철자 말하기, 글자 세기, 읽기는 모두 집행적 주의가 필요하며, 이를 동시에 수행하는 것은 우리의 인지 용량을 한계까지 소모하게 만듭니다. 읽기, 철자 말하기, 글자 세기 모두 인지 체계 내의 많은 동일한 부분을 사용하면서도, 일부는 다른 부분을 요구합니다. 우리는 이러한 작업을 병렬적으로 쉽게 수행할 수 없습니다. 대신, 인지 체계는 읽기, 철자 말하기, 글자 세기 사이를 전환해야 하므로 더 오래 걸립니다.

우리는 작업이 매우 익숙하거나 자동적이며, 인지 체계의 서로 다른 부분을 사용하는 경우에만 작업을 병렬적으로 수행할 수 있습니다. 동일한 시스템을 필요로 하거나 덜 학습된 작업은 더 의도적으로, 순차적으로 즉, 차례로 수행해야 합니다.

가능하지도 않다.

잘 알려진 실험 중 하나는 사람들에게 농구공을 패스하는 두 팀의 모습을 담은 짧은 영상을 보게 했다. 한 팀은 흰 셔츠를 입었고, 다른 팀은 검은 셔츠를 입었다. 실험 참가자들은 흰 셔츠 팀이 한 패스의 횟수를 세고, 검은 셔츠 팀의 패스는 무시하라는 지시를 받았다. 이 과제는 시각적 전체 장면을 인지하면서도 정향적 주의와 관련 없는 정보의 억제하는 능력, 집행적 통제를 요구하며, 이는 많은 작업 기억을 소모한다. 영상 중간에 고릴라 복장을 한 여성이 등장해 가슴을 쿵쾅거리며 다시 화면 밖으로 사라진다. 고릴라는 영상 속에서 9초 동안 등장한다. 그러나 이 영상을 본 사람들의 약 절반은 고릴라를 보지 못했고, 실험 후에도 고릴라가 있었다는 사실을 믿지 못한다. 이 실험은 주의가 경험으로 가는 관문임을 생생히 보여 준다. 이 사례에서 농구 경기 중 고릴라 복장을 한 사람이 등장하는 것처럼 눈에 띄는 사건조차도 주의의 관문을 통과하지 못해 알아차림으로 이어지지 않는다. 비록 눈은 고릴라를 인식했을지라도 말이다. 실험에서 사람들은 흰 셔츠 팀의 패스 횟수를 세라는 지시에 따라 자신의 주의를 그곳으로 방향지었다(Chabris & Simons, 2010). 마음은 패스의 횟수를 세는 작업을 우선순위에 두기 때문에 고릴라에 주의를 돌리거나 이를 더 세부적으로 처리하지 않기로 **결정한다**.

일상생활에서도 우리는 가정과 직장에서의 다양한 요구, 가족의 요구, 이메일, 소셜 미디어, 문자 메시지 등 주의를 끄는 수많은 요소를 다루어야 한다. 우리는 주의를 어디에 둘지 선택해야 한다. 마음은 **작업 간의 전환**을 해야 하며, 우리가 작업을 전환하기로 결정했을 때조차 새로운 규칙과 절차를 활성화해야 한다. 이 과정은 인지 자원을 소모하게 한다(Ophir, Nass, & Wagner, 2009).

마음챙김 연습과 프로그램은 이러한 주의의 과정을 알아차리도록 돕는 것을 목표로 한다. 제임스(1890)가 자신의 자기 성찰적 경험주의를 통해 배운 것처럼, 우리도 "방황하는 주의를 자발적으로 계속해서 되돌리는 능력이 판단, 성격, 그리고 의지의 뿌리"임을 배우게 된다. 제임스는 "이 능력이 없는 사람은 스스로의 주인이 될 수 없다"라고 말했다.

20세기에 접어들면서 제임스(1890)의 관찰은 예견된 것이었음이 밝혀졌다. 주의가 어떻게 자기 조절과 자기 통제의 핵심적인 부분인지에 대한 중요한 연구들이 진행되었다(Diamond, 2013; Gopher et al., 2000; Hofmann, Schmeichel, & Baddeley, 2012). 특히 자기 조절이 사람들의 삶의 궤적을 예측한다는 흥미로운 연구들이 주목받고 있다. 그중 눈에 띄는 사례는 뉴질랜드 더니든에서 수행된 영향력 있는 연구로, 신생아 1,000명을 모집하여 그들의 삶을 추적하고 있는 장기 연구이다. 연구 대상자들은 현재 40대에 접어들었다(Moffitt et al., 2011). 연구팀은 자기 통제와 다양한 결과를 측정했으며, 출생 시점부터 시작해 정기적으로 측정을 진행했다(3세, 5세, 7세, 9세, 11세, 13세, 15세, 18세, 그리고 성인기). 자기 통제는 아동에 대한 관찰, 부모와 교사의 평가, 성인이 된 후에는 본인의 자기 보고를 통해 평가되었다. 아동기와 청소년기에 측정된 자기 통제는 성인이 되었을 때의 부, 건강, 약물 남용, 범죄와 연관이 있었다. 즉, 어린 시절 자기 통제력이 더 높았던 사람들은 삶의 많은 측면에서 더 나은 결과를 얻었다.

또한 연구자들은 자기 통제가 항상 안정적인 것이 아니며, 시간이 지나면서 변화할 수 있다는 것을 보여 주었다. 약물 남용이나 청소년기의 임신과 같은 특정한 요인들이 젊은 사람들의 삶의 궤적을 변화시킬 수 있다(Fergusson & Lynskey, 1996; Lippold, Powers, Syvertsen, Feinberg, & Greenberg, 2013; Moffitt et al., 2011; Reinherz et al., 1993). 흥미롭게도, 아동기와 청소년기에 자기 통제가 변화하면, 성인기의 결과도 이에 따라 변화했다. 예를 들어, 낮은 자기 통제를 가졌던 아이들이 청소년기에 자기 통제를 배우게 되었을 때, 성인기에 더 나은 결과를 보였다. 더니든 연구의 결과는 의미가 있다. 주의를 관리할 수 있는 능력은 우리가 말하고 행동하는 방식을 형성하며, 이는 우리의 삶과 주변 사람들의 삶을 형성한다.

인지 신경과학 교수인 사라 제인 블레이크모어는 청소년기의 뇌를 연구했다. 그녀의 연구 프로그램은 뇌가 대부분 아동기 후반에 완전히 형성된다는 기존의 통념에 도전하고 이를 재구성했다. 연구는 청소년기에 신경 회로가 발달하여 다양한 상황과 맥락에서 올바른 결정을 내리는 방법을 배우게 된다는 것을 보여 주기 시작했다(Blakemore & Robbins, 2012). 블레이크모어(2018)는 자신의 책 『나를 발견하는 뇌 과학(Inventing Ourselves: The Secret Life of the Teenage Brain)』에서 이 흥미로운 연구 결과를 종합적으로 검토했다.

더니든 연구 결과와 블레이크모어의 연구는 아동기와 청소년기에 주의 훈련이 사람들의 삶의 궤적을 변화시킬 수 있다는 흥미로운 가능성을 제기한다. 이는 우리가 현재 진행 중인 연구에서 다루고 있는 질문이다(Kuyken et al., 2017).

지금까지 주의에 대해 다룬 내용을 요약하면 다음과 같다:

• 주의는 경험으로 가는 관문이다.
• 주의에는 경계적 주의, 정향적 주의, 집행적 주의와 같은 다양한 유형이 있다.
• 주의 통제는 자기 통제의 핵심 요소이며, 이는 삶 전반에 걸쳐 학습된다.

우울증이나 만성 통증과 같은 상태는 주의를 낚아채며, "이건 견딜 수 없다. 어떻게 대처해야 할까?"와 같은 부정적인 생각을 확산시켜 주의를 끌어들인다. 이 과정을 알아차리고, 한 걸음 물러서며, 경험의 풍경 속에 다른 경험을 허용하는 것이 우리가 세상을 재창조하는 방법이다. 마음챙김 연습은 8주라는 짧은 프로그램으로도 주의 통제 능력을 향상시킬 수 있다. 하지만 더 오랜 기간 꾸준히 연습할 경우 그 효과는 더 신뢰할 수 있게 나타난다(Jha, Krompinger, & Baime, 2007; Lutz et al., 2009; MacLean et al., 2010; Morrison, Goolsarran, Rogers, & Jha, 2014; Mrazek, Franklin, Phillips, Baird, & Schooler, 2013).

심리학에서 얻은 핵심적인 통찰은 주의가 경험으로 가는 관문이라는 점이다. 주의는 우리가 어느 정도 통제하고 훈련할 수 있는 것이다.

## 감각, 감정, 인지, 행동 충동 구분하기

우리 중 많은 사람들이 "지금 내 경험은 어떤가?"라고 멈춰서 묻는 일 없이, 자신의 경험의 풍부함을 알아차리지 못한 채 하루를 보낸다. 가장 간단한 심리학적 모델은 주어진 순간의 경험을 몇 가지 필수 요소로 나누어 구분하는 데 도움이 된다:

1. 신체 감각
2. 감정
3. 생각, 심상, 기억, 계획, 공상, 평가
4. 행동 충동 및 행동

다섯 번째 요소는 맥락이나 주어진 상황이다. 즉, 특정 순간을 구성하는 전제 조건이다. 이 다섯 요소로 이루어진 모델은 인지 치료에서 널리 사용된다(〈표 2-1〉 참조). 사람들은 이를 매우 유용하다고 생각하는데, 이는 마음의 반응을 이해하는 핵심적인 부분이기 때문이다(Kuyken et al., 2009; Padesky & Mooney, 1990).

이 다섯 요소 모델은 어떤 맥락이나 상황에서도 경험을 구성 요소로 나누는 것을 가능하게 한다. 예를 들어, 링이 건포도를 사용한 연습에서의 경험을 신체 감각, 생각, 감정, 행동으로 나눌 수 있다([그림 2-1] 참조). 건포도가 그녀의 마음을 방황하게 하며 계획(베이킹 계획), 기억(할머니 댁), 기대(건포도를 먹는 것)를 불러일으켰음을 알 수 있다. 이는 감정("좋은" 느낌)과 후각 및 미각("달콤하고 따뜻한")과

**표 2-1 경험의 여러 요소**

| 요소 | 설명 |
|---|---|
| 신체 감각 | 신체 감각은 처음에는 그 자체로 감각적 인상으로 경험되지만, 마음은 곧바로 이를 분류하고 생각과 감정으로 이름을 붙이려 한다. 예를 들어, 어깨의 긴장감이라는 직접적인 경험은 곧 요통이나 스트레스로 인한 긴장감으로 분류될 수 있다. |
| 감정 | 전형적으로 감정은 (1) 기본 감정(예: 행복, 분노, 놀람, 슬픔, 혐오, 공포), (2) 감정이 결합된 더 미묘한 상태(예: 자부심), (3) 평가와 정교화가 포함된 감정(예: 감사, 실망)으로 나뉜다. |
| 생각, 이미지 및 평가 | 이 요소는 인지적 영역을 지칭하며, 사고를 포함한다. 여기에는 생각, 심상, 평가, 기억, 계획, 상상, 방황하는 마음, 백일몽, 공상 등이 포함된다. |
| 행동 충동 및 행동 | 행동 충동은 기본 상태(예: 각성 및 흥분), 더 정교화된 충동, 실제 행동(예: 성취감을 추구하려는 행동, 자비나 조화로 향하는 움직임)으로 나뉠 수 있다. 매우 기본적인 수준에서는 각성과 에너지 수준이 우리가 행동을 취할지 여부를 결정한다. 두려움이나 분노와 같은 기본 감정은 싸우거나, 경직되거나, 도망치려는 충동과 같은 행동 경향과 직접적으로 연관된다. |

참고. 다섯 번째 요소는 경험이 전개되는 순간의 맥락이다. 매 순간은 신체 감각, 감정, 생각, 행동의 끊임없이 변화하는 역동성을 포함한다.

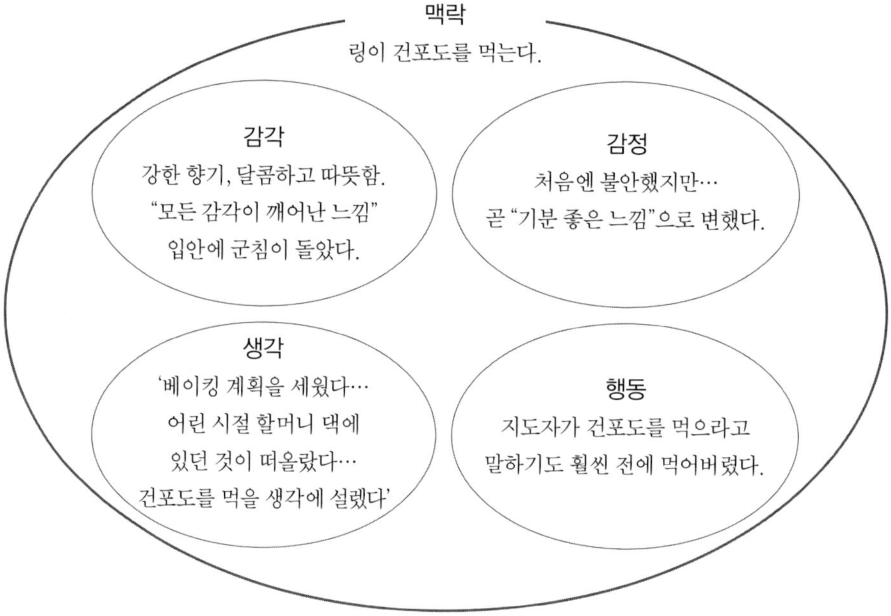


[그림 2-1] 건포도에 대한 링의 경험

관련된 신체 감각과 연관되어 침샘 반응을 이끌어 냈고, 결국 건포도를 먹는 행동으로 이어졌다.

주어진 상황에서 잠재적으로 알아차림에 도달할 수 있는 신체 감각은 무수히 많다. 생각이나 심상은 종종 자동적으로, 우리가 완전히 알아차리지 못한 채 떠오를 수 있다. 이들은 종종 감정 및 신체 감각과 밀접하게 연결되어 있다. 또한 관련된 행동 충동이나 행동이 있을 수도 있다. 이 모든 것은 우리가 처한 상황과 기존의 마음 상태라는 맥락 안에서 발생한다. 우리가 자신의 경험에 더 많은 주의를 기울일수록, 이러한 다양한 요소에 집중하고 경험이 어떻게 생성되고 정교화되는지 알 수 있게 된다. 예를 들어, 심상은 종종 감정을 직접적으로 형성하는 반면 (Holmes & Mathews, 2010), 말은 감정에 미치는 영향이 마찬가지로 강력하지만, 더 미세하거나 간접적으로 영향을 미치는 경우가 많다.

"당신을 도와주거나 보살펴 준 사람, 지도자나 멘토, 혹은 긍정적인 관계를 맺었던 사람을 떠올려 봅니다. 그 사람을 실제로 상상하며, 그 사람이 당신에게 친절하고 도움을 주었던 특정한 순간을 떠올립니다. 마음속으로 선명하게 그 사람의 모습을 떠올리고, 그 순간에 그 사람이 무엇을 하고 있었는지 마음속에 그려봅니다. 이렇게 그 순간을 떠올리면 어떤 감정이 일어나나요?"

심상은 감정을 자극할 수 있다. 위와 같이 자신에게 도움을 주었던 사람을 마음에 떠올리면, 그와 연관된 감정이 종종 자동적으로 떠오른다.

우리가 처음으로 신체 감각, 감정, 생각, 행동을 인식하고 분리하기 시작할 때, 이는 새롭고 흥미롭게 느껴질 수 있다. 이것은 마음을 지도화하고 우리의 경험을 더 명확히 비추는 첫 번째 단계이다. 이 단순한 다섯 가지 요소로 이루어진 모델은 우리의 경험을 해체하고, 새로운 방식으로 경험을 바라보고 관계를 맺도록 돕는 방법으로 제시된다. 이는 뒤엉키고 혼합되거나, 심지어 뒤죽박죽인 경험을 보다 세밀하고, 차별화되고, 명확한 것으로 바꿀 수 있다. 이 모델은 인간의 모든 경험이 인간 조건의 일부라는 점에서 보편성을 가지며, 동시에 우리 각자가 경험하는 방식이 약간 독특하다는 점에서 개별성을 가진다.

우리가 경험의 다양한 요소를 구별하는 법을 배우면서, 신체 상태, 감정, 생각, 행동 간의 연관성을 보게 된다([그림 2-2] 참조).[3] 우리는 생각이 감정과 신체 감각을 어떻게 형성하는지 볼 수 있고, 신체 상태, 특히 피로가 우리의 생각과 감정에 어떤 영향을 미치는지 알 수 있다. 또한 행동 충동이 감정과 신체 상태와 어떻게 연관되는지, 감정이 우리의 생각과 행동을 어떻게 형성하는지 알 수 있다. [그림 2-2]에 있는 양방향 화살표는 이러한 관계를 나타낸다. 이는 정상화("나는 항상 내 생각을 사실로 받아들였지만. 내가 피곤할 때 부정적으로 생각하는 경향이 있다는 걸 몰랐다")하는 동시에, 힘을 부여한다("나는 선택할 수 있다는 걸 배웠다. 피곤할 때는 나를 돌보고 스스로에게 관대해질 필요가 있다").

심리학에서 얻은 핵심적인 통찰은 특정 순간 우리의 경험을 개별 요소(즉, 신체 감각, 감정, 생각, 행동)로 나눌 수 있다는 점이다. 우리는 이러한 요소가 어떻

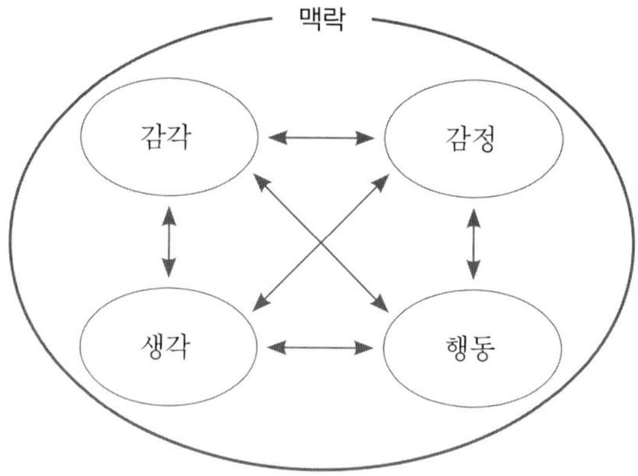


[그림 2-2] 경험의 구분: 다섯 요소 모델

게 발생하고 서로에게 영향을 미치는지 배우며, 무엇보다도 이러한 감각, 생각, 감정, 충동과 어떻게 관계를 맺을지를 선택할 수 있다.

## 마음의 역동적이고 끊임없이 변화하는 본질

마음챙김 연습은 마음이 얼마나 역동적인지를 보여 준다. 연습을 통해 매 순간의 경험이 어떻게 전개되는지를 더 명확히 볼 수 있다. 어떤 것도 영구적이거나 고정되어 있지 않다. 우리의 마음이 감정, 신체 감각, 행동 충동을 만들어 내는 동안에도 마음은 끊임없이 변화한다. 링의 사례에서, 그녀가 건포도에 주의를 기울이면서 공상(계획과 기억)에 빠져 있다는 것을 알아차렸다. 이후 건포도의 냄새에 주의를 기울이자 처음에는 불안감이 느껴졌고, 그것이 의도적으로 후각과 미각을 전경으로 가져오면서 "좋은 느낌"으로 바뀌었다. 그녀는 입에 침이 고이고 건포도를 먹고 싶은 행동 충동을 알아차렸다([그림 2-1] 참조). 그러나 만약 그녀가 "불안의 고통"에 대해 멈추어 탐구했다면, 그것 역시 생각과 심상, 감정, 신체 감각, 행동적 요소로 이루어져 있었을 가능성이 크다. 링이 지도자의 안내에 따라 건포도의 냄새에 주의를 기울였을 때, 이는 새로운 생각, 감정, 감각, 행동적 충동을 만들어 냈다. 마음의 상태와 그것을 구성하는 요소들은 지속적으로 변화하고 흐름 속에 있다. 각 순간은 다음 순간을 형성하는 맥락이다. 우리의 경험에 주의와 알아차림을 기울이면 이 역동적인 흐름이 드러난다.

**글상자 2-3 연습: 거리를 걸어가는 연습**

잠시 시간을 내어 자신이 길을 걷고 있는 모습을 떠올립니다. 몸에서 무슨 일이 일어나고 있는지, 그리고 어떤 기분이 드는지 느껴봅니다. 잠시 호흡에 주의를 가져갑니다. 이 들숨과 날숨의 모든 움직임을 따라갑니다. 몇 번의 호흡 동안 안정감을 느낄 때까지 이를 반복합니다.

이제 길을 걷고 있는 스스로를 떠올려, 길 반대편에서 당신이 아는 사람이 다가오는 모습을 그려봅니다. 당신은 그 사람에게 손을 흔들며 미소를 짓습니다. 그런데 그 사람이 당신을 알아보지 못하고 그냥 지나갑니다.

잠시 멈춰서 느껴봅니다: 얼굴, 가슴, 어깨 등 몸에서 어떤 신체 감각이 느껴지나요? 어떤 기분이 드나요? 머릿속에 어떤 생각이나 심상이 떠오르나요? 그리고 지금 무엇을 하고 싶나요?

〈글상자 2-3〉의 예시는 인지행동치료와 마음챙김 기반 프로그램 모두에서 이 점을 설명하기 위해 사용된다. 이 연습은 신체 감각, 감정, 생각, 행동 경향의 일련의 반응을 유발했을 가능성이 높다. 우울증을 경험한 사람들에게는 일반적으로 슬픔, 때로는 당혹감이나 두려움 같은 감정이 가장 흔히 나타난다. 신체 감각으로는 가라앉는 느낌, 복부와 가슴의 수축감, 얼굴의 열감 등이 있을 수 있다. 행동적으로는 벗어나고 숨고 싶은 충동이 들 수 있다. 링은 삶에서 많은 역경을 경험했으며, 특히 한 시기에 보호시설에서 생활하는 동안 다른 아이들에게 따돌림당하고 괴롭힘을 당했다. 이 연습에서 그녀의 생각과 평가는 과거의 경험에서 비롯되었으며, "저 사람이 나를 무시하는 건 나를 좋아하지 않기 때문이야" 또는 "내가 저 사람을 화나게 했고 이제 저사람은 나를 따돌릴 거야"와 같은 방향으로 흘렀

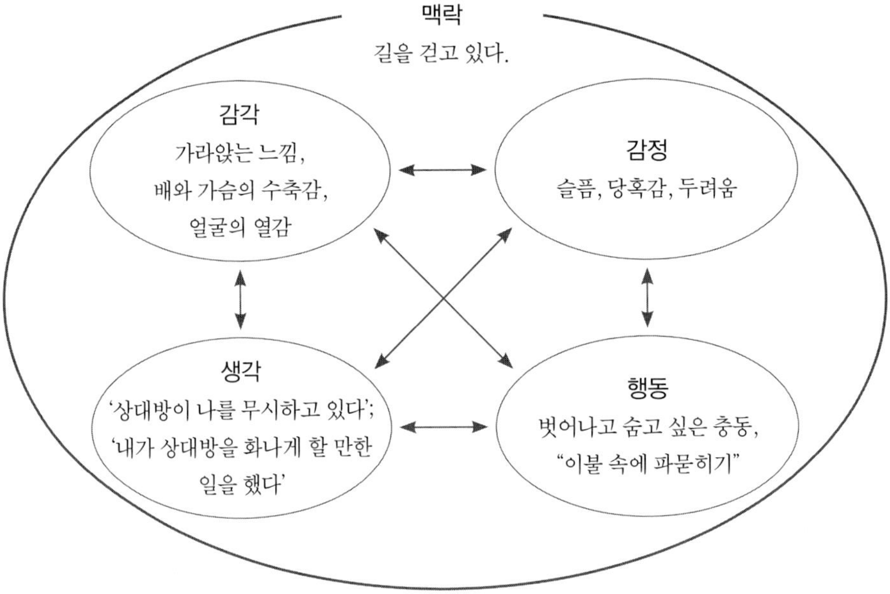


[그림 2-3] 링의 "거리를 걸어가는 연습" 경험을 다섯 요소 모델로 구분한 예시

다. [그림 2-3]은 이 순간 링의 경험을 다섯 요소 모델을 사용해 구별한 내용을 보여 준다.

다른 사람들은 동일한 이 시나리오에 대해 더 중립적인 감정적, 신체적 반응을 보일 수 있다. 이 경우 평가는 보통 "저 사람은 바쁘고 정신이 없어서 나를 보지 못했겠지"라는 식으로 나타난다. 이 연습에서 평가 내용 자체는 핵심이 아니다. 이 연습이 보여 주는 것은 마음의 역동적이고 변화하는 본질이며, 우리가 상황을 평가하는 방식이 그 순간의 경험을 형성한다는 점이다.

> 심리학에서 얻은 핵심적인 통찰은 우리의 경험이 역동적이며, 끊임없이 전개되고 변화한다는 점이다. 이는 부분적으로 우리의 평가와 판단에 의해 주도되고, 상황, 삶의 경험, 현재의 마음 상태에 의해 색깔이 입혀진다.

## 판단하는 마음을 움직이는 불일치 모니터링

마음의 모든 수준에는 강력한 평가적 요소가 존재한다. 이 평가는 두 가지 수준으로 이루어진다. 첫 번째는 경험이 즐거운지, 불쾌한지, 중립적인지를 간단히 평가하는 것이다. 이는 종종 일차적 평가라고 불리며(Lazarus, 1993), 불교 심리학에서는 수(受, Vedana) 또는 느낌의 톤으로 알려져 있다(Bhikkhu Analayo, 2003). 두 번째, 더 정교화된 평가는 이 경험이 우리가 생각하는 이상적인 상태, 우리가 원하는 상태, 또는 과거의 상태와 얼마나 일치하는지를 비교하는 것이다. 이는 종종 **불일치 사고**라고 불리며, 현재 상태를 모니터링하고 어떠해야 한다고 생각하는 이상적인 상태와 비교하려는 경향을 의미한다(Higgins, 1987; Masicampo & Baumeister, 2007; Williams, 2008).

마음챙김 연습은 이렇게 만연해 있는 판단하는 마음과 그것이 어떻게 자동적으로 특정 유형의 경험에 끌리고, 또는 다른 유형의 경험을 피하려고 하는지를 보여준다. 건포도 연습에서는 건포도를 마치 처음 보는 것처럼, 처음 냄새 맡고 처음 맛보는 것처럼 **초심자의 마음**으로 대하게 한다. 이는 어려운 일인데, 왜냐하면 마음은 자동적으로 그 빈 공간을 채우려 하며 이름을 붙인다("아, 이건 건포도야"). 그리고 바로 이어서 건포도가 "좋다"(링)인지, 또는 "별로다"(소피아)인지 판단한다. 이 판단하는 마음은 현재 상태를 우리가 바라는 이상적인 상태와 비교하려는 끊임없는 배경의 과정이며, 우리의 경험 속에서 지속적으로 작동한다.

싯다르타 고타마(붓다)가 그의 보호된 삶을 벗어나 질병, 노화, 죽음을 직접 가까이서 목격했을 때, 그는 괴로움을 느꼈다. 이는 그가 삶에 대해 가지고 있던 인식(아버지의 과보호 아래 안전하고 예측 가능한 세상)과 실제 고통과 죽음의 현실 사이의 불일치를 드러냈기 때문이다. 마음은 항상 이런 일을 하고 있으며, 질병, 노화, 죽음과 같은 더 큰 실존적 질문에서부터 "이 건포도가 '좋은가' 혹은 '별로인가'?"와 같은 같은 사소한 질문에 이르기까지 다양하게 일어난다.

우리의 판단은 대부분 자동적이고 연상적으로 이루어지며(Bargh, Chen, & Burrows, 1996), 의식적으로 완전히 인식하지 못하는 전의식 수준에서 발생한다. 앞서 살펴보았듯이, 경계적 주의와 정향적 주의는 고유한 편향을 가지고 있다(Friedman & Forster, 2010). 마음은 지속적으로 다양한 출처에서 들어오는 모든 정보(청각과 시각과 같은 감각 입력, 신체 상태 등)를 모니터링하며, "이것이 예상했던 것인가? 안전한가? 위협적인가? 이 경험에 주의를 기울여야 하는가?"와 같은 질문을 던진다. 이러한 평가는 종종 의도적인 의식적 노력을 요구하지 않으며, 우리의 삶에서 학습된 수많은 연상(De Houwer, Thomas, & Baeyens, 2001; McLaren & Mackintosh, 2000; Paivio, 1969)을 기반으로 이루어진다. 또한 이는 우리 종(種)의 생존을 지원하기 위해 진화한 마음과 신체 구조를 사용한다(Barnard, Duke, Byrne, & Davidson, 2007).

인간은 사회적 종(種)이며, 우리의 생존은 사회 집단의 일원이 됨으로써 얻는 안전과 이점에 달려 있었을 것이다(Darwin, 1871). 따라서 마음은 소속에 대한 사회적 신호에 민감하며, 집단에 대한 위협을 감지할 수 있는 능력이 진화의 계통에서 선택되어 왔을 것이다. 경계적 주의와 마음이 만들어 내는 무수히 많은 긍정적 및 부정적 연관성은 판단하는 마음의 기반이 된다. 이 학습의 중요한 특징 중 하나는 습관화이다. 우리가 어떤 것이 안전하다고 학습하면, 이를 익숙한 것으로 분류하고 주의가 이를 대충 지나친다. 이는 효율성을 위해서는 합리적이지만, 동시에 우리가 경험의 상당 부분을, 비교적 사소한 것(예: 음식)뿐만 아니라 때로는 우리가 사랑하는 사람들(예: 파트너나 자녀)과 보내는 시간과 같이 중요한 것에 대해 완전히 주의를 기울이지 않게 된다는 것을 의미한다. 연상, 습관화, 불일치 모니터링, 판단은 정보를 효율적으로 처리하도록 설계된 신경 회로에 의해 지원된다(Barnard & Teasdale, 1991).

링의 삶은 소외되는 것에 민감하게 되었다. "거리를 걸어가는" 연습([그림 2-3])에서, 이러한 과거의 경험은 곧바로 사람들이 자신이 좋아하지 않는다거나 소외되고 있다는 감정과 생각으로 결합되었다. 이 연습에서 그녀는 자신의 마음이 얼마나 연상적이고 빠르게 이러한 생각을 만들어 내는지에 놀라움을 금치 못했다. 그녀는 거의 즉각적으로 몸의 수축감과 강렬한 도피 충동을 느꼈고, 이를 두려움과 가라앉는 느낌에서 벗어나기 위해 침대라는 안전한 공간으로 숨어버리려는 "이불 속에 파묻히기"로 표현했다. 그녀가 자신의 마음을 이러한 방식으로 알아가기 시작할 수 있었던 것은, 주의의 과정, 의미를 부여하는 과정, 판단하는 과정을 어느 정도 탈중심화된 거리에서 보는 것이 그녀에게 도움이 되었기 때문이다. 이를 통해 그녀는 먼저 자신을 이해할 수 있었고, 이후 "다른 방식으로 반응하는 것을 배울 수도 있겠다"라는 깨달음을 통해 선택과 가능성에 대한 감각을 갖게 되었다.

앞서 설명했듯이, 마음챙김 연습은 경험을 더 명확히 보고, 그 경험에 자동적으로 반응할 때 이를 알아차릴 수 있게 한다. 또한 더 유연한 방식으로 대응하는 법을 배울 수 있다. 〈글상자 2-4〉는 이를 보여 주는 예로, 숙련된 마음챙김 수행자인 마티유 리카드가 경고를 요하는 자극(총소리)에 마음이 반응하는 것을 알아차리고, 반응을 조절하여 다시 안정된 상태로 돌아가는 과정을 설명한다.

학습된 패턴, 연상, 평가는 정신 건강 상태를 생성하고 유지하기도 한다. 공포증이 있는 사람들은 두려워하는 대상에 대한 연관성이 비교적 쉽게 유발되는 경향이 있다. 나는(WK) 아프리카에서 자랐는데, 우리 집 정원에도 위험한 뱀이 있

### 글상자 2-4 놀람 반응과 불일치 모니터링의 인지 신경과학

저명한 신경과학자 리처드 데이비슨은 명상 신경과학이라는 하위 학문 분야를 발전시키는 데 평생을 바쳤다. 그는 경험이 풍부한 마음챙김 수행자들을 연구하여 마음챙김 훈련이 우리의 뇌와 몸에 어떤 영향을 미치는지 이해하려고 노력해 왔다. 이미 잘 알려진 바와 같이, 뛰어난 음악가들이 시간이 지남에 따라 전문성을 발전시킬수록, 악기를 연주할 때 사용되는 감각 및 운동 피질과 관련된 뇌의 구조와 기능에 변화가 나타난다. 이는 신경가소성이라고 하며, 이는 새로운 환경, 경험, 학습에 적응하는 뇌의 구조와 기능 변화를 의미한다 (Davidson & Irwin, 1999).

마찬가지로, 매우 숙련된 마음챙김 수행자들도 주의 집중, 주의 분산 다루기, 처리 과정의 정향 설정, 지속적인 집중과 관련된 뇌의 구조와 기능에 변화가 나타난다(Davidson et al., 2003; Goleman & Davidson, 2017). 즉, 경험이 풍부한 마음챙김 수행자의 뇌를 연구했을 때, 그들이 주의를 다루는 방식, 집행적 통제를 발휘하는 정도, 서로 다른 마음 상태를 조절하는 방식이 뇌 회로의 활성화와 비활성화로 반영된다는 것을 알 수 있다. 더불어, 이러한 기능과 관련된 뇌 구조에서 관찰 가능한 차이점도 발견되었다. 예를 들어, 데이비슨의 가장 중요한 협력자 중 한 명인 마티유 리카드는 수도승이 된 과학자이자, 수년 동안 방대한 명상 연습(20,000시간 이상!)을 해 왔다. 리카르는 음악가가 악기를 연습하듯이 마음을 훈련해 왔다.

리카드의 마음, 뇌, 몸이 다양한 상황에서 어떻게 반응하는지를 연구한 여러 실험이 있다. 한 대표적인 연구는 리카드에게 다양한 명상 상태(집중 명상과 선택하지 않는 알아차림 명상)에 있도록 요청한 뒤, 신호용 총소리와 같은 큰 소리에 그가 어떻게 반응하는지를 관찰한 것이다. 신호용 총소리는 주의를 끌고 강한 놀람 반응을 유발하는 자극으로 알려져 있다(Levenson, Ekman, & Ricard, 2012). 그의 놀람 반응은 나이와 교육 수준 등 주요 특징이 일치하는 다른 남성 대조군과 크게 다르지 않았다. 그러나 선택하지 않는 알아차림 명상 상태에서, 리카드의 방대한 명상 훈련은 신체적으로는 총소리에 놀람 반응을 보였음에도(이는 뇌간의 깊은 반응이다), 스스로를 다시 안정된 상태로 되돌릴 수 있는 능력을 보여 주었다. 그는 마음이 총소리가 발생한 순간 경험에 완전히 머물러 있을수록, 큰 소리를 경험의 역동적인 풍경으로 수용할 수 있었다고 보고했다. 반면, 마음이 방황하고 있을 때는 놀람 반응이 더 강했다. 마음챙김 훈련은 그를 자신의 경험을 섬세하게 알아차리게 하고, 이를 조절할 수 있는 능력을 부여했다. 이는 그가 자신의 경험 중 특정 측면에 도움이 되는 방향으로 주의를 기울일 수 있었기 때문이다.

을 정도로 뱀이 많았다. 그래서 나는 뱀에 대한 합리적인 두려움을 갖게 되었다고 생각한다. 어느 날 영국으로 이사한 뒤, 어린 시절 숲을 걷다가 밟은 나뭇가지가 움직였다. 순간적으로 마음은 이를 위협으로 인식하고, 나뭇가지를 뱀으로 만들어 냈다. 그 순간, 그 나뭇가지는 나를 물려고 하는 위험한 뱀으로 보였다. 거의 동시에, 마음과 몸은 두려움에 사로잡혀 뒤로 점프했고, 친구들은 이를 보고 크게 웃었다. 이러한 빠르고 자동적인 처리는 마음과 몸에 내재화된 것이며, 연관적으로 학습되고, 진화적으로 명백한 이점을 가지고 있음을 보여 주는 연구가 많다(LeDoux, 2000; Phelps & LeDoux, 2005; Rogan et al., 1997).[4]

불안 장애를 가진 사람들은 위협에 지나치게 경계하고, "시험에 실패할 것이다" "모두가 내가 얼마나 긴장했는지 알 수 있을 것이다" "뭔가 나쁜 일이 일어날 것이다"와 같은 과장된 사고 패턴을 보인다(Beck, Hollon, Young, Bedrosian, & Budenz, 1985). 우울증을 겪는 사람들은 자신에 대한 지나치게 부정적이고 가혹한 판단(예: "나는 쓸모없고 사랑받을 가치가 없다" "사람들은 나를 좋아하지 않는다")을 하는 경향이 있다. 이들은 종종 너무 쉽게 떠오르는 부정적인 기억을 가지고 있거나(Beck, Rush, Shaw, & Emery, 1979), 더 나쁜 경우, 이러한 의미와 연관된 도식적이고 지나치게 일반화된 기억(예: "내 모든 우정은 결국 거절당하는 것으로 끝난다")을 가지고 있다(Williams et al., 2007). 집행적 주의는 이러한 혐오적인 생각과 기억이 알아차림을 지배하지 못하도록 억제하려다가 과부하될 수 있다. 한편으로, 이러한 판단하는 마음은 단순히 마음의 정상적인 특성일 수 있다. 그러나 이는 사람들을 불안과 우울로 빠뜨리는 늪처럼 작용하기도 한다.

점점 많은 연구가 이러한 마음의 핵심적인 측면(예: 주의 안정화)이 훈련될 수 있음을 보여 주고 있다. 신체 운동이 심혈관계를 형성하고 근육을 강화하듯이, 마음챙김 연습은 마음과 몸의 구조와 기능에 영향을 미친다. 뇌의 구조와 기능은 "신경가소성"을 통해 변화할 수 있다(Davidson & McEwen, 2012; Garland et al., 2010; Goleman & Davidson, 2017). 마음챙김 연습의 초기 단계 중 하나는 사람들이 자신의 마음을 더 잘 이해하고, 판단하는 경험을 있는 그대로, 즉 끊임없이 의미를 부여하는 과정으로 볼 수 있도록 도움을 주는 것이다. 이러한 이해는 시간이 지나면서 발전하여, 매우 숙련된 마음챙김 수행자는 총소리 의해 유발된 반응을 다룬 리카드의 사례에서 본 것처럼(〈글상자 2-4〉 참조) 도전적인 마음과 신체 상태를 다룰 수 있게 된다. 우리는 모두 학습된 역사 속에서 기능적이었던 습관적 마음의 패턴을 길러왔지만, 이는 지금 도움이 되지 않는 반응의 패턴에 갇히게 만들며,

우리는 이러한 패턴을 종종 의식하지 못한다. 마음챙김 수행의 길은 이러한 패턴과 습관을 드러내고 변화시키기 위해 설계되고 구조화되어 있다.

> 심리학에서 얻은 핵심적인 통찰은 마음의 모든 수준에서 우리가 끊임없이 경험을 판단하고 있다는 점이다: "이것은 새로운 것인가, 익숙한 것인가?" "안전한가, 위협적인가?" "내가 고려하거나 행동해야 할 일인가?" 이는 불일치 모니터링에 의해 작동한다: "상황이 어떤가? 어떻게 되어야 하는가?" 우리가 상황이 원하는 대로 되지 않았다고 판단할 때, 만족감이나 고통은 이러한 불일치의 결과로 나타난다. 이러한 패턴은 알아차릴 수 있으며 변화시킬 수 있다.

## 개요

지난 백여 년 동안 심리학은 중요한 방식으로 마음의 지도를 그려왔다. 이 장에서는 기본적인 심리학적 과학에서 마음챙김을 뒷받침하는 데 가장 유용한 요소를 선택하여 마음의 지도를 개략적으로 설명했다. 이는 다음과 같다:

- 우리의 마음은 많은 시간을 자동 조종 상태로 보내며, 이는 많은 이점을 제공하지만 몇 가지 대가도 따른다.
- 지각은 감각 기관에서 시작되지만, 이는 구성적이고 창의적인 과정이다.
- 우리가 주의를 기울이는 방식은 실제로 세상을 경험하는 방식을 변화시킨다(즉, 우리는 능동적으로 경험을 만들어 낸다).
- 경험은 신체 감각, 감정, 생각, 행동으로 나눌 수 있다.
- 마음은 역동적이고 끊임없이 변화한다.
- 평가, 판단, 불일치 모니터링은 지각과 주의의 모든 수준에 존재하며, 이는 우리의 경험을 강력하게 형성한다.
- 마음은 마음챙김 연습을 통해 훈련되고 변화될 수 있다.

다음 장에서는 이러한 개념을 바탕으로 마음이 이 모든 요소를 통합하여 세상을 이해하는 방식을 탐구할 것이다.

# 마음의 지도

## 존재와 앎

의식이란 무엇인가라는 질문에 이보다 더 좋은 답은 없다. 이는 마치 기자가 루이 암스트롱에게 "재즈란 무엇인가?"라고 물었을 때, 그가 이렇게 답한 것과 같다. "숙녀분, 그걸 물어봐야 한다면 절대 알 수 없을 겁니다."

Stephen Pinker (1997)[1]

심리과학은 마음의 많은 신비한 측면을 검증 가능한 이론적 개념으로 전환시켰다. 루이 암스트롱의 대답처럼, 우리 모두는 사랑하는 사람의 포옹, 좋아하거나 싫어하는 음식의 맛, 욱신거리는 치통의 경험, 자연의 아름다움을 통해 의식이 무엇인지 알고 있다. 마음챙김 수행에서의 단순한 초대는 이러한 '앎(知, knowing)'에 마음을 여는 것이다. 이 장에서는 2장에서 다룬 기초 심리과학을 바탕으로, 우리의 마음이 각 순간에 일어나는 수많은 지각, 감각, 감정, 생각, 행동 경향을 어떻게 하나로 결합하는지 개괄한다. 또한 마음이 경험을 이해할 수 있도록 어떻게 내러티브 구조를 형성하는지 설명하며, 다음을 검토한다:

- 방황하는 마음은 불행한 마음이라는 점

- 존재와 앎의 다양한 방식
- 우리가 세상을 이해하는 방법

## 방황하는 마음은 불행한 마음이다

마음챙김 연습을 시작하면 가장 먼저 깨닫게 되는 것 중 하나는 마음이 얼마나 자주 방황하는지이다. 몸이나 호흡에 주의를 기울이라는 안내를 받으면, 우리는 곧 마음이 과거를 회상하거나, 미래를 계획하거나, 경험에 대해 해석하거나, 다른 사람의 의도를 추측하거나, 공상하는 등으로 방황한다는 것을 깨닫게 된다. 사람들은 종종 자신의 마음이 '사방으로 뛰어다니는 어린아이 같다'고 표현한다. "분명 마음챙김 수행은 주의를 안정시키고 마음을 비우는 것이겠죠. 내가 뭔가 잘못하고 있는 게 분명해요"라며 걱정하기도 한다. 1장에서 본 것처럼, 붓다는 마음을 훈련되지 않은 코끼리가 충동을 따르는 것에 비유했다. 이는 긍정적으로는 숲에서 먹이를 찾는 모습으로, 부정적으로는 농장 사이를 지나가다가 큰 소리에 놀라 혼란과 파괴를 일으키는 모습과 같을 수 있다. 마음이 방황하는 것은 누구나 겪는 보편적인 경험이다. 우리의 마음은 본래 방황하는 경향이 있으며, 그것이 마음의 자연스러운 작동 방식이다.

유명한 심리학 실험에서, 2,250명의 성인을 대상으로 몇 주에 걸쳐 반복적으로 세 가지 데이터를 기록하게 했다: (1) 마음이 방황 중인지 여부, (2) 현재의 행복도, (3) 그들이 하고 있는 활동(Killingsworth & Gilbert, 2010). 이 세 가지 질문은 무작위로 반복되었고, 이를 통해 방대한 데이터베이스가 구축되었다. 이 연구는 몇 가지 중요한 통찰을 제공했다. 첫째, 사람들은 약 절반의 시간 동안 마음이 방황하고 있다고 보고했다. 둘째, 마음의 방황은 사람들이 무엇을 하고 있든 상관없이 불행과 연관되는 경향이 있었다. 마지막으로, 마음이 현재에 집중하고 있는지, 아니면 방황하고 있는지는 사람들이 실제로 무엇을 하고 있는지보다 행복도를 더 잘 예측했다. 연구 제목인 "방황하는 마음은 불행한 마음이다"는 주요 발견을 잘 표현하고 있다.

한편, 신경과학자들은 주의, 지각, 계획 등 다양한 인지 기능의 신경적 상관관계, 즉 "어떤 뇌 구조와 네트워크가 이러한 기능에 관여하는가?"를 연구하기 위한 패러다임을 구축하고 있었다. 마음의 방황과 관련된 신경적 상관관계는 우연히 발견되었다. 연구자들이 실험 참가자들에게 실제 실험 과제를 기다리는 동안 단순히 아무것도 하지 말라고 요청했을 때, 참가자들의 뇌는 특정한 방식으로 활성화되었다는 것이 밝혀졌다. 즉, 실험 시작을 기다리며 아무것도 하지 않는 상태에서 특정 뇌 네트워크가 활성화되었으며, 이를 신경과학자들은 디폴트 모드 네트워크라 명명했다. 이는 우리가 쉬고 있을 때 마음이 기본적으로 이 상태로 전환된다는 가정에 기반한 것이다(Raichle, MacLeod, Snyder, Powers, Gusnard et al., 2001). 우리가 알게 된 것은 의도적인 활동에서 벗어나 쉴 때, 디폴트 모드가 활성화된다는 것이다. 과학과 마음챙김 수행 모두에서 우리의 기본 모드가 마음의 방황이라는 것이 밝혀졌다.

선도적인 연구자들(Smallwood & Schooler, 2015)은 마음의 방황을 세 가지 유형으로 구분했다: (1) 의도적으로 집중하려고 할 때 발생하는 방황(예: 마음챙김 수행 중 집중을 유지하려 할 때), (2) "휴식 중"일 때의 마음의 방황, (3) 자유 연상과 창의적 사고와 관련된 방황(예: 몽상, 창조적 사고, 문제 해결을 위한 숙고). 예를 들어, 우리는 걱정되는 문제나 계획, 진행 중인 프로젝트, 해결해야 할 문제를 숙고하기 위해 의도적으로 마음을 방황하게 만들 수도 있다(Hasenkamp, Wilson-Mendenhall, Duncan, & Barsalou, 2012).

마음의 방황은 종종 우리 삶의 내러티브를 구성하는 것과 관련이 있다. 최근의 연구에서는 특정 그룹에서 나타나는 마음의 방황을 조사했다. 예상할 수 있듯이, 우울증에 걸리기 쉬운 사람들은 마음이 방황할 때 특히 반복적이고 부정적인 형태의 반추에 빠지는 경향이 있다(Hamilton et al., 2011).

링은 아침마다 샤워를 하고, 화장을 하고, 옷을 입으면서도 하루에 대한 걱정이나 전날의 문제를 되새기느라 한 번도 현재 순간에 집중하지 못하는 경우가 있다고 설

> 명했다. 마음챙김 프로그램을 시작하고 나서 자신의 방황하는 마음을 더 가까이 들여다보게 되자, 그녀는 이 또한 자신을 판단하는 계기로 삼았고, "나는 쓸모없어. 이게 그 증거야. 나는 이 마음챙김 수행조차 제대로 할 수 없어"라는 식의 반추를 더 촉발시켰다.

이는 우울증에 걸리기 쉬운 사람들에게는 자기 자신, 미래, 세상에 대해 부정적으로 생각하는 근본적인 경향이 있다는 오랜 가설을 세워온 인지 치료의 이론적 설명과 일치한다(Beck et al., 1979). 이러한 경향은 예를 들어 기분이 저하될 때까지 잠재된 상태에 있다가 촉발된다(Segal, Williams, Teasdale, & Gemar, 1996).

사람들이 이러한 과정이 마음에서 전개되는 것을 보고, 대응하는 방식에서 유연성을 보이는 능력에는 개인차가 있다(Diamond, 2013). 중요한 점은, 마음챙김 프로그램이 이러한 유연성을 지원하도록 설계되었다는 것이다. 현재 마음챙김 프로그램은 단순히 더 큰 마음챙김을 촉진할 뿐 아니라, 참가자들이 마음챙김 기술을 배울 때 긍정적인 결과와 연관된다는 것을 보여 주는 설득력 있는 연구들이 있다(Alsubaie et al., 2017; Bieling et al., 2012). 그렇다면 구체적으로 어떻게 이런 결과가 일어나는 걸까?

마음챙김 훈련은 마음의 방황을 알아차리고 의도적으로 마음을 현재 순간으로 되돌리는 방법을 배우도록 돕는다. 예상할 수 있듯이, 마음챙김 훈련은 마음의 방황을 줄이고 디폴트 모드 네트워크의 활성화를 감소시키는 것과 연관이 있으며, 이러한 효과는 숙련된 마음챙김 수행자에게서 특히 두드러지게 나타난다(Brewer et al., 2011; Farb et al., 2007; Morrison, Goolsarran, Rogers, & Jha, 2014). 마음챙김을 더 많이 연습할수록 우리는 마음의 방황을 더 잘 인식하고 마음을 안정시키며, 주의를 어디에 어떻게 배치할지 선택하는 능력이 향상한다.

〈글상자 3-1〉에 나와 있는 마음챙김으로 잠시 멈추기 연습을 시도해 본다. 대부분의 마음챙김 지침은 마음의 방황을 알아차리고, 그때마다 주의를 현재 순간의 초점으로 다시 가져오도록 안내한다. 이 짧은 마음챙김 연습은 우리가 언제든지 자동조종 상태에서 벗어날 수 있도록 돕는다. 먼저 우리의 마음과 몸의 상태

**글상자 3-1 마음챙김 연습: 마음챙김으로 잠시 멈추기, 방황하는 마음을 마음 알아차리기, 그리고 다시 돌아오기**

지금 잠시 멈추어 마음을 알아차려 봅니다. 그리고 자신의 마음 상태를 나타내는 단어를 하나 떠올려 봅니다. 마음이 또렷한가요, 둔한가요, 경계하는 상태인가요, 아니면 피곤한가요? 이제 같은 방식으로 감정 상태를 알아차려 봅니다. 현재의 감정 상태를 기록해 봅니다. 만족감, 불만족감, 호기심, 지루함 등 무엇을 느끼고 있는지 확인해 봅니다. 이어서 몸을 스캔하며 편안함, 수축감, 차가움, 따뜻함 등 현재 느껴지는 신체 감각을 알아차려 봅니다.

이제 아주 의도적으로 호흡, 특히 배에서 느껴지는 호흡의 감각에 주의를 기울여 봅니다. 이 연습에서는 단순히 지금 바로 배에서 느껴지는 호흡에 주의의 빛을 비추며, 들숨과 날숨을 경험하는 것입니다. 들숨과 날숨을 알아차리며, 배에서 느껴지는 직접적인 감각을 그대로 느껴봅니다. 이 감각이 전체적인 알아차림을 채우도록 허용합니다. 생각, 감정, 신체 감각이 알아차림의 넓은 배경 속에서 머물 수 있도록 두되, 주의를 배의 호흡, 바로 이 호흡에 집중해 봅니다. 아무것도 바꾸려고 하지 말고, 있는 그대로의 배 속 호흡 감각과 함께 의도적으로, 온전한 존재감과 호기심, 인내심을 가지고 머무릅니다.

마음은 필연적으로 방황하게 됩니다. 이것은 정상적인 현상이며, 연습의 일부입니다. 마음이 방황할 때마다, 이를 연습의 일부로 받아들이며 "아, 이것이 마음의 방황이구나"라고 조용히 알아차립니다. 그리고 마음이 어디로 방황했는지 살펴봅니다. 예를 들어, 계획, 기억, 판단 등의 생각으로 향했는가? 그런 다음, 부드럽지만 확고한 태도로 다시 호흡으로 주의를 가져옵니다. 이제 몇 분 동안 이 연습을 이어갑니다.

호흡에 주의를 기울이며, 마음의 방황을 알아차릴 때마다, 다시 호흡으로 돌아오는 연습을 반복해 봅니다.

(즉, 우리가 현재 어디에 있는지)를 인식한 후, 의도적으로 주의를 호흡으로 모아 주의의 초점을 안정시키고 고정하는 방식이다. 우리는 마음의 방황이 일상적인 경험의 일부이자 마음챙김 수행의 일부임을 배우게 된다. 우리는 마음의 방황을 인식하고, 매번 호흡으로 돌아오는 연습을 통해 주의력을 단련하는 방법을 배운다. 이러한 주의를 관리하는 능력은 세상에서 존재하고, 이해하는 다양한 방식으로

나아가는 문을 열어준다.

> 심리학의 핵심적인 통찰은 마음이 방황하기 쉽다는 점이다. 마음의 방황은 불행과 연관될 수 있으며, 특히 우울증과 같은 정신 건강 문제에 취약한 사람들에게서 두드러진다. 마음챙김 훈련은 우리가 먼저 마음의 방황을 인식하고, 점차적으로 언제 마음의 방황이 도움이 되고, 언제 그렇지 않은지를 구별할 수 있게 된다.

## 세상에 존재하고 세상을 아는 방식

세상에 존재하고 세상을 아는 방식에는 여러 가지가 있다. 우리는 세상을 감각하고, 지각하고, 주의를 기울이며, 이해함으로써 최선을 다해 삶을 살아간다. 그러나 음악을 구성하는 음표, 건반, 악기처럼 우리의 감각, 지각, 알아차림은 다양한 존재와 앎의 방식으로 조합될 수 있다. 음악이 여러 형태로 구성될 수 있듯이, 의식도 다양한 형태를 취하며, 서로 다른 방식으로 경험될 수 있다. 재즈, 소울, 랩, 클래식 등은 모두 다른 형태의 음악이며, 이와 마찬가지로 마음도 다른 형태를 가질 수 있다.

심리학은 이러한 존재와 앎의 방식을 탐구하기 시작했다. 지난 30년 동안 여러 심리학자들이 심리학의 이 중요한 변화에 기여해 왔으며, 대표적으로 필 버나드, 다니엘 카네만, 이안 맥길크리스트, 진델 시걸, 존 티즈데일, 프란시스코 바렐라, 마크 윌리엄스 등이 있다.[2] 마음챙김 기반 프로그램의 핵심 이론적 토대는 세상을 이해하고 존재하는 개념적 방식이 중요하지만, 현재 순간에 기반한 경험적 방식의 존재와 앎 또한 중요하다는 것이다(Kabat-Zinn, 1990; Segal, Williams, & Teasdale, 2013). 또한 마음챙김 기반 프로그램은 이러한 직접적이고 경험적인 존재 방식을 훈련할 뿐만 아니라 더 큰 이해, 자비심, 능숙한 행동을 위해 모드를 전환하고 활용하는 방법을 배우도록 돕는다(Crane et al., 2017).

마음챙김 프로그램에서 사람들이 가장 먼저 배우는 마음의 모드는 자동 조종이다(2장에서 설명함). 자동 조종 상태를 인식하는 순간, 우리는 비로소 마음의 작동 방식을 이해하기 시작하고, 의도적으로 선택할 수 있는 가능성이 열린다. 링은 자신의 아침 일과가 자동 조종 상태로 이루어진다는 것을 깨달았다. 그녀는 샤워를 하고, 화장을 하고, 옷을 입는 동안, 하루에 대한 걱정과 전날의 문제를 반추하느라 현재의 경험을 놓치고 있었다. 이렇게 하루를 시작하면 언짢은 하루로 이어질 수 있다는 것을 깨달았다.

다음으로, 우리는 두 가지 마음의 모드를 더 자세히 살펴볼 것이다: 경험적 모드와 개념적 모드이다. 그리고 이러한 모드 간 전환이 어떻게 도움이 될 수도 있고, 방해가 될 수도 있는지에 대해서도 설명할 것이다.

## 마음의 경험적 모드

마음의 경험적 모드는 끊임없이 변화하는 경험에 대한 직접적이고 현재 순간의 알아차림이며, 시각, 청각, 신체 감각, 감정, 행동 충동 등을 포함한다. 심리과학은 인간 마음의 고유한 측면에만 집중하는 경향이 있었으며,다른 종들과의 차이점보다 공통점이 더 많을 가능성을 간과해 왔다. 그러나 경험적 앎은 우리뿐만 아니라 많은 다른 종들도 공유하는 것이다.

예를 들어, 가젤과 같은 무리 동물은 포만감을 충족시키기 위해 먹으려는 행동 충동을 가지고 있다. 그들은 무리와 함께 초원에서 풀을 뜯으며 무리를 하나의 집단으로 인식하고, 언제 안전하며 언제 무리의 안전이 위협받고 있는지 알아차린다. 무리가 위협을 감지하면, 주의가 풀을 뜯는 것에서 벗어나 위협을 향해 집중되며, 자신과 무리를 안전하게 지키기 위한 적절한 대응을 준비하게 된다. 위협이 지나가면, 가젤은 안전, 집단의 결속, 포만감을 추구하는 상태로 다시 전환된다. 동물들은 다시 평온하게 풀을 뜯기 시작하며, 위협 반응 시스템이 조절되고 만족스러운 상태가 다시 확립된다. 이러한 상태들은 연상 학습을 통해 조건화된 익숙한 상태이다. 모든 외부 및 내부 자극은 함께 처리되어, 적절한 대응을 가능하게 하는 통합적 의미를 형성한다. 이러한 방식으로 세상을 인식하고 이해하는 방식은 우리 호모 사피엔스를 포함하여 동물계의 대부분에서 공통적으로 나타난다(Sapolsky, 2004).

경험적 모드는 강력하고 유용하다. 이는 "사물이 체화된 특수성, 모든 변화 가능성과 무상성, 상호 연결성을 지닌 채로, 영원히 유동하는 전체의 일부로서 우리에게 존재하도록 허락해 준다"(McGilchrist, 2009, p. 93).

경험적 모드는 주어진 순간에서 신체 감각, 감정, 생각, 행동 충동을 모두 포함하는 전체적인 경험을 의식적으로 알아차리도록 한다. 이러한 모든 정보는 하나로 통합되어, 우리는 **체화된** 경험을 통해 사물의 상태를 보다 온전하게 알아차릴 수 있다(〈표 3-1〉 참조). 경험적 모드의 체화된 특성은 신체 감각, 감정, 생각, 행동 경향에 대한 순간순간의 인식의 통합이며, 비판하지 않음, 인내, 신뢰, 평정심과 같은 태도적 차원과 함께 유지된다.

2장에서 논의한 것처럼, 자극은 먼저 시각, 청각, 그리고 다른 신체 감각과 같은 주요 감각을 통해 인식된다. 경험적 앎은 이러한 시스템의 모든 정보를 통합하여 우리가 세상을 이해할 수 있도록 하는 것이다(Teasdale & Barnard, 1993). 이는 상황이 안전한지, 위협적인지, 익숙한지 새로운지를 파악하고, 우리의 기본적인 욕구(예: 따뜻함, 포만감)를 충족하는 데 도움을 준다. 우리는 사회적 동물로서, 다른 사회적 동물들처럼 집단의 결속력과 역동성이 중요하다. 우리는 가족이 어디에 있는지 파악해야 하며, 가족이 온전하고 괜찮은지, 그 집단 내에서 나의 위치가 어디인지 파악해야 한다. 우리의 마음은 끊임없이 인식하고 재인식하며 내부와 외부 세

**표 3-1 마음의 경험적 존재 방식과 개념적 모드**

| 개념적 모드 | 경험적 모드 |
|---|---|
| 개념적 표현과 내러티브가 포함된 추상적 표현 | 특수성, 대역폭, 역동성을 모두 갖춘 직접적인 경험 |
| 판단 및 분석 | 허용 |
| 현실로 이해되는 생각과 이미지 | 정신적 사건으로 경험되는 생각과 이미지 |
| 과거와 미래에 초점을 둔 정신적 시간 여행 | 현재-순간에 집중 |

계의 모든 변화를 업데이트하는 과정에서 끊임없이 역동적으로 유동한다.

경험적 지식은 연상 학습을 통해 통합되었다. 예를 들어, 우리는 특정한 방식이 효과적이라는 것을 배울 수도 있고, 특정한 환경이 일반적으로 안전하다는 것을 인식할 수도 있으며, 특정한 사람이 내 가족이라는 것을 학습할 수도 있다. 이러한 통합적 학습 과정은 주어진 순간에 적절한 대응을 선택할 수 있도록 하며, 이러한 대응은 지속적인 학습의 대상이 된다(Glockner & Witteman, 2010; Kahneman, 2011).

## 마음의 개념적 모드

호모 사피엔스로서 우리는 미래를 계획하고 창조하며, 과거를 기억하고 배우면서 세상을 개념적으로 이해할 수 있다. 마음의 개념적 모드에서 우리는 경험에서 한 발 물러서서 그 의미를 성찰하고 감사함, 자부심, 열망, 후회 등을 느낄 수 있다. 우리는 삶에 대한 정신적 내러티브를 형성하며, 그 이야기 속에서 우리가 주인공이 된다. 이 모드는 목표 지향적 행동을 통해 원하는 것을 얻기 위해 계획, 창의성, 언어를 활용하는 데 도움을 주도록 진화해 왔다. 또한 우리는 고차원적인 언어 능력을 활용하여 자신의 경험을 스스로에게나 타인에게 설명하고 소통할 수 있다. 이러한 경험을 성찰하고 소통할 수 있는 능력, 즉 개념적 세계를 다룰 수 있는 능력은 인간에게 고유한 것이다.

> 이 세계는 명시적이고, 추상적이며, 구획화되고, 파편화되어 있으며, 정적이고(비록 그 조각들은 기계처럼 움직일 수 있지만), 본질적으로 생명력이 없다. 이 세계에서 우리는 분리감을 느낀다. 그러나 이 세계와 관련해서는 강력함을 느낀다(McGilchrist, 2009, p. 93).

마음의 개념적 모드는 인간이 가진 비범한 능력이다. 이는 거의 기적적인 능력이며, 다음과 같은 기능을 포함한다.

- 추상적 사고
- 상상 속에서 세상을 재창조하는 능력
- 의도적인 창의성
- 계획을 수립하는 능력
- 풍부한 자서전적 기억을 보유할 수 있는 능력

이러한 능력 덕분에 우리는 복잡한 삶을 살아갈 수 있다. 농사를 짓는 법을 배우고, 발명하고, 어려운 기후에서 생존할 방법을 찾고, 예술을 창조하며 교향곡을 작곡하고, 우주 비행사를 우주로 보내고, 전쟁을 벌이며, 전자 기기를 설계하고, 놀라운 건축물을 세우고, 세계의 안정을 지원하는 국제 기구를 구축할 수 있었던 것도 이 능력 덕분이다. 진화론적으로 보았을 때, 이러한 언어를 기반으로 한 마음의 개념적 모드는 비교적 최근에 발달한 것이다. 구어는 약 10만 년 전에 진화했을 가능성이 크다(Dunbar, 2003; Dunbar & Shultz, 2007). 또한 인간이 언어를 독특하게 발달시킨 정도를 고려할 때, 이 개념적 모드는 우리 종에게 비교적 고유한 특징이다.

이 두 가지 마음 모드의 차이점은 〈표 3-1〉에 요약되어 있다.

## 모드 간 전환

이러한 마음의 모드가 언제 도움이 되고, 언제 방해가 될까? 의도적으로 모드를 바꾸는 것이 언제 능숙해질까? 이러한 방식으로 세상에서 존재하고 세상을 이해하는 것은 놀라운 능력이지만, 문제를 일으킬 수도 있다. 우리가 이미 지적한 첫 번째 문제는 우리가 직접적인 경험의 풍부함과 가능성에서 분리되어, 삶의 많은 부분을 자동 조종 상태로 살아가는 경향이 있다는 점이다. 많은 사람들의 끊임없이 바쁜 삶은 이러한 문제를 악화시킨다. 우리가 경험에서 경험으로 바쁘게 "하고, 하고, 하고"를 반복하며 살아갈수록 경험적 모드는 우리에게 더 접근하기 어려워진다. 이전 장에서 소개한 먹기 연습은 링이 속도를 늦추고 자신의 경험을 알아차렸을 때,

그녀가 말 그대로 자신의 감각으로 돌아왔음을 보여 준다: "냄새가 나를 공상에서 깨웠고, 약간 불안감을 느꼈지만, 그 냄새는 강하고 달콤하며 따뜻했고, 입에 침이 고이고 건포도를 먹고 싶은 마음이 드는 등 좋은 느낌이 들었다."

두 번째 문제는 더 미묘하다. 개념적 앎은 모든 것을 아이디어(개념)로 구분하지만, 이는 실제 경험의 풍경과 항상 일치하지는 않는다. 우리는 경험을 지속적인 특성과 라벨을 지닌 별개의 실체로 바꾸어, 그것들이 독자적인 생명을 가지게 한다. 이러한 개념들은 매우 추상적이어서 우리의 현재 감각적 현실과 완전히 단절될 수 있다. 비트겐슈타인(2009)은 이를 다음과 같이 설명했다: "말은 우리에게 그림을 제공하고, 그 그림은 우리를 사로잡는다." 물론 우리는 세상을 빠르게 분류할 수 있어야 한다: 예를 들어, 이는 내 가족이다, 이는 낯선 사람이다, 이것은 개이다, 이것은 의자이다. 하지만 이러한 개념화는 우리의 경험을 제한할 수도 있으며, 결국 우리 스스로를 개념 속에 가두는 결과를 초래할 수 있다. 어떤 경험이 개념으로 바뀌는 순간, 우리의 사고는 그 경험을 해석하는 다른 가능성을 차단해 버리는 경향이 있다.

마음챙김 수행에서 사람들이 가능한 한 직접적으로 감각을 탐구하도록 안내받으며, 경험적 모드는 이러한 탐구를 뒷받침한다. 이는 마음챙김을 가르치고 배우는 사람 모두에게 중요한 점이다. 예를 들어, "이 감각이 정확히 어디에 있는가?" "어디서 시작되고 끝나는가?" "둔한가, 날카로운가?" "맥박이 있는가, 안정적인가?" "경계는 어디에 있는가?" "순간순간 어떻게 변하는가?" 등의 질문을 통해, 우리는 개념에서 벗어나 직접적인 경험으로 이동할 수 있으며, 이를 통해 새로운 배움을 얻을 수 있다.

세 번째 문제는 분리되고 고립된 사물의 개념적 세계와 상호 연관되고 상호 의존적이며 끊임없이 변화하는 역동적 패턴의 감각적 세계 간에 근본적인 불일치가 있다는 것이다. 마음의 풍경을 멈추어 살펴보면, 경험적 앎과 개념적 앎 사이의 불일치가 분명히 드러난다. 개념을 더 직접적인 경험적 앎과 통합하는 것은 때때로 어렵다. 그래서 우리는 자동성(자동 조종 상태)과 기본 개념적 모드로 되돌아가는 경향이 있다. 이렇게 되면, 우리는 경험적 앎이 제공하는 풍부한 통찰을 간과하고, 삶을 더 잘 이해하는 데 필요한 기회를 놓치게 된다.

네 번째 문제는 2장에서 설명한 불일치 모니터링이다. 개념과 언어에 대한 의존, 우리의 자연스러운 경험을 판단하는 경향이 결합되어 강력한 불일치 모니터링이 형성된다. 우리는 "상황이 어떠한가?"라는 질문을 하고 나서 곧바로 "상황이 어떻게 되어야 하는가?"라고 묻게 된다(Higgins, 1987, 1996; Higgins, Bond, Klein, & Strauman, 1986). 이는 우리가 생각하는 경험과 실제 경험 사이의 불일치를 줄이려는 강박적인 노력을 유발한다. 우리의 목표와 불일치 사고는 정보가 등록되고 평가되는 미묘하고도 무의식적인 방식에서부터("이건 나쁜 거야" "이건 좋은 거야" "이건 피해야 해" "이건 집착해야 해") 보다 정교한 반추적 사고(예: "이런, 왜 내가 또 이런 기분이 들까? 내가 무슨 잘못을 했길래 이런 일을 당하는 걸까?")에 이르기까지 우리의 경험을 강력하게 형성한다.

사람들은 어린 시절부터 자신, 다른 사람, 세상에 대해 특정한 방식이어야 한다는 견해를 형성해 왔다. 이러한 견해는 우리를 직접적인 경험으로부터 멀어지게 만든다. 세상을 있는 그대로 경험하기보다, 개념적 모드는 불일치를 인식하고, 이를 해결하려고 "왜 이런 일이 일어났고, 어떻게 고칠 수 있을까?"와 같은 질문을 끊임없이 던진다. 개념적 모드가 불일치 사고에 의해 주도될 때, 우리는 계속해서 자신의 경험과 상황을 수정하려는 강박적 노력을 만들어 낼 수 있다.

모하메드의 경우, 모드를 전환하는 것은 어떤 모습일까?

> 모하메드에게 마음챙김 수행은 자신의 "통증"을 다른 방식으로 알아차리도록 해주었다: 그 통증은 "찌르는 듯"하고 "맥박이 뛰는 듯"하지만 몸의 특정 부위에서 일관되게 나타났다. 감각은 여전히 불쾌했지만, 그는 매 순간마다 특정한 특징이 있으며 시간이 지나면서 변화한다는 사실을 발견했다. 바디스캔을 통해 그는 "대부분의 순간에 내 몸은 잘못된 것보다 옳은 것이 더 많다"는 놀라운 통찰을 얻었다. 모하메드는 또한 통증에 대한 자신의 생각을 경험적으로 관찰할 수 있게 되었다. 그가 감각을 더 직접적으로 경험했던 것처럼, 그는 자신의 생각이 마치 끓는 물에서 떠오르는 거품과 같다는 것을 인식할 수 있었다. 그는 더 이상 "이건 견딜 수 없어"와 같은 생각을 자신

의 정체성과 동일시하지 않았으며, 그 생각들은 알아차림 안에서 담아낼 수 있는 경험으로 변했다.

우리는 자동 조종, 개념적 모드, 경험적 모드 중 어떤 것이 더 낫다거나, 옳다거나, 더 좋다고 말하려는 것이 아니다. 각 모드는 각자의 기능과 적절한 시점이 있다. 중요한 것은 우리가 이러한 모드를 인식하고 활용할 수 있다는 사실을 아는 것이다. 우리는 자동 조종 상태에서 벗어나거나, 경험적 모드와 개념적 모드 사이에서 기어를 전환할 수 있다는 것을 배운다. 마음챙김 수행은 이러한 이해를 돕는다. 시간이 지나면서 배움은 확장되고 깊어지며, 이에 따라 점점 더 자신감과 역량이 길러진다. "아, 그래, 나는 이것을 알아차리고 있어. 여기서 내가 무엇을 해야 할지에 대한 깊은 자신감이 있어."

심리학이 제공하는 핵심적인 통찰은 우리가 서로 다른 방식으로 세상에 존재하고, 세상을 인식할 수 있는 비범한 능력을 가지고 있다는 것이다. 자동 조종 상태는 우리가 익숙한 환경과 복잡한 상황을 학습된 반응과 행동 패턴을 통해 탐색할 수 있도록 해 준다. 우리는 자동 조종을 인식할 수 있으며, 그것이 도움이 될 때와 그렇지 않을 때를 구별할 수 있다. 또한 우리는 경험적 모드와 개념적 모드를 의식적으로 선택하여 활용할 수 있다. 마음챙김 수행은 먼저 이러한 마음의 모드를 보고 인식하는 것을 돕고, 시간이 지나면서 더 깊은 의도를 위해 이들 사이를 전환하는 법을 배우도록 돕는다.

## 세상의 의미 구성하기

모든 자연 시스템에는 유사한 심층 구조가 있다: 더 단순한 패턴들이 결합되어 더 복잡한 패턴을 만들고, 이러한 복잡한 패턴들이 다시 결합하여 더욱 복잡한 패턴을 형성한다. 마음에서도 단순한 정보 패턴들이 서로 연결되며, 더 복잡하고 일관된 정보 패턴을 만들어 낸다.

—John Teasdale (2016)

마음은 경험적 모드와 개념적 모드 모두에서 대부분 자동적으로 패턴을 인식하고 의미를 만든다. 우리가 보고, 듣고, 느끼는 것은 정보를 평가하고, 기억을 활용하며, 언어, 심상, 연상을 사용하여 하나의 패턴으로 통합된다(Bargh et al., 1996; Cesario, Plaks, Hagiwara, Navarrete, & Higgins, 2010). 상황에서 빠르게 의미를 파악하는 능력은 안전한지 아닌지, 소속감을 느끼는지 아닌지, 접근할지 회피할지를 결정하는 데 도움을 준다. 이러한 결정에는 지각, 주의, 기억 등의 요소가 결합된다(Barnard et al., 2007).

인간은 언어를 마음의 구조 속으로 진화시켜 왔으며, 언어는 의미를 구성하는 강력한 수단이다. 다음은 언어가 가진 강력한 연상 능력을 보여 주는 실험이다(Kahneman, 2011).

잠시 시간을 내어 다음의 두 단어를 읽고 어떤 일이 일어나는지 살펴보자.

바나나　　　　토하다

이 단어들을 읽기만 해도, 마음은 빠르고 강력한 연상 작용을 일으킬 가능성이 높다. 그리고 흥미롭게도, 단순히 이 단어들만으로도 신체적 반응과 연결된 내러티브가 형성될 수 있다. 지금 바나나를 먹고 싶은 기분이 얼마나 드는지 생각해 본다.[5] 단어들을 읽는 것만으로도, 바나나가 불쾌한 음식처럼 느껴질 수도 있다. 이 예시에서 우리가 한 일이라곤 단 두 단어를 읽은 것뿐이다. 사실, 우리가 한 일은 페이지에 있는 빛과 색의 패턴을 눈으로 본 것에 불과하며, 그 이후의 모든 것은 마음이 스스로 만들어 낸 것이다. 마음은 의미와 이야기를 창조하려는 성향이 있어 의미의 공백을 좋아하지 않는다. 개념적 마음은 시작과 중간, 끝이 있고, 주연인 '나'의 역할이 분명한 내러티브 구조를 선호한다. 〈글상자 3-2〉에서는 마음이 어떻게 의미와 내러티브를 구성하는지를 보여 주는 또 다른 예시를 다룬다. 이 예시는 마음챙김 기반 인지치료(MBCT)에서 사용되며(Segal et al., 2013), 제한된 정보만으로도 마음이 이야기를 만들어 내며 새로운 정보가 이를 업데이트하는 데 사용된다.

**글상자 3-2 연습: 존이 학교에 가는 길이었다**

다음 네 개의 문장을 차례로 읽으면서, 각 문장을 이해하고 이미지를 떠올릴 수 있도록 한 후 다음 문장으로 넘어갑니다.

1. 존이 학교에 가는 길이었다. (잠시 멈추고 이 정보를 이해하려는 마음의 움직임을 지켜봅니다.)
2. 그는 수학 수업이 걱정되었다. (잠시 멈추고 이 정보를 이해하려는 마음의 움직임을 지켜봅니다.)
3. 그는 오늘 반 전체를 통제할 수 있을지 확신하지 못했다. (잠시 멈추고 이 정보를 이해하려는 마음의 움직임을 지켜봅니다.)
4. 그것은 관리인의 업무에 포함되지 않았다. (잠시 멈추고 이 정보를 이해하려는 마음의 움직임을 지켜봅니다.)

참고: Segal, Williams, Teasdale(2013, p. 299)에서 발췌.

〈글상자 3-2〉를 읽기 시작하면 대부분의 사람은 자연스럽게 존을 학생으로 상상하게 되어 특정 연령대의 소년으로 생각하게 되며, 그가 입고 있을 법한 옷차림이나 기억과 환경에 따라 형성된 배경을 상상할 것이다. 두 번째 단계에서는 존이 "걱정하고 있다"고 소개되며, 감정이 우리의 사고를 형성하는 데 영향을 미친다. 아마도 약간의 긴박감을 더할 수도 있다. 그는 무엇을 걱정하고 있을까? 우리는 연관된 기억을 떠올리며 "아마도 그는 시험이나 친구들과의 상황을 걱정하고 있거나, 괴롭힘을 당하고 있을 수도 있다—어쩌면 그가 가해자이고 신고된 것일 수도 있다"와 같은 평가를 내러티브에 추가할 수 있다. 세 번째 단계는 모호하게 제시되어 있어, 마음이 여러 방향으로 내러티브를 확장할 수 있는 여지를 준다. 마지막 단계에서는 대부분의 사람들에게는 이야기 속 주인공이 바뀌게 되어 마음이 내러티브를 완전히 새롭게 업데이트해야 한다.[3]

어떤 면에서 우리가 의미를 구성하는 방식은 일상적이다. 우리는 항상, 끊임없이 이 작업을 수행한다. 그러나 다른 면에서, 마음이 만들어 내는 세계는 경이롭다. 맥길크리스트(2009)는 이를 다음과 같이 요약했다:

> 더 넓은 주의의 범위는 열린 상태로 존재하며, 시간과 공간에 걸쳐 더 크게 통합된다. 이것은 넓거나 복잡한 주의 패턴을 인식하고, 사물을 전체적으로 지각하며, 나무를 보기보다 숲을 보는 것을 가능하게 한다. (p. 43)

## 맥락이 핵심이다

맥락은 우리의 경험을 강력하게 형성한다. 우리가 정보나 상황을 이해하는 방식은 그 정보가 제시된 맥락, 앞서 경험한 것, 이전 학습, 현재의 마음 상태, 정보가 어떻게 구성되었는지에 따라 영향을 받는다. 예를 들어, 우리가 바나나를 좋아하거나 싫어하는지에 따라 앞서 언급된 바나나와 구토라는 단어의 연상 실험에 대한 반응이 달라질 것이다. "존이 학교에 가는 길이었다" 연습에서, 존이 관리인이라는 사실을 알게 되었을 때 우리의 이해 방식이 완전히 바뀌어야 한다. 이러한 맥락의 변화는 모든 것을 바꾼다. 우리가 학교에서 보낸 경험이나 자녀 혹은 손자 · 손녀의 학교 경험 또한 이러한 평가 방식에 영향을 미칠 가능성이 크다.

2장에서 소개한 길 건너편에 있는 친구에게 손을 흔드는 '거리를 걸어가는 연습'을 다시 한번 생각해 보자. 〈글상자 3-3〉의 시나리오를 읽으며 맥락이 우리의 대응에 어떤 영향을 미치는지 살펴보자.

마음챙김 프로그램의 핵심 학습 포인트 중 하나는 우리가 처한 현재의 정신적 · 감정적 상태가, 주어진 상황에서 마음이 의미를 구성하는 방식에 큰 영향을 미친다는 점이다. 우선, 작업 기억의 용량은 제한적이며, 우리의 감정 상태가 이

용량을 상당 부분 차지한다. 감정을 처리하는 데 주의 자원이 소모되면, 다른 집행 기능에 활용할 수 있는 자원이 줄어들게 된다(Baddeley, 1996; Diamond, 2013; Hofmann et al., 2012).

더 나아가, 우리의 감정적 분위기는 세상을 해석하고 이해하는 방식 자체를 형성한다(Fox, 2008 참조). 우리의 마음 상태와 사고 패턴은 우세한 기분에 따라 색깔이 바뀐다. 예를 들어, 흥분과 두려움은 우리의 사고, 신체 상태, 행동에 영향을 미치며, 선택적인 주의와 관련된다. 유명한 실험에 따르면, 사람들은 자신의 안전이 위협받는 상황에 처하면 위협과 직접적으로 관련된 부분에만 주의를 기울이고 기억하며, 주변 정보는 거의 인식되지 않으며, 기억되지 않는 것은 말할 것도 없다(Loftus & Palmer, 1996). 우리는 감정이 마음을 특정 대상에 선택적으로 주의를 기울이도록 유도할 뿐만 아니라, 자신과 자신의 필요를 중심으로 한 정신적 세계를 만들어 내며, 환경의 일부에만 선택적으로 주의를 기울이게 한다는 것을 알 수 있다.

**글상자 3-3 연습: 두 가지 마음 상태에서 거리를 걸어가는 연습 다시 살펴보기**

길 반대편에서 친구가 다가오는 모습을 보고 있습니다. 당신은 손을 흔들었지만, 친구는 손을 흔들어 답하지 않고 지나갑니다. 먼저, 여러분이 충분히 휴식을 취하고, 행복하며, 만족감과 희망이 가득한 날이라면 이 상황이 마음속에서 어떻게 해석될지 생각해 봅니다. 이런 상태에서 길 반대편에 있는 친구가 여러분의 인사와 손짓에 대답하지 않는다면 이를 어떻게 해석할 수 있을까요? 잠시 시간을 내어, 만족스러운 마음 상태에서 이 상황을 상상하며 신체 감각, 감정, 생각이 어떻게 펼쳐지는지 살펴봅니다.

* * *

이번에는 기분이 약간 우울하고, 피곤하며, 걱정이 많은 날을 생각해 봅니다. 이런 마음 상태에서는 길 반대편의 인사나 손짓에 대답하지 않는 친구에 대해 어떻게 해석하게 될까요? 잠시 시간을 내어, 우울하거나 피곤하거나 걱정스러운 마음 상태에서 이 상황을 상상하며 신체 감각, 감정, 생각이 어떻게 펼쳐지는지 살펴봅니다.

슬픔과 수치심 같은 감정도 유사하지만, 서로 다른 방식으로 마음을 형성하여 자아를 전면에 두고 대개 부정적인 시각으로 바라보게 한다. 슬픈 상태는 부정적인 기억을 더 쉽게 떠올리게 하고, 자신을 더 부정적으로 바라보게 하며, 다른 사람들이 자신을 부정적으로 보고 있다고 생각하게 만든다. 감정은 경험을 채색하는 요소이다. 수치심은 우리가 저지른 실수에 대한 주의를 좁히고, 시야를 제한하는 감정이다. 불안하거나 걱정스러운 상태는 세상을 더 위협적으로 해석하도록 만들며, 우리를 위협에 더욱 몰입하게 만드는 감정이다.

기쁨, 감사, 배려, 자비, 즐거움과 같은 다른 마음 상태는 보다 넓고, 개방적이며, 포용적인 주의를 만들어 낸다. 이러한 상태는 우리가 타인의 사고와 감정을 더 깊이 이해하도록 돕고, 타인과 연결될 수 있는 환경을 조성하며, 창의성이 발현될 수 있도록 한다(Fredrickson & Losada, 2005; Garland et al., 2010).

영화 음악 감독은 사운드트랙을 통해 영화의 분위기를 조성하는 역할을 한다. 그들은 음악이 우리의 정신 상태를 강력하게 형성하며, 이는 다시 우리가 영화를 전체적으로 경험하는 방식에 영향을 미친다는 것을 알고 있다. 정치 홍보 전략가들 또한 이를 이해하고 있으며, 정치적 메시지에 공포 또는 희망을 불어넣어 전달한다.[4]

> 심리학의 핵심적인 통찰은 우리의 지각과 감각을 통해 의미를 구성한다는 것이다. 우리는 부분적인 정보만 주어져도 내러티브 구조를 만들고 사물을 이해하려고 한다. 이 과정에서 맥락이 절대적으로 중요하다. 우리 주변과 내면의 모든 것이 우리가 의미를 이해하고 구성하는 방식을 형성한다.

## 개요

자동성과 바쁜 삶 속에서 역동적으로 펼쳐지는 경험의 풍요로움을 쉽게 잃어버릴 수 있다. 마음챙김 프로그램은 우리가 삶과 살아가는 것에 눈을 뜨도록 돕는다.

이 장에서는 다음과 같은 내용을 제안했다:

- 우리의 마음은 대부분의 시간을 방황하며, 훈련되지 않은 방황하는 마음은 불행한 마음이 되는 경향이 있다.
- 우리는 세상을 아는 방식과 존재하는 방식이 서로 다르며, 그중 경험적 모드와 개념적 모드를 강조했다. 이 두 가지 방식은 각기 다른 시점과 방식으로 우리에게 도움을 준다.
- 마음은 순간순간의 경험에서 끊임없이 의미를 구성하며 패턴을 찾는 경향이 있다. 맥락은 중요하며, 우리 외부의 맥락과 현재 마음 상태라는 내부 맥락 모두 중요하다. 이러한 맥락은 우리가 경험을 이해하는 방식을 형성한다.

망원경의 점진적인 발전처럼 심리학의 발전은 우리가 마음에 대한 개요를 파악할 뿐만 아니라 더욱 세밀한 부분을 볼 수 있게 한다(Glasser, Coalson, Robinson, Hacker, Harwell, et al., 2016). 심리학은 여전히 초기 단계에 있으며, 마음에 대해 아직 모르는 것이 많다. 다음 장에서는 고대 불교 심리학을 살펴볼 것이다. 불교 심리학의 개념들은 마음챙김 수행을 통해 마음을 관찰하고 훈련하는 경험이라는 또 다른 형태의 발견을 통해 형성되었다. 심리학자들이 불교 심리학에서 배울 수 있는 것이 많으며, 그 반대도 마찬가지이다.

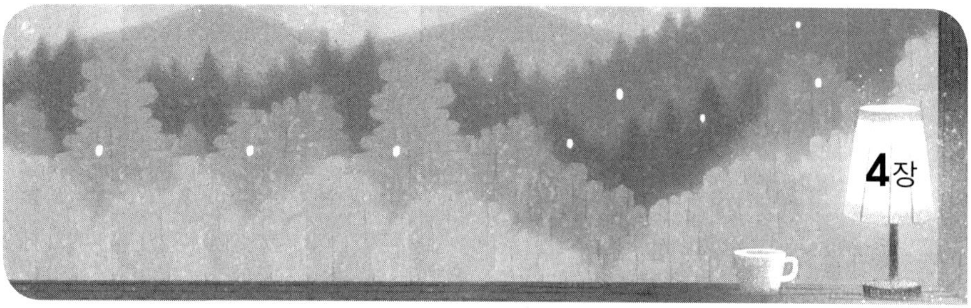


# 불교 심리학 지도

## 고통에서 번영으로

> 슬픔과 한탄을 극복하고, 고통과 투쟁을 끝내며, 평화와 자유를 실현하기 위한 직접적인 길이 있다. 그것은 바로 마음챙김을 확립하는 네 가지 방법이다.
>
> –Bhikkhu Nanamoli and Bhikkhu Bodhi (1995)

우리는 행복을 갈망하지만, 지속적인 행복이 우리를 비껴갈 때 당혹스러워한다. 우리는 평화를 원하지만, 투쟁과 혼란은 끊임없이 우리에게 손님처럼 찾아온다. 우리는 돌봄과 자비로 가득 찬 삶을 살기를 원하지만, 현재의 순간은 수치심과 비난으로 가득할 수 있다. 우리는 연결감과 온전히 살아 있다는 느낌을 갈망하지만, 쉽게 잊어버리고 산만해지곤 한다. 우리의 삶을 통틀어, 각자 기쁨과 슬픔을 경험하고, 사랑스러운 것과 그렇지 않은 것을 만나며, 우리를 기쁘게 하거나 슬프게 하는 사건들을 겪는다. 불교 심리학은 우리의 삶에 어려운 조건과 도전이 포함되어 있더라도, 진정한 기쁨과 깊은 괴로움 모두 이해와 혼란에서 비롯되어 우리 자신의 마음에서 만들어진다고 일관되게 가르친다. 불만족스러운 마음을 기쁘게 해 줄 수 있는 것은 세상에 거의 없으며, 동시에 균형과 기쁨으로 가득 찬 마음을 괴롭힐 수 있는 것 또한 세상에 거의 없다.

2장과 3장에서는 현대 심리과학이 제공하는 마음의 지도를 살펴보았다. 이번 장에서는 불교의 고대 가르침, 특히 불교 심리학이 제공하는 마음의 지도를 살펴볼 것이다. 이 장의 마지막 부분에서는 이러한 가르침이 마음챙김 기반 프로그램의 핵심 요소와 어떻게 연결되는지 다룬다. 5장과 6장에서는 마음챙김 훈련을 통해 사람들이 고통에서 벗어나 번영으로 나아가는 과정에서 이 지도가 어떻게 활용되는지를 구체적으로 설명한다.

구체적으로 다음을 논의한다:

- 두 개의 화살 이야기
- 괴로움의 세 가지 영역(고통의 괴로움, 무상함과 변화, 괴로움을 부추기는 원인)
- 마음챙김을 확립하는 네 가지 방법(사념처, 四念處)(몸에 대한 마음챙김(신념처, 身念處), 느낌의 톤(수념처, 受念處), 마음 상태와 기분에 대한 마음챙김(심념처, 心念處), 세상에 대한 우리의 경험(법념처, 法念處))

불교 심리학은 괴로움을 이해하려면 먼저 우리 마음이 매 순간 구성하는 세계를 이해해야 한다고 강조한다. 마음챙김의 관점을 통해 심리적 과정을 추적함으로써 우리는 괴로움에서 벗어나 이해, 자비, 기쁨으로 나아가는 길을 발견하기 시작한다.

삶은 때때로 누구의 잘못도 아님에도 불구하고 매우 어려울 수 있다. 그러나 이러한 어려움에 우리는 익숙한 회피 전략(해리, 감정 억압, 부정)으로 대처할 수도 있고, 마음챙김, 자비, 이해를 통해 대처할 수도 있다. 붓다는 당대에 급진적 사고를 가진 혁신적인 존재였다. 그는 회피가 비효율적이며, 세상을 초월하는 것이 불가능하다는 점을 깨달았다. 그리고 혼란스럽고 예측할 수 없는 삶 속에서도 평화와 안녕을 찾을 수 있는 가능성을 제시함으로써 독보적인 존재가 되었다. 이 가능성을 추구하면서 그는 마음의 지도를 구성하는 데 깊은 관심을 가지기 시작했다. 그가 제시한 마음의 지도는 표면적으로는 단순해 보이지만, 매우 심오한 개념을 담고 있다. 여기에는 우리가 일상적으로 겪는 사소한 불편함과 짜증에서부터 만성 통증, 질병, 죽음과 같은 인생의 심각한 도전까지 모두 포함된다. 이러한 괴로움의 범위를 충분히 설명할 수 있는 단어가 영어에는 없다. 존 카밧진(1990)은 인간이 직면해야 하는 다양한 도전의 스펙트럼을 포착하기 위해 "재난으로 가득 찬 삶"이라는 표현을 사용했다. 아픔이나 혼란에 휩싸일 때, 우리는 종종 이를 유발하는 패턴을 보지 못한다. 대신, 우리는 무의식적으로 고통을 유지하거나 악화시키는 전략에 의존하곤 한다.

## 두 개의 화살 이야기

두 개의 화살 이야기는 우리가 어떻게 괴로움을 복합적으로 경험하는지를 명확하게 보여 준다. 이 이야기는 고대의 가르침을 현대의 주류 마음챙김과 연결하며, 이 핵심적인 가르침을 마음챙김 수행자와 지도자들에게도 의미 있게 전달한다. 이야기는 먼저 두 개의 화살에 맞았다는 개념을 소개한다:

> 화살이 가르침을 받지 않은 사람을 관통하면, 먼저 신체적인 통증을 경험한다. 이후 그 사람은 두려움과 걱정을 느끼고, 혼란에 빠질 수도 있다. 따라서 그 사람은 두 가지 종류의 느낌을 경험한다. 하나는 신체적 느낌, 또 하나는 정신적 느낌이다. 마치 한 사람이 화살에 한 번 맞고, 그 후에 또 한 번 맞는 것과 같다.

여기서 알 수 있듯이, 그 사람은 두 개의 화살이 초래한 고통을 경험한다: 신체적 통증과 그 통증에 대한 반응으로 인해 발생하는 고통이다. 이야기는 이어서 마음챙김이 두 번째 화살을 피하도록 돕는 방법을 설명한다:

> 잘 배운 사람의 경우 화살에 찔리면 아픔을 경험하지만, 걱정하거나 슬퍼하지 않고, 한탄하지 않으며, 가슴을 치거나 울지도 않고, 혼란에 빠지지 않는다. 그들이 경험

> 하는 것은 하나의 신체적 느낌일 뿐, 정신적 느낌은 아니다. 마치 한 사람이 첫 번째 화살에 맞았지만 두 번째 화살에는 맞지 않는 것과 같다. 그러므로 이 사람은 단 하나의 화살로 인한 느낌만을 경험하게 된다. (Thanissaro Bhikkhu, 2017)

이 고대 이야기는 2,500년 이상 전에 처음 전해졌을 때와 마찬가지로, 현대 마음챙김 기반 프로그램에도 여전히 중요하다.

> 핵심적인 통찰은 통증(첫 번째 화살)이 삶의 일부라는 것이다. 그러나 그 통증에 걱정, 저항, 회피, 그리고 파국화(두 번째 화살)를 더하는 것은 선택이라는 점이다.

## 괴로움의 세 가지 영역

> 불교 심리학은 괴로움과 고통을 세 가지 영역 또는 차원에 따라 포괄적으로 지도화하는 방법을 제시한다.
>
> –"붓다의 가르침"(Nanamoli & Bodhi, 2009)

### 고통의 괴로움

괴로움의 첫 번째 영역은 고통의 괴로움으로 불린다. 이는 많은 사람들이 경험해 온 신체적 · 육체적 고통을 설명한다. 예를 들어, 음식이 부족해 배가 고프거나, 힘든 육체 노동으로 허리가 아프거나, 치통이 있거나, 혹한 속에서 손발이 저리는 상황을 들 수 있다. 배고픔, 통증, 추위는 신체에서 경험되는 것이다. 이러한 경험은 우리가 마음챙김을 실천하든 하지 않든 관계없이, 신체가 가진 본연의 특성이다. 노화는 통증, 질병, 취약함, 연약함이 수반된다. 신체는 필연적으로 죽음을 맞이하게 되며, 죽음의 과정은 대개 고통스럽고 어려운 것이다. 이것이 바로 고통의 괴로움, 즉 첫 번째 화살이다. 불교 심리학에서는 다양한 괴로운 감정들이 개인적이면서도 보편적인 경험이며, 그 자체로 고통스럽다고 본다. 슬픔, 절망, 두려움은 모두 아프다. 고통의 괴로움은 누구의 잘못이 아닌, 모든 신체의 본성이며, 이 아픔을 인식하고 다루는 능력은 모든 마음이 지닌 잠재력에 속한다.

아픔은 저항, 두려움, 부정으로 맞이할 수도 있고, 돌봄, 자비, 이해로 맞이할 수도 있다. 고통의 괴로움에 직면했을 때, 우리는 신체와 분리되려 하거나, 오히려 마음챙김을 통해 신체와 함께 머무르는 법을 배울 수 있다. 또한 힘겨운 감정을 경험한다고 해서 자신을 탓하기보다는, 자비를 가지고 이를 대하는 법을 배울 수도 있다.

마음챙김 프로그램의 초기 연구는 대부분 사람들이 장기적이고 만성적인 상태에서의 통증을 어떻게 다룰 수 있는지를 탐구하는 데 초점을 맞추었다(Kabat-Zinn, 1982). 마음챙김이 손상된 척추를 치유하거나 만성 질환을 종식시킬 것이라는 기대는 없었다. 이것이 바로 첫 번째 화살이다. 그러나 마음챙김은 통증이 어떻게 경험되고 그리고 그것이 개인의 삶에 미치는 영향을 분명하게 변화시켰다. 이것이 두 번째, 선택적인 화살이다.

## 모든 것은 변하고, 변하지 않는 것은 없다: 무상(無常)과 불안정성(不安定性)

인간 조건의 두 번째 영역은, 우리 각자가 영원히 변화하고 믿을 수 없으며, 예측할 수 없는 조건들 속에서 살아간다는 단순하고 논쟁의 여지가 없는 사실을 설명한다. 이것은 부정적이거나 긍정적인 진리가 아니라, 단순히 모든 것의 논쟁의 여지가 없는 본질적인 속성이다. 우리는 하늘에서 비가 오는 날보다 태양이 더 오래 떠 있기를 요구할 수도 없고, 우리 삶에서 사랑스럽고 즐거운 사건과 감각, 사람들만 존재하기를 바랄 수도 없다. 또한 기차가 정시에 운행되며, 우리의 계획이 항상 성공하기를 기대할 수도 없다. 건강은 병으로 변하고, 사랑하는 사람들은 때때로 받아들이기 어려운 방식으로 변하며, 우리의 견해와 열정도 변한다. 결국 우리는 우리 자신과 우리가 아는 모든 것의 죽음을 마주하게 된다. 때로는 치통이 끝나거나 불편한 이웃이 이사를 가는 것과 같이, 우리에게 유익할 때 그 변화를 환영한다. 그러나 다른 경우에는, 우리가 기대하거나 바라는 안정성을 위협한다고 느끼는 변화에 절망하고, 두려워하며 도망치고 싶어지기도 한다. 좋고 나쁜 것으로 가치 판단을 내리기보다는, 우리는 세상이 끊임없이 변화하는 상태임을 있는 그대로 보고 이해하는 대안적인 선택을 할 수 있다. 우리가 사는 환경은 무한한 안전, 확실성, 지속적인 행복을 보장할 수 없다. 불교 심리학은 끊임없이 변화하는 존재인 우리가 지속적으로 변화하고 불안정한 것에서 외적 안정을 추구하는 것은 이치에 맞지 않다고 지적한다.

우리 존재의 근본적인 불안정성과 무상함에 대한 깊은 이해는 불교 심리학에서 가장 해방적인 깨달음 중 하나로 설명된다. 이러한 이해는 우리가 경험하는 고통스러운 반응의 많은 부분을 종식시킬 수 있는 힘을 지닌다. 물론 지적으로는 누구나 어떤 것도 영원하거나 완전히 안정적일 수 없다는 사실을 알고 있고, 그것을 당연하게 받아들인다. 그러나 실제 경험에서는 변화가 투쟁과 괴로움의 파도를 일으키는 강력한 방아쇠 역할을 할 수 있다. 마음챙김 수행은 모든 변화 속에서 무상함에 대한 이해를 체화하고, 괴로움을 증폭시키는 집착의 습관을 내려놓는 법을 배우도록 이끈다. 마음챙김은 모든 경험을 비추어 지나가는 생각, 변화하는 기분, 변화하는 견해, 그리고 강해지거나 약해지는 신체 감각을 직접 볼 수 있게 한다. 마음챙김은 우리가 사실 정적인 것이 아니라, 끊임없이 변화하는 과정임을 깊이 이해하도록 돕는다.

우리는 매 순간 변화하는 역동적인 세상 속에서 끊임없이 변화하고 전개되는 존재들이다. 변화와 불안정성의 현실과 싸우기를 멈추는 법을 배운다면, 우리는 평화, 고요, 용기 있는 수용, 평형을 엿볼 수 있게 된다. 시간이 흐르면서, 이러한 일시적인 깨달음의 순간을 넘어 흔들리지 않는 자신감을 갖춘 지속적인 이해로 자리 잡는다.

## 저항, 부정, 혐오, 갈망이 괴로움을 키운다

인간 조건의 세 번째 영역은 아픔에 대한 저항과 변화에 대한 부정을 설명한다. 저항과 부정은 우리가 회피하고자 하는 바로 그 고통을 만들어 내고 재창조하며, 결국 투쟁과 괴로움을 더욱 복합적으로 만든다. 갈망과 혐오는 끊임없이 변화하는 순간순간의 경험을 거부하도록 몰아가며, 우리는 견디기 힘든 것을 고치려 애쓴다. '두 개의 화살 이야기'에서 이러한 과정은 두 번째 화살을 불러온다.

모하메드는 허리 통증으로 고통받을 때, "이 통증이 평생 24시간 지속된다면 견딜 수 없을 거야"와 같은 생각에 사로잡혔다. 때로는 "차라리 죽는 게 낫겠다"는 생각마저 들었다. 그는 통증으로 인해 가족을 돌볼 수 없을까 봐 걱정했고, 더 나아가 미래에는 가족에게 짐이 될지 모른다는 두려움을 느꼈다. 그의 상태 때문에 배관공으로서 할 수 있는 일의 범위는 매우 제한적이었다.

모하메드가 느끼는 신체적 통증과 일할 수 없는 현실적인 제약은 실제로 존재하며, 이는 괴로움의 첫 번째 화살이다. 미래에 대한 걱정과 파국적인 생각은 이해할 만하지만, 이는 괴로움을 더욱 가중시키며 불안과 반응을 유발하는 두 번째 화살이다. 그는 미래를 예측할 수 없다. 모하메드처럼 두 번째 화살이 우리를 관통하도록 내버려두는 대신, 호기심, 인내, 평정, 친절함으로 그 화살을 맞이하는 선택을 할 수 있다. 이는 마음챙김 수행을 바탕으로 한 마음의 훈련을 통해 이루어진다.

모하메드는 8주간의 마음챙김 기반 프로그램을 통해, 자신의 마음이 어떻게 현실을 구성하고 타인에게 의존하는 미래를 상상하며 자신이 쓸모없고 의존적인 사람으로 만들어지는 과정을 관찰하는 법을 배웠다. 수업 중에 그는 아들이 레고 블록으로 정교한 구조물을 조립하는 것을 보면서, 자신의 마음이 미래를 예측하며 의존적인 장면을 만들어 내는 과정과 유사하다고 느꼈다고 이야기했다.

가장 중요한 것은, 그가 선택할 수 있다는 사실을 깨달았다는 점이다. 그는 이제 언제든 이러한 파괴적인 사고를 인식하고 물러서서, 보다 긍정적인 사고와 감정의 새로운 구조를 선택할 수 있다는 것을 알게 되었다.

모하메드의 경험은 시간이 지나면서 반응의 두 번째 화살이 괴로움을 가중시키는 과정을 보여 준다. 또한 마음챙김 훈련이 마음을 알고 변화시키는 강력한 대안적 과정을 어떻게 가능하게 하는지도 보여 준다. 마음챙김이 깊어지면서, 두 번째 화살은 선택적인 요소가 된다. 물론 힘듦과 불쾌함은 피할 수 없지만, 우리는 혐오, 두려움, 자책, 수치심, 판단, 걱정, 초조함으로 고통을 증폭시키지 않고 보다 능숙하게 대응하는 법을 배울 수 있다.

두 개의 화살 이야기는 겉보기에는 단순해 보이지만, 그 의미를 이해하기 위해서는 평생의 배움이 필요하다. 소피아의 이야기는 우리가 두 번째 화살을 인식하는 것이 얼마나 어려운지를 보여 준다.

> 소피아는 첫 아이를 사산하였고, 이 경험은 수십 년간 거의 매일 그녀를 괴롭혀 왔다. 아이를 잃는 것은 끔찍한 상실의 경험이었다. 그러나 그녀는 두 개의 화살 이야기를 잘못 이해하였다. 그녀는 아이의 죽음을 첫 번째 화살로, 자신의 슬픔을 두 번째 화살로 생각했다. 그녀는 이 두 가지가 자신을 회복할 수 없게 만들고, 삶을 온전히 살아가게 하지 못한다고 여겼다. 슬픔이 마치 자신의 선택이거나, 약점이거나, 개인적인 결함인 것처럼 느끼면서 지속적인 슬픔을 부끄러워하게 되었다. 그녀는 마음챙김 수행이나 삶에 몰입할 수 없는 자신의 무력감에 대해 이야기했다. 그녀는 슬픔과 자기 판단이라는 두 층의 괴로움을 안고 살아왔다. 아이를 잃는 것은 이미 충분히 고통스러운 일이었다. 그런데도 애도에 대해 부정적인 감정을 느끼는 것은 또 다른 고통의 층이었다. 마음챙김 수행을 통해 이를 더 깊이 탐구하면서, 소피아는 이것이 자신을 가혹하게 판단하는 경향, 즉 자책 패턴의 일부임을 이해하게 되었다. 애도는 첫 번째 화살이었으며, 아이를 잃은 끔찍한 경험만큼이나 연민과 보살핌을 받아야 할 대상이었다. 시간이 지남에 따라, 그녀는 자신을 가혹하게 판단하는 경향을 보다 자비로운 시선으로 마주할 수 있게 되었다.

상실과 원치 않는 변화에 직면했을 때 우리는 "이런 일이 일어나기 싫다, 견딜 수 없다" "인생은 불공평하다" "나는 실패자다"라고 생각할 수 있다. 이렇게 쏟아내는 두 번째 화살들은 원래의 아픔을 더욱 가중시킨다. 첫 번째 화살인 고통의 괴로움과 선택할 수 있는 두 번째 화살을 구별하기 위해서는 주의와 알아차림, 이해와 자비의 틀이 필요하다.

핵심적인 통찰은 모든 것은 변하며, 정신적 · 신체적 통증과 질병은 생겼다가 사라진다는 것이 인생의 일부라는 것이다. 고통을 부정하고 혐오로 맞서면 괴로움과 고통이 더 커질 가능성이 있다.

## 마음챙김 수행의 네 가지 기초: 사념처(四念處)

불교 심리학에는 고통에서 벗어나 번영에 이르는 전체 경로를 전반적으로 제시하는 하나의 중요한 담론이 있다. 바로 사띠파타나(satipatthana) 담론이다(Nanamoli & Bodhi, 1995). 이 담론은 수천 년 동안 마음챙김을 익히고 수행하는 길을 걷는 이들에게 안내서 역할을 해 왔다. 이는 현재 순간의 경험 모든 측면에서 마음챙김을 확립하는 데 실용적인 틀을 제공하며, 2,500년 전과 마찬가지로 오늘날에도 여전히 유효하다.[1]

사띠파타나 담론의 서두는 마음챙김 수행이 괴로움을 극복하고, 고통을 끝내며, 지속적인 평화를 발견하는 직접적인 길을 제시한다고 설명한다. 마음챙김을 확립하는 것은 바로 지금 우리가 있는 이 자리에서 시작된다. 이를 마음챙김의 네 가지 기초(사념처, 四念處)라고 설명한다:

1. 몸에 대한 마음챙김(신념처, 身念處: 신체적 경험)
2. 느낌의 톤에 대한 마음챙김(수념처, 受念處: 경험을 즐거움, 불쾌함, 중립적으로 평가하는 일차적 평가)
3. 마음 상태와 기분에 대한 마음챙김(심념처, 心念處: 인지 및 정서적 경험 영역)
4. 세상을 경험하는 것에 대한 마음챙김(법념처, 法念處: 안녕감을 지원하는 요소와 안녕감을 방해하는 요소를 포함한 우리 경험의 인지적, 담론적 측면)

마음챙김을 확립하는 이 네 가지 방법은 일상생활에서 실천하기 위한 것이다. 이 방법들은 우리가 매 순간 알아차림과 이해의 능력을 심화시키는 데 필요한 모든 것을 이미 갖추고 있음을 시사한다. 비록 우리는 이 네 가지 마음챙김의 기초를 각기 따로 살펴보지만, 이들은 경험의 상호작용적 요소로서 서로를 형성하고 이해하는 데 기여한다는 점을 항상 기억해야 한다.

## 마음챙김을 확립하는 첫 번째 방법: 몸에 대한 마음챙김-신념처(身念處)

몸에 대한 마음챙김을 기르는 것은 마음챙김 수행의 많은 경험적 학습의 기초가 된다. 이 가르침은 앉아 있거나, 서 있거나, 걷거나, 누워 있을 때 몸을 몸으로 알아차리고, 변화하는 몸의 본질을 관조하며, 몸이 지금 있는 그대로가 아닌 다른 모습이기를 바라는 마음을 내려놓고, 모든 몸이 공유하는 인간의 보편적 이야기와 공통된 인간성을 관조하도록 격려한다. 이런 의미에서 몸에 대한 알아차림은 마음속에서 경험적 교훈을 남긴다.

우리는 몸과 지나치게 동일시하거나 몸과 분리되는 경향이 있는 역설적인 관계에 놓여 있기 때문에 이러한 가르침이 어렵게 느껴질 수 있다. 이 두 가지 패턴은 괴로움을 유발할 수 있는 가능성을 지니고 있으며, 동시에 배움의 기회가 될 수도 있다. 하지만 여러 형태의 괴로움 속에서도 언제든지 몸으로 주의를 되돌릴 수 있다. 한 마음챙김 지도자는 "평화는 언제나 한 번의 호흡으로 얻을 수 있다"(Thich Nhat Hanh, 1975)라고 표현했다. 즉, 우리는 언제든지 호흡에 주의를 고정함으로써 괴로움과 고통을 유발하는 마음과 신체의 패턴에서 벗어날 수 있다.

몸에 대한 알아차림을 가져오는 단 하나의 방식은 존재하지 않는다. 마음챙김 기반 프로그램에서 주요 연습으로 소개되는 바디스캔은 발가락에서 정수리까지 몸 전체로 의도적으로 주의를 이동시키도록 안내에 따라 연습한다. 이 과정은 일반적으로 약 40분 정도 소요된다. 바디스캔을 하며 알아차림이 몸 전체를 지나가며, 하나의 감각이나 사건, 신체 부위에만 특별히 주의를 기울이거나 고정하지 않고 모두를 동일하게 대한다. 마음챙김 움직임과 마음챙김 걷기는 몸이 움직이는 동안에도 주의를 기울이도록 돕는 추가 수행법이다. 이러한 수행에서 중요한 변화는 경험의 내용(신체 감각, 감정, 생각, 충동)에 몰두하는 것에서 벗어나 호기심과 안정된 주의를 유지하면서 이 모든 경험을 지켜보는 알아차림의 질적인 측면을 기르는 것이다. 마음챙김 수행자들은 몸에 대한 알아차림을 익히는 데 상당한 시간을 투자한다.

몸에 대한 마음챙김, 즉 신념처는 항상 현재 순간에 하는 수행이다. 우리는 어제의 치통이나 내일의 허리 통증을 경험하지 않으며, 오직 지금 이 순간만이 있을 뿐이다. 육체적 고통이나 큰 즐거움을 제외하고는 우리는 대체로 몸에 깊이 주의를 기울이지 않고, 주로 생각에 몰두하며 살아간다. 결과적으로, 우리는 체화된 인간 존재로서 산다는 것이 무엇을 의미하는지 아는 것이 드문 일이다. 그러나 이것이 마음챙김의 본질이며, 괴로움을 끝내는 중요한 열쇠이다.

우리는 몸의 특정 부분에는 거의 주의를 기울이지 않으면서도 다른 부분에는 관심을 두게 된다. 마음챙김 수행에서는 사람들에게 발가락, 복부, 얼굴 또는 몸 전체에 대한 더 넓은 알아차림 등, 모든 신체 부위에 동등하게 호기심과 친밀함의 태도로 주의를 기울이도록 안내한다. 몸의 여러 부분에서 어떤 경험이 나타나는지, 그리고 그것이 어떻게 전개되는지 살펴보는 것은 매우 유익하다.

링은 바디스캔을 통해 처음으로 마음챙김 수행에 입문했다. 그녀는 곧 마음속에서 안절부절못하며 신체 감각에 주의를 가져가는 것에 저항감을 느꼈고, "이건 너무 어려워. 나는 절대 해낼 수 없을 거야" 같은 생각들이 저항을 더욱 부추겼다.

그러나 마음챙김 지도자의 부드럽고 인내심 있는 지원 덕분에, 링의 집중력은 어느 정도 안정되었다. 그렇게 안정된 상태에서 그녀는 최소한 신체의 일부에 주의를 기울일 수 있게 되었고, 발가락의 윤곽과 모양, 발에 닿는 공기, 발이 바닥에 닿는 접촉점, 발목의 인대와 근육이 발의 무게를 지탱하면서 느껴지는 미세한 당김과 긴장을 알아차리기 시작했다. 그러나 그녀의 마음은 종종 다른 곳으로 흘러가곤 했다. 예를 들어, 직장에서 해야 할 일들이 떠오르거나 바디스캔 자체에 대해 반응하기도 했다. "좋아,

이제 좀 알 것 같은데, 곧 다시 놓치겠지"와 같은 반응들이었다. 하지만 그녀는 마음이 다른 곳으로 휩쓸려 갈 때마다 이를 알아차리고 다시 몸으로 주의를 돌리라는 단호한 안내를 따랐다. 이렇게 마음이 방황하는 것을 알아차리고 다시 돌아오는 과정 자체가 마음챙김 수행의 일환이었다.

링은 성장 과정에서 여러 형태의 학대를 겪었으며, 특정 신체 부위에 주의를 기울일 때 감각이 둔해지거나, 강렬한 신체 감각과 함께 불안한 심상들이 밀려오곤 했다. 마음챙김 지도자는 연습하기 전에 링과 신중하게 상의하며 이러한 상황을 예상했고, 그녀가 언제 경험에 다가가고 언제 물러날지를 스스로 신뢰할 수 있도록 도왔다. 그 결과, 링은 트라우마와 관련된 경험을 다루는 데 현명한 선택을 할 수 있게 되었다.

바디스캔을 하는 동안 링은 감각의 전 범위에 걸친 다양한 경험을 했다. 연습 후 그녀는 마음챙김 지도자에게 발가락의 모양과 감각, 발에 닿는 공기 등 놀라운 점들을 알아차릴 수 있었지만, 몸의 다른 부위에서는 완전히 멍해져서 아무런 인식을 하지 못했다고 말했다. 그녀는 "골반에 주의를 기울이라는 안내를 받았을 때 내 마음이 어디에 있었는지 기억이 나지 않아요. 반면, 복부의 움직임은 바다 위에 떠 있는 에어 매트리스에 누운 것처럼 안정적이었어요. 목과 얼굴에 집중할 때는 수축되고 긴장된 느낌이 들었어요. 복부의 호흡으로 돌아가는 것이 저에게 닻(anchor) 역할을 했고, 그것이 큰 도움이 되었어요. 때로는 호흡이 안정적이었고, 때로는 얕고 빠르게 변하기도 했지만, 언제나 거기 있었습니다"라고 말했다.

우리가 몸을 온전히 경험하지 못하도록 방해하는 수많은 도전들이 있다. 우리는 너무 쉽게 생각에 사로잡혀 과거와 미래에 몰두하고, 현재 순간의 신체적 경험보다 감정적이고 심리적인 상태에 더 많은 주의를 기울이는 습관이 있다. 통증이나 질병은 직면하기 어렵고, 몸으로부터 도피하는 것이 더 안전하다고 느껴질 수 있다. 과거의 학대 경험은 자기 보호의 수단으로 신체적 해리를 유도할 수 있으며, 과거에는 이러한 방식이 효과적이었을지 모르지만, 이제는 더 이상 우리에게 도움이 되지 않는다. 아름다움, 젊음, 힘, 운동 능력 등을 가치와 연관 짓는 문화적 가치관은 종종 명확히 표현되지는 않지만, 실제로 몸에 대한 경멸감을 형성하게 만들 수 있다. 또한 노화와 취약성에 대한 두려움은 현재 몸의 현실을 가리는 지속적인 산만함으로 변형될 수 있다. 몸에 대한 마음챙김을 기르려는 노력은 때때로 해리의 습관적 패턴에 맞서 헤엄치는 것과 같다.

사람들은 평생 동안 두려움, 혐오, 기대의 렌즈를 통해 몸을 바라보곤 한다. 우리는 아침에 거울을 보며 "언제부터 내 모습이 부모님을 닮기 시작했을까?" 하고 궁금해하며 비판적인 시선으로 자신을 바라본다. 그러나 마음챙김의 렌즈를 통해 몸을 관조함으로써 "여기서 배워야 할 교훈은 무엇인가?" "몸과의 관계를 근본적으로 재구성하는 데 도움이 될 수 있는 인지적 변화는 무엇인가?"라는 질문을 적절히 던질 수 있다.

현재 순간의 신체 경험에서 마음챙김을 확립할 때, 우리는 우리가 믿는 바가 아니라 있는 그대로의 삶을 살아가기 시작한다. 회피, 혐오, 산만함의 메커니즘은 여전히 작동할 수 있지만, 그것들이 괴로움을 만들어 내고 지속시키는 힘은 약해진다. 우리가 몸, 마음, 삶을 현재의 기억된 상태로 통합하기 시작하면, 괴로움을 종식시키는 데 도움이 되는 주요 통찰과 인지 및 행동의 변화를 열어주는 문이 열리게 된다.

몸에 대한 마음챙김–신념처는 다음과 같은 여러 가지 통찰을 제공한다:

1. 전체 내러티브를 만들지 않고 몸을 몸으로 아는 것은 삶에 대한 교훈이다. 감각은 그저 감각일 뿐, 그것이 내가 누구인지로 인식하지 않는다. 불쾌한 감각, 즐거운 감각, 중립적인 감각을 마음챙김의 렌즈를 통해 바라보면서, 두려움, 불안, 판단과 같은 반응으로 인해 괴로움이 증폭되는 악순환 없이 받아들여진다.
2. 몸을 과정으로 보는 것은 우리가 고정되거나 정적인 것으로 두려워하거나 무시하는 것이 아니라, 순간순간 변화하는 것으로 보게 한다. "내 무릎" "내 허리" "내 질병"이라는 말에 과거와 미래의 연관성이 담겨 있지만, 우리는 점차 모든 감각이 유동적이며, 순간마다 강해졌다 약해졌다 하는 흐름 속에 있음을 분별하게 된다. 그리고 마음도 이러한 변화를 유동적으로 인식하고 반

응할 수 있음을 발견한다.

3. 의도적으로 현재에 머무르는 훈련을 하면, 우리는 우리 마음과 삶이 충동적이고 반응적인 마음의 패턴에 휘말리지 않을 선택권을 갖게 된다. 지나가는 생각, 이미지, 판단에 휘둘리지 않고 의도적으로 몸에 머무르는 것은 순간을 있는 그대로 마주하고 해리의 패턴을 진정시키는 강력한 토대가 된다.
4. 현재 순간의 몸의 실제 경험과 그것에 대한 우리의 내러티브를 구별하는 법을 배울 수 있다. 신체 감각과 마음의 반응은 동일하지 않다. 몸의 감각은 즐겁거나 불쾌할 수 있지만(첫 번째 화살), 그것에 대한 우리의 반응과 내러티브는 별개이며, 종종 더 큰 괴로움을 불러오는 것은 바로 이 반응이다(즉, 두 번째 화살). 우리의 내러티브와 판단이 아무리 강렬하고 매혹적이더라도 우리는 이것이 일어나는 것을 볼 수 있는 도구를 가지고 있으며, 단순히 몸과 현재 순간의 집중된 상태로 돌아갈 수 있다.
5. 몸을 있는 그대로 수용하며 현재에 머무르는 것은 불쾌하고 고통스러운 것과 우리의 혐오와 두려움이라는 근본적인 감정 패턴 사이의 연결을 끊는 데 도움이 된다. 마찬가지로, 즐거운 것과 사랑스러운 것과 이것을 붙잡으려는 근본적인 경향 사이의 연결을 볼 수 있다. 혐오와 집착을 내려놓으면 고통이 희미해지는 것을 볼 수 있고, 소중함과 기쁨, 감사함의 순간들이 떠오르고 사라질 수 있도록 허용할 수 있다. 이는 몸과 삶에 보다 안정적이고 균형 잡힌 방식으로 존재하게 하는 강력한 변화이다.
6. 지속적으로 몸을 관찰하는 것은 마음과 몸이 얼마나 얽혀 있는지를 드러낸다. 신체의 통증은 마음에서 즉각적이고 직접적으로 "아야, 아이고"와 같은 방식으로 경험된다. 마찬가지로, 마음은 몸의 경험을 형성한다. 마음이 감사하고 기쁠 때, 몸은 훨씬 더 편안하고 평온하며 가볍게 경험될 가능성이 높다. 마음과 몸은 하나로 연결되어 작용한다.[2]
7. 마음챙김으로 몸을 탐구하면 과거의 감정 패턴과 트라우마가 무의식적으로 어떻게 몸에 각인되어 있는지 발견할 수 있다. 이러한 흔적은 현재의 질병이나 트라우마와는 직접적인 연관이 없어 보일 수도 있지만, 무감각함이나 통

증으로 나타나기도 한다. 이러한 부위를 친절한 주의로 탐구하면 그 부위가 점차 생기를 되찾고 긴장이 풀리기 시작한다. 이 과정은 마음챙김 수행의 학습 과정에서 중요한 부분을 차지한다.

8. 몸을 주의와 자비로 돌보는 데 집중하는 것은 이러한 태도가 혐오와 초조함이라는 자동적인 반응에 대한 해독제가 된다는 사실을 깨닫게 된다. 돌봄과 자비는 혐오와 판단이라는 얼어붙은 구조를 녹여내는 힘을 가지고 있다. "나는 이 일에 실패하고 있어" "나는 패배자야"라는 생각은 "이것은 내 경험의 일부이며 인간 조건의 일부이다. 내가 돌봄을 베푸는 사랑하는 사람들만큼이나 나 자신도 돌봄과 자비를 받을 자격이 있다"라고 스스로를 대할 때 점차 사라진다.

호흡은 몸에 대한 닻이다. 몸에 대한 마음챙김(신념처)은 순간순간의 호흡 경험에서 시작되며, 호흡이 깊든 얕든 있는 그대로 호흡을 알아차리는 것이다. 호흡에 대한 마음챙김의 기저에 깔린 의도는 몸의 초조함과 긴장을 진정시키는 것이다. 호흡에 대한 마음챙김을 통해서 우리는 순간순간의 민감성과 주의력을 함양한다.[3]

마음이 방황하는 것을 알아차리고 다시 돌아오는 과정은 지속적인 알아차림을 키우는 데 도움을 준다. 매번 마음을 호흡과 몸으로 되돌려 오는 것은 큰 인내와 노력이 필요하며, 짧거나 길고 얕거나 깊은 호흡, 평온하거나 초조해하는 몸을 있는 그대로 만나게 된다. 우리는 있는 그대로의 신체적 경험을 알아가는 법을 배우게 된다.

수행을 통해 우리는 우리 몸과 모든 신체가 변화하는 것이 본질이라는 것과 감각이 순간순간 생겨나고 사라진다는 것을 직접 깨닫게 된다. 이러한 지속적인 관조 속에서 우리는 일어났다 사라지는 감각의 풍경을 우리가 통제할 수 없음을 이해하게 된다. 우리는 신체적 경험의 유동적인 본질을 더욱 예리하게 인식하게 되고, 몸은 고정된 실체가 아니라 과정이라는 것을 배우게 된다. 우리는 그것에 대한 우리의 이야기나 반응이 아니라 순간순간의 실제 신체적 경험 안에서 마음챙

### 글상자 4-1 마음챙김 연습: 몸에 머물기

잠시 멈추고 지금 이 순간의 몸에 주의를 가져갑니다. 도움이 된다면 눈을 감고, 몸의 자세와 발이 땅에 닿는 느낌을 느끼는 것부터 시작합니다. 공기와 옷이 피부에 닿는 느낌을 느끼고, 들려오는 소리도 세밀하게 살펴봅니다. 척추를 통한 몸의 자세, 얼굴의 표정, 손의 위치를 느껴봅니다. 위엄 있고 편안하며 온전히 이곳에 있음을 느낄 수 있는 자세를 찾아봅니다. 이제 잠시 시간을 내어 몸이 호흡하고 있는 것을 느껴봅니다—한 번의 호흡이 시작하고 끝나는 순간, 들숨과 날숨에 따라 몸이 어떻게 움직이는지 알아차립니다. 의도적으로 주의를 몸에 머물게 하고, 생각과 이미지는 그저 주의의 배경에 놓아둡니다.

지금 이 순간 몸 안에 있는 감각의 풍경을 마음챙김으로 느껴봅니다—그게 즐겁든 불쾌하든 상관없이, 몸 구석구석에 있는 미세한 감각들도 함께 감지해 봅니다. 감각이 순간순간 변하고 사라지는지 마음챙김으로 살펴봅니다. 서 있거나 앉아 있을 때 몸이 느끼고, 호흡하고, 듣고 있는 것에 주의를 머물게 하는 것이 어떤 느낌인지 탐색합니다. 주의가 다른 곳으로 향한다면, 생각은 그저 생각으로, 이미지는 그저 이미지로 간단히 알아차리고, 무엇을 바라거나 기대하지 않고 있는 그대로의 몸에 다시 주의를 돌려봅니다.

김을 확립하는 법을 배운다. 이를 통해 신체와 자신을 너무 지나치게 동일시하는 경향이 약해지기 시작한다.

호흡과 몸을 관찰하는 데 능숙해지면 몇 가지 통찰을 얻게 된다. 우리는 경험을 알아차리고 주의 속에 머물게 할 수 있으며, 경험은 왔다가 사라진다는 것을 이해하게 된다. 생각도 사실이 아닌 경험으로 바라볼 수 있다. 우리가 고통이라고 여겼던 것이 몸을 가진 모든 사람이 겪는 보편적인 인간 경험의 일부임을 알게 된다. 이런 방식으로 경험을 바라보면 자유로움이 생긴다. 〈글상자 4-1〉의 마음챙김 연습을 시도해 보라. 이는 몸을 체화하도록 안내하는 간단한 연습이다.

> 시간이 지나면서 링은 바디스캔이 마음을 안정시키는 유용한 방법일 뿐만 아니라 일종의 지도자 역할을 할 수 있는 것임을 깨달을 만큼 주의를 안정시키는 법을 배웠다. 그녀는 트라우마 및 학대와 관련된 부분을 포함하여 자신의 몸 전체에 주의를 기

울일 수 있다는 것을 배웠다. 그녀는 언제든지 호흡에 주의의 닻을 내릴 수 있다는 것을 알게 되었다. 트라우마와 관련된 패턴과 과정은 훨씬 더 강하게 조건화되어 있지만, 다른 경험들과 본질적으로 동일한 원리를 따른다. 그녀는 마음챙김을 통해 배운 것을 다른 경험에 적용할 수 있었다. "처음 연습을 할 때는 정말 조급해졌어요. '할 일이 너무 많은데, 이런 거 할 시간이 없어'라는 생각이 들었고, 그러다 점점 초조해지는 제 자신을 알아차리게 되었죠. 저는 그 모든 것을 그냥 두기로 했어요. 감정과 어두운 생각을 검은 개처럼 대하려고 했어요. 우리가 이야기했던 것처럼요. 제 마음이 더 강해졌어요. 뭐 식스팩이 생길 정도는 아니지만요. 그래도 내가 무엇에 주의를 기울일지, 무엇에 주의를 기울이지 않아도 될지를 선택할 수 있게 되어서 정말 좋았어요(웃음). 제 몸에는 정말 싫어하고 끔찍한 기억을 떠올리게 하는 부분들이 있어요. 하지만 호흡은 항상 거기에 있어요. 평온은 단 한 번의 호흡만큼 가까이 있다는 선생님의 말씀이 참 좋았어요. 제가 싫어하는 신체 부위에 묶여 있는 듯한 느낌이 들거나, 무서움이 올라오거나, 나쁜 기억과 감정이 떠오를 때, 저는 그것들을 검은 개처럼 보려고 해요, 가능한 한 최선을 다해서요"

링은 언제 특정 경험에 다가설지, 언제 그 경험과 함께 머물지, 그리고 언제 그 경험을 놓아줄지를 분별력 있게 선택할 수 있게 되었다. 주의력의 근육을 키우는 것이 핵심이었지만, 그녀가 연습에 가져온 태도 또한 중요한 요소였다. 그중에서도 호기심("무엇을 발견하게 될까?"), 인내심("무슨 일이 일어나더라도, 흔들림 없이 꾸준히 이 순간에 머물러 있어"), 용기, 친절("괜찮아, 이 감정을 충분히 느껴보자. 괜찮아")이 핵심 태도로 작용했다. 매일 지속한 2개월간의 연습이 끝날 무렵, 링은 이 연습과 자신의 몸으로 돌아오는 과정을 "피난처"라고 표현했다.

## 마음챙김을 확립하는 두 번째 방법:<br>느낌의 톤에 대한 마음챙김-수념처(受念處)

마음챙김 확립의 두 번째 영역은 경험의 느낌의 톤으로, 경험의 기본적인 결이라고도 한다. 모든 감각적 인상에는 즐거움, 불쾌함, 중립적인 느낌의 톤이 존재한다. 즐겁거나 불쾌한 시각, 청각, 미각, 신체적 감각, 후각, 생각은 모두 우리 경험의 일부이다. 느낌의 톤은 지각의 모든 순간에 존재한다. 또한 즐거움, 불쾌함, 중립적인 것을 직접적으로 감지하는 것은 모든 생명체에게 공통적이다. 식물도 빛과 물을 감지하여 그쪽으로 움직이고, 어둠과 추위를 감지하면 수축한다.

느낌의 톤은 감각적 인상에 내재되어 있다. 어떤 경험은 보편적이고 객관적인 느낌이 존재한다. 우리 중 누구라도 춥거나 배고프거나 발가락을 부딪히면 그것이 마음챙김이나 무념무상의 상태와 상관없이 불쾌하게 느껴질 것이다. 그러나 감각 경험에서 발생하는 느낌의 톤의 대부분은 주관적이며 우리의 학습 역사와 직접적으로 연결된다. 새를 좋아하는 사람은 새벽의 지저귐을 즐거운 소리로 여기지만, 불면증을 겪는 사람에게는 불쾌한 소리일 수 있다. 일몰의 광경이 어떤 사람에게는 기쁨을 주지만, 다른 사람에게는 슬픔을 불러일으킨다. 명상 세션이 끝날 때 울리는 종소리가 허리가 아픈 사람에게는 세상에서 가장 반가운 소리지만, 그 순간 깊은 만족감을 느끼는 다른 사람에게는 불쾌한 방해가 될 수 있다. 결정적으로, 느낌의 톤은 개념화 이전의 과정이며, 우리의 경험을 즉각적으로 즐거움, 불쾌함, 중립으로 자동적으로 분류한다. 이는 경험의 흐름 속에서 중요한 연결 고리 역할을 한다.

우리의 의식에는 수많은 즐겁거나 불쾌한 감각적 인상이 스쳐 지나가지만, 대부분은 거의 알아차리지 않은 채 사라진다. 어떤 감각적 인상은 즐거움이나 불쾌함으로 분류되면서, 깊은 인지적 패턴과 경향을 활성화하여 반추, 불안, 혐오, 집착과 같은 반응적 상태를 유발할 수 있다. 우리의 의식 속에는 혐오의 주요 경향이 숨어 있으며, 이는 몸과 마음에 감지된 불쾌한 감각적 인상과 연결된다. 혐오는 다양한 반응의 스펙트럼을 가진 개념으로, 이는 다른 장에서 더 자세히 다룰 예정이다. 이는 마음챙김과 안녕감을 방해하는 주요 요인 중 하나이며 판단, 불안, 저항, 비난, 수치심, 방어적 태도 등 다양한 형태로 나타난다.

몸과 마음의 즐거운 감각적 경험은 강렬한 갈망, 집착, 탐욕을 유발할 수 있다. 갈망과 혐오가 시작되면 초조함, 자아중심화, 그리고 즐거운 것을 추구하고 불쾌한 것을 회피하는 행동 패턴이 형성되기 시작한다.

즐거움을 유지하고 불쾌함을 피하려는 강한 노력은 우리의 마음과 삶을 지배할 수 있다. 우리가 좋은 기분을 느끼고 싶고, 나쁜 기분을 피하고 싶어 하는 것은 자연스러운 일이지만, 언제나 좋은 기분만 유지하고 나쁜 기분을 피하려는 이러한 노력 속에서 간과되는 것은, 우리 삶을 매 순간 변화시키는 무수한 조건들을 우리가 완전히 통제할 수 없다는 사실이다. 느낌의 톤과 그것이 촉발하는 혐오와 갈망은 자동적으로 발생하며, 이는 우리의 의지적 통제를 넘어선 사고 및 행동의 반응 패턴이다. 또한 이는 종종 충분히 인식되지 않는다. 각 순간을 있는 그대로 마주하기를 꺼리는 깊이 자리 잡은 경향으로 인해 회복탄력성, 자비, 자신감, 용기는 자주 희생된다. 반응 속에 갇히면 우리는 선택과 대응을 할 수 없게 된다.

느낌의 톤은 순간순간 경험을 구성하는 미세한 요소로, 쉽게 간과되거나 중요하지 않은 것으로 여겨질 수 있다. 그러나 불교 심리학에서는 느낌의 톤이 의식을 지배한다고 말한다. 느낌의 톤은 경험이 전개되는 시작점이며, '마스터 키'로 묘사되는데, 이 키가 해제되면 반응이 그 자리에서 멈추기 때문이다(Goldstein, 2013). 느낌의 톤은 반응의 사슬에서 첫 번째 연결 고리이며, 이 연결 고리가 끊어지면 반응의 사슬이 끊어진다.

마음챙김은 우리가 경험하는 순간순간의 느낌의 톤을 더 깊이 이해하도록 돕는다. 우리는 즐거운 것은 즐거운 것으로, 불쾌한 것은 불쾌한 것으로 바라보는 법을 배운다. 이를 통해 감각적 인상이 반응, 추측, 습관, 동일시 등의 불필요한 층에서 자유로워질 수 있다. 마음챙김은 우리가 감각과 경험이 의식 속에 떠오르는 순간에 주의를 기울이도록 도와준다. 이를 통해 느낌의 톤이 혐오(외면)와 갈망(끌림)과 어떻게 연결되며, 그러한 습관적 패턴이 어떻게 작동하는지 드러날 수 있다. 더 깊은 수준에서 느낌의 톤과 반응 사이의 이 연결은 현재 마음의 조건화와 패턴이 형성되는 지점이자, 그것이 미래에 다시 반복될 기반이 형성되는 중요한 순간으로 여겨진다. 마음챙김 수행은 이러한 연결고리를 드러내고 이를 끊을 수 있는 잠재력을 제공한다. 이는 마음챙김 수행의 핵심 통찰이자 힘을 부여하는 순간이다.

링에게는 기억, 슬픔, 수치심과 같은 경험의 파편들이 쉽게 혐오를 유발하여 우울증과 갈등으로 악화될 수 있었다. 이는 우울증에 취약한 많은 사람들에게 해당되는 이야기이다. 링은 이러한 경험을 분리하거나 회피하는 다양한 전략을 개발했다. 이러한 전략은 처음 배웠을 때와 단기적으로는 효과가 있었지만, 장기적으로는 문제를 미래로 미루는 경향이 있었다. 불쾌한 느낌의 톤을 가진 감각 경험의 여러 조각들은 혐오와 회피를 유발할 수 있으며, 만약 이 시도가 실패하면 반추와 사고의 확산을 촉진할 수 있다. 예를 들어, 잠에서 깨어나 '찝찝함'을 느끼는 순간, '그들이 나를 따돌리고 있다'는 생각의 파편, 슬픔의 감정이 시작되는 순간, 피로를 느끼는 신체적 감각 등이 쉽게 연쇄적으로 연결될 수 있었다. 링에게 이러한 불쾌하다고 이름 붙여진 순간적 경험들은, 잠재적으로 우울증 재발로 이어질 수 있는 연결 고리였다. 링은 익숙한 대처 전략을 사용해 이러한 순간들을 외면하고 피하는 법을 배웠지만, 여전히 마음은 이러한 경험들을 연상의 사슬로 엮어내고 있었다. 그러나 마음챙김 연습은 링에게 자신의 평소 전략을 탐구할 수 있는 경험의 장을 제공하여, 그것이 언제 좋은 결과로 이어지고 언제 나쁜 결과로 이어지는지를 더 잘 이해할 수 있도록 했다. 그녀는 분리와 회피가 단기적으로는 안도감을 제공하지만, 장기적으로는 문제를 쌓아놓는다는 것을 알 수 있었다. 이러한 사슬의 초기 연결 고리를 알아차리는 것이 사슬을 끊는 핵심이었다. 이 부분은 다음 장에서 더 자세히 다룰 것이다.

느낌의 톤은 순간순간의 경험에서 중요한 연결 고리이지만, 이 기본적인 각인을 더 아래 단계에 있는 복잡한 구조인 감정과 혼동하지 않도록 주의해야 한다. 느낌의 톤은 훨씬 더 단순하다. 이는 순간적인 선개념적 접촉의 순간이며, 즐거움, 불쾌함 또는 중립적인 감각 인상으로 경험된다. 그 이상도 이하도 아니다.[4] 〈글상자 4-2〉의 연습을 통해 잠시 시간을 내어 직접 살펴보길 바란다.

**글상자 4-2 마음챙김 연습: 느낌의 톤에 대한 마음챙김-수념처(受念處)**

잠시 시간을 내어 가만히 앉아 봅니다. 이 연습은 몸에 대한 마음챙김으로 시작해도 좋습니다. 몸의 자세와 바닥이나 좌석에 닿는 부위를 알아차리고, 몸이 호흡하는 것을 알아차려 봅니다. 주의가 몸과 이 순간에 그대로 머물 수 있도록 합니다. 지금 이 순간 자신에게 다가오는 다양한 감각적 인상—들리는 소리, 보이는 것, 냄새나 미각이 있다면 그것을 느끼기 시작합니다. 몸에서 느껴지는 감각과 마음에 떠오르는 생각이나 이미지를 알아차립니다. 각 감각적 인상이 전달하는 느낌의 톤에 간단히 주의를 기울이며, 그것이 즐거운지, 불쾌한지, 아니면 그저 중립적인지 알아차립니다. 이러한 감각적 인상들에 단순한 마음챙김을 적용하는 것이 무엇을 의미하는지 탐구해 봅니다. 주의가 즐거운 감각에 끌려가는지, 또는 불쾌한 감각에서 멀어지는지 알아차립니다. 그러한 움직임을 의식하면서 즐거운 것을 즐거운 것으로, 불쾌한 것을 불쾌한 것으로 단순히 알아차릴 수 있는지 탐색해 봅니다. 주의를 기울이면, 혐오나 갈망의 반응이 일어나거나 즐거움과 불쾌함에 대한 이야기가 시작되는 것을 알아차릴 수 있습니다. 그 순간을 있는 그대로 단순히 알아차리는 상태로 돌아올 수 있는 것은 충동이나 내러티브의 덧붙여진 층속에서 길을 잃지 않고 그 순간에 머물 수 있는 선택과 마음챙김의 순간입니다.

## 마음챙김을 확립하는 세 번째 방법: 마음 상태와 기분에 대한 마음챙김-심념처(心念處)

마음챙김의 세 번째 토대는 현재 순간의 마음 상태와 기분에 대한 깊은 알아차림이다. 여기에는 슬픔, 분노, 행복, 혐오감, 수치심, 자부심 같은 기본적인 감정뿐만 아니라, 만족감, 경외감, 죄책감, 부러움과 같은 더 복잡한 감정도 포함된다. 이 토대는 기쁨, 존중, 사랑, 감사와 같은 긍정적인 상태를 포함한 모든 마음 상태를 포괄한다. 예를 들어, 샤덴프로이데(Schadenfreude)는 복잡하지만 쉽게 인식할 수 있는 상태로, 다른 사람의 실패나 몰락을 보고 그 사람의 실패에서 기쁨과 즐거움을 느끼고, 이후 이러한 감정에 대해 죄책감을 느끼기도 하는 다양한 생각과 감정을 불러일으킨다. 감사 역시 생각, 감정, 신체 감각이 혼합된 상태로, 존중, 연결감을 포함하며, 보통 가슴의 개방감과 눈과 입에 번지는 옅은 미소를 동반한다. 감정을 표현하는 단어는 수백 가지가 있으며, 각 감정에는 다양한 변형이 있다. 예를 들어, 슬픔에는 애도, 고뇌, 낙담 같은 뉘앙스가 있고, 행복의 변형으로는 기쁨, 황홀감, 만족감이 있으며, 분노에는 짜증, 격분, 원망이, 놀라움에는 경이로움, 충격, 경악이 포함된다.

마음 상태에 대한 마음챙김에는 안정, 산만, 둔함, 경계, 확장, 수축 같은 마음의 상태도 포함된다.[5] 문화마다 미묘한 차이가 있는데, 이는 우리의 마음 상태가 어느 정도 학습과 문화적 맥락에 의해 형성된다는 것을 시사한다(Lomas, 2016). 중요한 것은 경험, 특히 언어에 기반하지 않는 경험적 앎의 방식을 온전히 설명하는 데에는 언어의 한계가 있다는 점이다. 어떤 경험은 언어로는 충분히 전달되지 않으며, 이를 언어로 표현하는 것은 경험을 형성하고 분절하여 살아 있는 경험에서 벗어나게 만든다. 감동적인 음악을 듣거나 자연 속에서 숨이 멎는 광경을 보거나 소중한 사람에게 무언가가 일어났을 때의 경험을 완전하게 설명하는 것이 얼마나 어려운지 생각해 보라.

마음 상태의 주요 예시는 다음과 같다:

- 기본 감정: 행복, 놀라움, 슬픔, 두려움, 분노, 혐오감, 수치심, 자부심
- 더 복잡한 감정 상태: 기쁨, 감상(感想), 사랑, 감사, 관심, 당혹감, 불안, 우울감, 피곤함, 지침, 지루함, 샤덴프로이데, 원망
- 마음 상태: 안정됨, 차분함, 확장, 날카로움, 산만함, 둔함, 수축, 평온함, 초조함

항상 어떤 마음 상태나 기분이 존재한다. 그중에는 고요함, 평온함, 만족감, 기쁨, 사랑, 친절과 같이 아름다운 것들도 많다. 그러나 불안과 초조함처럼 어렵고 반복되는 것들도 많다. 또한 어떤 상태는 혼합되어 있다. 예를 들어, 이누이트어의 '이크트수아르포크(ikt suarpok)'는 누군가를 기다리는 기대감을 의미하며, 이

안에는 즐거운 기대와 함께 약간의 불안과 조급함이 포함된다(Lomas, 2016). 우리의 정신 상태 중 일부는 조용하고 차분한 반면, 어떤 것은 극적이고 오래 지속되며 강렬하다. 우리가 경험하는 정신 상태 중 일부는 익숙한 동반자로, 삶에 자주 나타나기 때문에 우리는 종종 그것을 통해 자신을 정의하기도 한다: "나는 낙관적인 사람, 불안한 사람, 두려운 사람, 천진난만한 사람, 화를 잘 내는 사람, 만족하는 사람이다"라고 말하는 식이다. 어떤 정신 상태는 훨씬 더 일시적이다.

우리는 현재 정신 상태의 렌즈를 통해 세상을 인식하며, 이 렌즈를 통해 세상을 해석하고 반응하는 경향이 있다. 순간의 기분은 곧 우리의 세계가 된다. 두려움이 우리를 사로잡으면 세상은 위협과 위험으로 가득해 보인다. 슬픔이 지배하면 세상은 암울하고, 삶은 변화 가능성이 거의 없는 무의미한 것으로 보인다. 혐오의 정신 상태에 사로잡히면 우리는 세상과 자기 자신 안에서 짜증나고 잘못되었으며 불완전한 부분만을 인식하게 된다. 차분하고 여유로운 정신 상태에서는 세상을 관대함이 가득한 곳으로 바라보게 된다. 정신 상태, 특히 도움이 되지 않는 감정 상태는 그 순간을 바라보는 색안경과 같으며, 주관적인 경험의 세계를 만들어 낸다. 기분은 주의 편향을 일으켜 어떤 순간이든 온전히 마음챙김으로 경험할 수 있는 우리의 능력을 방해한다.

정신 상태는 사고 과정과 내러티브를 형성하여 현재의 정신 상태를 강화하여 자기 강화적인 폐쇄적 반응 순환을 만들어 내는데, 이는 반드시 도움이 되는 것은 아니다. 예를 들어, 혐오적인 정신 상태는 친절, 관용, 수용의 생각을 거의 불러일으키지 않는다. 대신 판단, 비교, 비난의 생각을 만들어 낸다. 슬픔의 기분은 가능성, 창의성, 행복으로 이어지지 않는다. 하나의 감각적 인상이 정신 상태를 유발할 수 있고, 정신 상태는 다시 세상을 인식하는 방식을 촉발하여 그 정신 상태를 강화하고 구체화한다. 우리가 경험하는 정신 상태를 주의 깊게 살펴보면, 어렵고 고통스러운 정신 상태는 길고 강박적이며 설득력 있는 서사를 만들어 내는 경향이 있다는 것을 알 수 있다. 반면에 만족감, 행복 또는 평화의 정신 상태는 내러티브나 반추가 거의 없으며, 대신 확장되고 자유롭게 흐른다. 이러한 상태는 우리의 가능성에 대한 감각과 자원에 대한 신뢰를 향상시킨다.

우리는 보통 마음의 작용을 관찰하지 않지만, 마음챙김 수행을 통해 먼저 정신 상태를 보고 이것이 순간순간의 경험에 미치는 영향을 인식할 수 있다. 마음챙김이 없으면 폐쇄적인 순환이 형성되어 우리의 명확한 인식과 현재 순간을 있는 그대로 받아들이는 능력에 강력한 영향을 미친다.

하루 동안의 경험을 되돌아보면 변화하는 마음의 본질을 인식할 수 있다. 아침의 불안한 마음이 점심에는 평온과 감사의 마음으로 바뀌었다가 저녁에는 다시 무거운 마음으로 바뀔 수 있다. 마음의 유연성은 반응 패턴과 동일시 패턴에 의해 저해된다. 마음챙김은 이러한 패턴을 호기심과 친절로 대체하여 마음이 유동적이고 변화하는 과정이 되도록 가르친다.

마음챙김을 통해 우리는 경험의 세계가 끊임없이 변화한다는 사실과 정신 상태가 특정 순간에 우리의 행복과 고통에 강력한 영향을 미친다는 것을 깊이 이해하게 된다. 우리는 현재의 정신 상태를 있는 그대로 알아차리는 법을 배우며, 이러한 인식을 통해 고통스러운 정신 상태는 더 이상 우리의 삶을 지배하거나 행복을 결정짓지 못하게 된다.

마음챙김은 순간의 정신 상태를 읽을 수 있는 단서를 쉽게 찾을 수 있게 한다. 정신 상태가 신체에 미치는 영향을 점점 더 인식하게 되며, 우리는 슬픔, 불안, 혐오, 통증이 몸에 남기는 흔적을 알아차리고 접근하는 법을 배운다. 우리는 정신 상태를 강화하는 내러티브에서 벗어나는 법을 배울 수 있다. 순간의 정신 상태를 파악하는 단서는 반복되는 감정적 톤을 띠는 사고의 연속성 속에 존재할 수 있다. 하루를 보내며 걱정하고, 판단하고, 계획하는 자신을 인식한다면, 이는 불안이라는 근본적인 정신 상태를 마음챙김하라는 신호일 수 있다. 또한 우리는 점점 더 평온한 몸, 편안한 몸, 섬세한 몸을 익숙하게 알아차리게 된다.

정신 상태에 대한 마음챙김은 강력한 도구이다. 우리는 어떤 정신 상태가 긍정적인 결과로 이어지는지, 어떤 정신 상태가 부정적인 결과로 이어지는지 배울 수 있다. 우리는 현재의 정신 상태를 탐구하면서 분별력을 기르는 법을 배울 수 있으며, 예를 들어 "이것이 도움이 되는가, 도움이 되지 않는가?" "이것이 괴로움으로 이어지는가, 아니면 괴로움의 끝으로 이어지는가?"라고 스스로에게 질문할 수 있다. 이는 단순한 지적 활동이 아니라, 현재 정신 상태에 대한 우리의 대응 방식을 이끌어 주는 이해를 발전시키는 과정이다. 만약 어떤 정신 상태가 도움이 되지 않는 것을 알아차리고, 그 상태가 초래하는 익숙한 투쟁과 고통을 분명히 이해한다면, 우리는 마음챙김을 통해 주의를 다른 곳(예: 순간의 신체적 경험)으로 돌리도록 선택할 수 있다. 이것은 회피나 억압이 아니라, 괴로움의 폐쇄적 순환을 끊고 지금 이 순간의 경로를 따라가기로 하는 의식적인 선택이다. 우리가 평온함, 호기심, 여유로움 같은 도움이 되는 정신 상태를 알아차릴 때, 마음챙김을 통해 이를 탐구하는 법을 배우고, 치유, 아름다움, 숙련된 태도를 더욱 깊이 함양할 수 있다.

마음챙김을 통해 우리는 정신 상태의 풍경을 표현할 정서적 어휘를 계발하는 법을 배운다. 슬픔은 슬픔이고, 두려움은 두려움이며, 생각은 생각일 뿐이다. 기분을 기분으로, 생각을 생각으로 알아차리는 것은 해방감을 주며, 그것들이 자신을 정의하는 것이나 객관적 사실이 아님을 깨닫게 한다. 우리가 지배적인 정신 상태로 자신을 동일시하지 않으면, 그것들은 더 이상 우리를 지배할 힘을 잃는다. 마음챙김은 변화하는 정신 상태의 본질을 알아차리게 하여, 어려운 순간뿐만 아니라 감사함, 행복, 만족감이 느껴지는 건전한 순간들도 인식할 수 있게 한다.

> 직장에서 피곤한 하루를 보낸 링은 가족과 함께할 편안하고 행복한 저녁을 기대하며 역으로 향했다. 그러나 기차가 연착되었다는 안내 방송을 들으며 그녀의 정신 상태는 즉시 짜증으로 바뀌었고, 어깨가 긴장되며 짜증과 비난의 생각이 떠오르기 시작했다. 플랫폼 벤치에 앉아 있는 동안, 링은 검은색 래브라도 강아지를 데리고 있는 낯선 사람과 마주쳤다. 강아지는 꼬리를 흔들며 그녀의 주의를 끌었고, 링은 미소를 지으며 강아지를 쓰다듬는 순간 몸이 이완되었고, 단순한 즐거움과 기쁨을 느꼈다. 하지만 다시 그녀는 저녁에 가족과 함께할 시간이 줄어들 것이라는 생각이 떠올랐고, 이를 만회하기 위해 집안일을 해야 한다는 압박감이 생겼다. 곧 기분은 가라앉고 불만이 싹텄으며, 몸은 다시 긴장되고 마음은 위축되었다.
>
> 이 몇 분 동안 링은 간절한 기대에서 짜증 섞인 긴장, 기쁨, 그리고 긴장된 불만으로 네 번의 중요한 정신 상태 변화를 경험했다.

만약 알아차림이 없었다면, 고통스러운 정신 상태가 지배하여 세상에서 가장 사랑스러운 강아지조차도 그녀에게 아무런 인상을 남기지 못했을 것이다. 대신, 기분에서 비롯된 생각과 신체 반응이 짜증과 긴장을 더욱 심화시키며 점점 더 격화되고 악화되는 순환으로 이어졌을 것이다. 마음챙김의 역할은 정신 상태의 변화를 더욱 잘 알아차리고, 신체가 기분을 어떻게 표현하는지 인식하며, 고통스러운 정신 상태를 굳히고 지속시키는 사고에 연료를 공급하는 대신, 이를 있는 그대로 바라보는 것이다. 이를 통해 마음챙김은 역량과 자신감을 키워 준다.[6] 잠시 시간을 내어 〈글상자 4-3〉의 연습을 통해 자신의 현재 마음 상태를 탐구해 보라.

## 마음챙김을 확립하는 네 번째 방법: 세상을 경험하는 방법(법념처, 法念處)

### 글상자 4-3 마음챙김 연습: 마음 상태의 마음챙김

잠시 시간을 내어 의식적으로 깨어 있고 고요한 자세로 몸을 안정시켜 봅니다. 몸에 마음챙김을 두고, 지금 이 순간의 몸—감각하고, 느끼고, 닿고, 듣고, 호흡하는 생명에 주의를 기울이는 시간을 가집니다. 이제 이 순간의 마음으로 주의를 가져가, 그저 현재의 기분을 알아차려 봅니다. 마음이 무겁거나 밝은가요, 불안하거나 차분한가요, 넓거나 좁은가요, 초조한가요, 아니면 편안한가요? 판단이나 비난 없이 그저 알아차립니다. 지금의 기분이 몸에 어떤 영향을 미치는지 감지해 봅니다: 무거움의 몸인지, 경계심의 몸인지? 불안의 몸인지, 편안함의 몸인지? 불안정의 몸인지, 평온의 몸인지? 현재의 생각과 이미지가 기분에 어떤 영향을 주고 있으며, 그 기분을 강화시킬 가능성이 있는지도 마음챙김을 가지고 알아차립니다. 어떤 기분이 있더라도, 기분에 휩쓸리지 않고 평온하고 편안하며 깨어 있는 자세를 유지하면서 이것이 무엇인지 탐구하는 것—이것이 바로 주의가 깃들 장소입니다.

마음챙김의 네 번째 토대는 우리가 정신적 패턴을 경험하는 방식이다. 이 토대에는 두 가지 가르침이 포함된다. 첫 번째 가르침은 우리를 혼란에 빠뜨리는 심리적 습관과 기분을 설명한다. 두 번째 가르침은 수행을 통해 혼란을 해소할 수 있는 마음의 자질을 설명한다. 이 두 가르침은 마음챙김을 기르는 데 따르는 도전과 창의적인 긴장에 대해 설명하며, 즉 습관적인 존재 방식에서 보다 체화된, 마음챙김과 자비로운 존재 방식으로의 근본적 전환을 의미한다.

우리는 행복을 갈망하지만, 그것은 여전히 손에 닿지 않는다. 우리는 평화를 갈망하지만 시시포스처럼 끊임없이 바위를 언덕 위로 밀어 올리다가 다시 원점으로 굴러떨어지는 것만 같다. 우리는 충만하고 의미 있으며 깨어 있는 삶을 살기를 갈망하지만, 때때로 길을 잃고 혼란스러워진다. 우리는 관계를 갈망하지만 너무 자주 소외감을 느낀다. 우리 모두가 스스로에게 던져야 할 중요한 질문은 "무엇이 이러한 핵심적인 갈망을 충족하지 못하도록 우리를 좌절하게 하는가, 그리고 어떻게 하면 이 좌절을 끝낼 수 있을까?"이다.

마음챙김의 네 번째 토대는 주로 이 질문을 다루지만, 대체로 경험적인 방식으로 접근한다. 다시 한번 우리의 괴로움에 대한 경험이 탐구의 중심에 놓인다. 불교 심리학은 정신적 고통을 일으키는 다섯 가지 주요 반응 패턴을 지적한다.

1. 우리는 상황이 달라지기를 갈망하며, 불쾌한 경험을 즐거운 경험으로 대체하고자 필사적으로 노력한다.
2. 마음은 어렵고, 도전적이며, 익숙하지 않은 것에 혐오로 반응하며, 이러한 불쾌한 경험에서 벗어나려 하고, 제거하고, 억압하거나 회피할 방법을 찾기 위해 고군분투한다.
3. 어려운 상황을 회피하거나 제거할 수 없을 때, 불안과 걱정이 뒤따르며, 우리는 그 순간의 상황과 경험을 관리하거나 해결할 방법을 모색하게 된다.
4. 문제 해결이 불가능하다고 여겨질 때, 우리는 그 순간의 현실로부터 거리를 두기 위해 무감각이나 해리를 추구하게 된다.
5. 이러한 모든 인식할 수 있는 패턴 속에는 의심이 스며들어 있다—우리가 변

화할 수 있는 능력이 있는지, 또는 원하는 삶을 살 수 있는 효과적인 힘을 가졌는지에 대한 의심이다. 이러한 의심과 회의는 우리 자신을 향할 수도 있고(예: "이건 시간 낭비야" "나는 절대 마스터하지 못할 거야"), 외부를 향할 수도 있다(예: "이 가르침은 엉터리야" "나는 이 연습이 정말로 이 가르침이 말하는 변화를 가져올지 아직 확신이 서지 않아").

심리적 또는 감정적 괴로움의 어떤 경험이든 주의 깊게 살펴보면, 이 다섯 가지 주요 패턴이 어떻게 연관되어 있는지 알 수 있다. 이들은 의도, 열망, 마음챙김을 방해하는 망각의 패턴으로 설명될 수 있으며, 여기서 망각은 초심자의 마음과 돌봄으로 우리의 경험(처음 세 가지 토대)을 알아차리는 것을 잊어버리는 것을 의미한다.

명절이 다가오자 링은 다시 한번 십 대 자녀들과 친절하고 존중하는 태도로 관계를 맺기로 결심했다. 과거에 명절은 비난과 부정적인 익숙한 가족 패턴으로 변질되어, 링은 자녀들을 판단하는 자신을 발견하곤 했다. 그녀는 자신의 불만과 비판을 억누를 수 없었다. 명절 첫 가족 저녁 식사가 시작되자, 상황은 다시 익숙한 방식으로 흘러갔다. 링은 16세인 십 대 딸의 앞으로의 선택에 대해 캐묻기 시작하며 자신의 불만을 거의 감추지 못했다. 딸은 예술, 철학, 인문학에 관심이 많았고, 학교를 그만두고 세계를 여행하고 싶어 했다. 언제든 나중에 공부할 수 있다고 말했다. 링이 침착하고 균형 잡힌 태도를 유지하려는 의도에도 불구하고, 그녀는 다시 판단과 혐오에 압도되는 자신을 느꼈다. 분위기가 빠르게 악화되는 것을 알아차리면서, 링은 슬픔과 후회 속에서 아이들이 저녁 식탁에서 벗어나고 싶어 한다는 것을 깨달았다.

**링:** (16세 딸에게) 졸업 후에 무엇을 하고 싶은지, 대학에 갈지, 그리고 간다면 어디로 갈지 빨리 결정해야 해.

**딸:** 네, 알아요(딸이 휴대폰을 집어 든다).

**링:** 그래서 어떻게 생각해?

**딸:** 모르겠어요.

**링:** (조급해지는 것을 알아차리며) 이제 조금 더 생각해 보면 좋겠어. (추가로 덧붙이며) 내가 도와주고 싶어.

**아들:** (분명히 이 대화에서 벗어나고 싶어 하며 끼어들며) 방에 가도 돼요?

**링:** 그래, 가도 돼.

**딸:** 나도 가도 돼요?

**링:** 안 돼, 그리고 휴대폰 내려놔.

이 시점에서 링은 대화의 가능성이 사라졌음을 깨닫고, 자신이 평생 지속해 온 해리와 무감각의 습관 속으로 빠져들고 있음을 알아차렸다. 그녀는 아이들이 방으로 가도록 했고, 아이들이 떠난 후, 일시적인 위안과 안도를 주는 폭식으로 스스로를 달래려 했다. 그러나 이는 곧, '나는 형편없는 부모야' '내가 아이들에게 삶을 살아가는 데 필요한 것을 전혀 제공하지 못하고 있어'라는 자기비난과 수치심의 파도가 밀려왔다.

감각적 즐거움에 대한 갈망 패턴은 불편함 속에서 위안을 찾는 링에게 익숙한 방식이었다. 우리 중 많은 사람들은 음식, 공상, 산만함을 통해 스스로를 위로한다. 혐오는 우리가 견디기 힘들거나 위협적이라고 느끼는 것을 밀어내기 위해 사용된다. 불안과 초조함은 불편함을 해결하기 위해 강박적인 행동을 유발한다. 순간의 조건을 보다 안전하고 편안한 방식으로 바꾸는 데 실패하면, 우리는 무감각과 해리를 추구하는 경향이 있다. 이러한 보편적인 반응 패턴들은 서로 상호작용하며, 선형적으로 진행되지 않는다. 예를 들어, 자기 의심은 자신을 다른 사람처럼 변화시키고 싶은 갈망을 불러일으킬 수 있으며, 혐오는 불안을 유발할 수도 있다. 우리가 어려운 문제를 해결하려는 전략이 실패할 때, 무감각 속으로 후퇴하는 경향이 생긴다. 때때로 무감각과 해리 상태는 괴로움과 고통을 일시적으로 잊게 하는 데 어느 정도 성공적일 수 있다. 그러나 이러한 자기 보호의 기제는 지속적인 안녕감이나 행복을 제공하지는 못한다. 이러한 방어 패턴이 실패할 때, 우리의 가치감, 효능감, 미래에 대한 희망에 대해 의심을 품게 된다.

마음챙김 수행을 하면서, 우리는 점점 이러한 습관적 패턴이 어떻게 발생하고 우리의 행동을 형성하는지 더 잘 인식하게 된다. 물론 변화는 항상 쉬운 것이 아니며, 습관적이고 충동적인 삶 대신 마음챙김의 삶을 배우는 과정에서 긴장이 생길 수 있다. 우리가 변화를 시도할 때, 갈망, 혐오, 동요, 해리, 의심과 같은 부정적인 패턴에 자주 빠지기 때문에 이 과정을 전적으로 부정적으로 바라보고 싶은 유혹을 느낄 수도 있다. 우리는 스스로를 비난하거나 판단하게 되며, 이는 긴장을 더욱 가중시킬 뿐이다(즉, 스스로에게 '두 번째 화살'을 쏘는 것과 같다). 그러나 연습을 거듭하면서 우리는 변화의 과정에 긴장이 수반되는 것이 자연스러운 일임을 깨닫게 된다. 이러한 패턴들은 영구적으로 고정된 것이 아니라 변화될 수 있는 정신적 상태이자 심리적 습관임을 인식하게 된다. 회복탄력성, 안녕감, 자비는 이러한 패턴의 외부에서 만들어지는 것이 아니라, 그 안에서 길러지는 것이다.

> 링은 무엇이 일어나고 있는지를 먼저 인식하고, 처음에는 자신에게, 그리고 딸에게 자비롭게 반응함으로써 수치심, 자기 의심, 부정적인 생각의 악순환을 멈출 수 있었다. "내가 딸 나이였을 때는 몇 년 동안 청소년 시설에 있었고, 곧 자립해야 하는 상황이었다. 정말 놀라울 정도로 강했던 것 같다, 하지만 당시에는 그저 하루하루를 생존하는 데 집중했다."
>
> 그녀는 저녁 식사 후 부엌을 정리하면서, 아이들을 이렇게 간단한 방식으로 돌볼 수 있음에 뿌듯함을 느꼈다. 딸의 방 앞에서 3단계 호흡공간 연습을 한 후 문을 두드리며, 이전 대화는 잠시 미뤄두고 "괜찮니?"라고 간단히 물었다. 딸이 고개를 들어 고개를 끄덕이자, 링은 "내일 하고 싶은 일을 생각해 보고 아침 식사 때 함께 결정하자, 보트 타러 가는 건 어때?"라고 덧붙였다.
>
> 이후 그녀는 아들의 방에 들렀다. 아들은 컴퓨터 게임을 하고 있었고, 링은 그냥 옆에 앉아 그와 함께 시간을 보냈다. 아들은 괜찮아 보였고, 링은 아들과 함께 앉아 있는 순간의 기분을 음미하며, '이렇게 함께 앉아 있는 것이 참 좋다. 내가 이 나이 때는 보호 시설에 있었고, 사실 무슨 일이 있었는지도 정확히 기억나지 않아. 하지만 지금 이 아이는 안전하고, 만족스러워 보이고, 저 모자를 쓰고 있으니 잘생겨 보이기까지 하

네!'라며 마음속으로 생각했다. 감사의 미소가 그녀의 온몸에 퍼졌다. "왜 웃고 있어요?" 아들이 물었다. "그냥 행복해서" 그녀는 대답했다. 그녀는 그 순간을 온전히 느끼며 아들이 게임을 하는 모습을 바라보았다. 아들도 그녀가 방에 함께 있는 것을 꽤 만족스러워하는 듯 보였다.

불교 심리학에는 습관적 경향을 뿌리 뽑는 데 도움이 되는 건전하고 해방적인 자질을 의식적으로 길러야 한다고 제안한다. 이러한 수행 방식은 현대의 마음챙김에서 경험적으로 탐구된다. 마음챙김 수행자들은 갈망, 혐오, 초조, 해리, 의심의 발생에 점점 더 민감해지고, 망각 속에서 길을 잃지 않고 마음챙김의 의도를 유지하는 방법을 배운다. 또한 이러한 습관에 대해 판단하기보다는 마음챙김의 유용한 대상으로 삼을 수 있음을 배운다. 이들은 습관을 조사하고, 탐구하고, 이해할 수 있다. 수행자들은 어려운 경험을 직면할 수 있는 관심과 용기를 키우며, 그것에 압도되지 않고 회복탄력성을 길러 나간다. 평온과 안녕감은 먼 미래에나 찾아오는 것이 아니라, 회피하기보다는 이러한 패턴과 친숙해지고자 하는 의지를 통해 찾을 수 있다는 것을 배운다. 우리는 초조, 혐오, 갈망의 파도를 내러티브와 반응으로 더욱 키우지 않음으로써 이를 진정시킬 수 있다는 것을 발견한다. 이를 통해 우리는 동요 속에서도 균형과 내면의 평정심을 기를 수 있는 여유로운 공간을 마련하게 된다

몸과 마음의 경험에 주의를 기울이면, 우리는 즐거운 경험에 대한 갈망뿐만 아니라 혐오, 초조, 걱정, 졸음, 무감각, 의심과 같은 정신적 상태와 마주하게 된다. 이 모든 것이 우리를 혼란과 해리의 영역으로 이끌 수도 있다. 마음챙김 프로그램 참가자들은 이러한 패턴의 강도에 좌절하기보다는 친절함과 호기심을 가지고 자신만의 길을 탐색해 나간다. 바디스캔 연습 중 주의를 지속적으로 기울이면 우리의 오래된 패턴이 활성화될 수 있다. 많은 사람들이 지루함, 재미없음, 더 즐거운 공상의 세계로 향하고 싶은 마음을 느낀다고 말한다. 예를 들어, 처음 고통을 직면하거나 어려운 생각이나 감정이 떠오를 때, 저항과 혐오가 어려움과 결합되는 경우가 발생할 수 있다. 사람들은 가장 먼저 드는 충동이 도망치는 것일 때, 가만

히 있는 것이 어렵다고 느끼며, 익숙한 고통스러운 반추 패턴 속으로 빠져드는 자신을 발견한다고 보고한다. 몸과 마음이 초조와 걱정으로 가득 차는 것을 경험할 수 있다. 이 모든 것이 감당하기 어려울 때, 가장 명백한 탈출구는 견디기 힘든 현재에서 벗어나기 위해 단순히 잠에 빠지는 것이다. 의심은 자기 판단, 무가치함, 무능력에 대한 생각으로 나타난다. 우리는 수행에 대한 의심, 괴로움의 규모를 감당할 수 있는 역량, 그리고 변화할 수 있는 역량에 대해 의심을 가질 수 있다.

숙련된 마음챙김 지도자는 자신의 수행을 통해 괴로움을 만들어 내고 반복하는 패턴의 영역을 잘 알고 있으며, 이를 탐색하는 방법을 배운다. 마음챙김을 가르칠 때 그들은 자신의 배움과 경험을 통해 참가자들이 여정을 스스로 탐색할 수 있도록 동행하는 방법을 익힌다. 참가자들은 인콰이어리 과정을 통해 마음챙김의 과정이 때로 어려울 수 있지만, 그것이 비정상적이거나 특별한 것이 아니라, 괴로움과 변화에 대한 마음의 자연스러운 반응임을 이해하게 된다.

**링:** (8주 마음챙김 프로그램의 8회기, 바디스캔 연습 후) 너무 안절부절못해서 방에서 뛰쳐나가고 싶을 정도였어요.

**지도자:** (링이 차분하게 말하는 것을 알아차리고) 정말 불편했을 것 같네요, 그래도 끝까지 함께해 주셨군요, 잘하셨습니다. 무엇이 당신을 지탱해 주었고, 어떻게 그 초조함을 다룰 수 있었나요?

**링:** 쉽지는 않았고, 본능적으로 몸을 움직이거나 어떻게든 주의를 분산시키고 싶었죠. 하지만 스스로에게 "괜찮아, 링, 이것도 연습의 일부야"라고 말했죠. 저는 초조함이 정말 강한 곳이 제 팔과 다리라는 것을 알아차렸고, '여기서 나가고 싶다'는 생각과 이러한 생각이 만들어 내는 더 큰 초조함을 알아차렸어요. 숨을 깊게 들이마시려고 했지만 다시 초조한 상태로 끌려가곤 했죠. 아마 30분 동안 이걸 20번은 반복했을 거예요. (웃음) 즐겁다고는 할 수 없지만 그래도 견딜 수 있는 느낌이 들었어요. 본능적으로 나가거나 무시하지 않고 계속 해내다 보니 지금은 꽤 안정된 기분이 들어요.

**지도자:** (링을 눈빛과 자세로 격려하며) 잘하셨어요, 링.

앞서 살펴본 것처럼, 고통에서 거리를 두고자 하는 것은 인간적이고 이해할 수 있는 본능이다. 그러나 불행히도 이는 효과적이지 않으며 오히려 어려움을 가중시킬 뿐이다. 마음챙김 수업에서는 마음이 산만해지고 다른 곳으로 도피하고 싶어질 때, 몸으로 돌아오는 것을 관심과 애정 어린 호기심을 가지고 실천하는 법을 배운다. 혐오가 느껴지는 상황에서, 우리는 연습을 통해 부드러움, 돌봄, 친절함을 기르는 법을 익힌다. 몸에 지속적으로 주의를 기울이는 법을 배우면서, 몸과 마음이 차츰 평온해지고 초조함과 반추의 패턴에 덜 끌리게 된다. 생각을 단순히 압도적인 급류처럼 경험하는 것이 아니라, 마음에서 일어나는 하나의 사건으로 보기 시작하면서, 생각이 우리 마음을 지배하는 힘을 줄일 수 있게 된다. 연습을 거듭할수록, 도피하거나 잠에 빠지는 경향이 점차 약해지고, 깨어 있음과 생동감을 더 깊이 경험할 수 있게 된다. 마음챙김 수행의 가장 큰 이점 중 하나는 내면의 역량이 성장하는 경험을 하게 된다는 점이다. 우리는 주의를 어디에 기울일지 선택할 수 있으며, 어려운 상황에서도 회복탄력성을 가질 수 있다는 것을 깨닫게 된다. 또한 깊이 내재된 비난과 절망의 습관이 약해지기 시작한다는 것, 자신의 몸과 마음과 더 친절하고 관대하며 용서하는 관계를 맺는 것이 가능하다는 것을 발견할 수 있게 된다. 우리의 노력과 경험을 통해 자신감은 깊어지고 의심은 점차 사라지기 시작한다.[7]

〈표 4-1〉에서는 마음챙김의 네 가지 기초 사념처(四念處)를 8주 마음챙김 기반 프로그램의 필수 요소에 연결하여 정리하고 있다(Crane et al., 2017). 그러나 마음챙김의 네 가지 기초 사념처는 대부분의 마음챙김 수행에 모두 존재하며, 이 표는 절대적인 기준이 아닌, 참고용 자료라는 것을 명심해야 한다.

**표 4-1 마음챙김을 기르는 네 가지 방식**

| 네 가지 마음챙김의 기초 | 8주 마음챙김 기반 프로그램 |
|---|---|
| 몸에 대한 마음챙김: 신념처(身念處) | • 바디스캔<br>• 움직임 명상<br>• 정좌 명상<br>• 걷기 명상<br>• 먹기 명상을 포함한 일상 활동에서의 마음챙김<br>• 듣고 말할 때 몸에 대한 마음챙김<br>• 3단계 호흡 공간 명상 |
| 느낌의 톤에 대한 마음챙김: 수념처(受念處) | • 즐거운 경험과 불쾌한 경험 기록지<br>• 3단계 호흡 공간 명상 |
| 마음 상태에 대한 마음챙김: 심념처(心念處) | • 즐거운 경험과 불쾌한 경험 기록지<br>• 생각과 감정 연습<br>• 보기 명상/듣기 명상<br>• 3단계 호흡 공간 명상 |
| 우리가 세상을 경험하는 방법에 대한 마음챙김: 경험의 인지적, 담론적 측면-법념처(法念處) | • 도전과 장애물 다루기<br>• 스트레스, 우울증, 반응을 알아차리기 위한 연습<br>• 감상(感想), 기쁨, 감사, 대응을 기르는 연습<br>• 3단계 호흡 공간 명상 |

참고. "마음챙김 기반 프로그램을 정의하는 것은 무엇인가(What Defines Mindfulness-Based Programs)?" (Crane et al., 2017)에서는 이러한 프로그램의 필수적이고 핵심적인 요소를 제시하고 있다. 이 표에서는 마음챙김 기반 스트레스 감소와 같은 특정 프로그램을 지칭하기보다는 이러한 필수 요소들을 언급한 것이다. 일부 요소는 특정 프로그램에서만 사용되기도 하지만(예: 3단계 호흡 공간 명상), 이 표는 마음챙김의 네 가지 기초가 어떻게 가르쳐지고 배워지는지를 보여 주는 참고 자료이며, 절대적인 기준을 제시하는 것은 아니다. 8주 마음챙김 기반 프로그램에서의 가르침과 마음챙김 수행법에 대한 보다 자세한 내용은 이후 장에서 다룬다.

## 개요

앞서 언급했듯이, 우리는 만족감과 깨어 있음에 대한 갈망을 가지고 있지만, 괴로움과 고통을 경험하면서 삶의 풍요로움으로부터 단절될 수 있다. 이 장에서는 괴로움과 고통이 어떻게 생성되는지 설명하기 위해 불교 심리학이 제공하는 마음의 지도를 개략적으로 소개했다. 또한 불교 심리학이 고통에서 번영으로 가는 길을 어떻게 제시하는지 간략하게 설명했다. 이 지도에는 다음 내용이 포함된다:

- 두 개의 화살: 첫 번째 화살은 통증, 질병, 궁극적으로는 죽음(삶의 일부)이며, 두 번째 화살은 통증이 걱정, 저항, 회피, 파국적 생각과 함께 복합적으로 작용하는 (선택적인) 화살이다.
- 모든 것이 변하고, 변치 않는 것은 없다는 통찰
- 투쟁, 부인, 집착, 혐오가 괴로움과 고통을 부추긴다.
- 마음챙김을 확립하는 네 가지 방법인 마음챙김의 네 가지 기초(사념처, 四念處)
  - 몸에 대한 마음챙김(신념처, 身念處): 신체적 경험
  - 느낌의 톤에 대한 마음챙김(수념처, 受念處): 경험을 즐거움, 불쾌함, 중립으로 평가하는 일차적 평가
  - 마음 상태와 기분에 대한 마음챙김(심념처, 心念處): 경험의 인지적, 정서적 영역
  - 우리가 세상을 경험하는 것에 대한 마음챙김(법념처, 法念處): 안녕감을 지원하는 요소와 안녕감을 방해하는 요소를 포함하여 우리 경험의 인지적, 담론적 측면

마음챙김 수행을 통해 마음이 안정되고 평온해지면서 더 큰 회복탄력성과 평정심이 생겨나기 시작한다. 사띠파타나 담론의 마지막에는 이러한 배움이 요약되어 있다(Nanamoli & Bodhi, 1995):

> "이것이 고통이다"라고 정말로 아는 사람, "이것이 고통의 근원이다"라고 정말로 아는 사람, "이것이 고통의 소멸이다"라고 정말로 아는 사람, "이것이 고통의 소멸로 이끄는 길이다"라고 정말로 아는 사람.

이 장에서는 2,000여 년 전에 개발된 불교의 고대 가르침이 어떻게 마음의 지도

를 제공하는지 개괄적으로 설명했다. 다음 장에서는 고대 불교의 가르침과 현대 심리 과학이 어떻게 융합되는지 탐구한 후, 이 지도를 사용하여 생존에서 번영으로 나아가는 방법을 살펴볼 것이다(6장).

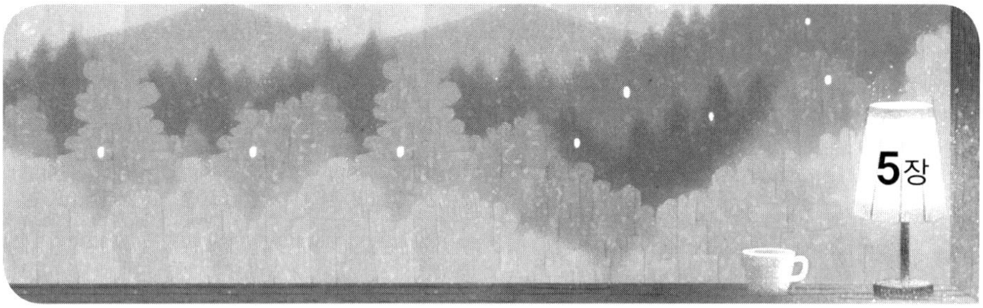

# 5장 고통과 괴로움의 통합 지도

> 명상에 대한 과학은 이제 막 걸음마를 뗀 단계에 있다. 우리는 앞으로 몇십 년간의 연구가 더 필요하다. 사람들은 인공지능과 기계 학습에 대해 이야기하지만, 정작 인간의 지능이란 무엇인지에 대해서는 아직 표면조차 건드리지 못했다.
>
> —Jon Kabat-Zinn (in Booth, 2017)
>
> 자극과 반응 사이에는 공간이 있다.
>
> 그 공간에는 우리의 자유와 대응을 선택할 수 있는 힘이 존재한다. 우리의 대응 속에 성장과 자유가 존재한다.[1]

가려움이 긁는 행동으로 이어진다.

순간적인 슬픔이 "이불을 뒤집어쓰고 숨고 싶은" 행동으로 발전한다.

타는 듯한 허리 통증은 "이 고통을 견딜 수 없어. 평생 이 고통을 참아야 한다면 차라리 죽는 게 낫겠어"라는 생각을 불러일으킨다.

비판적인 한마디가 강력한 내면의 비판자를 자극한다.

어떻게 샘의 가려움은 자동적으로 긁는 행동을 불러일으킬까? 어떻게 링의 순간적인 슬픔은 이불 속으로 파고드는 행동, 혹은 극단적인 경우에는 우울증의 또 다른 삽화로 이어질 수 있을까? 어떻게 모하메드의 허리 통증은 그러한 자기파괴적인 생각을 유발할까? 소피아에게는 어떻게 작은 비판조차도 강렬한 자기비판의 물결을 일으키는가?

이 장에서는 2~4장에서 설명한 심리 과학과 불교 심리학을 통합하여 괴로움과 고통이 어떻게 생성되고 유지되는지 지도를 그려본다. 이는 괴로움과 고통에서 벗어나 안녕감과 풍요로운 삶으로 나아가는 길을 제시하는 기반이 된다(6~8장).

## 자극과 반응

가장 단순한 모델로 시작해 보자. 이 장의 서두에 인용된 문장에 담긴 의미처럼, 매 순간 우리는 자극과 반응 사이에 존재하는 공간을 인식할 수 있으며, 삶의 모든 어려움에 반드시 반응할 필요는 없다.

소피아와 샘의 예시를 통해 이를 설명해 보자.

> 소피아는 십 대 시절부터 자신이 세운 엄격한 기준에 미치지 못한다고 느낄 때마다 가혹한 내면의 비판자가 등장해 삶을 어지럽혀 왔다. 소피아는 이것이 오래된 문제라는 것을 인식하고 있으며, 아마도 어린 시절 불안이 시작된 것과 20대의 우울증 발병에 영향을 끼쳤을 것이라고 생각한다. 이 문제는 그녀의 성인기 삶을 힘들게 만들었으며, 60대가 된 지금도 이 내면의 비판자는 그녀의 삶의 어떤 영역에서든 불쑥 나타나곤 한다. 마음챙김 지도자로서, 부모로서, 조부모로서의 역할 속에서도, 파킨슨병의 끊임없는 진행으로 악화되는 건강 상태에 맞서 싸우는 과정에서도 예외는 아니다. 최근 그녀는 한 과정의 참가자 후기에서 작은 부정적인 평가를 받았고, 이는 강렬한 자기비판의 불길을 일으켰다.

> 샘은 건선이라는 피부 질환을 앓고 있는데, 이 질환은 가려움증을 동반하여 긁고 싶은 충동을 자극한다. 마음챙김 연습 중에 샘은 가려움을 알아차렸지만(긁으면 상태

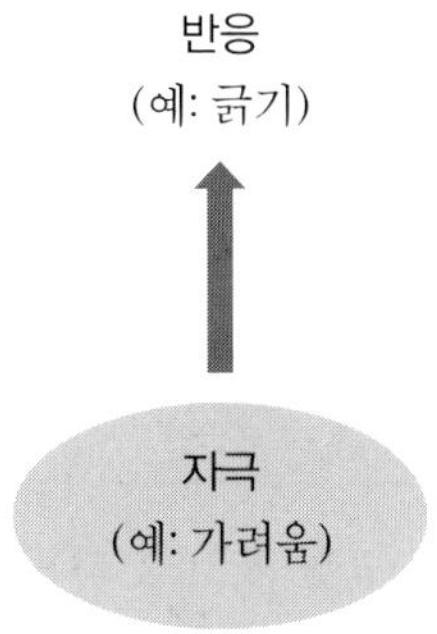


[그림 5-1] 자극에서 반응으로.

가 악화된다는 것을 알기에 참는 법을 익혔다), 생각의 폭풍 속에 휩쓸리고 말았다. 마음챙김 지도자가 이에 대해 물었을 때, 샘은 강력한 생각의 흐름을 묘사했다. "건선 때문에 정말 싫다. 너무 불공평해" "이걸 너무 긁으면 자극받은 피부가 더 악화되고, 나중에 더 고통스러워질 거야" "내 얼굴에 있는 발진이 다른 사람들에게 얼마나 잘 보일까? 사람들이 날 이상하게 생각할까?" "나는 별난 존재다. 이 병이 내 인생을 망쳤다."

지각은 각 경험이 끊임없이 전개되고 다음 경험으로 연쇄적으로 이어지는 과정이다. 자극은 반응을 일으킨다(3장과 [그림 5-1] 참조). 가려움을 느끼면 긁고 싶은 충동이 생긴다. 이때 가려움이 자극이고, 충동과 행동(긁기)은 반응이다. 대부분의 경우, 자극에서 반응으로 이어지는 과정은 자동적이고 빠르게, 알아차림 없이 이루어진다. 따라서 자극과 반응을 구분하기 어려울 때도 있다. 예를 들어, 샘은 가려움(자극)과 긁기(반응) 사이의 일련의 흐름을 구분할 수 없었다. 건선이 악화되면 그는 자신도 모르게 충동적으로 긁곤 했다. 그러고 나서야 긁는 것이 상황을 악화시킨다는 것을 깨닫고 좌절감과 답답함을 느꼈다. 샘의 경우, 긁는 행동과 부정적인 생각의 폭풍 모두가 반응에 해당한다. 소피아의 경우, 내면의 비판자는 작은 비판에도 순식간에 불길처럼 치솟았다. 우리의 반응과 그것을 유발하는 자극은 종종 하나의 경험처럼 결합되어 구분하기 어렵게 느껴진다.

## 자극이란 무엇인가

자극이란 외부 환경에서 비롯된 경험뿐만 아니라, 우리 마음과 몸 안에서 일어나는 내부 경험을 포함한 폭넓은 경험을 의미한다. 외부 자극은 우리가 인지할 수 있는 모든 것(예: 형태, 빛, 소리, 움직임, 타인, 상황 등)을 가리킨다. 내부 자극은 가려움, 통증, 불편함, 근육의 이완과 긴장, 따뜻함과 차가움 같은 신체 감각, 그리고 모든 감각적 경험, 소리, 시각적 정보 등을 포함한다. 요약하자면, 자극은 우리의 마음이 식별하고 주의를 기울일 수 있는 다양한 신체 감각을 포함한다. 또한 자극은 생각, 이미지, 상상, 기억과 같은 정신 상태일 수도 있다. 자극은 다양한 감정 상태(행복, 기쁨, 슬픔, 두려움 등)를 아우르는 감정 상태일 수도 있다. 또한 자극은 누군가와 연결되고 싶거나 특정 상황에서 벗어나고 싶은 충동과 같은 행동 충동일 수도 있다.

## 반응이란 무엇인가

반응은 자극을 처리하는 방식으로, 종종 자동적으로 이루어진다. 가려움의 예에서는 긁는 행동이 반응이다. 링의 경우, 그녀는 순간적인 슬픔과 이불 속으로 파고드는 행동 사이에 연속된 반응의 고리가 있다는 것을 완전히 자각하지 못한다. 소피아의 경우, 그녀가 가르친 한 프로그램의 후기를 읽었을 때, 그녀의 반응은 밀려오는 자기비판의 물결이었다.

## 반응과 대응의 차이는 무엇인가

반응과 대응 사이에는 중요한 차이가 있다(Kabat-Zinn, 1990). 반응은 다음과 같은 특징을 가진다:

- 종종 자동적으로 이루어지며, 깊이 뿌리내린 자연스러운 지각, 이해, 행동 방

식에 의존한다(예: 목이 마르면 물을 찾고, 피곤하면 잠을 자는 것).

- 학습된 행동을 포함한다(예: 자신의 이름을 들으면 소리가 난 방향을 향해 고개를 돌린다).
- 때로는 기능적으로 작용하여 우리가 세상을 헤쳐 나가도록 돕는다.

반응은 또한 역기능적일 수도 있다. 많은 정신 질환은 특정한 반응 패턴으로 특징지어질 수 있다. 예를 들어, 불안에 취약한 사람들은 위협에 대해 과도하게 경계한다. 반응은 기능적이든 역기능적이든, 대개 습관적인 경로를 따르는 경향이 있다. 중요한 점은 반응할 때는 자극과 반응 사이에 틈이 없기 때문에 선택할 여지가 생기지 않는다는 것이다.

대응은 지각, 이해, 행동에 있어 더 유연한 방식을 의미한다. 중요한 것은 자극과 대응 사이에는 공간이 존재한다는 점이다. 이 공간에서 우리는 반응이 전개되는 과정을 관찰할 수 있다. 이 공간 안에서 우리는 유연하고 창의적인 방식으로 대응할 수 있는 가능성을 가지게 된다. 가려움이라는 감각을 느낄 때 긁고 싶은 유혹을 참으며 감각에 차분히 머물 수 있다면, 가려움이 처음에는 더 강하게 느껴지고 긁고자 하는 충동이 점점 더 강렬해지는 것을 알게 된다. 그러나 궁극적으로 우리는 가려움이라는 감각이 변화하는 것을 알아차리게 된다. 가려움은 급격히 몰아쳤다가 잦아들고, 나타났다가 사라진다. 이처럼 겉보기에 사소해 보이는 예시는 결코 사소한 것이 아니다. 이 예시는 모든 경험이 오고 가며, 아무리 강렬한 행동 충동을 동반하더라도 결국 지나간다는 점을 강력하게 보여 준다. 우리는 감각과 모든 경험이 무상함을 깨닫게 된다.

모든 형태의 중독에서는 자극(예: 중독과 관련된 신호)이 강렬한 갈망(예: 중독성 물질을 섭취하고자 하는 욕구)을 유발할 수 있다. 샘의 가려움이 충동을 유발하는 것과 다양한 내부 및 외부 자극이 음주나 약물 사용 욕구를 유발하는 것에는 유사한 점이 있다. 앞서 언급했듯이, 지루할 때 휴대폰을 찾거나 배고프지 않아도 음식을 먹고 싶어지는 충동 또한 비슷하다. 이러한 충동은 행동으로 옮겨질 경우 일시적인 안도감을 주지만, 결과적으로는 괴로움과 고통을 유지시킨다. 중독 치료를 위한 마음챙김 기반 재발 예방 프로그램에서는 참여자들이 갈망의 "파도를 타는" 법을 배운다(Marlatt & Gordon, 1985). 다른 마음챙김 훈련에서도 갈망과 충동을 같은 방식으로 다룬다. 우리는 갈망이 점점 강해지는 것을 보지만, 그 파도를 탈 수 있다면 서핑과 마찬가지로 파도는 결국 부서져 바다로 다시 흩어진다.

샘은 목숨을 잃을 뻔할 정도로 술과 약물을 과도하게 섭취해 거의 죽을 뻔한 시기를 겪었다. 결국 샘은 치료를 위해 재활 센터에 입소하게 되었다. 재활 치료를 마치고 퇴소한 후, 그는 자신의 삶에 끝없이 이어지는 자극들이 있다는 것을 깨달았다. 이는, 사람들(예: 그의 마약 공급자와 가장 친한 친구라고 여겼던 사람들), 장소(예: 그의 집, 공급자의 집, 술을 사던 장소), 그리고 사물(예: 휴대폰) 등이 갈망을 촉발하는 자극이었다. 샘은 "파도를 탄다"라는 비유를 사용해 갈망이 솟구치는 경험을 설명했다. 그는 갈망에 따라 행동하고 싶은 강렬한 충동, 즉 음주와 약물 복용이라는 오래된 반응에 굴복하고 싶은 충동을 느꼈으며, 그 과정에서 공급자에게 문자를 보내는 것과 같은 음주 및 약물 복용을 하기 전의 일련의 반응 과정을 경험했다. 샘은 남다른 용기와 인내심, 치료사, 12단계 프로그램, 12단계 프로그램에서 만난 후원자의 도움을 통해, 갈망이라는 파도를 타면 그것이 아무리 높아져도 결국은 다시 잦아든다는 것을 배웠다. 이러한 다양한 자극과 갈망 사이의 공간이 바로 샘이 중독에서 회복하는 길이었다.

핵심적인 통찰은 우리의 마음이 삶을 이루는 다양한 자극들을 처리하며, 그 자극들에 우리가 반응한다는 점이다. 자극에서 반응으로 이어지는 과정은 자동적이고 빠르게 일어날 수 있다. 우리는 종종 그 과정을 인식하지 못한다. 그러나 알아차림과 이해는 자극과 반응 사이에 공간을 만들어 주며, 그 공간 안에서 우리는 보다 유연하고 창의적이며 능숙하게 대응할 수 있는 선택을 할 수 있게 된다.

## 고통의 두 번째 화살

자극에서 반응으로 이어지는 경로는 하나의 화살표처럼 직선적이다. 이는 신체 감각이나 정신적 상태로 자극을 경험하고 즉각적인 반응을 일으키는 과정을 의미한다. 예를 들어, 뜨거운 것을 만지면 손을 즉시 뗀다. 고통을 마주하면 연민을 보이고, 아름다운 것을 보면 경이로움과 감사하는 기쁨을 느낀다.

마음은 경험을 평가하도록 준비되어 있다. 자극을 자동적으로 즐거움, 불쾌함, 중립적이라고 평가한다(2장과 4장 참조). 우리는 각 경험을 "이래야 한다"는 기대, 과거의 경험, 또는 "마땅히 그래야 한다"고 여기는 기준과 비교하여 평가한다. 이러한 초기 평가(즐거움, 불쾌함, 중립적)와 비교적 평가(기대와 실제의 비교)가 합쳐져 두 번째 화살, 즉 고통을 더하는 요소를 만들어 낸다. 첫 번째 화살은 자동적이며 불가피하게 발생한다. 이는 고통의 괴로움(예: 배고픔, 통증, 추위)이나 기쁨의 기쁨을 의미한다. 그러나 두 번째 화살은 마음이 그 경험에 반응하면서 추가적인

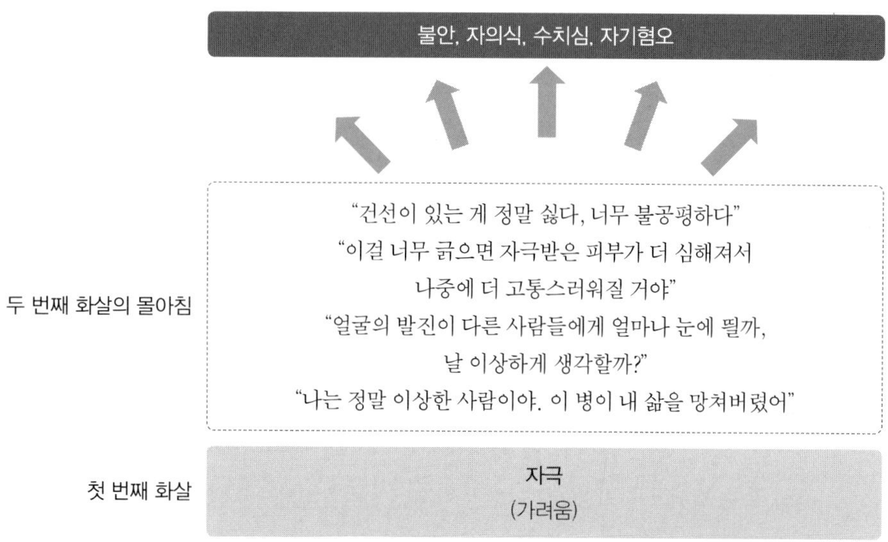


[그림 5-2] 고통의 첫 번째 화살과 두 번째 화살: 샘의 몰아치는 두 번째 화살

괴로움과 고통을 만드는 것이다.

앞서 샘의 건선 사례를 보면, 가려움이라는 감각이 첫 번째 화살이다. 이에 따라 발생하는 부정적인 생각과 긁고 싶은 충동이 두 번째 화살이다([그림 5-2] 참조). 가려움이라는 불쾌함과 그로부터 벗어나고 싶어 하는 강렬한 충동이 두 번째 화살이 발사되는 순간이다. 부정적인 생각은 두 번째 화살로, 가려움이라는 불쾌함에 또 하나의 고통의 층을 더한다.

소피아는 60대 초반에 파킨슨병 진단을 받았고, 떨림으로 고통받고 있다. 이 떨림은 고통의 괴로움, 즉 그녀의 첫 번째 화살에 해당한다. 그녀의 이야기는 떨림에 대한 반응, 즉 몰아치는 두 번째 화살이 어떻게 그녀의 고통을 가중시키는지를 보여 주는 또 다른 사례이다.

소피아가 불쾌한 떨림 증상이 두드러진 힘든 하루를 겪을 때, 두 번째 화살이 연달아 쏘아지기 쉬웠다. 또한 자연스러운 반응으로 소피아는 파킨슨병 진단을 받기 전 건강했던 자신과 현재를 비교했다. 그리고 그녀는 미래를 떠올리며 앞으로 병이 악화되어 많은 도움이 필요해지거나, 요양원에 들어가야 할지도 모른다는 시나리오가 떠오르곤 했다. 이는 소피아에게 두려움을 불러일으켰다. 기분이 더 가라앉을 때는 병이 결국 자신의 삶을 끝낼 수도 있다는 상상을 하게 되었다. 파킨슨병의 증상 중 하나인 무기력감은 그녀를 더욱 깊은 무기력 상태에 빠뜨렸다. 또한 사산된 아이에 대한 기억도 언제나 가까이에서 떠나지 않았다. 과거와 미래에 대한 반추, 무기력함—이것이 소피아에게는 두 번째 화살이 되어, 떨림이라는 고통에 또 다른 고통의 층을 더했다. "이건 마치 고대 전쟁처럼, 수많은 궁수들이 화살을 퍼붓는 것 같아요."

핵심적인 통찰은 경험이 처음 일어날 때(즉, 첫 번째 화살), 신체 감각, 감정, 생각을 알아차릴 수 있다는 점이다. 우리는 이러한 걱정에 대해 단기적으로 안도감을 주는 방식으로 반응할 수 있다. 하지만 이러한 반응 중 일부는 고통을 더한다(두 번째 화살).

## 괴로움과 고통은 어떻게 유지되는가

반응과 몰아치는 두 번째 화살은 어떻게 마음을 괴로움과 고통의 순환에 가두는가? 이를 설명하기 위해 우리는 괴로움과 고통의 무엇과 어떻게를 구분한다. 먼저, 반응에 사로잡힌 마음의 구성 요소—신체 감각, 감정, 생각, 충동(무엇)을 분리해 살펴본다. 그다음 반응을 부추기고 유지 시키는 과정—경험을 평가하고, 즐거운 것을 더 원하며 불쾌한 것을 외면하거나 피하려는 경향(어떻게)을 살펴본다. 또한 맥락이 경험에 얼마나 큰 영향을 미치는지도 고려한다.

### 무엇(what): 신체 감각, 감정, 생각, 행동/충동

우리는 지각, 생각, 감정, 충동이 끊임없이 펼쳐지는 흐름 속에서 세상을 경험한다. 이러한 경험을 그 구성 요소로 나누어 그들 간의 관계를 이해하면 경험을 더 잘 이해할 수 있다. 인지 치료 전문가들은 경험을 여러 필수 요소로 나누는 방법을 개발해 왔다(다섯 가지 요소 모델; Padesky & Mooney, 1990; 2장 참조). 이 요소들은 다음과 같다:

- 신체 감각
- 감정
- 생각, 이미지, 기억, 계획, 공상, 평가
- 행동 충동 및 행동
- 맥락

2장에서 다섯 가지 요소 모델을 설명하며 아는 사람이 인사를 받아주지 않은 상황을 신체 감각, 감정, 생각, 충동으로 해체하는 예시를 제시한 바 있다(Kuyken et al., 2009).[2] 이후 논의하겠지만, 각 순간의 맥락은 우리의 경험을 강하게 좌우한다. 여기서는 다섯 가지 요소 모델 중 네 가지(신체 감각, 감정, 생각, 충동)를 사용해 소피아의 내면의 비판자의 내용을 분석해 보자.

> 소피아의 내면의 비판자는 그녀의 삶 전반에 걸쳐 모든 영역에서 촉발될 수 있었고, 그녀의 인생 전체를 물들였다. 이를 잘 보여 주는 사례는 소피아가 8주 마음챙김 과정을 지도한 후, 후기에 적힌 비판적인 한마디에 반응한 방식이다. 평소처럼 프로그램은 성공적으로 진행되었고, 전체적인 평가도 훌륭했다. 많은 참가자가 과정의 내용과 지도 방식, 그리고 지도자로서의 소피아를 칭찬했다. 그러나 후기 중 하나에는 내용이 너무 단순하다고 적혀 있었다. 해당 참가자는 "나는 이미 다 알고 있는 내용이었다"라고 했다. 그리고 이 평가 한 줄이 소피아의 내면의 비판자를 자극했다. 그 순간, 소피아의 신체 감각으로는 복부에 느껴지는 묵직한 긴장감, 가슴, 어깨, 얼굴 전체에 걸쳐 경직된 듯했고, "속이 울렁거리는" 느낌이 있었다. 감정적으로는 불길함과 두려움이 몰려왔다. 그녀의 머릿속에는 익숙한 생각들이 스쳐 지나갔다. '내 가르침은 충분하지 않다. 누구나 나보다 더 잘할 수 있어…' 때때로 그녀의 의지와 상관없이 떠오르는 기억도 있었다. 그 기억은 30년도 더 전에 고등학교 교생 과정 중 경험했던 일로, 병가를 낸 교사를 대신해 학교에서 가장 다루기 힘든 학급을 맡게 되었다. 그때의 기억 속에서 소피아는 점점 불안해졌고 이런 생각을 떠올렸다. '내가 상황을 통제하지 못하고 있어. 이 상황은 혼란으로 치닫고 말거야' '나는 형편없는 선생님이야' '교장 선생님이 들어와 내가 무너지는 모습을 보고 내가 형편없는 교사라는 걸 알게 될 거야' 이 기억이 머릿속을 맴돌자, 소피아는 강렬한 도피 충동을 느꼈다. 이러한 신체 감각, 감정, 생각, 기억, 충동의 요소가 소피아의 반응을 구성하고 있었다([그림 5-3] 참조).

샘의 중독 사례는 감각, 감정, 생각, 충동을 서로 구분할 수 있다는 점을 보여 준다.

> 재활 치료를 마친 지 얼마 되지 않아 샘은 이전에 마약을 구입하던 공급자의 집 앞

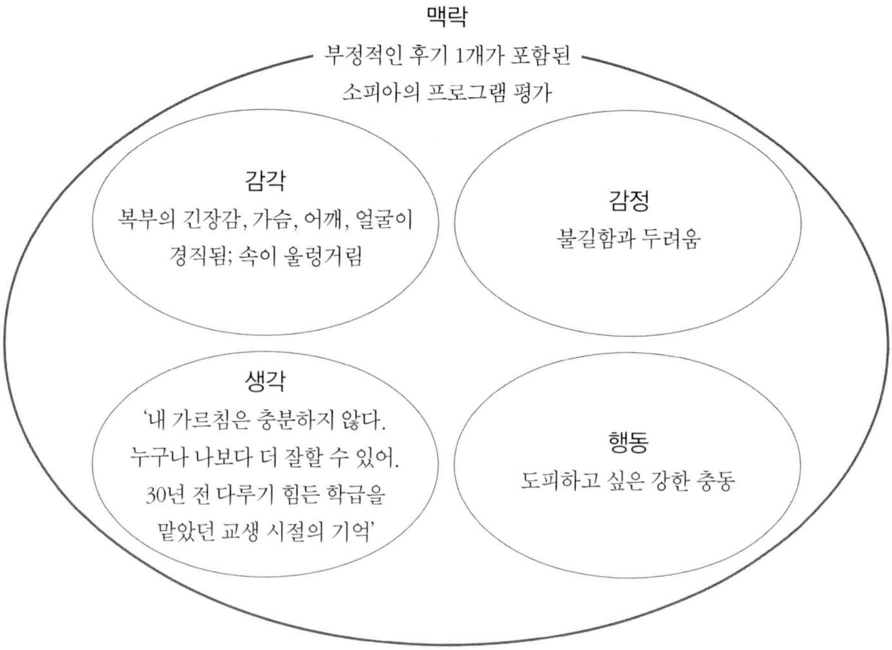


[그림 5-3] 다섯 가지 요소 모델: 소피아의 내면의 비판자는 부정적인 프로그램 후기에 의해서 활성화됨

을 차로 지나쳤다([그림 5-4] 참조). 그 집을 보는 순간, 갈망을 일으키는 자극이 되었다. 이 모델을 사용하면 그 순간을 신체적 초조함(감각), 흥분과 불안(감정), 관련된 생각 ('그에게 문자 하나 보내는 건 별일도 아니야' '왜 이 길로 왔을까?'), 행동 충동(문자를 보내고 싶은 충동)으로 나눌 수 있다.

중독은 진단 가능한 약물 남용 장애를 가진 사람들에게만 해당되는 것이 아니라, 연속선상에 있는 현상이다. 예를 들어, 우리가 지루함(감정)을 느끼며 '누가 문자를 보냈거나, 소셜 미디어에 뭐가 올라왔을까?'라는 생각을 하며 휴대폰을 집어 드는 순간(행동)을 스스로 분석할 수 있다. 이러한 감각, 감정, 생각, 충동의 연결고리를 알아차리면, 지루함과 관련된 불쾌한 감각에서 벗어나고자 하는 행동 충동도 더 잘 알아차릴 수 있게 된다.

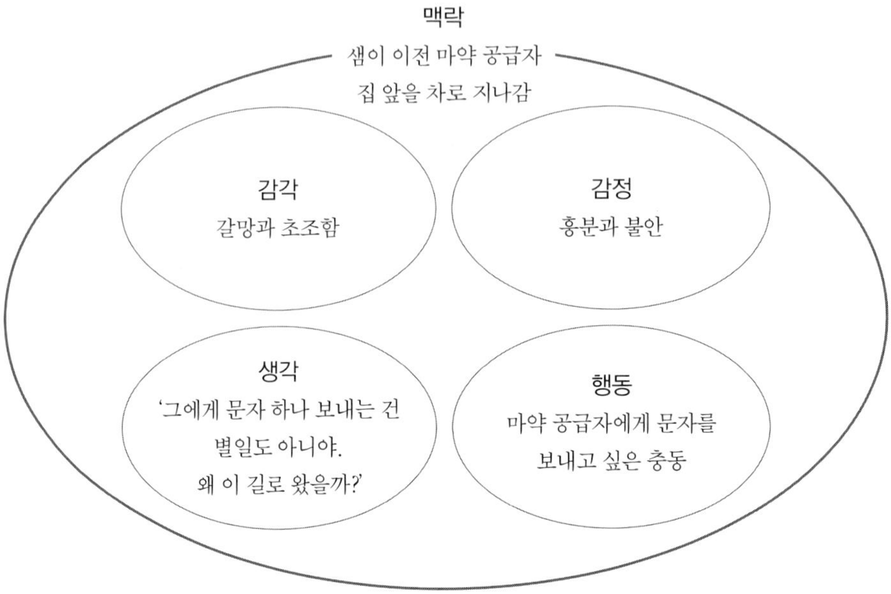


[그림 5-4] 다섯 가지 요소 모델: 샘이 이전 마약 공급자 집 앞을 차로 지나감

이 모델은 마음챙김 기반 프로그램에서 특정 순간의 마음 상태인, 무엇(what)을 분석하는 데 사용할 수 있다. 이 모델은 지루할 때 휴대폰을 집어 드는 일상적인 상황에도, 샘처럼 중독에서 회복 중인 사람이 재발의 위험에 처한 순간에도 똑같이 적용할 수 있다. 또한 괴로움의 순간뿐 아니라 친구와의 대화 같은 즐거운 순간이나, 일이 잘 풀려서 보람을 느끼는 순간에도 적용할 수 있다.

> 핵심적인 통찰은 우리의 경험을 신체 감각, 감정, 생각, 행동으로 세분화할 수 있다는 점이다.

## 방법(How): 현재 상태와 다른 것을 원하기(갈망)

마음이 어떻게 반응의 고리에 갇히게 되는지를 이해하기 위해서는 경험이 전개되는 과정뿐 아니라 그 과정을 이끄는 원동력을 이해해야 한다. 경험이 전개되는

동안 우리는 다음과 같은 과정을 거치게 된다:

- 경험을 즐거움, 불쾌함, 중립적이라고 분류한다.
- 경험을 평가하고 이를 확대해서 해석한다.
- 갈망 및 불일치 모니터링을 한다.

### 분류하기

마음은 끊임없이 경험을 모니터링하며 이를 즐거움, 불쾌함, 중립적으로 분류한다. 이는 모든 경험이 전개되는 초기 단계에 해당한다. 이 과정은 대부분 무의식적으로 이루어지며, 우리의 의식에 도달하지 않는 경우가 많다(2장과 4장 참조). 그러나 주의를 기울이면 우리가 경험을 즐거움, 불쾌함, 중립적으로 분류하는 순간을 포착할 수 있다. 예를 들어, 사랑하는 이의 미소, 맛있는 음식의 맛, 성취의 순간, 아름다운 물건은 즐거움으로 분류된다. 가려움, 타는 듯한 통증, 썩은 음식 냄새는 불쾌함으로 분류된다. 정상적인 조건에서는, 바닥과 접촉한 신체 감각, 주변 온도, 배경 소음은 중립적으로 느껴진다. 우리의 의식에 떠오를 가능성이 있는 수많은 자극을 분류하는 과정은 대부분 자동적으로 이루어지며, 우리는 이를 인식하지 못한다. 어느 순간이든 수많은 감각이 전개되고 있지만, 모든 감각에 주의를 기울이는 것은 불가능할 뿐만 아니라 유용하지도 않다. 우리의 경험 중 단지 일부만이 의식에 떠오르며, 그 대부분은 즐겁거나 불쾌한 것으로 분류된 경험들이다.

### 평가 및 확대 해석하기

경험의 두 번째 과정은 어떤 경험이 의식에 들어왔을 때 이를 평가하고 확대하여 해석하는 단계이다. 이 과정에서 우리는 종종 판단을 내린 후, 그 상황을 바꾸거나 해결하려는 시도를 한다. 우리는 스스로에게 "이건 불쾌해, 바꾸고 싶은데, 어떻게 벗어날 수 있지?, 어떻게 해결할 수 있을까?" 또는 "이건 즐거워, 마음에 들어, 어떻게 이 상태를 유지할 수 있을까, 더 많이 가질 수는 없을까?"라고 말할 수도 있다.

경험, 평가, 확대 해석으로 이어지는 이 연결 고리에서 우리는 삶을 경험적으로 마주하기보다는 개념적으로 다루려는 경향을 보인다. 우리는 지나치게 생각에 몰두하고, 과거를 되새기며, 미래를 걱정하고, 자신의 경험을 다른 사람들의 경험과 비교하기도 한다. 이러한 비교는 상향 비교(더 나은 것과의 비교)와 하향 비교(더 못한 것과의 비교)를 포함한다. 결국 이러한 과정은 현재의 경험과 단절되게 만든다.

왜 평가와 확대 해석 과정이 고통을 만드는가? 이 과정을 이해하려면 (1) 무엇이 평가를 유발하는지와 (2) 맥락이 우리의 경험에 얼마나 강력하게 영향을 미치는지를 더 깊이 살펴보아야 한다.

### 갈망 및 불일치 모니터링

갈망에는 세 가지 주요한 상호 연관된 유형이 있다—이 모두는 우리로 하여금 현재의 순간을 벗어나 경험에 의미를 덧붙이게 만든다. 이 갈망들은 현재 상태와 우리가 생각하는 이상적인 상태 사이의 불일치에서 비롯된다. 갈망은 우리의 삶을 직접적인 경험과 유연한 대응에서 멀어지게 한다. 실제의 욕구와 달리, 갈망은 거의 만족되지 않는다.

- 첫 번째 유형의 갈망은 감각적 즐거움에 대한 갈망이다. 이는 기분 좋고 즐거운 경험을 하고 싶어 하는 욕구를 의미한다. 이는 우리가 삶의 불쾌하고 어려운 것들로부터 스스로를 보호하기 위해 끊임없이 행동하도록 만드는 주요 원인이다. 이 갈망은 우리가 불편함과 위협을 견디지 못할 것이라는 인식에서 비롯된다. 대신, 우리는 외부에서 행복을 가져다줄 무언가를 찾아 나서며, 스스로에게 안녕감을 가져갈 수 없다는 생각에 사로잡힌다. 하지만 감각적 즐거움에 대한 갈망은 삶의 아름다움을 진심으로 소중히 여기고 기뻐하는 진정한 행복과 혼동해서는 안 된다.

  한편, 감각적 즐거움에 대한 욕구는 어느 정도 인간적으로 당연한 것처럼 보인다. 기분이 좋기를 바라는 것은 인간의 자연스러운 본능이다. 그러나 이러한 갈망은 불편함을 피하기 위해 끝없이 방법을 찾는 초조한 행동으로 가득 찬 삶으로 이끌 수 있다. 우리는 불쾌한 경험을 해결하려는 집착이, 불편한 경험에 편안하게 머물 능력이 없다는 믿음을 계속해서 강화한다는 사실을 깨닫지 못할 때가 많다. 불편함을 습관적으로 회피하면, 우리는 결국 삶이 가져오는 불가피한 불편함을 막으려는 불가능한 과제에 몰두하며 스스로를 불안한 삶을 살게 만든다. 샘의 경우, 이러한 전략에는 자신이 좋아하는 웹사이트를 방문해 몇 시간 동안 무의미하게 링크를 클릭하며 시간을 보내는 것도 포함되었다. 이러한 활동 자체가 문제인 것은 아니다. 이러한 활동들은 그 자체로는 즐거운 경험일 수 있다. 문제는 샘이 이 활동을 불편함을 무감각하게 만드는 전략으로 사용했다는 점이었다.

- 두 번째 유형의 갈망은 우리가 자신이 되어야 한다고 믿는 사람이 되고자 하는 것이다. 현재의 자신이 아닌 다른 사람이 되려는 끊임없는 욕구는 우리의 안녕감, 건강, 그리고 깨어 있고 의미 있는 삶을 살 수 있는 능력을 방해한다. 이러한 갈망은 불만과 괴로움을 줄이기는커녕, 우리 자신과 현재의 순간을 온전히 받아들이지 못하게 만든다. 우리 대부분은 존경받고, 사랑받고, 성공하며, 칭찬받는 사람이 되고 싶어 한다. 또한 즐거운 경험만을 하고, 병들거나 나이를 먹지 않으며, 자녀가 성공하고, 휴가가 항상 완벽하며, 삶을 완벽히 통제하는 사람이 되기를 원한다. 이러한 욕구는 우리로 하여금 미래를 향한 희망과 갈망, 계획을 세우는 데 마음을 기울이게 만든다. 현재의 순간은 충분하지 않다고 여겨지며, 단지 완벽한 미래를 기다리는 대기실인 것처럼 여겨진다. 동시에 우리는 스스로를 충분하지 않거나 실패자, 혹은 가치 없는 사람으로 본다. 이는 소피아의 내면의 비판자에 잘 들어맞는다. 자신이 충분하지 않다는 생각이 그녀가 지도하는 프로그램에서 성취감이나 기쁨을 누리는 것을 방해했다. 소피아는 긍정적인 후기에 기뻐하기는커녕, 부정적인 한마디가 내면의 비판자를 촉발해 완벽한 지도자가 되고자 하는 이상적인 자아상을 위협하며 자기비판의 화살(두 번째 화살)을 쏟아내게 했다. 당연히도, 우리가 열망하는 완벽한 이상적 자아는 언제나 손에 닿지 않는다.

- 세 번째 유형의 갈망은 경험을 회피하고, 차단하고, 심지어 없애려는 갈망이다. 우리는 실패하거나, 이루지 못할 것을 끊임없이 쫓거나, 외롭고, 투명인간처럼 느껴지는 사람이 되기를 원하지 않는다. 또한 병에 걸리거나, 고통을 겪거나, 원하지 않는 생각과 감정을 느끼는 사람이 되고 싶지도 않다. 또한 자녀가 문제를 겪고, 야망이 좌절되며, 계획이 무산되는 삶을 살고 싶지 않다. 우리는 삶을 고치기 위해 바쁘게 움직이며, 받아들일 수 없는 것들을 없애려고 한다. 이 과정에서 스스로를 비난하고 책망하며, 절망하거나 무감각해지기도 한다. 소피아의 경우, 다루기 어려운 학생들 앞에서 얼어붙어 버린 선생님이라는 두려운 이미지를 필사적으로 피하려 했고, 이는 그녀가 모든 것을 포기하고 싶다는 충동을 불러일으켰다. 20대 시절, 불안감이 우울증으로 변해 한동안 직장을 쉬며 집에 머물렀을 때, 소피아는 정신적 · 감정적으로 고립되어 있었다.

  경험을 없애려는 가장 극단적인 형태는 자살이다.

모하메드는 대학 시절 미식축구 경기 중 몇 개의 척추뼈가 부러지는 큰 부상을 입으면서 고통과의 싸움을 시작하게 되었다. 그 후로 통증이 느껴질 때마다 '그때 그렇게 어설프게 태클을 하지 않았더라면, 너무 공격적으로 플레이하지 않았더라면, 부상을 당하기 전에 누군가 경고해 주었더라면'이라는 반추적인 생각이 몰려왔다. 그는 자신을 탓하고, 부딪혔던 상대 선수, 그리고 삶의 불공평함을 원망했다. 모하메드는 견딜 수 없는 통증으로 가득한 미래만을 상상했고, 통증을 증오하며 모든 것을 끝내고 싶어 했다. 실제로 그는 통증과 함께 살아야 할 미래를 상상할 때 차라리 죽는 것이 낫지 않을까라고 생각했다. 그는 "통증을 증오하지" 않게 되기까지 오랜 시간이 걸렸다라고 말했다. 그의 회복을 위한 움직임은 자책을 하지 않게 된 순간부터 시작되었다.

## 맥락

어느 순간이든 맥락은 우리의 경험에 강력한 영향을 미친다(3장 참조). 여기에는 주의 집중을 요구하는 다른 요소들, 직전에 일어난 사건, 평생을 살아오며 배운 것들, 기질, 현재의 정신적 · 감정적 상태, 더 넓은 사회적 · 문화적 맥락, 진화 과정에서 형성된 학습이 포함된다. 이러한 모든 요소는 마음의 무엇과 어떻게에 영향을 미친다(Sapolsky, 2017).[3] 샘의 경우, 중독이 활발했던 초기 시절에는 마약 공급자의 집을 지나가는 자극이 마치 필연적인 것처럼 약물을 찾게 만드는 행동으로 이어졌다. 그러나 회복 중일 때, 특히 감정적 · 신체적으로 자신을 잘 돌보고 있을 때는 같은 자극이 다른 대응을 이끌어 냈다. 이는 그의 정신적 상태와 삶의 단계가 바뀌었기 때문이다. 링은 "피곤할 때나 특정 시기에는 작은 일에도 쉽게 흔들릴 수 있다"고 설명한다. 소피아에게도 프로그램 후기에 적힌 비판적인 의견의 맥락은 중요하다. "내가 이미 다 아는 내용이었다"라는 말은 누가, 어떤 의도로 말하느냐에 따라 의미가 달라질 수 있다. 소피아가 행복하고 안정감을 느낄 때라면, 이런 후기를 대수롭지 않게 넘길 수 있을 것이다. 그러나 지치고 기운이 없을 때는 더 큰 타격을 받을 수 있다. 또한 많은 후기들 중 부정적인 평가가 첫 번째에 있는지 마지막에 있는지도 경험에 변화를 준다. 만약 마지막에 있다면, 그 전에 있던 긍정적인 평가들과 비교되는 맥락 속에서 이를 경험하게 된다.

개념과 단어의 선택 또한 우리의 경험을 강하게 형성한다. 우리가 말로 경험을 묘사하는 순간, 그 경험은 특정한 형태로 만들어진다. 개념과 단어의 선택은 강력하다. 마음은 의미와 완전함을 추구하며, 경험을 깔끔하게 포장하려는 경향이 있다. 모하메드에게 **만성 통증**이라는 단어는 고통의 소용돌이와 같았다. 그 단어는 그의 부상과 수년간의 장애, 투쟁, 괴로움을 응축한 것이었다. 또한 그의 정체성과도 연결되어 있었다: "만성 통증이 나 자신이다. 그것이 나를 규정하고 내가 무엇을 할 수 없는지를 정한다." 이 책에 등장하는 각 사례 속 인물들은 저마다 고통을 뒷받침하는 유사한 구조를 가지고 있다—링에게는 **사랑받지 못할 존재**라는 생각, 소피아에게는 **내면의 비판자**, 샘에게는 **공허함과 단절감**. 그러나 이러한 것들은 개념일 뿐이며, 자세히 들여다보면 인위적으로 만들어진 것이다. 이는 우리가 고통에서 벗어나 번영으로 향하는 경로를 탐색할 때 돌아보게 될 중요한 부분이다.

마지막으로, 모든 순간은 사회적 · 문화적 맥락 속에서 전개된다. 약 2,500년 전, 붓다가 살았던 시기의 누군가가 겪었던 아픔과 고통을 생각해 보자. 당시 평균 수명은 오늘날 선진국의 기대 수명에 비해 절반에 불과했다. 대부분의 사람에게는 주거, 음식, 안전과 같은 기본적인 것이 최우선 과제였다. 오늘날 우리는 전 세계적으로 더 큰 안전과 안녕감을 향한 긍정적인 변화를 보이고 있지만(Pinker, 2011), 여전히 많은 사람들이 생존, 안전, 불공평, 차별이 삶의 주된 과제인 어려운 환경 속에 살아가고 있다. 이러한 삶의 맥락에 의해 형성된 필연적인 관심사는 우리의 마음과 우선순위를 형성할 수밖에 없다. 인간의 마음은 지난 몇천 년 동안 크게 진화하지 않았다. 사회적 · 문화적 집단에 걸쳐 마음의 구조와 기능은 차이점보다 공통점이 훨씬 더 많다. 그러나 안전이 끊임없이 위협받거나, 물, 음식, 주거와 같은 기본적인 필요를 채우기 위해 고군분투하는 사람은, 당연하게도 이러한 주제에 몰두할 수밖에 없다. 예를 들어, 우리가 연기 냄새를 맡고 불이 났다고 생각한다면 즉시 안전을 확보하는 것이 합리적이다. 개인의 맥락과 삶에서 학습한 것들은 마음챙김 지도자가 반드시 고려해야 할 중요한 요소이다.

> 핵심적인 통찰은 우리가 모든 경험을 자동적으로 즐거움, 불쾌함, 중립적으로 분류한다는 점이다. 이러한 분류는 우리가 경험에 반응하고 이에 덧붙여 확대 해석하는 기본 틀이 된다. 우리는 현재 상태와 마땅히 그래야 한다고 생각하는 상태 사이의 불일치를 쉽게 인식한다. 이러한 평가적 해석을 이끄는 원동력은 갈망이다—즐거움을 위한 갈망, 우리가 되어야 한다고 믿는 사람이 되려는 갈망, 때로는 모든 것을 잊고 무감각해지려는 갈망이다.

## 악순환의 꽃

심리적 고통과 괴로움이 어떻게 만들어지고 유지되는지를 설명하는 데 유용한 비유는 "악순환의 꽃(vicious flower)"이다(Salkovskis, Warwick, & Deale, 2003). 이 비유는 시간이 지나면서 그리고 다양한 상황에서 반복적으로 나타나는 문제들을 설명하는 데 특히 도움이 된다. 이는 우리가 불쾌한 경험을 해결하려는 시도가 마치 꽃잎처럼 반복적인 반응의 패턴을 형성하여 의도치 않게 어려움을 유지하고 악화시킨다는 과정을 설명한다([그림 5-5]와 [그림 5-6] 참조). 우리는 악순환의 꽃 비유를 각 단계별로 설명한다.

1. 악순환의 꽃의 중심은 알아차림에 이르는 경험이다. 일반적으로, 이 과정은 인식된 경험이 익숙한 패턴으로 이어지며, 각각 인지할 수 있는 요소들로 구성된다. 이는 신체 감각, 감정, 생각, 충동/행동이라는 요소들로 이루어지며, 과거의 학습을 통해 형성된 연결 고리를 가진다. 앞서 소피아의 사례에서 본 것처럼, 실제 또는 인지된 비판이라는 자극은 그녀의 내면의 비판자라는 인위적인 구조, 즉, 감각, 감정, 생각, 충동의 첫 단계로 빠르게 이어진다.
2. 불일치 모니터링은 우리의 경험을 "그렇게 되어야 한다" 또는 "그렇게 되었으면 한다"는 기준을 가지고 끊임없이 평가한다. 경험이 의식에 들어오는 과정의 초기 단계에서, 마음은 이를 즐거움, 불쾌함, 중립적이라고 평가한다. 경험이 불쾌하다고 판단되면, 불일치 모니터링이 활성화된다—2장에서 설명했던 "판단하는 마음"이다. 우리의 불일치 모니터링은 현재의 상황과 이상적으로 생각하는 상태 사이의 차이를 평가하는 데 매우 정교하게 작동하며, 이는 갈망에 의해 움직인다. 불쾌한 감각, 감정, 생각은 견디기 어렵기 때문에, 우리는 당연히 이를 없애고 싶어 한다—우리는 기분이 좋기를 바라며, 자신이 생각하는 이상적인 사람이 되기를 원한다. 소피아의 경우, '나는 좋은 지도자가 아니야'라는 생각과 30년 전 수업을 통제하지 못했던 학급의 생생한 기억은 견디기 어려운 것이었으며, 불쾌한 감정과 신체 감각을 동반했다. 그녀는 이상적인 지도자에 대한 이상화된 관점을 가지고 있었으며, 현재의 자신과 그 이상적인 모습 사이의 간극은 악순환의 꽃을 발전시키는 다음 단계로 이어졌다.
3. 문제를 해결하거나 회피하려는 전략을 세운다. 현재 상태와 우리가 생각하는 이상적인 상태 사이의 간격을 메우기 위해, 우리는 문제를 해결하거나 회피하

려는 전략을 세우기 시작한다. 이러한 전략은 나름의 이유가 있다—왜냐하면 단기적으로 고통을 완화시키는 데 효과적일 때가 많기 때문이다. 이러한 전략은 크게 확장 해석(예: 반추, 걱정, 집착, 자신과의 논쟁, 문제를 해결하려는 시도에 갇힘)과 회피(예: 타인 탓하기, 주의를 다른 곳으로 가져가기, 안전 행동, 확인받고자 하는 행동, 음식, 술, TV, 컴퓨터 사용으로 무감각해지기)로 나뉜다. 때로는 이러한 전략이 반응적이고 회피적인 것이라 할지라도 유용할 수 있다. 이는 보호적 마음챙김—즉, 파괴적인 생각과 충동을 인식하고 스스로를 보호하려는 마음의 행동—의 일부일 수 있다. 이러한 전략은 심리적 및 신체적으로, 그리고 삶의 도전 과제를 다루기 위해 행하는 이해할 수 있는 방식이다. 소피아의 전략은 [그림 5-6]에 나와 있으며, 여기에는 광범위한 반추, 다음번에는 완벽하게 해내기 위해 과도하게 준비하기, 그리고 모든 노력이 실패했을 때는 인터넷 서핑, 위로를 위한 폭식, 과도한 수면 등이 포함되어 있다.

4. **이러한 전략들은 의도치 않게 문제를 악화시키고 지속시키는 방향으로 되돌아올 수 있다.** 아이러니하게도, 문제를 해결하고 자신을 보호하려는 반응적 전략이 오히려 문제를 악화시키고 장기적으로는 문제를 유지하게 만들 수 있다. 이는 이러한 전략들이 문제의 근본 원인을 해결하지 않으며, 단기적인 안도감이 해당 행동을 강화시키기 때문이다—즉, 우리는 그 전략이 단기적으로 효과가 있다는 것을 학습하게 되면서 반복적으로 사용하게 된다. 이러한 전략은 우리를 반응의 굴레에 얽매이게 한다. 소피아의 경우, 프로그램을 가르치기 위해 과도하게 준비하는 것은 그녀가 훌륭한 지도자가 되는 데 일조했지만, 동시에 내면의 비판자를 강화시켰다. 이는 "내가 정말 잘 준비하면, 내가 좋은 지도자가 아니라는 사실이 드러나지 않을 것이다"라는 비합리적인 조건적 가정이 그 바탕에 있었다. 이러한 조건적 가정 아래에는 부족함과 무가치함에 대한 핵심 신념이 자리 잡고 있어, 이에 대해 쉽게 반박하거나 재구성할 수 없는 것이다. 회피, 과도한 수면, 위로를 위한 폭식은 단기적으로는 안도감을 주지만, 문제는 여전히 마음의 한편에 남아 있다. 이를 "악순환의 꽃"

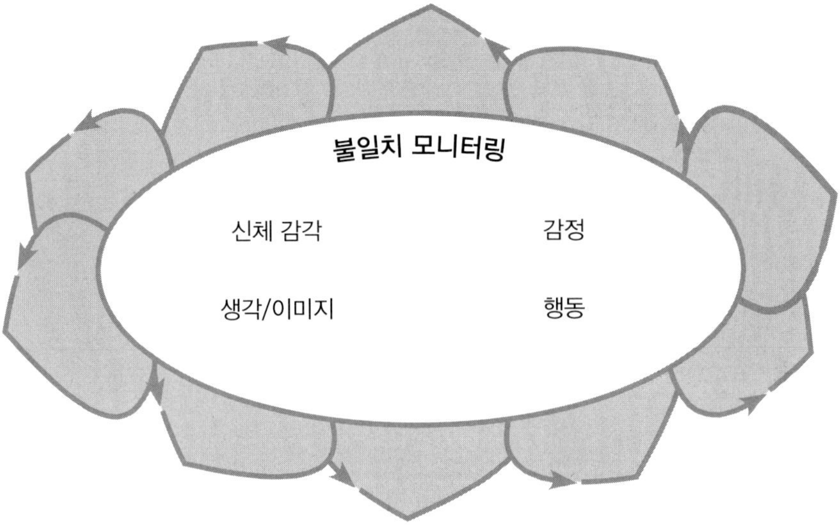


[그림 5-5] 악순환의 꽃: 괴로움과 고통이 어떻게 유지되고 지속되는가

이라고 부르는 이유는, 이러한 전략들이 다시 그 문제로 되돌아와 꽃잎처럼 문제를 둘러싼 패턴을 형성하기 때문이다.

악순환의 꽃 비유는 처음에는 인지 치료에서 건강에 대한 염려가 어떻게 유지되는지를 설명하기 위해 개발되었다(Salkovskis et al., 2003). 임상 심리학자 멜라니 페넬은 이를 자살 사고 및 행동에 취약한 사람들을 위한 마음챙김 프로그램에서 사용했다(Williams, Crane, et al., 2014). 그러나 이 비유는 휴대폰을 과도하게 사용하는 것, 인터넷 서핑에 몰두하는 것, 상황이 어려워지면 바로 이직하는 것, 배우자나 자녀를 비난하거나 비판하는 등 반복되는 관계 패턴에 갇히는 것, 미루는 습관으로 인해 계속 스스로를 방해하는 것, 다이어트의 요요 현상과 같은 건강하지 못한 생활 습관 등 되풀이되는 문제를 설명하는 데에도 똑같이 적용할 수 있다.

소피아의 사례를 다시 요약해 보자. 비판이 남긴 즉각적인 흔적이 꽃의 중심이며, 이는 빠르게 익숙한 감각, 감정, 생각, 충동으로 형성된다([그림 5-6]의 꽃의 중심 참조). 소피아에게 비판은 현재 스스로가 지각하는 자아(부족하고 가치 없는 사람)와 이상적인 자아상 사이에 큰 불일치를 촉발시켰다. 소피아의 내면의 비판자가 활성화되면, 그녀의 해결 지향적인 마음은 반추적 사고로 반응했다(예: "가르치는 일을 그만둬야겠어. 너무 힘들고 나는 잘하지 못해. 누구나 나보다 더 잘할 수 있어. 나는 왜 이렇게 형편없는 걸까?"). 그녀는 기분을 나아지게 하기 위해 노력하다가(예: 인터넷에 몰두하기), 결국에는 아무도 자신을 비판할 수 없을 정도로 완벽한 수준의 프로그램을 준비하려고 결심했다([그림 5-6]의 꽃잎 참조). 이러한 모든 행동은 일시적인 안도감을 주었지만, 내면의 비판자의 뿌리인 부족함과 무가치함에 대한 근본적인 문제를 해결하지는 못했다. 오히려, 부정적인 자기 대화와 과도한 준비는 항상 잘해야만 가치가 있다는 믿음을 강화할 뿐이었다.

악순환의 꽃 비유는 1~4장까지 다룬 심리 과학적, 불교 심리학적 개념들을 담을 수 있다.

1. 꽃의 중심은 자극, 꽃잎은 반응을 의미한다.
2. 꽃의 중심은 경험을 있는 그대로 보고, 실제 삶의 경험에 가까운 방식으로 이를 구분하고 구체적으로 묘사할 수 있는 공간이다.[4]
3. 꽃의 중심은 첫 번째 화살, 꽃잎은 두 번째 화살이다.
4. 꽃의 중심에서 경험이 즐겁다거나 불쾌하다고 분류되는 순간, 반응의 사슬이 시작된다.
5. 평가적 해석 과정이 꽃잎을 생성하는 원동력이 된다.
6. 갈망(부정, 집착, 혐오)은 불일치 모니터링의 지속적인 판단을 뒷받침하며, 우리는 더 나은 기분을 느끼기 위해 괴로움을 피하려 한다.
7. 꽃의 중심은 존재와 앎의 개념적 모드와 경험적 모드, 모두가 될 수 있지만, 개념적 모드일수록 불일치와 꽃잎을 더 쉽게 유발한다. 경험적으로 경험을 알아차리면 불쾌함이 여전히 있을 수는 있지만, 문제를 개념적으로 해결하려는 시도로 반응의 사슬이 전개될 가능성은 줄어든다.

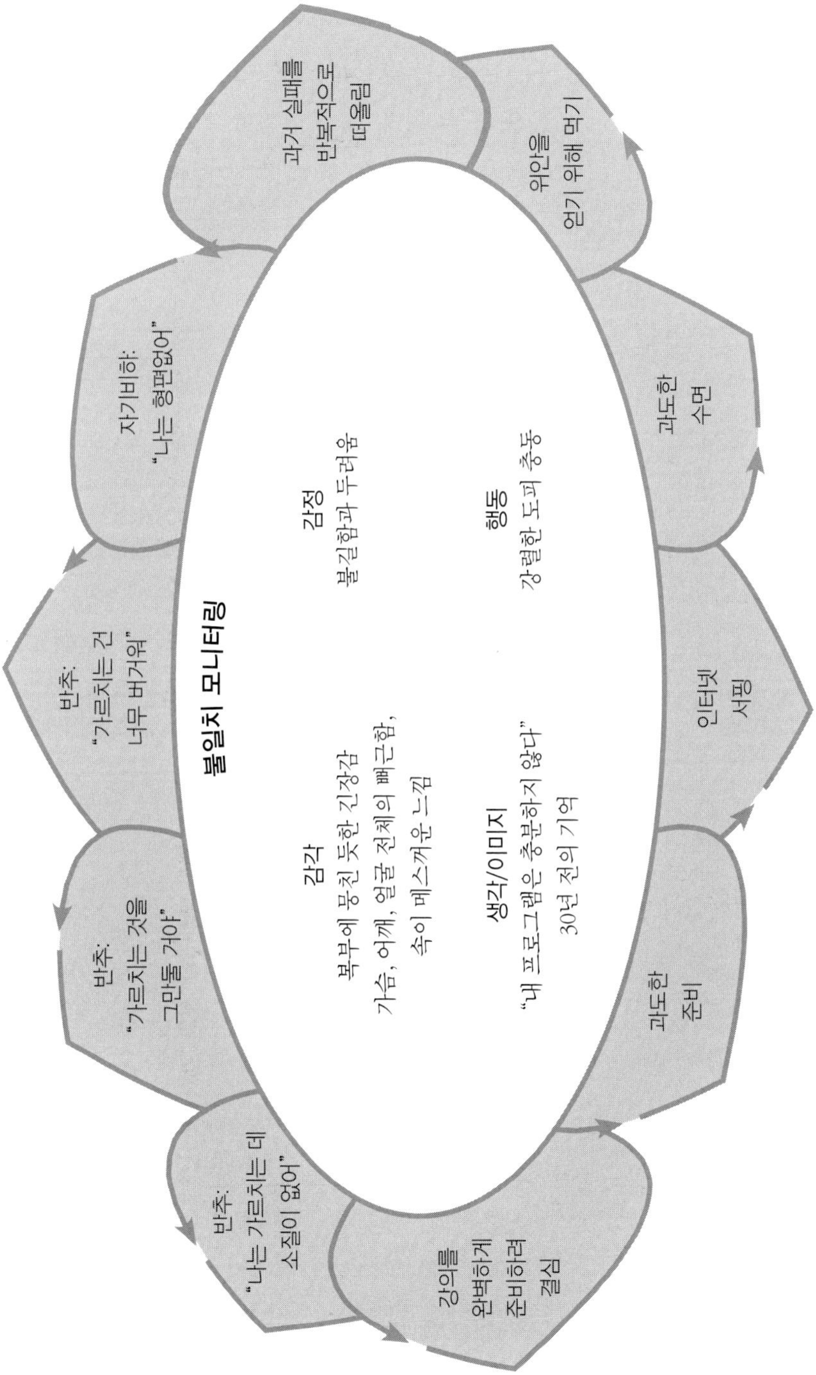


[그림 5-6] 악순환의 꽃: 소피아의 내면의 비판

8. 악순환의 꽃은 마음챙김의 정의 중 일부를 통해 설명될 수 있다. 단순한 앎은 악순환의 꽃의 내용과 과정을 한 걸음 물러서서 보는 것을 의미하며, 이는 악순환을 깨뜨리는 데 큰 도움을 줄 수 있다. 꽃의 요소들 중 일부는 보호적 알아차림을 포함하며, 이는 마음이 정신적 · 신체적 고통으로부터 자신을 보호하려는 시도를 담고 있다. 다만, 이러한 시도가 종종 잘못된 방향으로 나아가게 된다.
9. 이 비유는 어떠한 경험이 일어나고 악순환의 꽃으로 형성되는 맥락을 포함하도록 확장될 수 있다. 이 맥락은 가까운 요인(근접 맥락)과 먼 요인(원거리 맥락)으로 나눌 수 있다. 근접 맥락은 현재의 기분 상태(행복, 슬픔, 짜증)가 한 순간의 경험과 평가 방식에 영향을 미친다. 이는 식물이 꽃을 피우는 데 필요한 날씨 조건과 같다. 원거리 맥락은 우리의 인생에서 배워온 것, 유전적 소인, 그리고 우리 종 전체의 진화적 역사를 포함한다. 예를 들어, 오랜 신념과 습관은 특정한 반복적 반응 패턴으로 이어지는 경향을 만든다. 이 비유에서 핵심 신념, 조건부 가정, 학습된 반응 방식은 악순환의 꽃의 뿌리와 줄기로 비유될 수 있다.
10. 마지막으로, 이 비유는 여러 방식으로 변화를 설명하는 데 사용될 수 있다. 첫째, 악순환의 꽃은 발달의 각 단계에서 중단할 수 있다. 사슬의 고리처럼, 어느 고리에서든 끊을 수 있다. 둘째, 꽃은 햇빛, 토양, 물과 같은 다양한 조건을 필요로 한다—이러한 조건이 없다면 꽃을 피우지 못한다. 마찬가지로, 이러한 뒷받침이 되는 조건(예: 경험을 판단하거나 불쾌한 감정을 해결하려는 전략)을 제거함으로써 악순환의 꽃이 피지 못하게 할 수도 있다. 마지막으로, 이 비유는 자비, 기쁨, 건전한 마음 상태와 행동을 키우는 데도 동일하게 적용될 수 있다. 변화와 번영이라는 이 주제는 책의 나머지 부분에서 다루어진다.

악순환의 꽃 비유에서 얻을 수 있는 핵심적인 통찰은 우리 모두가 본질적으로 이해 가능한, 때로는 보호적인 반응적 대처 방식을 사용한다는 점이다. 그러나 이를 검토해 보면, 이러한 대처 전략이 종종 문제를 유지하거나 때로는 문제를 악화시키기도 한다는 것을 알게 된다.

## 개요

이 장에서는 책의 서두에서 제기했던 질문으로 돌아갔다: 무엇이 괴로움과 고통을 일으키고 유지시키는가? 어떻게 이론을 사용하여 마음의 지도를 그릴 수 있는가? 우리는 심리 과학적 연구와 불교 심리학에서 발전된 가설들을 바탕으로 괴로움과 고통에 사로잡힌 마음의 윤곽을 제시했다. 이 장은 여러 핵심 개념을 종합하는 중요한 역할을 한다.

1. 첫째, 마음은 적어도 어느 정도는 이해되고 설명될 수 있으며, 이는 우리에게 도움을 준다.
2. 우리는 대부분의 시간을 우리의 삶을 구성하는 다양한 자극으로 매우 자동적이고 빠르게 처리한다. 때때로 우리는 스스로의 반응을 알아차리지 못한다. 알아차림과 이해는 자극과 반응 사이의 공간을 열어주며, 그 공간에서 우리는 보다 유연하고 창의적이며 능숙하게 대응할 선택을 할 수 있게 된다.
3. 자극에서 반응으로 이어지는 직접적인 경로는 하나의 화살표와 같아서, 우리는 자극을 신체 감각이나 정신적 상태로 경험하며, 이는 즉각적인 반응을 유발한다. 우리는 이러한 문제들에 대해 납득할 수 있는 방식으로 반응한다—이러한 방식은 우리에게 도움이 되며, 단기적으로 고통과 괴로움에서 벗어나게 해 줄 수 있다. 그러나 이러한 반응 중 일부는 고통을 가중시키며, 이는 고통의 두 번째 화살로 설명될 수 있다.
4. 괴로움과 고통이 유지되고 악화되는 방식은 "무엇"과 "어떻게"로 나눌 수 있다. 무엇은 경험을 감각, 감정, 생각, 행동으로 분해하는 것을 말한다. 어떻게는 경험을 분류하고(즐거움, 불쾌함, 중립적), 맥락에 영향을 받아 확대해서 해석하는 과정을 의미한다. 이는 즐거움에 대한 갈망, 이상적인 자신과 삶에

대한 갈망, 때로는 모든 것을 잊고 싶어 하는 욕구에 의해 작동된다. 반응은 경험을 있는 그대로 인식하고 허용하지 못하는 데서 비롯되며, 이는 어떤 순간에서도 도전적인 경험을 마주하는 능력을 충분히 발휘하지 못한 상황에서 비롯된다.

5. 악순환의 꽃 비유는 괴로움과 고통이 어떻게 유지되는지를 설명하는 데 있어 겉보기에 단순하지만 효과적인 방법이다. 우리 모두는 본질적으로 이해 가능한 반응적 대처 방식을 사용하지만, 이러한 방식이 문제를 악화시키고 유지할 수도 있다.
6. 신체 건강과 정신 건강은 괴로움이 우리의 마음속에서 어떻게 만들어지고 재생성되는지 이해하는 데서 시작된다. 이러한 과정을 볼 수 있고 변화시킬 수 있다면, 우리는 새로운 방식으로 대응할 수 있게 된다.

다음 세 장에서는 이 지도를 바탕으로 더 나은 건강, 안녕감, 번영으로 나아가는 경로 지도를 작성한다(6장). 새로운 존재 방식, 앎의 방식, 대응 방식이 안녕감과 번영의 기반을 제공한다(7장과 8장).

# 변화

## 마음챙김 훈련을 통한 경로 지도

> 끊임없이 익숙해지는 과정을 통해, 우리는 습관을 형성하려는 경향을 이점으로 활용하여 새로운 행동 패턴을 확실히 정착시킬 수 있다. 꾸준히 노력한다면, 어떤 형태의 부정적인 조건도 극복하고 삶에 긍정적인 변화를 가져올 수 있다고 생각한다. 하지만 진정한 변화는 하루아침에 이루어지지 않는다는 점을 기억해야 한다.
>
> —Dalai Lama (2011a)

2장에서 우리는 지도가 없으면 사람들이 원을 그리며 같은 길을 반복해 걷는 경향이 있다는 연구를 소개한 바 있다(Souman et al., 2009). 지난 네 장에서는 마음의 풍경을 탐색하는 데 도움을 줄 수 있는 지도들을 제시했다. 이 지도들은 만족감, 기쁨, 평온, 의미로 가득 찬 삶을 살기 위해 필요한 도구들이다.

이번 장에서는 변화와 변화를 위한 경로 지도를 제시한다. 이 지도들은 불교 심리학과 현대 과학의 풍부한 통찰을 마음챙김 기반 프로그램에 적용할 수 있도록 한다. 이를 통해 마음챙김 훈련이 긍정적인 변화를 이끌어 낼 수 있는 정밀하고 능숙한 방식으로 사용될 수 있다. 모든 상황, 모든 사람, 모든 순간은 다르다. 이 지도들은 특정 상황, 특정 사람, 특정 순간에 무엇이 필요한지를 알 수 있게 해 준다. 또한 서로 다른 경로와 변화의 방법을 제시한다. 괴로움에서 벗어나는 길은 모든 사람에게 동일하지 않다. 마음챙김과 자비를 길러가는 길 역시 각 사람의 삶의 시점에 따라 다를 가능성이 크다. 지도는 또한 장애물을 예측하고 그것을 다루는 데 도움을 준다. 초조함, 지나친 노력, 회의감, 피로, 자기 의심, 과도한 지성주의(intellectualism)—이 모든 것은 이 작업에서 장애물로 작용할 수 있다. 지도는 이러한 장애물 속에서도 나아갈 길을 제시한다. 지도 없이 마음챙김은 단지 도움이 될 수도 있고, 그렇지 않을 수도 있는 기술의 집합일 뿐이다. 그러나 지도가 있다면, 우리는 괴로움과 고통에서 벗어나는 경로를 찾을 수 있고, 기쁨, 안녕감, 그리고 우리의 잠재력을 실현하는 길로 나아갈 수 있다.

소피아를 다시 떠올려 보자. 그녀는 20대에 불안과 우울증의 심각한 삽화를 처음 겪었고, 이후 60대가 된 지금 마음챙김 지도자로 일하기까지의 여정을 통해 우리가 마음챙김을 어떻게 실천할 수 있는지 살펴보았다.

> 수년간의 노력 끝에, 소피아는 먼저 자신의 가혹한 내면의 비판자를 인식하는 법을 배우고, 이후에는 이를 친구로 받아들이는 법을 익혔다. 내면의 비판자가 나타날 때, 소피아는 그것이 불러일으키는 감정, 감각, 생각과 함께 차분히 머물며 그것들을 있는 그대로 허용할 수 있었다. 그녀는 자신에게 다정하게 말하곤 했다. "오, 또 왔구나, 나의 오래된 친구야. 나를 힘들게 하러 왔니? 나는 너를 잘 알아. 네가 무엇을 하려는지 잘 알고 있어." 그녀는 내면의 비판자가 다시 나타나고, 그것이 쉽게 악순환의 꽃을 다시 만들게 할 수 있음을 볼 수 있었다(5장, [그림 5-6] 참조).
>
> 오랜 시간에 걸친 과정에서, 소피아는 내면의 비판자의 방해적이고 해로운 특성 아래에 있는 더 건전한 의도를 발견할 수 있었다. 그렇게 했을 때, 내면의 비판자를 선의는 있지만 표현이 서툰 친구로 볼 수 있었다. 그녀는 비판의 뿌리에는 참가자들에게 최선을 다하고, 가르치는 것 자체를 즐기며, 좋은 지도자가 되고, 좋은 어머니, 할머니, 아내, 친구가 되고 싶어 하는 건전한 의도가 있음을 보았다. 두려움이나 결핍감에 휘둘리지 않으려는 의도였다. 소피아가 이러한 의도를 받아들일 때, 내면의 비판자의 가혹함은 사라졌다. 그녀는 자신에게 이렇게 말한 순간을 묘사했다. "아 참, 정말로 최선을 다하고 있구나." 그녀는 봉사하고, 다른 사람들이 번영하도록 돕고, 자신의 일과

삶에서 기쁨을 누리려는 의도를 인식했다. 그렇게 하여 그녀의 일과 삶은 의미와 기쁨으로 가득 차게 되었다.

마음은 우리의 가장 친한 친구이자 가장 큰 적이 될 수 있다. 마음은 고통과 기쁨을 경험할 수 있는 동일한 능력을 지니고 있다. 우리는 반추에 괴로워하고, 스스로를 폄하하며, 충동적으로 행동하고, 반응이 만들어 낸 부정적인 감정에 압도되어 고통 속에 우리를 가두는 악순환의 꽃을 만들어 낼 수 있다. 하지만 마음은 큰 기쁨뿐 아니라 명료함, 창의성, 유연한 대응을 만들어 낼 수 있는 능력도 가지고 있다. 마음은 진정한 친구가 될 잠재력을 가지고 있다. 그러나 어제의 경로 지도를 사용해 오늘의 길을 간다면, 우리가 가고자 하는 곳에 도달할 수 없다. 괴로움에서 안녕감으로 향하는 경로 지도는 무엇인가? 기쁨과 번영으로 인도하는 경로 지도는 무엇인가?

마음챙김(1장)을 소개한 뒤, 우리는 심리학적 연구(2장과 3장)와 불교 심리학(4장)을 참고하였으며, 이후 마음의 지도를 제시했다(5장). 마치 정밀한 지도 제작자가 이미지와 색채를 사용해 정확하게 풍경을 묘사하듯이, 지도 활용에 능숙한 사람은 지형을 따라 목적지에 도달할 수 있다. 이번 장에서는 이 지도를 사용하여 마음챙김 훈련을 시작하려는 이들을 위한 주요 경유지를 안내할 것이다:

- 주의의 안정화
- 새로운 앎과 존재의 방식
- 능숙하게 대응하기
- 재평가, 통찰력, 지혜
- 체화

지도만으로는 충분하지 않다. 이 지도를 해석하고 안전하게 풍경을 탐험하며 스스로를 안내하려면 기술과 지식이 필요하다. 이번 장의 마지막에서는 마음챙김 기반 프로그램이 이러한 변화의 여정을 어떻게 지원하는지 소개하며 마무리한다.

## 주의의 안정화

마음챙김 훈련은 우리가 무엇에 주의를 기울일지, 그리고 그것에 어떻게 주의를 기울일지를 보다 의도적으로 선택할 수 있도록 돕는다. 우리는 주의의 빛을 원하는 대상에 비출 수 있다. 손전등 빛의 중심에 있는 자극은 가장 밝게 드러나며, 가장자리에 있는 자극은 빛을 덜 밝고, 빛의 범위 밖에 있는 것은 보이지 않는다. 우리는 손전등의 렌즈를 선택할 수도 있다(예: 시각, 청각, 촉각 등 다양한 감각). 그리고 손전등의 렌즈 필터를 바꿀 수도 있다(예: 호기심, 돌봄, 평정심 등과 같은 태도). 이것이 마음챙김 연습에서 우리가 기르는 마음의 태도이다.

마음챙김과 마음챙김 연습에서 핵심적인 주의의 여러 측면을 강조한다. 여기에는 다음이 포함된다:

- 주의는 경험으로 가는 관문이다;
- 주의는 보호적 알아차림과 의도성에 뿌리를 두고 있다.
- 주의는 훈련될 수 있지만, 일부는 자동적이기도 하다.

### 주의는 경험으로 가는 관문이다

경험은 우리가 어떤 자극에 주의를 기울이고, 어떤 자극에는 부분적으로만 주의를 기울이며, 어떤 자극을 무시하는지에 따라 결정된다(2장 참조). 마음챙김 프로그램을 통해 무엇에 주의를 기울일지, 그리고 어떻게 주의를 기울일지를 훈련한다.

앞서 논의했듯이, 주의는 어려움과 불쾌함에 끌리는 경향이 있으며, 아름답고 즐거운 것을 쉽게 지나쳐 버린다. 임상 정신과 의사 릭 핸슨은 이를 벨크로와 테프론* 마음이라고 설명했다(Hanson & Mendius, 2009). 벨크로처럼, 마음은 불쾌한

* (역주) 벨크로는 나일론제의 부착 테이프이며 매직테이프로 불리는 단추나 지퍼 대신에 자주 사용

것에 달라붙는다. 반면, 테프론처럼 마음은 즐거운 경험을 스치듯 지나가며 깊이 접촉하지 않는다. 마음챙김 연습은 주의가 어떻게 불쾌한 신체적·정신적 상태(초조함, 졸림, 통증 등)에 초점이 맞춰지고 사로잡히는지 보여 준다—마치 벨크로처럼. 동시에, 몸과 마음에 있는 아름답고 긍정적인 것들을 어떻게 쉽게 지나치는지도 볼 수 있다—마치 매끄러운 테프론처럼.

마음챙김을 통해, 우리는 **마음의 주도권을 되찾아** 의도적으로 경험에 주의를 기울이기 시작한다. 주의 훈련은 벨크로 마음이나 테프론 마음으로 자동적으로 반응하는 경향을 드러내지만, 주의가 충분히 안정화되면 우리의 경험이 얼마나 풍부한지 더 분명히 보이기 시작한다.

마음챙김 연습은 주의를 안정시키는 능력을 키운다. 우리는 단순히 마음의 내용(감각, 감정, 생각, 충동)을 보는 데 그치지 않고, 마음의 역동적인 과정도 볼 수 있다. 자극과 반응 사이의 틈을 인식할 수 있으며, 이를 통해 말하거나 행동하기 전에 가장 적합한 대응을 고려할 시간을 가질 수 있다. 우리는 아이디어를 자유롭게 탐구하며 창의적으로 사고할 수 있다. 새로운 도전에 직면했을 때 더 명확하게 문제를 볼 수도 있다. 피할 수 없는 유혹과 충동에 직면했을 때, 우리는 이를 선택적으로 저항하거나, 아니면 알아차림 속에서 충동을 따르기로 선택할 수 있다. 주의가 호기심, 친절함, 돌봄으로 채워질 때, 우리는 **초심자의 마음**(즉, 현재 순간을 새로운 시각으로 만나는 능력)을 가져올 수 있다. 이는 즐겁든 불쾌하든, 반응에 휘둘리지 않고 경험을 대하는 역량을 길러준다. 이러한 주의의 조절(집행적 주의라고도 한다)은 어떤 경험이라도(예를 들어, 마음챙김으로 음식을 먹기, 바디스캔 연습, 커피 향 맡기, 사랑하는 사람과 함께하는 순간) 더욱 깊고 세부적으로 풍부하게 만들어준다.

한다. 테프론은 음식의 조리 과정에서 조리 기구와 눌어붙는 것을 방지하기 위하여 주방기구의 코팅재로 널리 사용된다(대한화학회의 화학백과).

## 주의는 보호적 알아차림과 의도성에 뿌리를 두고 있다

주의에 의도를 더하는 것은 단순한 생존을 넘어 번영으로 나아가기 위한 여정의 첫 번째 중요한 단계이며, 습관적인 반응에서 벗어나 대응으로 전환하는 출발점이다. 마음챙김의 이 보호적 특성은 우리의 반응적 패턴에서 한 발 물러서게 하고, 상황에 더 효과적으로 대응할 수 있게 돕는다. 우리의 행동, 생각, 감정이 갈망과 불일치 모니터링에 의해 습관적으로 좌우되는 대신, 스스로에게 물어볼 수 있다. "이 순간에 무엇이 필요할까?" 더 큰 자비심, 탐구심, 아니면 고요함—우리가 의도적으로 기를 수 있는 이러한 자질들이 필요한가? 혹은 다른 방식의 대응이 필요하거나, 아예 대응하지 않는 것이 필요한가? 마음챙김 연습은 우리가 습관적이고 도움 되지 않는 패턴에 직면했을 때에도 현재 일어나고 있는 일에 의도적으로 주의를 기울이고, 스스로를 고정시킬 수 있음을 가르쳐 준다. 스스로를 고정시킨 후, 보호적 알아차림은 문지기나 경비원처럼 우리에게 도움이 되는 것을 받아들이고, 고통을 초래할 것을 차단하게 한다. 예를 들어, 스트레스를 유발하는 상황에서, 스트레스와 고통을 부추기는 몸과 마음의 습관에 압도되는 대신, 현재 순간의 신체 감각에 주의를 집중할 수 있다. 이처럼 주의는 무엇을 알아차림에 들이고, 무엇을 차단할지 능숙하게 선택함으로써 보호적으로 사용된다.[1]

조지 엘리엇(1860)은 이렇게 썼다. "우리가 완전히 살아 있는 한, 갈망하고 바라는 것을 결코 포기할 수는 없을 것이다. 아름답고 선한 것을 느낄 때, 우리는 그것을 갈망하지 않을 수 없다." 마음챙김 프로그램에 참여하거나 전통적인 명상 수련의 길을 찾는 사람들은 모두 행복, 충만함, 깨어 있음에 대한 같은 갈망을 공유한다. 동시에, 나쁘지 않고 좋은 기분을 느끼기를 바라거나, 자신이 되어야 한다고 상상하는 사람이 되고자 하는 갈망 역시 품고 있다. 마음챙김은 어떤 신화적이고 영원히 이상적인 지금 속에서 사는 것이 아니다. 그러한 태도는 새로운 형태의 고통을 더할 뿐이다. 대신, 마음챙김은 현재를 용기와 알아차림으로 맞이할 수 있는 의도적인 역량을 키우는 것이다. 이를 통해 우리는 마음을 변화시키는 과정을 시작한다. 현재 순간의 경험 세계에 주의를 기울이고 의도적으로 집중하는 법을 배움으로써, 우리를 괴로움에 묶어두는 충동성과 반응에서 벗어날 수 있다.

## 주의는 훈련될 수 있지만, 일부는 자동적이기도 하다

주의의 자동성은 필수적이며, 우리가 모든 것에 의식적으로 주의를 기울여야 하는 부담에서 벗어나게 해 준다. 이는 사실상 불가능한 일이기 때문이다. 2장에서 자세히 설명했듯이, 주의는 즉각적인 관심이 필요한 자극(예: 위협과 통증)에 빠르고 자동적으로 반응한다. 이뿐만 아니라, 우리의 일상적인 행동의 대부분은 알아차림을 넘어 그 배경에서 자동으로 이루어진다(온도를 감지하거나, 균형을 유지하는 것이 두 가지 명백한 예이다). 이러한 자동성 덕분에 우리는 하루 종일 수많은 복잡한 정보를 과부하 없이 처리할 수 있다. 하지만 이러한 자동성은 큰 자산인 동시에 잠재적인 위험 요소가 되기도 한다. 예를 들어, 불안에 취약한 사람은 주의가 위협과 불안 요소로 끌려가게 되며, 알아차림은 자신도 모르는 사이에 편향에 의해 흐려질 수 있다. 그리고 이로 인해 반응이 증폭될 가능성이 커진다. 이러한 경향은 크든 작든 우리 모두에게 해당된다. 우리의 주의 편향은 우리가 인식하지 못하거나 확인하지 않으면, 경험을 왜곡하게 된다.

주의를 안정시키면, 순간순간 펼쳐지는 경험의 속도가 느려지고, 마음의 내용과 과정을 더 명확히 볼 수 있다. 이는 새로움, 통찰, 분별력을 가지고 대응할 수 있는 가능성을 열어준다. 마음챙김 훈련은 마음과 더 친숙해지도록 도와주며, 주의가 우리 세계를 구성하고, 세계에 의해 구조화된다는 점을 깨닫게 해 준다. 마음의 **무엇**과 **어떻게**에 빛을 비춤으로써(5장), 자극이 알아차림 속으로 들어올 때 이를 더 분명히 볼 수 있다. 이는 우리가 신체 감각, 감정, 생각과 이미지, 행동 충동을 더 세심하게 알아차릴 수 있기 때문이다. 우리는 경험을 즐거움, 불쾌함, 중립적으로 분류하는 순간을 포착할 수 있다. 또한 우리의 불일치 모니터링과 평가가 시작하는 순간도 볼 수 있다. 이러한 순간들은 고통의 두 번째 화살이 발사되는 순간들이다(4장과 5장). 우리는 괴로움과 고통이 어떻게 생성되고 유지되는지(악순환의 꽃; 5장)도 볼 수 있다.

마음챙김 프로그램에서의 공식적인 연습은 주의를 훈련하기 위해 만들어졌으며, 먼저 주의를 안정시키고, 그런 다음 이러한 이해가 깊어질 수 있는 공간을 제공한다. 예를 들어, 바디스캔은 주의의 초점을 몸 전체로 옮겨가며, 호기심, 돌봄, 인내심, 훈련된 차분함을 가지고 이를 수행한다. 마음이 다른 곳으로 방황할 때마다 이를 부드럽지만 단호하게 다시 몸으로 안내한다. 이 연습은 손전등의 빛을 안정적으로 유지하고, 렌즈를 호기심, 친절함, 돌봄의 태도로 초점을 맞추어 우리가 진정으로 그 순간을 볼 수 있게 한다. 시간이 지나면서 이러한 연습은 주의를 어디에, 어떻게 사용할지 선택하는 능력을 키워준다. 또한 호기심, 돌봄, 인내심이라는 태도적 측면이 자연스럽게 자리 잡도록 마음을 재구성한다.

망원경이 수세기에 걸쳐 단계적으로 개선되었던 것처럼, 몇 주 혹은 몇 달 동안의 마음챙김 훈련은 주의를 안정시켜 점점 더 세부적인 경험을 볼 수 있게 한다. 이는 정적인 관점에서, 특정 순간에 우리의 경험에서 더 세밀한 차이를 구분할 수 있도록 해 주며, 또한 시간이 지나면서 마음의 풍경에 일어나는 역동적인 변화들도 더 잘 인식할 수 있도록 해 준다.

> 소피아의 내면의 비판자가 촉발될 때, 그녀는 현재의 신체 감각, 감정, 정신적 사건, 충동을 식별하고 분석하는 법을 배웠다. 이러한 순간들에 그녀는 반응에 휘말리지 않고, 경험이 강렬하게 불쾌한 것으로 분류되는 순간과 다양한 유형의 갈망이 시작되는 순간(예: 괜찮아지고 싶다는 갈망, 완벽한 지도자, 어머니, 할머니, 아내가 되고 싶다는 갈망)을 알아차릴 수 있다. 이러한 순간은 고통의 두 번째 화살이 발사되기 직전의 순간들이다. 이 과정의 각 단계는, 한 번 보이기 시작하면, 잠재적으로 방지할 수 있다.

주의 통제 능력이 강화되면 선택의 여지가 생긴다. 자극과 반응 사이의 틈새에 멈춰서 가장 도움이 될 대응을 고려할 수 있는 선택을 할 수 있다. 우리가 잠시 멈출 수 있는 능력이 더 커질수록, 경험에 의도적으로 주의를 기울이고(그리고 자신감도 생기고), 이를 통해 선택권을 행사하며 능숙하게 행동할 기회를 갖게 된다. 2장에서 최초의 심리학자 윌리엄 제임스(1890)를 언급한 바 있는데, 여기서 다시 그를 언급한다. 주의의 중요성과 변화에서의 역할을 설명하는 데 있어 이보다 더 적절한 묘사는 찾기 어렵기 때문이다.

> "계속해서 방황하는 주의를 자발적으로 되돌리는 능력은 판단, 성격, 의지의 근본이다. 이 능력이 없다면, 그 누구도 자기 통제가 불가능하다."

마음챙김 프로그램은 바로 이 능력을 훈련하여 사람들이 자신의 마음을 더 잘 이해하고, 관리하며, 변화시킬 수 있도록 돕는다. 이것이 마음챙김 훈련의 경로 지도에서 첫 번째 중요한 경유지이다.

## 앎과 존재의 방식

> 이 세상의 아름다움과 신비는 애정과 주의, 관심과 자비를 통해서만 드러난다. 눈을 크게 뜨고 이 세상을 실제로 보라. 그 색, 세부적인 부분, 그리고 그 반전에도 주의를 기울여라.
>
> —Orhan Pamuk (2002)

우리는 마음의 다양한 방식을 활용하여 세상을 서로 다른 방식으로 경험할 수 있다(McGilchrist, 2009; Teasdale, 1999; Teasdale & Barnard, 1993; Teasdale & Chaskalson, 2011a, 2011b). 3장에서 설명했듯이, 우리는 세상을 경험적으로 그리고 개념적으로 이해한다. 경험적 마음 모드는 현재 순간의 직접적인 경험을 포함하며, 매 순간 펼쳐지고 변화한다. 이는 몸으로 느껴지는 특유의 생생함 속에서 우리의 경험이 형성되고 또다시 형성된다. 반면, 개념적 마음 모드는 우리의 세상을 추상적인 아이디어, 개념, 이야기, 서사, 작업 모델로 표현하며, 이를 통해 과거의 서사를 기억하고 미래를 계획할 수 있게 한다. 개념적 마음 모드는 종종 언어

중심적이며 평가와 분석의 성격을 띤다. 맥길크리스트(2009)는 표현(represent)이라는 단어를 사용하여 마음이 경험을 받아들이고 이를 개념적으로 다시 제시하는 과정을 설명한다. 그러나 개념도 경험적 방식으로 경험될 수 있다는 점을 주목할 필요가 있다. 이 경우, 생각과 이미지는 마치 끓기 시작하는 냄비에서 생겨나는 거품처럼 현재 순간의 정신적 사건으로, 지나가는 현상으로 경험된다.

경험적 마음 모드와 개념적 마음 모드는 세상에서의 앎과 존재를 완전히 다른 방식으로 이끈다. 각 모드는 서로 다른 정신 구조에 의해 지원되며, 다른 뇌 구조와 기능을 활성화한다(McGilchrist, 2009). 마치 오케스트라처럼, 각 모드는 서로 다른 악기 조합을 사용하며, 아마도 다른 조율로 연주될 것이다. 오케스트라의 지휘자처럼, 우리는 의도적으로 모드를 전환하여 서로 다른 소리와 분위기를 만들 수 있다. 마음의 날씨로 치자면, 이는 서로 다른 앎과 존재 방식을 만들어 낼 수 있다(Barnard & Teasdale, 1991). 다른 음악이 서로 다른 상태를 만들어 내듯이, 마음의 모드가 다르면 존재의 방식도 달라진다. 〈글상자 6-1〉에 있는 연습을 통해 마음의 날씨에 대해 더 명확히 이해할 수 있다.

마음챙김을 배우는 첫 번째 단계는 마음의 날씨를 보고 인식하는 것에서 시작된다. 우리는 자동 조종 모드에 빠져, 습관적인 사고와 행동 패턴에 따라 움직이

**글상자 6-1 마음챙김 연습: 마음의 날씨 알아차리기**

지금 잠시 멈추고, 내면에 주의를 가져갑니다. 그리고 지금 이 순간의 마음의 날씨를 느껴봅니다. 지금 마음은 초조한가요, 아니면 차분한가요? 마음이 닫혀 있나요, 아니면 넓게 열려 있나요? 오늘 하루 동안 심리적 날씨가 어떻게 변했는지, 그리고 그 변화가 당신이 선택하거나 통제하지 못했던 다양한 조건들에 의해 어떻게 영향을 받았는지를 얼마나 알아차리고 있나요? 마음의 날씨가 어떤 종류의 생각을 만들어 내고 있는지 알아차려 봅니다. 주의를 몸으로 가져가, 마음의 날씨가 몸에는 어떤 영향을 남기고 있는지 느껴봅니다. 초조함이 몸에 어떤 영향을 미치는지, 그리고 차분함이 몸에 어떤 변화를 가져오는지에 대한 감각을 점점 느끼기 시작할 수 있습니다.

고 있는가? 아니면 현재 순간을 알아차리며, 있는 그대로와 함께할 수 있는 더 수용적인 상태에 있는가? 우리는 개념적 사고에 빠져 문제를 곱씹거나 지나치게 생각하고 있는가? 아니면 개념적이지만 창의적이고 자유롭게 흐르는 사고 상태에 있는가? 주의를 안정시키고 훈련하면 마음의 현재 날씨를 더 잘 볼 수 있게 된다. 이를 통해 우리는 다음을 인식할 수 있다:

- 마음이 서로 다른 모드 사이를 전환하는 순간
- 자극과 반응 사이의 공간
- 자극이 느낌의 톤(즐거움, 불쾌함, 중립적)으로 분류되는 지점
- 평가적 해석이 시작되는 초기 순간들
- 반응의 두 번째 화살이 발사되는 지점
- 이러한 두 번째 화살이 초래하는 영향

마음챙김 훈련은 **마음의 무엇**과 **어떻게**를 인식하고 이해하는 역량을 발전시키는 데 도움을 준다(5장 참조). 그러나 이렇게 이해하는 것은 단순히 내면에 몰두하는 자기 관찰이 아니다. 이는 실용적인 것으로, 우리가 고통에서 벗어나 안녕감과 번영으로 나아갈 수 있도록 돕는 데 초점이 맞추어져 있다.

이를 잘 보여 주는 사례가 우리가 통증을 어떻게 인식하고 이해하는지에 대한 것이다. 허리 통증을 겪는 사람은 "내 만성적인 요통은 정말 견딜 수가 없다" 또는 "이 통증은 절대 사라지지 않을 것이다"라고 말할 수도 있다. 몸에서 직접적으로 느껴지는 것은 **통증**이라는 개념으로 인식되고, 이는 "견딜 수 없다"는 강도와 "절대 사라지지 않는다"는 지속성을 부여받는다. 심지어 이는 "나는 만성 통증 환자"라는 개인의 정체성과도 연결될 수도 있다. 그러나 실제 경험은 "허리 통증" "견딜 수 없다" "만성적"이라는 개념이 전달하는 것보다 더 미묘하고 역동적일 가능성이 높다. 특히, 이러한 개념이 "나는 견딜 수 없을 정도로 심한 만성 요통을 가지고 있다" 또는 "나는 만성 요통 환자다"라는 서사로 엮일 때 더욱 그렇다.

모하메드는 기본적인 마음챙김 연습을 통해 자신의 마음과 몸을 탐구했다. 이를 통해 그는 자신의 경험을 새로운 방식으로 알게 되었다. 그는 통증이 찌르는 듯하고 맥박처럼 뛰는 느낌이 있지만, 비교적 일관되게 몸의 특정 부위에 있다는 것을 알아차렸다. 이러한 감각이 덜 불쾌해진 것은 아니었지만, 그는 매 순간 통증이 특별한 특징을 가지며 순간순간 변화한다는 사실을 발견했다. 모하메드가 자신의 통증을 경험적으로 관찰했을 때, 그는 신체 감각을 더 직접적으로 인식할 수 있었고, "이건 참을 수 없다"와 같은 생각이 마치 물 끓는 냄비 속 거품처럼 떠오르는 것을 보았다. 또한 그는 이러한 감각을 고치거나 피하고 싶어 하는 이해 가능한 자신의 바람을 알아차렸다. 바디스캔을 하던 중 모하메드는 놀라운 통찰을 얻었다: "대부분의 순간, 내 몸에는 잘못된 것보다 올바른 것이 더 많다."

## 두 가지 마음의 모드를 익히기

마음챙김 훈련은 우리의 내면 세계의 풍경을 알아가는 과정으로, 경험적 마음 모드와 개념적 · 언어적 마음 모드 모두에 깊이 익숙해지는 데 초점을 맞춘다. 시간이 지나면서 우리는 이 두 가지 방식이 언제 유용하게 작용하고, 언제 문제가 되는지를 배울 수 있다. 이를 통해 불편함과 고통에서 벗어나 더 큰 안녕감으로 나아갈 수 있는 방향을 찾아갈 수 있다. 여기에는 주의를 의도적으로 방향 짓고, 두 가지 방식 사이를 전환하는 능력이 포함된다.

이러한 전환은 대부분 자동적으로 일어나지만, 우리는 어느 정도 이를 의도적이고 자발적인 통제하에 두는 법을 배울 수 있다(Norman & Shallice, 1986). 새로운 것을 처음 배울 때(예: 자전거 타기)나 상황을 분석하고 의사 결정을 내려야 할 때(예: 문제를 해결하거나 결정을 내려야 하는 경우)는 더 의도적이고 통제된 방식으로 처리하게 된다. 하지만 대부분의 경우 이러한 과정이 자동적으로 이루어진다(Bargh et al., 1996; Kahneman, 2011). 마음챙김 연습은 이러한 과정을 인식하게 하고, 주의를 훈련하여 가능한 경우 선택할 수 있는 역량을 키워준다.

두 가지 마음의 모드를 익히는 것은 탐구적 알아차림을 돕는다(1장 참조). 이는 개념적 탐구와 경험적 탐구가 균형을 이루도록 하며, 아이디어와 그것이 우리의 감정과 몸에 미치는 울림을 동등하게 중요시한다. 겸손한 자세로 경험을 경청하고 배우는 데 열린 마음을 가지게 한다. 탐구적 알아차림의 작업은 일상생활뿐만 아니라 마음챙김 연습 안에서도 이루어진다. 이는 주의를 안정시키고, 앎과 존재의 개념적·경험적 방식을 확장함으로써, 마음이 지닌 깊이 보고, 이해하고, 배우는 뛰어난 가능성을 열어가는 것이다.

이러한 내적 전환은 결코 쉬운 일이 아니다. 마음챙김 연습의 실질적인 측면과 새로운 배움을 통합하는 과정은 도전적일 수 있다. 그러나 8주 동안의 마음챙김 기반 프로그램에서도 참가자들은 자신이 경험에 주의를 기울이는 방식에 있어 깊은 변화를 경험할 수 있다. 마음챙김 훈련을 통해 안녕감이 우리가 스스로 길러낼 수 있는 것임을 배우는 것은 많은 이들에게 새로운 발견이다. 이것은 우울증, 통증, 장기적인 신체적 질병과 같은 어려운 경험에 직면했을 때 새로운 선택지를 제공하며, 점점 더 다르게 생각하고 행동할 수 있는 힘을 준다.

소피아는 20대 중반 이후 대부분 매년, 침묵 속에서 진행되는 마음챙김 집중 수련에 참여했다. 이는 삶에서 한 발 물러나, 마음챙김 연습을 심화시키며, 다른 수련자들과 함께 공동체 안에서 침묵을 즐기기 위한 방법이었다. 이러한 집중 수련은 그녀의 배움을 여러 면에서 돕는 역할을 했다.

최근 몇 년 동안, 소피아는 집중 수련을 통해 파킨슨병으로 진단받은 것이 자신의 불안을 유발하는 소용돌이와 같다는 것을 깨달았다. 이 병의 여러 증상이 강력한 불안 유발 요인으로 작용했다. 그녀의 머릿속에는 끊임없이 생각들이 밀려들었다: '이 병이 앞으로 어떻게 진행될까?' '이 증상이 의미하는 것은 무엇일까?' '내 손주들이 자라는 모습을 놓치게 될 거야' '아직도 하고 싶은 일이 너무 많아' '내 몸과 마음이 쇠퇴하는 것을 마주할 용기가 없어' '사람들이 나를 약하고 의존적인 사람으로 볼 거야.'

마음챙김 집중 수련에서는 침묵과 여유로운 공간, 지도자들의 가르침 덕분에 소피아는 호흡과 몸에 주의를 고정시키고, 순간순간의 직접적인 경험으로 반복해서 돌아갈 수 있었다. 수련이 진행되는 동안, 불안의 압도적인 힘은 점차 약해졌고, 그녀는 자신의 마음과 몸을 직접적으로 바라볼 수 있었다. 물론 그녀에게는 피로감, 떨림, 약간의 의욕 상실이 있었지만, 동시에 보고 맛보는 풍부함도 있었다. 그녀의 몸에는 잘못된 것보다 올바른 것이 더 많았다. 이렇게 알아차림의 폭이 넓어지면서 남편, 자녀, 손주, 친구들, 그리고 삶 자체에 대한 깊은 사랑으로 이어졌다.

소피아는 마음챙김 지도자였을 뿐만 아니라 작가로서 몇 편의 단편 소설과 시를 발표한 바 있다. 그녀는 배우는 것, 아이디어, 단어, 말을 사랑했지만, 언제나 스스로를 방해한다는 느낌을 받았다. 마음챙김 집중 수련을 통해 배운 가장 중요한 것 중 하나는 그녀의 가혹한 내면의 비판자가 그녀의 창의력, 자발성, 생산성을 얼마나 무너뜨렸는지를 깨닫는 것이었다. 수련 기간 동안 그녀는 경험적 마음 모드와 개념적 마음 모드 사이를 오가며, 단편 소설과 책, 가족과 친구들과 함께할 계획, 병이 더 심해지기 전에 하고 싶은 일들에 대한 창의적인 아이디어들이 쏟아져 나왔다. 이러한 아이디어들을 그녀의 의식 속에 잠시 머무르게 했다가, 그날 저녁에 일기로 적겠다는 메모와 함께 떠나보낼 수 있었다. 불안에 사로잡힐 때마다, 이를 알아차리고 이름을 붙이며, 호흡과 몸에 주의를 고정해 압도당하지 않도록 했다. 이는 항상 쉬운 일은 아니었다. 때로는 불안의 소용돌이에 완전히 빨려 들어간 후에야, 겨우 다시 안정시킬 수 있었다. 하지만 안정감과 평온함은 점차 자리를 잡았고, 집중 수련이 끝난 후의 삶에도 이러한 안정감을 가져갈 수 있었다.

마음의 경험적 모드와 개념적 모드를 알고, 이를 자유롭게 전환할 수 있는 능력은 큰 힘이 된다. 어려운 생각들을 단지 떠올랐다가 사라지는 생각으로 여길 수 있다는 것은 해방감을 준다. 생각이 강하게 마음을 사로잡을 수 있지만, 우리는 이러한 생각들이 단지 현재 순간의 정신적 사건으로 경험될 수 있음을 알게 된다. 사람들은 생각이 사실이 아니며, 생각이 반드시 우리를 지배할 필요가 없다는 것을 배운다.

## 3단계 호흡 공간 명상

마음챙김 기반 인지치료(MBCT)에서 배우는 주요 마음챙김 연습 중 하나는 3단계 호흡 공간 명상이다([그림 6-1]; Segal et al., 2013). 〈글상자 6-2〉에 있는 단계를 따라 직접 시도해 보라.

3단계 호흡 공간 명상은 여러 기능을 가지고 있으며, 각 단계가 중요하다. 매번 이 연습을 할 때마다, 우리는 특정 순간의 마음과 몸 상태를 알아차릴 수 있다—집중하고 있는지, 편안한지, 화가 났는지, 흥미로운지, 나태한지 등을 인식한다. 크리스 컬렌은 이를 가르치며 "호흡 공간의 다양한 얼굴"이라고 설명한다. 헤라클레이토스의 말처럼, 우리는 같은 강에 두 번 들어갈 수 없다. 강은 변하고, 우리도 변하기 때문이다. 3단계 호흡 공간 명상의 기능은 변하지 않는다—잠시 멈추고 자신의 감각으로 돌아오는 것이다. 그러나 경험은 매번 다르고 특별하다. 참가자들은 이 연습이 더 큰 안정감과 더 깊은 이해로 향하는 문이 된다는 것을 배운다. 마치 일련의 문처럼, 이 연습은 우리를 서로 다른 방으로 열어 준다.

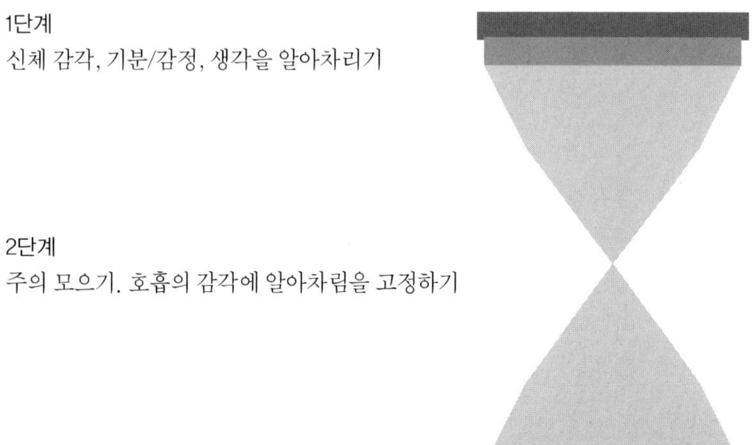


[그림 6-1] 3단계 호흡 공간 명상

### 글상자 6-2 마음챙김 연습: 3 단계 호흡 공간 명상

1단계. 알아차리기

지금 이 순간의 상태를 더 잘 알아차리기 위해, 의도적으로 곧고 위엄 있는 자세를 취합니다. 이 연습은 앉거나 서 있는 상태에서 할 수 있으며, 가능하다면 눈을 감아봅니다. 그런 다음, 주의를 내면의 경험으로 가져가, 무엇이 있는지 알아차리고, 스스로에게 질문해 봅니다:

- 지금 어떤 신체 감각이 느껴지나요?
- 지금 어떤 기분과 감정이 느껴지나요?
- 어떤 생각이 머릿속에 떠오르나요?

2단계. 모으기

그럼 이제 주의를 신체에서 느껴지는 호흡의 감각으로 가져갑니다. 호흡이 가장 생생하게 느껴지는 곳에서 감각을 느껴봅니다. 들숨과 날숨의 모든 과정을 느끼며, 호흡의 감각에 주의를 기울입니다.

3단계. 확장하기

이제 호흡을 중심으로 알아차림의 범위를 확장시켜서, 몸 전체, 자세, 얼굴 표정 등의 감각도 살펴봅니다. 가능한 한 이러한 넓어진 알아차림을 하루의 다음 순간에까지 가져갑니다.

주. Teasdale, Williams, Segal(2014, p. 183)을 참조.

핵심적인 통찰은 우리가 세상을 경험적으로 그리고 개념적으로 인식하고 이해할 수 있다는 점이다. 이러한 능력은 우리의 삶을 풍요롭게 한다.

## 능숙하게 대응하기

어느 마음챙김 지도자가 "평생 동안 마음챙김을 수행하는 목적이 무엇인가요?"라는 질문을 받았다. 그녀는 이렇게 답했다. "적절한 대응입니다." 자극과 반응 사이에는 틈이 있다. 우리가 알아차림 없이 살아갈 때, 반응은 불편함과 정신 건강 문제를 악화시킬 수 있다는 것을 앞에서 살펴보았다. 우리는 이러한 불편함을 해결하려고, 선의의 그러나 궁극적으로는 도움이 되지 않는 전략들, 즉 악순환의 꽃의 꽃잎들에 갇히게 된다.

3단계 호흡 공간 명상은 시간이 지나면서 대응하는 법을 길러줄 수 있다. 주의를 안정시키고 고정하며, 마음과 몸을 더 온전히 열어주는 과정은 다음과 같은 질문으로 이어질 수 있다:

- "지금 이 순간에 무엇이 필요할까?"
- "어떻게 하면 나 자신과 상황에 대해 현명하고 자비로운 대응을 할 수 있을까?"
- "나와 다른 사람들의 안녕감을 위해 무엇이 도움이 될까?"

호흡 공간 연습에서 이러한 질문들은 더 넓고 창의적이며 지혜로운 다양한 대응을 이끌어 낼 수 있다. 이는 주의를 몸으로 가져가, 분석적이고 개념적인 마음을 사용하는 대신, 몸을 통해 어려움에 다가가는 방식으로 활용할 수 있다. 비록 동일한 원재료를 처리하고 있지만, 이를 다른 마음 모드로 다루게 되며, 마음과 몸의 가장 깊고 지혜로운 부분이 스스로 작업할 수 있도록 하는 것이다.

3단계 호흡 공간 명상은 도움이 되지 않는 부정적인 사고에서 벗어나는 직접적인 길을 제공한다. 이 연습 동안 우리는 떠오르는 생각들을 관찰하며, 그것들이 사라지는 것을 지켜보며 생각에 이름을 붙임으로써 거리를 둘 수 있다(예: 판단, 계획, 걱정, 파국화, 완벽주의, 흑백 사고, 독심술). 또한 우리는 보다 의도적이고 균형 잡힌 관점을 취할 수 있다(예: "나의 가장 현명한 마음이라면 이 생각들에 대해 무엇이라 말할까?"). 마지막으로, 이 공간은 행복, 유머, 아름다움, 사랑의 순간들에 대응할 수 있는 능력을 길러준다. 우리는 이러한 경험들을 더 잘 인식하고 그 방향으로 다가갈 수 있게 된다(예: "아, 여기 기쁨이 있구나… 기쁨은 이런 느낌이구나"). 특히 몸으로 느껴지는 순간들을 더 온전히 음미하고 감상할 수 있다. 이러한 경험은 우리를 풍요롭게 하고 안녕감을 지원한다. 우리는 점차 삶에서 좋은 것들, 특히 쉽게 지나쳐 버리는 많은 축복들에 눈을 뜨는 습관을 기를 수 있다.

안정된 주의는 마음의 전개 과정을 비추는 빛이 된다. 이를 통해 우리는 신체 감각, 생각, 감정을 직접적으로 경험하고, 행동 충동을 단순히 그것 자체로 볼 수 있다. 그러면 우리는 고통을 고통으로, 기쁨을 기쁨으로 경험할 수 있다. 이러한 자극은 매 순간 직접적으로 경험될 수 있다. 이는 악순환의 꽃의 중심에 해당한다 (5장, [그림 5-6] 참조).

인내와 친절, 돌봄의 태도로 경험을 받아들이고 있는 그대로 두는 것은 새로운 종류의 대응의 시작이다. 이는 우리의 불일치 사고를 비활성화하고, 갈망이 사그라질 수 있는 공간을 제공한다. 또한 경험적 앎에 기반한 더 체화된 대응의 가능성을 열어준다. 이는 우리의 의도를 드러내며, 의도성에 기반한 대응이 되게 한다. 경험적 모드는 역동적인 마음의 속도를 느리게 하며, 감각, 감정, 생각의 연속적인 흐름을 드러낸다. 이는 우리가 의도성과 친절함, 돌봄이 담긴 방식으로 대응할 수 있는 틈을 만들어 준다.

안정된 주의가 친절과 돌봄과 엮일 때, 우리의 심리적 풍경은 변화한다. 이는 우리를 대응의 길로 이끄는 요소이다. 우리는 더 이상 내면과 외부의 세계를 친구와 적, 추구해야 할 경험과 회피해야 할 경험으로 나누지 않는다. 아픔, 불편함, 불일치 사고, 자기 비판, 원망, 갈등과 같은 반응을 유발하는 모든 사고와 행동의 습관들은 단지 이해할 수는 있지만 도움이 되지 않는 습관이라고 인식하게 된다. 이것은 반응을 유발하고 유지시키는 패턴을 원천적으로 차단할 수 있다.

우리는 세상과의 돌보고 자애로운 관계를 형성하는 능력이, 결국 우리 자신의 돌보고 자애로운 관계를 맺는 능력에 깊이 뿌리내리고 있음을 발견한다. 시간이 지나면서, 우리는 더 능숙하게 대응할 수 있는 역량과 자신감을 키워간다. 더욱 대응적인 태도를 갖는 것은 단순히 고통과 불편함이라는 첫 번째 화살을 더 효과적으로 다루는 데 도움이 되는 것만이 아니다. 이는 또한 우리의 마음과 정신을 고양시키는 순간들, 즉 사랑스러운 것들, 기쁨, 아름다움, 성취감, 사랑과 같은 경험으로 우리를 열어준다. 이러한 순간들은 알아차려지고, 받아들여지며, 음미된다. 이는 복잡한 일이 아니다. 정원 가꾸기와 마찬가지로, 우리가 무엇을 키우느

냐에 따라 그것이 자란다. 우리가 악순환의 꽃을 피우는 습관을 기르면, 그것들은 꽃을 피울 것이다. 그러나 기쁨, 연결감, 아름다움 또한 적절한 조건—안정된 주의, 호기심, 인내심, 돌봄의 태도, 음미—을 제공함으로써 똑같이 기를 수 있다. 이는 벨크로 마음과 테프론 마음 모두를 대체할 수 있는 방식이다. 정원을 위한 물, 빛, 영양분과 같이, 마음챙김을 능숙하게 활용하면 우리의 마음과 몸이 번영할 수 있는 토대를 마련한다.

우리가 대응을 위한 조건을 더 많이 키울수록, 우리가 대응할 가능성도 더 높아진다. 마음이 무엇에 주의를 기울이고, 어떤 방향으로 기울어져 있는지가 마음을 형성한다. 중요한 점은, 대응은 두려움, 불안, 반응적인 습관을 치유하는 해독제가 된다는 것이다.

> 핵심적인 통찰은 마음챙김 훈련이 우리가 더 능숙하게 대응을 선택할 수 있는 공간을 만들어 준다는 것이다.

## 재평가, 통찰력, 지혜

마음챙김이 우리의 심리적 풍경에 도입되면, 이전에는 고정된 현실처럼 보였던 이야기와 내러티브가 사실은 변화와 가능성에 열려 있는 역동적이고 펼쳐지는 과정임이 드러난다. 이는 우리의 신념을 고정된 실체가 아니라 **과정**으로 재정의하기 때문에 매우 혁신적인 통찰이다.

지각과 관점의 재구성은 1장에서 우리가 제시한 마음챙김의 네 번째 기능이었다. 습관적인 반응은 우리를 부서지고 엉키고 불완전한 자기 묘사, 세상에 대한 관점, 그리고 그 안에서의 정체성에 고착시킨다.[2] 마음챙김의 첫 번째 변화적 단계는 편견과 선호에서 벗어나 현재의 순간에 주의를 기울임으로써 이러한 동일시와 정체성 형성을 느슨하게 하는 것이다. 우리가 지각과 관점을 재구성하는 것, 즉 탈중심화[3]를 이루는 것은 건강함으로 나아가는 과정이다.

> 링은 법원 체계에서 일하며 고통이 가득한 환경을 마주했다. 그녀의 과거 경험과 민감한 성향을 감안할 때, 이러한 고통에 매일 노출되는 일은 특히 그녀에게 힘겨웠다. 법원 근처에는 도시를 둘러싼 언덕으로 이어지는 길이 있었다. 종종 점심시간에 그녀는 이 길을 따라 빠르게 걸어 언덕 위로 올라가 벤치에 앉아 점심을 먹었다. 이곳에서 내려다보면, 법원, 시내 광장, 상가 지역, 그리고 외곽 지역까지 도시 전체를 조망할 수 있었다. 이처럼 법원을 높은 곳에서 내려다보는 경험은 그녀가 하루 동안 접한 스트레스와 고통스러운 사건들로부터 거리감을 두고 바라보게 도와주었다. 이는 그녀가 하루 종일 들어야 했던 많은 힘든 사건들에서 오는 스트레스와 고통으로부터 탈중심화하는 데 도움을 주었다. 몇 년이 걸렸지만, 링은 결국 새로운 직장이 필요하다는 것을 깨닫게 되었다. 그녀에게 활력을 주고, 자신이 십 대였을 때 누구에게도 받지 못했던 관심과 공간을 그녀의 십 대 자녀들에게 제공할 수 있는 직장이 필요했다.

마음챙김 훈련은 우리가 탈중심화할 수 있도록 도와준다. 이를 통해 경험을 새로운 관점, 새로운 시각에서 바라볼 수 있다. 이는 링이 삶의 결정과 관련된 영역에서 깨달은 것처럼, 순간적인 경험의 맥락에서도 적용된다. 우리는 링이 벤치에 앉아 자신이 살던 동네를 내려다보았던 것처럼 자신의 경험을 관찰할 수 있다. 이로 인해 더 큰 명료함과 이해가 가능해지며, 시간이 지나면 더 큰 평정심과 대응 능력을 키울 수 있다. 보통 우리의 경험은 전면에 드러나고, 알아차림 자체는 배경으로 물러난다. 하지만 탈중심화를 통해 이 관계는 반대로 전환된다. 알아차림을 전면으로 가져오면, 우리의 경험은 더 넓은 지각의 장 안에서 받아들여질 수 있다. 스트레스, 슬픔, 고통, 충동, 중독적인 욕구에 휘둘리는 대신, 우리는 이 상태들을 알아차림의 장 안에서 인식하고 받아들일 수 있다. "아, 여기에 스트레스가 있구나, 슬픔이 있구나, 고통이 있구나…."

우리는 우리가 스스로 믿고 있는 사람이 될 필요가 없다. 또한 우리가 되어야 한다고 느끼는 사람이 되기 위해 억지로 애쓸 필요도 없다. 마음챙김을 통해, 우리의 마음이 하나의 과정인 것처럼, 우리의 자아감(sense of self) 역시 하나의 과정임을 발견한다. 이는 단일한 정의로 고정할 수 없는 유동적인 것이다. 시간이 지나면서, 우리는 경험적 방식과 개념적 방식을 모두 활용하여 새로운 앎의 방식을 배우게 되고, 고정된 자아 정체성의 경험을 포함한 모든 경험이 무상하다는 것을 깨달으며 지혜를 키워나간다.

건강한 마음은 유연하고 탄력적이며, 반응에 사로잡히지 않고 현재 순간의 경험을 탐구하고 질문할 수 있다. 숙련된 도예가의 손이 물레 위의 점토를 빚듯이, 우리 또한 마음을 빚어갈 수 있다. 마음챙김은 우리가 현재 순간의 마음 상태를 분별하고 탐구하는 역량을 키워준다. 이를 통해 오래된 불안, 초조, 혐오감의 패턴뿐만 아니라 수십 년간 또는 세대를 거쳐 이어져 온 습관적인 패턴들을 인식하게 된다. 하지만 어떤 것이 오랜 역사를 가지고 있다고 해서 그것이 똑같이 긴 미래를 가질 것이라는 의미는 아니다. 생각을 생각으로, 감정을 감정으로, 감각을 감각으로 바라보는 법을 배우는 것은 마음의 경직됨 대신 유연함을, 반응에서 대응으로 키우는 데 도움이 된다. 반응은 과거 경험과 상상된 미래 경험에 뿌리를 두고 있지만, 대응은 현재 순간과 있는 그대로 관계를 맺는 우리의 능력에 뿌리를 두고 있다. 이는 연상과 무관한 자유로운 상태로 현재 순간에 머물 수 있게 해 준다.

건강한 마음은 우리가 두려워할 필요가 없는 친구 같은 마음이다. 이는 안녕감, 편안함, 어려운 감정과 정신적 상태를 압도당하지 않고 받아들일 수 있는 능력으로 특징지어진다. 건강한 마음은 고난에 깊이 영향을 받으면서도 이를 균형과 자비로 마주할 수 있는 회복탄력성을 가진 마음이다. 마음챙김은 무관심이 아니다. 비록 우리가 상실, 실망, 질병, 사랑하는 이와의 이별에 의해 상처받고 슬퍼질 수 있지만, 고통과 슬픔의 순간이 결코 이야기의 끝이 아님을 배우게 된다. 우리는 계속해서 숨을 쉬고, 삶을 살아가며, 사랑할 수 있다. 그리고 이는 우리를 무너지게 하지 않는다.

문제를 지나치게 개념적인 방식으로 분석하면 많은 공허한 말은 나올지라도, 실질적인 영양분이나 통찰은 거의 얻지 못한다. 안정된 주의와 내면 및 외부 세계에 대한 관심을 기울이는 것은 사물을 더 명확히 볼 수 있으므로, "지금 이 순간에 무엇이 필요한가?"라는 질문에 대한 답을 찾는 능력이 향상된다.

주의를 안정시키고, 보다 확장된 경험적 방식에 접근하면 이 순간에 무엇이 필요한지 더욱 명확히 알 수 있다. 사람들은 흔히 "아, 이제 훨씬 더 명확해졌어. 내가 이것을 얼마나 과도하게 생각하고 있었는지 믿을 수 없다"라고 말하곤 한다. 이러한 새로운 방식으로 문제를 다루는 법을 배우면, 새로운 신념을 발견하고 새로운 접근 방식을 시도할 가능성이 높아진다. 예를 들어, "이 또한 지나갈 것이다"나 "모든 것이 결국 괜찮아질 것이라는 믿음이 생겼어"와 같은 새로운 신념이 생겨날 수 있다.

공식적인 마음챙김 연습뿐만 아니라 일상생활에서 배움을 적용하면서, 해결되지 않을 것 같고 걱정스러운 것으로 느껴지던 것이 사실은 일시적인 것이거나 우리가 통제할 수 없는 것임을 알게 된다. 이는 범불안장애(크고 작은 거의 모든 것에 대해 반복적이고 통제 불가능한 걱정을 하는 상태; Beck, Emery, & Greenberg, 1985)의 인지 치료 전략 중 하나로 잘 설명된다. 이들에게 자신의 걱정을 종이에 적어 항아리에 넣고, 일주일 후 다시 그것을 꺼내 보게 한다. 그러면, 오늘 그들의 마음을 지배했던 문제가 일주일 후에는 사소해 보일 수 있다는 것을 알게 된다. 그들을 사로잡았던 문제는 보통 이미 지나갔거나 더 이상 그렇게 중요하거나 관련이 없게 된다. 그 대신, 오늘은 다른 것이 그들의 마음을 지배하고 있을 것이다. 범불안장애를 가진 사람들이 배우는 핵심은 그들의 괴로움이 걱정의 **내용**에서 비롯된 것이 아니라, 그들의 마음이 어떤 문제를 벨크로처럼 붙잡고, 이를 개념적으로 해결하려고 반복적으로 시도한 **과정**에서 비롯된다는 점이다. 어떤 면에서, 범불안장애는 우리 모두의 마음이 가진 경향을 극단적으로 보여 준다. 여기서의 통찰은 이것이 선택 사항이라는 것이다. 우리는 걱정에서 벗어나 탈중심화하고, 더 도움이 되는 방식으로 경험하고 대응하는 법을 배울 수 있다.

> 우체국에서의 경험을 예로 들어 보자. 내(CF)가 카운터로 다가갔을 때, 반대 방향에서 한 젊은 여성이 다가오는 것을 알아차렸다. 나는 그녀에게 먼저 가라고 권했는데, 그녀는 놀란 표정을 지으며 "정말 놀랍네요"라고 말했다. 내가 무엇이 놀랍냐고 묻자 그녀는 이렇게 대답했다. "저는 사람들이 잘 보지 않는 유형의 사람이에요. 항상 다른 사람들이 저를 지나쳐 먼저 가거든요."

정체성은 고통 속에서 긴 역사를 가질 수 있다. 자아 정체성은 또한 특정 순간의 지배적인 생각과 감정에 동일시되며, 그것들은 때때로 과도한 권위를 가지기도 한다. 반응을 알아차리고 그것을 강화하지 않으며, 대신 대응하는 법을 심고 키우는 것은 변화의 씨앗을 품고 있는 순간들이다. 우체국에서 만난 여성의 경우, 그녀는 고개를 들어 더 온전히 다른 사람들을 보고, 자신 또한 다른 사람들에게 보일 수 있다.

> 핵심적인 통찰은 마음챙김 훈련이 우리 자신, 타인, 세상에 대한 관점을 바꾸는 중요한 변화를 만들어 낼 수 있다는 것이다.

## 체화

안녕감으로 가는 길은 체화로 이어진다. 체화란 우리의 의도, 생각, 신체적 표현, 행동이 조화를 이루는 상태를 의미한다. 인지 신경과학자 스티븐 핑커(1997)는 이를 "마음의 사회"라고 묘사하며, 공동의 이해, 체계, 집단적 행동을 가진 기능적인 사회를 비유로 들어 설명한다. 이와 마찬가지로, 마음도 건강한 사회처럼 작동할 수 있다. 이런 상태가 되면, 우리는 의도성, 존재감, 돌봄이 있는 삶을 살아가며, 편안함을 가지고 존재할 수 있다. 체화는 마음챙김 훈련의 핵심이며, 이에 대해 한 장 전체를 할애하여 다룬다(8장).

> 핵심적인 통찰은 마음챙김의 가장 깊은 의미는 단순히 주의와 마음의 태도를 넘어선다는 점이다. 이는 또한 명확함, 돌봄, 편안함과 함께 세상에 존재하는 방식에 관한 것이며, 이를 안정된 평온의 상태로 묘사할 수 있다.

## 마음챙김 프로그램이 변화의 여정을 지원하는 방식

변화를 향한 경로 지도에서의 주요 지점은 주의의 안정화, 새로운 앎과 존재의 방식, 능숙하게 대응하기, 재평가, 통찰력과 지혜, 그리고 체화이다. 마음챙김 프로그램의 구조와 핵심 요소는 사람들이 이 각각의 지점을 통과하도록 어떻게 뒷받침할까? 마음챙김 프로그램은 참가자들이 이러한 주요 구성 요소를 하나씩 차례로 배울 수 있도록 설계되어 있다. 마음챙김 프로그램은 일반적으로 일상적인 활동(예: 식사)을 살펴보는 것으로 시작하여, 얼마나 많은 경험이 알아차림 밖에서 이루어지며, 우리의 삶이 얼마나 자동 조종 모드로 진행되는지 보여 준다. 초기의 마음챙김 연습은 주의를 안정시키기 시작하며, 몸과 마음이 어떻게 고통을 만들어 내고 이를 지속시키는지 인식하고 이해하는 데 도움이 되는 기술을 가르친다. 이러한 연습과 지도자의 체화는 참가자들이 경험에 친절함과 돌봄으로 다가갈 수 있는 능력을 키우도록 돕는다.

후반의 세션에서는 고통이 어떻게 만들어지고 유지되는지를 설명하며, 참가자들이 고통을 지속시키는 사고와 행동의 습관에서 벗어나는 법을 배우기 시작한다. 주의가 더 안정되면서 관점의 전환이 이루어지고, 이에 따라 역량과 자신감이 함께 성장한다. 더 나아가면, 참가자들이 자신을 지지하고 풍요롭게 하는 것이 무엇인지 생각해 보며, 마음챙김 프로그램이 끝난 이후에도 배운 것을 삶에 적용할 수 있도록 돕는다.

1장에서 우리는 마음챙김을 배우는 것이 급류가 흐르는 강을 항해하는 카약 선수처럼 되는 것에 비유했다. 마음챙김 훈련의 구조는 카약을 타는 기술을 배우는 훈련과 강을 항해하기 위한 경로 지도와 같다. 연습과 활동은 카약 기술을 가르치고, 점점 더 도전적인 상황에서 이를 적용하는 방법을 익히게 한다. 시간이 지나면서, 이는 카약 선수가 강을 항해 하며 문제를 예상하고, 난류와 위험 속에서도 안전하게 길을 찾을 수 있게 이해하고, 그러한 기술을 갖추게 한다. 프로그램이 끝날 즈음에는 참가자들이 자신의 삶이라는 강에서 길을 찾고 헤쳐 나갈 수 있게 이해하고 그러한 역량을 갖추도록 돕는 것이 목표이다.

마음챙김 프로그램은 그 의도성, 이론적 기반, 내용, 교육 방식을 정의하는 필수 요소와, 특정 맥락과 대상에 맞게 조정할 수 있는 요소로 구성된다(Crane et al., 2017; 〈표 6-1〉 참조).

마음챙김 프로그램은 의도적으로 구조화되어 있어, 세션이 진행될수록 학습이 점진적이고 체계적으로 이루어진다. 〈표 6-2〉에서는 마음챙김 프로그램의 대표적인 학습 과정과 세션 내용을 정리했다.

## 도전과 장애물

마음챙김을 배우는 과정에서 예상할 수 있는 어려움들이 있다. 이것들은 경로를 막는 문제가 아니라, 마음챙김을 배우는 길을 걸으면서 마주하게 되는 일부분이다. 이러한 도전에는 조급함, 지루함, 초조함, 졸음, 더 즐거운 경험을 바라는 갈망, 걱정, 의심 등이 포함된다. 이러한 도전들을 인식하고 다룰 수 있을 때, 우리는 주의를 안정시키고 이해를 심화시킬 수 있다. 〈표 6-3〉에서는 가장 전형적인 도

**표 6-1 마음챙김 기반 프로그램의 필수적 및 유연한 요소**

| 필수적 요소 | 유연한 요소 |
|---|---|
| • 명상적 전통, 과학, 의학, 심리학, 교육학의 주요 분야에서 유래한 이론과 실천에 기반을 둔다.<br>• 인간의 괴로움의 원인과 이를 완화시키는 경로를 다루는 인간 경험의 모델에 기초한다.<br>• 현재 순간에 초점을 맞추고, 탈중심화 및 정향에 대한 접근을 특징으로 하는 새로운 경험 관계를 계발한다.<br>• 주의, 감정, 행동의 자기 조절 능력뿐만 아니라, 자비, 지혜, 평정심과 같은 긍정적인 자질의 발달을 지원한다.<br>• 마음챙김 명상 연습, 경험적 탐구 기반 학습 과정, 통찰과 이해를 계발하는 연습에 지속적이고 집중적으로 참여하도록 참가자를 독려한다. | • 핵심 필수 교육과정 요소가 특정 맥락과 대상에 맞게 조정된 교육과정 요소와 통합된다.<br>• 프로그램 구조, 길이, 전달 방식에 변화를 주어 대상 집단과 맥락에 적합하도록 구성된다. |

참고. Crane et al. (2017, p. 993) .

**표 6-2 대표적인 마음챙김 프로그램 개요와 각 회기별 주제, 주요 학습 내용, 주요 마음챙김 연습**

| 세션 주제 | 주요 학습 내용 | 세션 및 집에서 하는 연습 |
|---|---|---|
| 1. 자동 조종 모드에서 깨어나기 | • 자동 조종 모드<br>• 주의 안정화<br>• 마음챙김의 태도적 차원 | • 환영, 소개, 오리엔테이션<br>• 건포도 명상<br>• 바디스캔<br>• 집에서 하는 연습: 바디스캔, 일상적인 활동 |
| 2. 또 다른 존재의 방식: 몸 제대로 살피기–신념처(身念處) | • 주의 안정화<br>• 마음챙김의 태도적 차원<br>• 경험적인 앎과 존재의 새로운 방식<br>• 마음이 어떻게 의미를 만드는가 | • 바디스캔<br>• "생각과 감정" 연습<br>• 집에서 하는 연습: 바디스캔, 경험 기록지 |
| 3. 흩어진 마음 모으기 | • 주의 안정화<br>• 마음챙김의 태도적 차원<br>• 경험적인 앎과 존재의 새로운 방식<br>• 마음챙김 연습을 통해 현재 감각으로 돌아오기<br>• 마음챙김을 일상으로 가져오기 | • 보기/듣기 연습<br>• 정좌 명상과 마음챙김 움직임<br>• 호흡 공간<br>• 마음챙김 스트레칭<br>• 집에서 하는 연습: 마음챙김 움직임, 정좌 명상, 호흡 공간, 경험 기록지 |
| 4. 반응 알아차리기 | • 주의 안정화<br>• 마음챙김의 태도적 차원<br>• 경험적인 앎과 존재의 새로운 방식<br>• 반응을 알아차리고 허용하기<br>• 반응의 악순환이 고통을 유지하는 방법을 경험적으로 배우기 | • 보기/듣기 연습<br>• 정좌 명상<br>• 호흡 공간<br>• 걷기 명상<br>• 집에서 하는 연습: 정좌 명상/마음챙김 움직임, 호흡 공간, 경험 기록지, 걷기 명상 |
| 5. 허용하고 내버려 두기 | • 주의 안정화<br>• 마음챙김의 태도적 차원<br>• 경험적인 앎과 존재의 새로운 방식<br>• 안정감과 넓은 공간 기르기<br>• 허용과 친절함을 통해 반응의 힘 약화시키기 | • 정좌 명상<br>• 어려움 대하기를 포함한 정좌 명상과 움직임 연습<br>• 친밀 명상<br>• 시: "게스트 하우스"(Barks & Moyne, 1997)<br>• 집에서 하는 연습 : 정좌 명상, 어려움 대하기 명상, 호흡 공간 |

| | | |
|---|---|---|
| 6. 능숙하게 대응하기 | • 주의 안정화<br>• 마음챙김의 태도적 차원<br>• 경험적인 앎과 존재의 새로운 방식<br>• 분별력과 능숙함으로 대응하기<br>• 재평가, 통찰력, 지혜: 생각은 사실이 아니라는 것을 배우기 | • 정좌 명상<br>• 심리 교육적 연습<br>• 호흡 공간<br>• 집에서 하는 연습: 그동안의 연습 중 선택, 호흡 공간 |
| 7. 어떻게 하면 내 자신을 가장 잘 돌볼 수 있을 것인가? | • 주의 안정화<br>• 마음챙김의 태도적 차원<br>• 경험적인 앎과 존재의 새로운 방식<br>• 도전에 직면했을 때 능숙하게 행동하기<br>• 스스로에게 영양분을 주는 법 배우기<br>• 자비, 기쁨, 평정심 기르기<br>• 재평가, 통찰력, 지혜 | • 정좌 및/혹은 움직임 연습<br>• 자양분/고갈시키는 요소 검토 및 균형 잡기<br>• 호흡 공간<br>• 걷기 명상<br>• 집에서 하는 연습: 지속적인 공식적/비공식적 마음챙김 연습 패턴 확립 |
| 8. 삶을 위한 마음챙김 | • 코스 복습 및 핵심 학습<br>• 주의 안정화<br>• 마음챙김의 태도적 차원<br>• 경험적인 앎과 존재의 새로운 방식<br>• 재평가, 통찰력, 지혜<br>• 지속적인 학습과 연습을 위한 체화의 계획 세우기 | • 바디스캔<br>• 프로그램 돌아보기<br>• 개인 설문지<br>• 연습을 유지하기 위한 자료 제공<br>• 마무리 마음챙김 연습 |
| 9. 8주 프로그램 이후 | • 연습 유지 및 지속<br>• 프로그램 복습 및 심화<br>• 감사, 친밀감, 자비, 일상생활에서의 마음챙김<br>• 배운 내용을 삶에 더 온전히 적용하고 통합하기: 체화된 학습 | |

참고. 많은 마음챙김 프로그램은 6~7세션 즈음에 종일 집중 수련을 진행하여 참가자들이 긴 시간 하는 연습의 풍요로운 효과를 직접 경험하고 학습을 통합할 수 있도록 돕는다.

전들과 각각의 도전에 대응하고 이를 다루는 방법에 대한 제안을 함께 제시하고 있다.

이와 같은 전형적인 도전들은 모두 그것들이 실제로 무엇인지를 알아차리고, 5장에서 설명한 **무엇**과 **어떻게**의 관점에서 이해하며, 안정적이고 친절하며 배려 깊은 주의로 대할 때 효과적으로 대응할 수 있다. 이러한 도전들은 마음과 고통이 어떻게 만들어지고 지속되는지에 대해 가르쳐 준다. 더불어, 이를 다루는 과정은 고통이 어떻게 완화될 수 있는지와 장애물을 어떻게 마주하고 극복할 수 있는지를 배울 기회를 제공한다.

이러한 도전들이 강력한 영향을 미치는 이유는 주로 그것들이 습관적인 성격을 가지고 있기 때문이다. 악순환의 꽃 비유는 이러한 도전들을 명확히 인식하는 데 유용하게 사용될 수 있다. 습관을 알아차리고 중단하는 것은 쉬운 일이 아니지만, 그렇게 함으로써 어려움이 갖는 힘이 상당히 약화되고, 새로운 대안이 나타날 수 있는 공간이 만들어진다. 우리는 도전적인 상태의 이면과 그 주변에는 가능성의 영역이 존재함을 알 수 있다. 이는 마치 숲 속에서 손전등을 비추는 것과 같다. 우리는 주의의 손전등 빛을 먼저 어려운 상황에 비추고—이때 손전등 빛에 친절한 호기심이라는 렌즈를 장착했는지 확인할 수 있다—그다음에는 알아차림을 확장하거나 다른 곳으로 이동할 수 있다. 잘 뿌리내린 습관과 마찬가지로 변화를 이루

**표 6-3 마음챙김 연습에서 직면하는 도전과 이를 다루는 방법**

| 도전 내용 | 대응 |
|---|---|
| 즐거운 경험과 자극에 대한 갈망 | 몸과 마음의 현재 순간 경험에 대한 관심을 키우기. 갈망, 욕망, 원하는 마음을 명확히 보기: 언제 나타나는가? 언제 사라지는가? 그것이 나타나기 직전에는 무슨 일이 일어나는가? 그것이 지나가면 어떤 일이 일어나는가? 경험의 사슬과 어떻게 이어지는가? 이 연결고리를 따라가면 어디로 이어지는가? 어떤 고리를 끊을 수 있는가? 고리를 끊으면 무슨 일이 일어나는가? 몸과 마음이 지금 그대로 있는 상태에서 더 큰 안정감과 안녕감을 발견하기 시작한다.<br>내려놓음과 절제 연습하기. |

| | |
|---|---|
| 혐오, 현재 상황과 다른 것을 원하는 마음, 분노, 자신과 타인에 대한 비판, 계속되는 가혹한 판단 | 어려움을 친밀하게 대하고 그것을 향해 다가가며, 경험을 있는 그대로 허용하되 호기심, 인내, 평정심을 키우기. 경험에 자비를 가져가기. 즐거운 경험에 대한 갈망에서 사용했던 질문을 동일하게 적용하기: 언제 혐오가 일어나는가? 언제 사라지는가? 그것이 나타나기 직전에는 무슨 일이 일어나는가? 지나가면 어떤 일이 일어나는가? 연결 고리를 따라가면 어디로 이어지는가? 어떤 고리를 끊을 수 있는가? 고리를 끊으면 무슨 일이 일어나는가?<br>주의를 감사, 감상(感想), 기쁨을 이끌어 내는 다른 대상으로 옮기는 것을 고려하기. |
| 초조함과 걱정 | 몸과 마음에 주의를 유지시키는 법 배우기; 인내, 자제, 돌봄의 태도로 주의를 안정시키고 고정하며 닻을 내리기(이 장애물은 종종 깊은 뿌리를 가짐). 집중과 에너지의 균형을 맞추는 것이 중요하며, 초조함에 대응할 수 있는 충분한 집중력과 안정화된 주의가 필요하다. 구체적인 주의를 기울일 대상을 선택하여 주의를 안정적으로 유지하며 이 대상에 집중하기. 초조함을 알아차리며 "아, 여기 있구나, 초조한 마음. 나는 너를 보고 있어"와 같은 돌봄이나 약간의 유머로 바라보는 것이 도움이 될 수 있다. 혐오와 마찬가지로 몸과 마음을 진정으로 살펴본다. |
| 무감각, 지루함, 졸음 | 주의를 몸으로 옮기기. 의도적이고 적극적인 마음챙김 연습을 통해 마음과 몸에 활력을 불어넣기(예: 눈을 뜨거나, 숨을 더 세심하게 느껴보기). 신선한 공기를 마시거나 몸을 움직이는 것도 도움될 수 있다. 깨어 있음을 도와줄 만한 주의의 대상을 선택하고 그곳에 지속적으로 주의를 가져간다. 이 방해 요소가 회피와 관련되어 있음을 이해한다면, 마음이 토끼가 굴로 들어가는 것과 같이, 스스로를 보호하려는 시도라는 것을 알아차릴 수 있다. 그리고 너무 피곤하다면, 휴식을 취한다! |
| 의심 | 의심에 휘둘리지 않고, 오히려 의심을 구성하고 그에 선행하는 신체 감각, 감정, 생각을 깊이 들여다보는 연습 하기. 의심에 대해 습관적으로 반응하기보다는 마음챙김으로 대응할 수 있는 능력을 경험적으로 배우기. 몸에 주의를 지속적으로 유지하면서 의심의 굴레에서 벗어나는 법을 배우기.<br>가장 중요한 것은, 먼저 의심을 인식하고, 그런 다음 그것이 무엇인지 명확히 보는 것이다. 의심은 우리의 직접적인 경험을 가리는 생각의 하나의 층이라는 것을 깨닫는 과정이 필요하다. |

기 위해서는 끈기와 인내가 필요하다. 변화에는 시간이 걸리기 때문이다.

어떤 도전들은 우리의 의도와 열망을 약화시키고 방해한다. 마음챙김 연습을 길러가는 과정에서, 많은 사람들은 이러한 도전을 알아차리고 배우는 데서 안도감을 느낀다. 이는 단지 개인적인 문제가 아니라, 누구나 마음을 들여다보기 시작할 때 겪는 보편적인 패턴임을 이해하게 되기 때문이다. 갈망, 혐오, 무기력, 의심, 초조함이 존재할 때와 존재하지 않을 때를 단순한 앎으로 알아차리게 된다. 마음챙김을 통해, 이러한 상태들이 고정적이지도 않고 우리 자신을 정의하지 않는다는 것을 깨닫는다(예: "나는 게으른 사람이 아니다"). 대신, 이 상태들은 다른 모든 것처럼 나타났다 사라지는 패턴임을 알게 된다(예: "게으름과 무기력은 왔다가 간다"). 우리는 이러한 변화하는 패턴들을 마음챙김과 돌봄으로 대하는 능력을 키우기 시작하며, 그것들에 압도되거나 그것들과 자신을 동일시하지 않게 된다. 친근한 호기심으로 이러한 패턴을 마주하면, 이를 탐구할 수 있으며, 그 자체로 많은 것을 배울 수 있다.

이러한 방해 요소와 도전들은 우리가 주의 조절, 마음챙김의 태도적 차원, 이해를 기르도록 돕는다. 도전(예: 초조함과 의심)을 마주하며 반복적인 연습을 하면 주의를 지속하는 능력이 향상된다. 몸과 마음의 상태가 어떻게 일어나고 사라지는지를 관찰함으로써 이해가 깊어진다. 이 과정은 미세하고 섬세하다. 무기력과 피로는 우리의 삶이 과도하게 바빠진 결과일 수 있다. 그렇다고 해서 그 해결책이 항상 속도를 늦추거나 물러서는 것은 아니다. 때로는 우리가 삶을 살아가는 방식을 성찰하는 것이 필요하다. 의심 또한 우리의 삶과 연습에서 중요한 질문을 던지도록 도와줄 수 있다. 그것이 우리 자신이나 타인에 대한 깊은 불신에서 비롯된 것일 수 있으며, 이는 신뢰를 형성하고 헌신하며 연결과 사랑의 능력을 키우는 데 방해가 될 수 있다.

마음챙김은 감각적 갈망을 통해 불만족을 해결하려는 방식과는 완전히 다른 섬세함과 존중의 능력을 계발하도록 가르친다. 고통에 직면했을 때 어느 정도 마음이 동요되는 것은 당연하지만, 이는 자동적인 혐오 반응 대신 능숙한 대응으로 이어질 수 있다.

핵심적인 통찰은 우리가 마음과 몸을 알아차리고 마음을 안정시키고 변화시키는 작업을 시작할 때, 반드시 특정한 도전들과 마주하게 된다는 것이다. 이러한 도전들을 알아차림, 친절함, 돌봄으로 대하는 것은 마음챙김의 중요한 부분이다.

이 장에서는 마음챙김 훈련 프로그램을 통한 변화와 경로 지도에 대해 설명했다. 이제 이 여정이 어떻게 보일 수 있는지를 보여 주는 몇 가지 예시를 통해, 주요 지점을 강조하며 이 장을 마무리하려고 한다.

첫 번째 예는 저자 중 한 명(WK)이 재발성 우울증의 병력이 있는 사람들을 대상으로 한 마음챙김 프로그램의 6번째 회기를 가르칠 때의 이야기이다. 나는 참가자들이 주의를 몸에서 느껴지는 호흡에 안정적으로 기울이도록 안내하고 있었다. "지금 이 순간, 몸에서 느껴지는 호흡에 주의를 기울여 봅니다. 어딘가를 향해 가야 할 필요도 없고, 무언가를 성취할 필요도 없습니다. 그저 있는 그대로 이 순간의 호흡과 함께 하며, 순간순간 이 호흡을 알아차립니다… 들숨 그리고 날숨" 이 연습은 주의를 의도적으로 선택하고 호흡에 초점을 맞추며 주의를 안정시키는 능력을 기르기 위한 것이었다.

연습을 하는 동안, 방 안으로 벌 한 마리가 날아들어 방 안을 이리저리 날아다니기 시작했다. 벌의 날갯짓 소리가 방 안 여기저기서 들렸고, 나는 고개를 들어 보았다. 벌은 흥분하지 않은 상태로 단순히 날아다녔고, 대부분의 사람들이 벌의 존재를 인지하고 있을 것이라고 확신했지만, 그룹 내 누구도 눈에 띄게 당황하거나 겁먹은 기색은 보이지 않았다. 아마도 벌이 많은 사람들의 주의를 끌었을 것이라고 생각한 나는 이것을 가르침의 하나로 활용하기로 했다. "지금 이 순간, 마음이 어디에 있는지 알아차려 봅니다. 만약 소리가 주의를 끈다면, 소리의 음색, 크기, 소리가 방의 어느 위치에서 시작되고 끝나는지 살펴봅니다. 그 사이에도 호흡은 닻으로 사용합니다." 나는 참가자들에게 반응을 인식하고 자신의 경험과 함께 머물며, 자극과 반응 사이의 공간을 만들어 이를 경험적으로 알아차리도록 격려하고 싶었다.

벌은 방 안을 날아다니다가 때때로 멈추기도 하며, 소리가 들렸다가 사라지기를 반복했다. 벌이 내 머리 근처로 날아왔을 때, 나 자신도 무서움이 치솟았다가 벌이 지나가고 머물면서 점차 진정되는 것을 느꼈다. 이러한 일이 서너 번 정도 반복되었다. "양쪽 귀에 주의를 기울여, 지금 이 순간 몸과 마음에서 무슨 일이 일어나고 있는지 알아차려 봅니다… 그리고 또 지금 이 순간에도… 가능한 한 최선을 다해, 소리를 그저 크기, 음의 높낮이로 알아차리며, 가까이 그리고 멀리, 왼쪽이나 오른쪽에서 들려오는 이 공간 속에서 경험합니다… 지금 마음이 어디에 있는지 알아차리고, 경험과 함께 인내와 애정 어린 호기심을 가져갑니다…"

연습 후 한 참가자가 자신의 경험을 이렇게 묘사했다: "벌이 들어왔을 때, 무언가를 집어들어 벌을 죽이고 싶은 강한 충동이 들었어요.[반응] 그런데 선생님의 말을 따라가 보니 벌의 소리가 저를 공포와 짜증의 상태로 몰아넣는다는 것을 알아차렸습니다. '이 벌이 누군가를 쏘지는 않을까?' '왜 창문을 닫지 않아서 마음챙김 연습을 방해받게 하는 거야?'라는 생각이 들더군요.[개념적 이해와 판단] 그런데 그 상태에 머물러 보니, 이런 생각과 감정이 점점 강력해지고, 해결해야 한다는 모드에 휩싸였다는 것을 알 수 있었어요.[불쾌한 감정, 갈망, 해결하려는 충동]

그런데 속도를 늦추고 나니, 소리가 아주 풍부한 경험의 직물이 되었고, 계속해서 저를 몰아붙이던 소리가, 벌이 어딘가에 머물 때마다 제 생각과 감정도 점차 가라앉았어요.[경험적 앎] 벌이 날아다니고 머물 때마다, 제 마음은 자동적으로 긴장했다가 안정되고, 몸도 마찬가지로 초조함과 긴장을 느꼈다가 다시 이완되었습니다. 연습이 계속되면서, 5분 정도 지나니 벌과 함께 있는 상태에서 호흡이 닻이 되는 경험을 할 수 있었어요. 다른 사람들이 여기 앉아 있는 모습을 올려다보니 정말 안정되어 보였고, 그 안정감이 저를 지탱해 주었어요. 차분하고 안정된 느낌 속에서 모든 것이 흘러가는 것을 볼 수 있었죠.[재평가 및 통찰] 몸이 하고 싶어하는 모든 것을 멈추고, 벌을 잡지 않은 것이 정말 놀라웠습니다.[다른 대응; 아무것도 하지 않기로 선택하는 것 역시 하나의 대응이다]

마음챙김을 통해 우리는 경험하고 있는 것에 대한 이야기가 실제 순간의 현실과 어떻게 다른지를 분별하기 시작한다. 앞의 예는, 겉보기에 사소해 보이는 경험 중에도 마음챙김 연습이 어떻게 이러한 변화를 가능하게 하는지 보여 준다. 벌의 소리는 변화하고 움직이는 소리로 경험되며, 시간이 지나면서 그 소리는 다른 경험들과 함께 존재할 수 있게 된다. '왜 창문을 닫지 않는 거야?'와 같은 생각이나 벌을 잡거나 피하려는 강한 충동은 단순히 생각과 충동으로 인식되며, 시간이 지나고 마음이 안정되면 자연스럽게 사라진다.

마찬가지로 링의 급격히 떨어지는 기분, 샘의 갈망, 모하메드의 찌르는 듯한 등 통증, 소피아의 내면의 비판자 모두가 고정된 실체가 아니라 끊임없이 변화하는 경험의 맥락으로 볼 수 있다. 마음챙김은 새로운 앎의 방식을 가능하게 하며, 우리의 상태와 경험에서 벗어날 수 있도록 돕는다. 우리는 우리가 신체 감각, 생각, 충동, 감정, 혹은 기분 그 자체가 아니라는 것을 배우게 된다. 그것들은 알아차림의 빛 속에서 관찰되고 머물 수 있다. 생각은 초대받지 않았음에도 불시에 찾아오고, 충동과 신체 감각은 일어났다가 사라지며, 종종 우리의 통제 범위를 벗어난다. 괴로움을 만들어 내고 반복시키는 초조한 생각은 우리가 지속적이고 현재의 순간에 머무르는 경험을 점점 더 길러감에 따라 차츰 진정되기 시작한다. 마음이 진정되면 몸도 함께 차분해지기 시작한다. 마음챙김은 변화에 대한 경험적 알아차림을 가져오며, 동일시를 통해 굳어진 반응을 부드럽게 한다.

이러한 새로운 앎의 방식은 애정 어린 호기심과 결합되어, 몸과 마음에 대해 더 친근하고 돌봄의 관계를 형성할 수 있게 한다. 우리는 판단과 자기 비난의 패턴이 추가적인 괴로움을 만들어 낸다는 것과, 자기 비난 대신 우리가 자비를 받을 만한 존재임을 깨닫기 시작한다. 언제나 여러 경험이 동시에 존재한다는 사실을 알아차리면, 어려운 경험이 사라져야만 안녕감이 찾아온다는 믿음을 다시 생각하게 한다. 어려움과 안녕감은 공존할 수 있으며, 우리는 주의를 어디에 둘 것인지 선택할 수 있다. 이를 통해 자신의 모든 경험을 수용하고 체화하기 시작할 수 있다.

소피아가 20대에 "심리적 붕괴"를 겪었을 때, 회복을 위한 첫 번째 단계는 가정의를 찾아가 항우울제를 복용하는 것이었다. 몇 주에 걸쳐 그녀의 마음을 옥죄던 불안과 우울의 올가미는 느슨해졌다. 상태는 조금씩 나아졌지만, 그녀는 자신에게 무슨 일이 일어났는지 거의 이해하지 못했다. 가정의의 제안에 따라 그녀는 인지행동치료를 시작했다. 그녀는 강렬한 심상이 어떻게 그녀의 불안을 촉진하는지, 기분이 나쁠 때 내면의 비판자가 얼마나 지배적일 수 있는지를 배웠다. 상담사는 부정적인 생각에 도전할 수 있는 다양한 전략을 가르쳐 주었다. 그리고 그녀는 점차 학교의 교장 선생님과 다른 동료들의 지원을 받으며 교직으로 복귀했다.

40대 후반, 아이들이 모두 성장한 이후 소피아는 마음챙김 지도자 훈련을 받기로 결심했다. 마음챙김 지도자로 훈련받는 과정은 참가자로서 8주간의 마음챙김 프로그램을 수강하며 마음챙김을 내면 깊숙이 배워가는 것에서 시작된다. 이 8주 동안 소피아는 내면의 비판자와 그것이 자신의 삶에 얼마나 큰 영향을 미쳤는지에 대해 훨씬 더 많은 것을 배웠다. 그녀는 자신의 마음이 불안과 우울을 키우는 마음 상태를 만들어 내고 악화시킬 수 있다는 사실을 깨달았다. 그녀는 항상 표면 아래에서 숨어 있다가 어떤 생각이나 행동에도 즉각적으로 달려들어 창의성과 자발성을 억누르던 내면의 비판자와 친숙해졌다. 그녀는 내면의 비판자와 친구가 되는 법과 자신에게 자비를 가지고 대응하는 법을 배웠다.

소피아는 배운 내용을 삶 전반에서 활용했다. 더 큰 의미, 자비, 존엄성을 가지고 살아가는 법을 익힌 것이다. 그녀는 20대 후반에 불안과 우울을 극복하기 위해 처음 배운 것들과 전략들이 마음챙김 프로그램에서 배운 것과 결합되어 자신의 삶, 지도자로서의 업무, 친구 및 가족과의 관계, 불가피한 삶의 어려움, 건강 악화, 노화 등을 관리하는 데 전반적으로 도움이 될 수 있다는 것을 깨달았다.

마음챙김 지도자로 훈련받은 후, 소피아는 지역 주민들을 대상으로 마음챙김 수업을 가르치는 아르바이트를 시작했고, 그녀의 마음챙김 수업을 수료한 참가자들을 위한 주간 저녁 마음챙김 연습 모임을 만들었다. 이 모임은 꽤 큰 행사로 자리 잡았고, 때로는 배움을 심화하고 공동체 의식을 나누기 위해 다시 찾아오는 사람들로 방이 가득 차기도 했다.

60대에 소피아는 파킨슨병 진단을 받았다. 그녀는 가정의에게 이렇게 말했다: “파킨슨병이 제 삶을 황폐화시키고 저를 어두운 곳으로 데려갈 것이라는 사실은 알고 있지만, 다시는 우울증에 빠지지 않을 거라는 확신이 있어요." 놀란 의사가 어떻게 그걸 알 수 있냐고 묻자, 소피아는 대답했다. "마음챙김 연습은 가장 무섭고 어두운 생각과 감정을 다룰 수 있다는 깊은 믿음을 저에게 줬어요. 마음속 깊은 곳에서는 그 감정들이 결국 지나갈 거라는 것을 알고 있어요. 제 삶은 그것보다 훨씬 더 큰 의미를 가지고 있어요."

소피아는 파킨슨병으로 인한 떨림 때문에 거실에서 차 한 잔을 쏟아버렸던 이야기를 들려주었다.

"이번 주에 손자 노아와 우리 강아지 루퍼스와 함께 거실에 있었어요. 노아는 장난감 트럭을 가지고 놀고 있었고, 루퍼스는 침대에서 자고 있었죠. 제가 떨림이 꽤 심해서 앉아 있던 의자 팔걸이에 컵을 올려놓았는데, 컵이 바닥으로 떨어졌어요. 차가 쏟아졌고 컵 손잡이가 부러졌죠. 루퍼스는 침대에서 고개를 들더니 무슨 일이 일어났는지 보러 왔어요. 차를 킁킁거리며 냄새를 맡아보고는 마실 만한 게 아니라고 판단했는지 다시 자기 침대로 돌아갔어요. 노아는 이 모든 상황을 즐거워하며 바라보고 컵이 떨어지는 소리, 깨진 컵, 차가 쏟아진 모습, 강아지의 반응까지 흥미로워했어요. 노아도 똑같이 상황을 살펴보려고 다가왔는데, 손으로 차와 컵, 부러진 손잡이를 만지며 탐색했어요. 저는 이 장면을 정말 흥미롭게 바라봤어요. 루퍼스와 노아는 본능적으로 제가 했던 반응과는 다르게 반응했으니까요.

컵을 넘어뜨렸을 때, 본능적으로 공포와 분노의 반응이 자동적으로 일어났어요. 그리고 어느새 제 머릿속에는 이런 말이 떠올랐죠. '너 정말 멍청이구나.' 어렸을 때 우리 집은 매우 엄격한 기준을 가지고 있었어요. 부모님은 실수를 용납하지 않으셨고, 제가 무언가 잘못하면 너무 부끄러웠어요. 무언가 잘못하면 꾸중을 들었죠. 시간이 지나면서 저는 스스로를 꾸짖는 법을 배웠어요. 제가 '잘못'을 하면 언제나 이런 강렬한 반응이 따라왔어요. '큰일 났다. 정말 심한 꾸중을 들을 거야. 나는 왜 이렇게 바보 멍청이일까?'라는 생각과 함께 느껴지는 뚜렷한 공포감 말이에요.

그런데 이번에는 컵이 떨어지는 것을 보고도 즉각적으로 반응하지 않았어요. 짧은 순간이었지만, 다른 방식으로 대응할 기회가 생겼죠. 루퍼스와 노아가 어떻게 반응하는지도 흥미롭게 관찰했어요. 노아의 부모, 즉 제 아들과 며느리는 균형 잡히고 배려심 있는 사람들이에요. 노아는 제가 가진 내면의 비판자를 내면화하지 않았어요. 그 아이는 단순히 호기심을 느꼈고, 이 흥미로운 경험을 기쁘게 받아들였죠. 우리 셋, 즉 저와 노아, 그리고 루퍼스는 모두 차가 쏟아지고 컵이 깨진 모습에 주의가 끌렸어요(첫 번째 화살). 제 마음은 제가 자라면서 배운 두 번째 화살을 쏠 준비가 되어 있었어요. '나는 완벽하게 행동해야만 해. 실수는 멍청함의 증거야.'

하지만 저는 스스로를 꾸짖거나 화내는 대신 노아와 함께 바닥에 앉아 웃었어요. 바닥이 나무여서 큰 피해는 없었죠. 저는 노아가 저와의 좋은 기억을 가지길 원해요. 그보다 더 바라는 것은 오랫동안 저의 일부였던 내면의 비판자와 같은 존재 없이 그가 행복한 사람이 되는 거예요. 이런 순간은 노아가 그런 선물을 가질 수 있음을 시사하며, 그것이 저에게 큰 기쁨을 줍니다. 제가 아들에 대해서는 대체로 잘했다고 생각하지만, 노아는 정말 균형 잡히고 행복해 보이거든요. 그것이 저에게 큰 기쁨을 줘요."

이러한 예시들은 변화의 여정을 보여 주며 여정 속에서 중요한 지점을 보여 준다. 한 참가자는 이렇게 말했다. "이 경험은 제 삶의 거의 모든 부분을 바꿔 놓았습니다"(Allen et al., 2009). 우리의 삶의 경험은 당연히 각자 고유하지만, 우리의 마음이 고통과 괴로움을 만들어 내는 방식, 그리고 기쁨과 번영, 안녕감으로의 여정을 만들어 내는 방식에는 많은 공통점이 있다.

## 개요

우리의 핵심 전제는 주의를 안정시키고 의도적이고 효과적으로 활용하는 법을 배울 때 정신 건강과 안녕감이 뒷받침된다는 것이다. 우리는 경험적이면서도 개념적인 새로운 앎과 존재 방식을 접하고, 언제 어떻게 그 둘 사이를 전환할지 익히게 된다. 마음챙김 훈련은 주의를 의도적이고 효과적으로 집중할 수 있게 해 주며, 더 큰 분별력, 지혜, 대응을 가능하게 하는 공간을 열어준다([그림 6-2] 참조).

많은 철학적, 성찰적, 그리고 종교적 전통에는 이러한 권유가 담겨 있다:

> 내가 바꿀 수 없는 것을 받아들이는 평온함을,
> 내가 바꿀 수 있는 것을 바꾸는 용기를,
> 그리고 그 둘을 구별할 수 있는 지혜를 주소서.

마음챙김 훈련을 통해 이루어지는 변화는 이러한 이해, 수용, 용기, 분별력을 뒷받침하기 위한 것이다. 이 훈련은 새로운 앎과 존재 방식을 지원하며, 궁극적으로 우리의 삶을 더 큰 친절, 자비, 기쁨, 평정심으로 살아갈 수 있는 조건을 키운다. 이러한 주제는 다음 7장에서 탐구할 것이다.

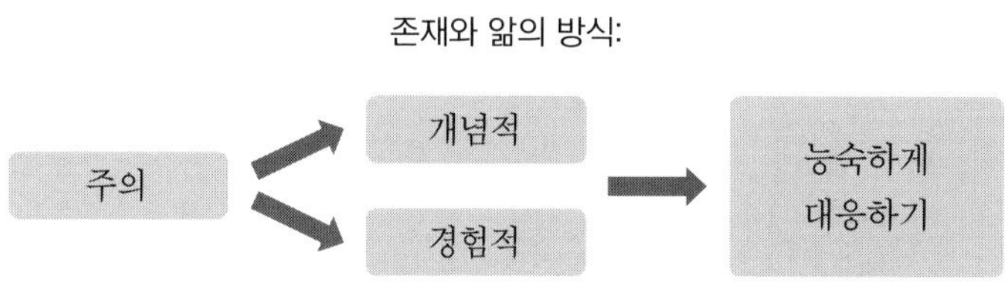


[그림 6-2] 마음챙김 기반 프로그램에서의 변화 여정

# 실천의 핵심

## 친밀감, 자비, 기쁨, 평정심

> 친밀감의 토양에서 기쁨의 눈물로 물을 주고 평정심의 나무의 시원한 그늘 아래에서 보호받는 아름다운 자비의 꽃이 피어난다.
>
> —Longchenpa (1976)

불교 심리학에서 친밀감, 자비, 기쁨, 평정심은 마음의 변화와 해방에 중추적인 역할을 한다. 이러한 자질은 우리가 마음챙김 수행의 길로 나아갈 때 모든 발달의 기초로 여겨진다. 이 자질들은 모든 인간 마음에 내재된 잠재력과 역량으로 간주되며, 주의를 훈련하고 발달시킬 수 있는 것처럼 이를 계발하고 훈련하여 자연스럽게 익힐 수 있다. 그러나 극심한 괴로움에 직면하면 친밀감, 자비, 기쁨, 평정심은 가장 필요할 때 사라질 수 있다. 불교의 가르침에서는 이러한 태도들을 보다 명확하고 체계적으로 계발함으로써, 우리가 필요한 순간에 이를 효과적으로 활용할 수 있도록 한다. 이 자질들을 어떻게 가르치거나 배우든 간에 변화를 일으키기 위해서는 반드시 익혀야 한다.

모하메드는 24시간 지속되는 통증으로 인해 그의 마음이 위축될 때, 어느 정도의 안정감을 유지할 수 있었고, 동시에 배려와 친근감을 더할 수 있었다.

부정적인 생각이 휘몰아칠 때, 링은 이제 자신에게 피난처가 되어 줄 수 있는 몸이라는 공간에 주의를 고정할 수 있었다.

소피아는 평생 동안 쌓아온 마음챙김 수행을 활용하여 파킨슨병으로 인한 떨림을 어느 정도 평정심을 가지고 받아들일 수 있었다.

샘은 중독적 갈망을 촉발하는 요인을 알아차릴 수 있었다. 그는 경험적으로 중독이 그를 몰아넣었던 바닥으로 다시 돌아가고 싶지 않다는 것을 알고 있었고, 더 나은 삶을 살기로 결심했다.

5장에서는 괴로움과 고통이 어떻게 생성되고 유지되는지에 대한 경로 지도를 제시했다. 이번 장에서는 6장에서 다룬 마음챙김 훈련의 경로 지도를 기반으로 발전시켜, 마음챙김의 네 가지 핵심 태도를 탐색한다. 마음챙김 훈련의 기본이 되는 이 네 가지 태도는 다음과 같다:

1. 친밀감(Befriending): 호기심 많고 친근하며 친절하게 경험을 받아들이는 내재적 마음의 성향 또는 근본적인 경향성이다.
2. 자비(Compassion): 고통과 인간 경험 속에서의 고통의 보편성을 인식하고, 이를 친절, 공감, 평정심, 인내로 마주할 수 있는 마음의 방향성이다.
3. 기쁨(Joy): 마음의 기쁨, 따뜻함, 다정함을 포함하는 내재적 태도이며, 소중함, 만족감, 그리고 감사를 표현하는 역량을 키우는 요소이다.
4. 평정심(Equanimity): 내면과 외부에서 일어나는 모든 순간을 온전히 알아차리고, 배려와 자비를 담아 반응하며 유지하는 내적 균형의 특성이다.

이 장은 관련된 심리학에 대한 간략한 개요로 마무리한다.

## 마음챙김 훈련과 마음의 네 가지 태도의 함양

이 네 가지 태도는 우리가 반응을 직면하고 다룰 수 있도록 돕는다. 이러한 태도는 번영을 위한 조건을 형성하며, 롱첸파(1976)가 이 장의 서두에서 언급한 것처럼 서로 얽혀 있다. 이들은 의도, 견해, 윤리와 연쇄적인 반응으로 작용하며, 우리가 마음챙김적인 삶을 살아가는 기반이 된다.

마음챙김 훈련은 우리가 삶에서 이러한 마음의 자질을 비록 순간적이라도 이미 경험했다는 사실을 활용한다. 이들은 추상적이거나 멀리 떨어진 형이상학적 개념이 아니다. 마음챙김은 이해와 지혜를 일상의 경험으로 가져오며, 우리 각자가 자신의 경험 속에서 접근할 수 있는 것이다. 우리는 항상 어떤 것을 연습하고 있으며, 연습하는 것은 강해지는 경향이 있다. 그렇다면 우리의 삶과 타인의 삶을 더 건강하고 행복하게 하는 마음의 자질들을 연습하는 것이 바람직하다.

가장 어렵고 힘든 순간 속에서도 우리는 누군가의 친절과 우정에 감동을 받거나 다른 사람에게 우정의 손길을 내밀었던 순간을 경험했을 것이다. 자비는 우리에게 낯선 것이 아니다. 고통과 괴로움을 마주할 때 주저함 없이 내면에서 자비가 솟아오르는 순간이 있으며, 누군가의 배려에 감동을 받았던 순간들도 있다. 기쁨과 소중함을 느끼는 것은 우리에게 낯선 것이 아니다. 이러한 자질들은 마음을 기쁘게 하고, 우리가 마주하는 사랑스러움을 즐길 수 있도록 하며, 우리의 마음을 밝고 가볍게 해 준다. 어려운 순간에도 우리는 모든 것의 한가운데에서 침착함과 균형을 유지하며, 내면의 고요함을 발견할 가능성을 엿본 적이 있을 것이다. 이러한 따뜻함, 행복, 자비, 평정심의 순간은 인위적으로 만들어 낼 수는 없지만, 길러질 수 있다. 우리는 우리 내면에 있는 아름답고 치유적이며 해방적인 자질을 향해 마음을 기울이는 내면의 능력과 의도를 배우고 발전시킬 수 있다. 이러한 특성은 마음챙김과 마찬가지로 언제나 현재 순간의 경험이며, 어제의 자비나 내일의 기쁨을 경험할 수 있는 것이 아니다. 이는 현재 순간의 알아차림으로, 우리의 내면의 세계와 타인과 함께 살아가는 삶에 대해 즉각적으로 연결되어 있다.

이러한 순간들은 우리가 원하는 것보다 더 짧고 찰나적일 수 있으며, 우리는 종종 다시 절망과 갈등의 습관 속으로 다시 빠져들게 된다. 그러나 이러한 순간들은 기억 속에 남아 우리가 깨어 있고 수용적이며, 온전히 참여하는 존재로서의 삶을 엿볼 수 있도록 한다.

친절, 자비, 기쁨, 평정심과 같은 마음의 자질은 마음챙김의 태도적 토대이자 질적인 기반이다. 이러한 자질들이 경험을 통해 의식적으로 함양되지 않는다면, 그것은 진정한 마음챙김 훈련이라 할 수 없다. 이러한 자질을 기르는 것은 괴로움과 고통을 만들어 내고 반복시키는 패턴에서 마음을 해방하는 데 중심적인 역할을 한다.

이러한 자질을 함양하는 것은 마음챙김을 교실을 넘어 삶의 일상으로 가져오는 과정이다. 우리의 삶은 본질적으로 관계적이기 때문에, 마음챙김은 단순한 내면의 발전이 아니라 우리가 주변 세계와 어떻게 관계하고 참여하는지, 우리가 돌보는 사람들, 우리와 갈등이 있는 사람들, 우리가 모르는 많은 사람들과 어떻게 상호작용하는지에 대한 깊은 인식과도 관련된다.

링은 자신의 몸과 마음의 반응에 대응하는 법을 배우면서, 이 과정이 자신의 안녕감뿐만 아니라 자녀를 양육하는 능력에도 적용될 수 있음을 알게 되었다.

소피아의 마음챙김 수행은 그녀가 학교 교사로서, 그리고 나중에 마음챙김 지도자로서 더 깊이 체화하는 데 도움을 주었다.

샘은 갈망과 중독의 반응에서 벗어나면서, 새로운 시선으로 주변 사람들을 바라볼 수 있었고, 삶의 관계를 새롭게 시작할 수 있었다.

모하메드는 처음에 자신의 '통증'에 친절과 배려를 베푸는 것으로 시작했다. 시간이 지남에 따라 이러한 자질은 그의 몸 전체로 확장되었고, 결혼 생활, 육아, 노모를 돌볼 때, 일에서의 기쁨의 순간까지 확대되었다. 그는 이렇게 표현했다: "저는… 음… 제 몸의 어떤 부분이 좋고 어떤 부분이 좋지 않은지 더 잘 알게 되었고, 바디스캔을 할 때마다 달라져요, 무슨 말인지 아시겠죠?"

친절, 자비, 기쁨, 평정심의 토대 위에 놓인 마음챙김은 불신, 소외, 불안으로 깊은 상처를 입은 세상에 절실히 필요한 마음의 자질을 기여할 수 있게 한다. 불안, 혐오, 초조함으로 가득 차 있든, 아니면 배려, 자비, 감사, 균형으로 가득 차 있든, 우리 자신과 우리의 마음, 몸과 맺는 관계는 우리가 다른 사람들과 형성하는 관계를 보여 주는 하나의 소우주이다. 불안과 혐오는 우리가 세상을 외면하게 하고 관계에서 멀어지게 한다. 예를 들어, 모하메드의 만성적이고 극심한 통증이 그를 움츠러들게 하고 물러나게 하는 충동을 일으켰다는 점을 쉽게 이해할 수 있다. 배려, 자비, 기쁨, 평정심은 그 반대의 효과를 가져와, 육체적 고통과 심리적 고통 속에서도 관대함, 공감, 친밀감으로 경험의 모든 순간을 향하도록 우리를 이끈다.

초기 문헌에서 '명상'[1]이라는 단어는 '수양' 또는 '존재를 일으키는 것'으로 번역된다. 마음챙김 수행을 통해 길러지는 것은 우리가 더 깨어 있고 반응할 수 있는 능력이며, 여기에는 친밀감, 자비, 기쁨, 회복탄력성, 균형이 포함된다. 이러한 자질들은 태도의 헌신이자 의도이며, 길러지고 훈련된 성향과 실천이다.

"우리가 자주 머무르는 곳에 따라 우리의 마음은 기울어진다"라는 말을 기억하라. 마음챙김은 우리의 마음이 가장 자주 머무르는 곳과, 우리의 주의가 어디로 향하는지를 드러낸다. 분별력은 우리의 습관이 괴로움으로 이끄는지, 아니면 더 큰 자유와 능력으로 이끄는지를 보여 준다. 이를 이해하면 우리는 내면과 외면 모두에서 편안한 관계를 형성하는 데 필요한 친밀감, 자비, 기쁨, 평정심의 자질을 기를 수 있다.

준비가 부족하고 자원이 제한적일 때, 우리는 취약성 앞에서 무력감과 절망감을 느낄 수 있다. 심지어 개인적, 집단적으로 취약성을 약점이나 실패, 또는 자책과 동일시하는 법을 배우기도 한다. 우리는 취약성을 두려워하는 법을 배운다. 우리는 변화, 불확실성, 고통에 취약하지 않은 완벽한 삶을 만들려고 필사적으로 애쓰지만, 결국 실패하는 이유는 우리가 핵심적인 취약성을 알아차리는 것과 삶 자체로부터 우리를 보호하고 통제할 수 없기 때문이다. 때로는 개인적, 집단적 망각 속에서 하루를 바쁘고 산만하게 보내며, 우리의 삶이 한순간에 무너질 수 있다는 사실에서 멀어지려 한다.

그러나 마음챙김 훈련은 이해, 친절, 자비, 기쁨, 평정심으로 취약성을 수용하도록 돕는다. 이러한 자질은 자유로워지고 삶을 있는 그대로 마주하는 열쇠이다. 이 자질들은 신체적 고통이나 만성 질환, 스트레스, 불안, 우울증, 고통스러운 생각과 감정, 그리고 타인과의 갈등 속에서도 기를 수 있다. 타인과의 갈등은 우리가 함께 살아가고 일하면서 불가피하게 발생하는 것이다. 예를 들어, 링의 십 대 자녀가 가장 힘든 시기에 직면했을 때, 이 상황은 그녀가 자신과 자녀를 대하는 대응 능력을 발전시킬 기회가 되었다. 친절, 자비, 기쁨, 평정심은 아름다움, 사랑, 연결, 황홀감의 순간뿐만 아니라 일상적인 순간 속에서도 기를 수 있다. 우리는 이러한 모든 것의 중심에 서서 친절과 자비로 편안함과 평정의 가능성에 문을 여는 기회를 탐구하도록 초대받는다.

> 핵심적인 가르침은 마음챙김 훈련이 마음챙김이라는 태도의 특성을 구성하는 네 가지 상호 연결된 자질을 함양한다는 것이다.

## 친밀감

친밀감은 호기심, 친근함, 친절함을 포함하며, 우리 모두가 자신과 경험을 위해 계발할 수 있는 역량이다. 이것은 모든 사람에게 열려 있으며, "우리의 마음과 정신이 머무는 집"이라고 할 수 있다(Feldman, 2017, p. 12). 비록 친밀감, 자비, 기쁨, 평정심이 서로 얽혀 있는 요소들이지만, 친밀감은 다른 세 가지의 토대이며, 모든 경험과 따뜻한 호기심을 가진 관계를 맺을 때만 비로소 자비, 기쁨, 평정심이 생겨날 수 있다.

팔리어/산스크리트어 단어 메타(metta)의 어근은 친근함 또는 친절함이 퍼져나가는 것으로 해석할 수 있으며, 이는 우리가 경험하는 모든 것을—즐거운 것이든, 불쾌한 것이든, 중립적인 것이든—친밀하게 받아들이는 것을 의미한다. 또한 이는 자신과 타인의 관계를 친밀하게 하고, 모든 사건과 환경을 친밀하게 여기는 것을 의미한다. 이것은 생각, 감정, 행동 성향을 구별하지 않으며, 우리의 생각과 행동 성향에 친근함을 불어넣는 마음가짐이다. 친밀감은 우리의 정신과 마음뿐만 아니라, 우리가 세상에서 만나는 모든 것을 포함하는 존재 방식이며, 그것이 도전적인 것이든 아름다운 것이든 상관없이 포괄적이다. 그 정서적인 어조는 따뜻함과 부드러움이다. 그 근본적인 의도는 악의를 제거하고, 관대함, 감사함, 배려를 함양하는 것이다. 친밀감[2]의 가까운 적은 조건부 친절로, 자신이 좋아하는 것에만 베풀고, 싫어하는 것에는 거부감을 가지는 것이다. 반면, 먼 적은 악의, 원한, 증오이다.

우리는 끝없이 변화하는 예측 불가능한 세상 속에서 살아가며, 이를 통제할 수 없다는 사실이 우리를 취약하게 만든다. 이러한 취약성은 우리가 완벽한 사람이 되고자 하는 갈망을 부추긴다. 통증, 변화, 불확실성, 불충분함과 예측 불가능성이라는 현실을 면밀히 살펴보고, 우리의 알아차림의 시야를 넓혀 모든 사람을 포함한다면, 이 취약성에서 완전히 벗어날 수 있는 사람은 아무도 없다는 것을 깨닫게 된다.

마음챙김의 첫 번째 심리적 태도는 현재 순간의 경험을 향해 시선을 돌려 취약성을 피하거나 두려워하지 않고 그것을 이해하려는 것이다. 이것은 취약성을 마주할 의지를 기르는 첫 번째 단계이다. 마음챙김의 두 번째 태도는 현재 순간의 경험이 아무리 어렵더라도, 따뜻한 호기심을 가지고 그 순간 가까이 다가가려는 역량과 의지를 기르는 것이다.

친밀감을 키운다고 해서 고통스럽거나 어려운 것을 좋아해야 한다는 뜻은 아니다. 그러나 우리가 어려운 상황에 머무르면서 그것과 친밀감을 형성하고, 이에 압도되지 않을 수 있다면, 어려운 상황의 지형을 자유롭게 탐험할 수 있는 여유를 얻게 된다. 친밀감은 우리의 취약성을 받아들이는 출발점이다. 이는 취약성에 대한 두려움과 자신의 가치, 사랑받을 자격, 능력에 대한 걱정(5장에서 설명한 악순환의 꽃)으로 촉발되는 익숙한 회피 전략과 메커니즘이 점차 희미해지는 과정이다.

어려움을 있는 그대로 받아들이며 친밀해지는 법을 배우고, 두려움 없이 취약성에 맞설 수 있는 능력을 계발하는 것은 중요한 단계이다. 이러한 따뜻한 호기심은 숙련된 마음챙김 지도자의 안내와 지도에 의해 가르쳐지며, 신체적, 심리적 고통을 부드럽고 진심으로 탐구하도록 이끈다. 마음챙김 프로그램의 참가자들은 슬픔, 통증, 우울증, 절망감이라는 자신의 이야기에 호기심과 배려로 접근하는 것이 점점 가능하다는 것을 발견한다. 또한 그룹에서의 대화를 통해 자신만의 고통이라고 생각했던 것이 사실은 보편적인 취약성의 이야기라는 것을 깨닫는다. 마음챙김 수업에서 모하메드가 "평생 이 통증과 함께 살아갈 수 있을지 모르겠어요"라고 말했을 때, 만성 질환을 겪고 있는 사람들 사이에서 공감의 파문이 일었다. 링이 "나는 끔찍한 부모야, 내 아이들을 망치게 될 거야" 같은 부정적인 생각을 "파괴적인 생각"이라고 표현했을 때, 우울증 병력이 있는 다른 사람들도 그녀의 강력한 은유에 공감하면서 안도감을 느꼈다.

마음챙김 수행자들은 어려운 상황을 회피하는 대신, 마음챙김과 부드러움의 대화를 통해 어려움을 다룰 수 있음을 배운다. 이렇게 하면 고통에 접근할 수 있고, 도피, 두려움, 회피의 습관이 더 이상 자동으로 작용하지 않게 된다. 괴로움을 피하거나 방어하는 대신, 괴로움도 친숙해질 수 있음을 발견한다. 혐오와 저항이 평생 지속되는 형벌이 아니며, 오히려 고통을 증폭시킨다는 것을 배우는 것은 강력한 교훈이다. 혐오는 우리를 고통의 인질로 만들어, 혐오와 두려움의 내러티브를 통해 어려운 사건과 경험에 얽매이게 한다는 것을 이해하게 된다. "이 고통을 평생 견딜 수 있을까" "나는 끔찍한 부모이다"와 같은 생각들은 고통을 다시 재생산하는 파괴적인 생각들이다. 이런 생각들은 충분히 이해할 수 있지만, 마치 모든 것을 무너뜨리는 강한 충격을 주는 생각과도 같다. 그러나 우리는 한 걸음 물러서서 호기심과 따뜻한 관심으로 그 생각들을 바라보고, 그것들에 휘둘리지 않은 채 알아차림 속에서 그냥 지나가도록 둘 수 있다.

어려움과 친밀해지는 가능성을 탐구하는 것은, 어려움을 하나의 역동적으로 펼쳐지는 과정으로 바라볼 수 있게 하며, 이를 다가가고 이해할 수 있도록 해 준다. 마음챙김이 전통적이든 현대적이든 어떤 환경에서 가르쳐지든, 혐오에서 친밀감으로의 전환은 모든 마음챙김 수행자가 겪을 수 있는 가장 급진적인 변화이다. 친밀감은 마음챙김이 드러내는 모든 어려운 감정 습관 속에서 반복적으로 돌아가야 할 태도로 배우게 되는 기본적인 자세이다. 배우기 어려운 교훈이지만, 동시에 하나의 수련이다. 8주간의 마음챙김 프로그램이 끝날 무렵, 많은 참가자들이 프로그램 초반에 가장 중요한 배움이 "마음의 태도로서 친절함을 기르는 것"이었다고 보고한다. 신체적 통증, 도전적인 사고와 감정, 압도적인 삶의 상황 속에서도 자기 자신, 타인, 그리고 경험에 대한 친절을 발견할 수 있다는 것은 매우 강력한 경험이 될 수 있다. **친절한 호기심**은 우리 경험의 내용을 바꾸지는 않는다. 어려운 것이 자동으로 즐거운 것으로 변하지는 않는다. 하지만 변화하는 것은 우리 마음의 분위기이다. 친절에 뿌리를 둔 마음은 우리의 경험에 강력한 영향을 미친다. 혐오가 부드러워지면, 어려운 것도 쉽게 접근할 수 있는 것이 된다.

중독에서 회복 중인 청년 샘은 피부 질환인 건선으로 인해 늘 고통을 겪고 있었다. 처음으로 바디스캔 연습을 했을 때, 샘은 건선의 증상인 가려움과 마주하라는 권유를 받으며 익숙한 혐오감과 직면하게 되었다. 긁고 싶은 충동은 강렬했지만, 그는 긁으면 상태가 악화될 수 있다는 것을 경험을 통해 알고 있었다. 이 충동은 강렬하면서도 이해할 수 있는 것이었지만, 동시에 샘이 삶의 여러 영역에서 반복적으로 경험했던 충동이기도 했다.

바디스캔을 연습한 처음 몇 주 동안, 샘은 불편함과 긁고 싶은 충동을 인식하고 허용하며, 이를 마주하라는 권유를 따랐다. 이는 샘에게 매우 낯선 방식이었다. 그는 평소에 반응적으로 행동하는 습관이 있었다. 그러나 이 연습은 샘이 자신의 피부에서 느껴지는 감각, 자동적으로 나타나는 강한 혐오 경향, 그리고 문지르고 긁고 싶은 충동에 더 익숙해질 수 있도록 도왔다. 그는 반응하는 대신 호기심과 인내, 친근함으로 이러한 충동을 대하려고 노력했다. 이러한 감각은 결코 즐겁지 않았지만, 불편함을 마주하자 그는 감각이 강해졌다 약해졌다를 반복하며 진원지와 가장자리가 있다는 것을 발견했다. 그리고 가장자리 너머에는 가려움증이 없다는 것도 깨달았다.

샘은 바디스캔 연습을 통해 자신의 몸과 친근하게 관계를 맺을 수 있다는 것을 배웠다. 불편함은 자신의 일부였을 뿐만 아니라, 바디스캔 연습 중 경험할 수 있는 다른 많은 신체 감각들과 함께 존재하고 있었다. 그는 불쾌한 감각에 다르게 반응할 수 있다는 것을 깨달았다. 이것은 샘이 시간이 지나면서 훨씬 더 강력하고 잠재적으로 파괴적인 중독으로 돌아가고자 하는 갈망을 대하는 마음을 기르는 계기가 되었다. 이 과정에서도 그는 친근한 호기심으로 갈망을 바라보며 이를 마치 파도를 타듯 대할 수

> 있음을 배웠다. 이러한 갈망은 훨씬 더 강력했지만, 역시 강해졌다가 약해지는 과정을 반복한다는 것을 알아차렸다.
>
> 시간이 지나면서 샘은 이러한 자질을 외부 생활로 확장할 수 있음을 깨달았다. 12단계 프로그램에서 회복이 진행되면서, 샘은 자신의 중독으로 인해 피해를 입은 사람들에게 보상을 해야 했다. 어려움과 친밀해질 수 있는 이러한 능력은 관계를 회복하는 데 중요한 열쇠가 되었다. 이 능력은 그에게 인내할 수 있는 힘을 주었고, 어려운 생각과 감정을 견딜 수 있는 자원이 되었으며, 그가 과거 중독 상태에서 상처를 주었던 많은 사람들에게 화해의 손을 내밀 때, 오해와 갈등의 가능성을 조율할 수 있는 여유로운 공간을 제공해 주었다.

8세기 불교 승려이자 학자인 샨티데바(1997)는 자신과 타인의 친밀감을 기르는 것에 대해 이야기한다:

> 자신을 돌보는 것은 다른 사람을 돌보는 것입니다.
> 다른 사람을 돌보는 것은 곧 자신을 돌보는 것입니다.
> 자신을 돌보면서 어떻게 다른 사람을 돌볼 수 있을까요?
> 마음챙김을 실천하고, 그것을 발전시키며, 성장시킴으로써.
> 다른 사람을 돌보면서 어떻게 자신을 돌볼 수 있을까요?
> 인내심, 해를 끼치지 않는 태도, 친절함, 그리고 배려로.

마음챙김 프로그램에 참여하는 사람들은 어려움과 괴로움을 보다 능숙하게 다루는 법을 배우고, 이를 통해 더 깨어 있고, 더 많은 기쁨과 전심을 가지고 삶을 살아갈 수 있는 역량을 기르고자 한다. 모든 순간과 사건을 친밀하게 받아들이는 법을 배우는 것은, 모든 어려움이 끝나고 모든 취약점이 해결되었다고 상상하는 이상적인 순간을 기다리는 것이 아니라, 우리가 실제로 살고 있는 삶 속에서 완전히 자리 잡는 것이다. 주의력을 기르는 것과 마찬가지로, 친밀감을 발달시키는 것도 의도적인 훈련이 필요하다.

차가운 시선으로 어려운 것에 접근하는 것은 가능하다. 하지만 이는 혐오나 회의로 위장될 수 있다. 반면에, 부드러움과 관심, 친절함이 담긴 따뜻한 주의를 기울여, 진정성 있는 태도로 어려움을 대하는 것 또한 가능하다. 이러한 방식은 그 순간과 그 순간이 품고 있는 모든 것을 친밀하게 받아들이는 과정이 된다. 샘의 사례에서 보았듯이, 친밀감을 기르는 것은 우리 안에 깊이 뿌리내린 반응을 인식하고 이를 변화시키는 데 도움을 준다. 혐오하거나 고치려는 노력 대신, 친밀함을 기르는 태도는 근본적으로 다른 접근 방식이다. 이는 기존의 반응에서 벗어나 전혀 새로운 방식으로 마음을 전환하는 과정이며, 존재하는 방식 자체를 변화시키는 길이다(Kabat-Zinn, 1990). 마음은 우리의 행동에 영향을 미치고, 행동은 다시 우리의 마음과 정신을 형성한다.

샘은 형과의 관계를 회복하면서 때때로 '형은 내가 얼마나 힘든지 이해하지 못해. 그는 여전히 알코올 중독자잖아. 내가 왜 신경을 써야 할까? 내가 중독자가 된 것도 그 사람 잘못이다'라는 반응과 혐오로 마음이 가득 차기도 했다. 그러나 이러한 생각과 친밀해지면서, 샘은 자제력을 발휘하고 말을 삼킬 수 있는 여유를 가질 수 있었다. 예전 같았으면 불가능했을 이러한 자제력은, 형과 동생 사이에 신뢰를 회복할 수 있는 평온한 공간을 만들어 주었고, 샘은 형과의 관계를 회복할 기회를 얻었고, 자신의 마음속에서도 평화를 찾을 수 있었다.

샘은 말과 행동에서 친밀감이 본질적으로 서로 연결되어 있다는 것을 이해하게 되었다. 회복 후 12단계 프로그램 4주년을 맞이한 그는, 앞으로 1년 동안 자신의 말이 이해와 친절에 뿌리를 두도록 하겠다고 다짐했다. 아무리 사소한 것이든, 선의의 것이든, 험담하거나 남을 헐뜯는 말, 거짓말을 하지 않기로 결심했다. 그러자 사람들은 샘을 더욱 신뢰하기 시작했고, 자신의 고민과 취약한 부분을 털어놓으며 의지했다. 그는 자신의 자존감이 높아지는 것을 느꼈고, 자신의 말을 지키는 것은 자신의 의도성과 가치관을 더 잘 알게 되는 강력한 훈련이 되었다. 그는 험담과 거짓이 대개 혐오와 악의에서 비롯된다는 것을 깨달았다.

친밀해지려는 우리의 의도를 새롭게 할 수 있는 기회는 언제나 있을 것이다. 특히 노화는 필연적으로 질병과 신체적 한계를 수반하며, 어려운 사건은 계속 나타나기 때문에, 삶에서 친밀감을 연습할 기회는 충분히 많을 것이다. 친밀감은 연습을 통해 점점 깊어지는 역량으로, 우리의 경험과 친밀해질 수 있는 내재적 능력이 다시 깨어나며, 어려운 상황이나 의미와 연결, 사랑이 필요할 때 점점 더 많이 활용할 수 있게 된다. 〈글상자 7-1〉의 연습을 해 보라.

### 글상자 7-1 마음챙김 연습: 친밀 명상

잠시 멈추고 몸과 마음에서 일어나는 일, 그리고 주변에서 일어나는 일을 알아차려 봅니다. 의도적으로 개방감, 배려, 존엄성이 느껴지는 자세를 취해 봅니다.

몸에 주의를 기울이며 의자에 닿는 촉감, 피부에 닿는 공기의 감각, 얼굴과 어깨의 감각을 느껴봅니다. 피곤함, 불안함, 차분함과 같은 현재의 기분을 느껴볼 수도 있습니다. 마음속에서 속삭이는 생각이나 이미지를 분별할 수도 있습니다. 지금 순간의 보이는 것과 소리에 민감하게 반응하는 자신을 발견할 수도 있습니다. 잠시 멈춰 서서, 호기심과 인내, 돌봄의 마음으로 생명을 가진 몸에 주의를 돌려 봅니다. 공기와 옷이 피부에 닿는 느낌, 주변에서 들리는 소리, 몸의 자세, 표정, 손의 위치를 알아차립니다. 몸에서 편안한 부위를 알아차리고 그 편안함에 주의를 기울입니다.

이제 몸의 수축되거나 통증이 느껴지는 부위에도 주의를 확장해 봅니다. 돌봄, 호기심, 친절함으로 바라보며, 그것과 함께하는 것이 어떤 경험인지 탐구해 봅니다.

이제 도움이 된다면 아무것도 바꾸려고 하지 말고 숨을 쉬면서 다음 문구를 작게 말하며 자신이 어떻게 느끼는지 살펴보세요:

"안전하고 건강하기를"
"만족스럽고 평화롭기를"
"배려심 있고 친절하기를"

몸을 닻으로 삼아 적절하다고 느껴지는 만큼 이 연습을 계속합니다. 몸에서 느껴지는 감각이 순간순간 어떻게 밀려오고 흘러가는지 마음챙김으로 알아차려 봅니다. 서 있거나 앉아 있는 상태에서 몸의 감각과 호흡에 주의를 고정하는 것이 무엇인지 살펴봅니다. 주의가 다른 곳으로 쏠릴 때, 생각은 생각으로, 이미지는 이미지로 단순히 알아차리고, 어떤 요구나 기대 없이 다시 있는 그대로의 몸으로 돌아옵니다.

지금 순간에 존재하는 생각, 이미지, 기분 등을 포함하도록 주의를 확장해 봅니다. 특히 어려운 것이나 불쾌한 것, 쉽게 빠져들거나 판단하기 쉬운 것들도 포함합니다. 이 모든 것을 동일한 배려와 세심함으로 마음챙김하며 대하는 것이 무엇인지 탐구해 봅니다. 도움이 된다면, 다시 한번 다음 문구를 마음속으로 되새깁니다:

"안전하고 건강하기를"

"만족스럽고 평화롭기를"

"배려심 있고 친절하기를"

현재를 바꾸는 것이 아니라, 지금 이 순간과 친밀해지는 역량을 키우는 것임을 기억합니다. 특정한 감정을 가지려고 하는 것이 아니라, 현재를 돌볼 수 있는 능력을 키우는 것입니다.

연습을 마무리하며, 일상생활 속에서도 이 연습을 지속하겠다는 의도를 세워 봅니다.

## 자비(Compassion)

우리 모두는 아픔, 괴로움, 고통 앞에서 마음이 부드러워지고, 인간 경험의 일부인 연약함에 마음을 열 수 있는 자비의 순간을 경험한 적이 있다. 이러한 순간은 가까운 가족 내에서 아이가 아프거나 연로한 친척이 점점 쇠약해지는 경우처럼 개인적인 상황에서 일어날 수도 있고, 엄청난 자연재해나 무의미한 폭력 행위로 무고한 사람이 심각한 부상을 입었다는 소식을 들을 때처럼 세계적인 상황에서 발생할 수도 있다. 이러한 순간에는 자아와 타자 사이의 경계가 흐려지고, 비판과 비난의 서사가 사라지며, 우리는 잠시나마 친절과 자비가 가득한 세상에 살게 된다.

자비란 "인간 경험 속에서 아픔과 그 고통의 보편성을 인식하고, 그 고통을 친절, 공감, 평정심, 그리고 인내심으로 마주할 수 있는 마음의 정향성"(Feldman & Kuyken, 2011, p. 143)이다. 라틴어, compati 에서 유래된 이 단어는 '고난을 함께한다'는 의미를 갖고 있다.

불교 전통에서는 고통 앞에서 떨리는 마음으로 묘사된다. 자비는 깊은 배려, 연결감, 대응이라는 정서적 어조를 지니고 있다. 하지만 자비는 단순한 감정이 아니라 의도가 담긴 이해이다. 그 근본적인 의도성은 "존재의 아픔과 고통을 덜어주려는 몸과 마음의 건전한 움직임이며 … 그것은 열린 마음의 자발적인 대응"(Goldstein & Kornfield, 1987, p. 99)이다. 자비의 가까운 적은 동정심이다. 동정심은 자아와 타자를 분리시키고, "내가 너의 고통을 내려다보고 있다"는 태도를 유발하기 때문이다. 반면, 자비의 먼 적은 누군가가 해를 입기를 바라는 마음이나 노골적인 잔인함이다.

자비는 인간의 진화적 계보에서 발견된다(Darwin, 1871). 다윈은 『인간의 유래와 성 선택(The Descent of Man, and Selection in Relation to Sex)』[3]에서 자비가 인간의 가장 강력한 본능 중 하나이며 때로는 자기 이익보다 더 강할 수 있다고 말했다. 그는 자비가 자연 선택을 통해 확산되었다고 주장하며, "가장 공감할 수 있는 구성원이 가장 번성하고 더 많은 자손을 낳게 될 것이다"(Darwin, 1871, p. 130)라고 설명했다. 프란스 드 발(2009)은 겹겹이 쌓인 러시아 마트료시카 인형을 비유로 사용하여 자비의 여러 층위를 묘사한다. 이 층위는 다음과 같다: (1) 고통의 인식(일부 종, 심지어 아메바에서도 다른 유기체의 상태와 단순히 공명하는 형태로 나타남), (2) 타인에 대한 관심(사회적 종에서 관찰됨), (3) 관점 취하기(다른 관점을 이해할 수 있는 [마음 이론]을 가진 일부 사회적 종에서 관찰됨), (4) 목표 지향적 도움. 진화론과 동물 행동 연구에 따르면, 자비는 취약한 개인에 대한 돌봄 반응으로 인간 본성에 깊이 자리 잡고 있으며, 이는 사회 집단의 구조를 유지하는 데 선택된 특성이다.

발달 심리학에서도 흥미로운 유사점이 있다. 생후 첫해에 유아는 타인의 괴로움을 감지할 수 있다. 이들은 이를 신체적으로 경험하지만, 자신과 타인을 구별하지 못한다(Donovan & Leavitt, 1985). 이러한 구분은 아동기 후반에, 다른 사람이 무엇을 느끼고 생각하는지 더 잘 이해하게 되면서 나타난다(Greenberg & Harris,

2012; Singer, 2006). 우리는 부모가 아이들의 공감력을 발달시키고, 자신의 아픔과 타인의 아픔을 구별하는 능력, 그리고 자비롭게 반응하는 능력을 키우는 데 중요한 역할을 한다는 것을 알 수 있다(MacBeth & Gumley, 2012). 건강한 청소년기와 성인기에는, 더 섬세한 윤리적 틀과 학습 경험이 발달하여 자신과 타인 모두에게 자비심을 발휘할 수 있는 역량이 확장된다.

자비는 불교, 기독교, 힌두교, 유대교, 이슬람교를 포함한 모든 주요 영적 전통에서 중심적인 역할을 한다. 각 전통에서 자비의 형태는 다를 수 있지만, 공통적으로 자기중심적인 관심을 초월하고, 고통과 괴로움에 자비롭게 대응하려는 의도를 강조한다. 또한 각 전통에는 자비를 훈련하고 함양할 수 있다는 개념이 존재한다. 즉, 지속적이고 헌신적인 실천을 통해 마음을 교육하고 재교육할 수 있다(Armstrong, 2011). 따라서 자비는 인간 본성에 깊이 뿌리내린 특성이지만, 교육, 함양, 훈련, 실천을 통해 더 큰 의도성과 폭넓은 윤리적 틀을 갖추고 자비로운 반응을 더욱 효과적으로 할 수 있다.

## 자비의 매트릭스와 과정

자비는 매트릭스와 과정이다. 즉, 서로 연결된 일련의 실로 짜여져 있으며(매트릭스), 아픔에서 고통의 완화를 향한 움직임(과정)이다. 이는 아픔과 고통을 인식하고, 고통에 공감하며, 아픔과 고통의 보편성을 이해하고, 이를 수용하며, 고통을 완화할 수 있는 능력, 동기, 행동을 계발하는 것을 포함한다(Strauss et al., 2016). 매트릭스처럼 이러한 요소들로 구성되어 있으며, 전개되는 과정처럼 이러한 단계를 거친다.

매 순간과 삶 전반의 자비심을 기르는 법을 배우는 과정에서 우리는 자비로운 대응의 구성 요소를 구분하는 법도 배울 수 있다. 자비는 **떨리는 마음 또는 공감적 공명**의 특성으로 고통과 괴로움을 인식하고 인정하는 것에서 시작되며, 고요함, 전심, 수용성으로 어려움을 기꺼이 바라보고 그쪽으로 향하는 것이다. 모하메드에게는 허리 통증을, 링에게는 어두운 생각을, 샘에게는 중독성의 갈망을, 소피아에게는 내면의 비판자를 인식하는 것이 여기에 포함된다. 그러나 이러한 아픔과 괴로움을 인식하는 데 있어 가장 중요한 요소는, 우리의 신체 감각, 감정, 생각, 그리고 삶의 환경을 꾸준함, 친절함, 돌봄으로 대하려는 의지이다. "이 통증을 평생 견딜 필요도 없고, 이 통증이 나를 지배하도록 내버려둘 필요도 없다. 그저 지금 이 순간을 손님으로 맞이하고 최선을 다해 친절하고 조심스럽게 대하면 된다."

우리는 종종 아픔과 슬픔을 악마화하여 회피, 도피, 해결만이 유일한 선택이라고 느껴왔다. 그러나 이러한 습관화된 반응은 자비를 불러일으키는 데 큰 장애물이 된다. 더 나아가, 이는 우리의 고통을 지속시킨다(5장 참조). 마음챙김은 역경 속에서도 고요하고 호기심을 유지하며, 그 존재를 허용하고, 그 풍경을 탐색하며, 그것과 친숙해지라고 가르친다. 이것은 친밀감을 실천하는 행동이지만, 여기서의 행동은 아픔과 고통에 직면했을 때 자비를 불러일으키는 것이다. 이를 위해서는 인내심과 결단력, 그리고 용기가 필요하다. 처음에는 어려움을 회피하거나 해결하려는 우리의 익숙한 방식 때문에 이 과정이 직관적이지 않고 잘못된 것처럼 느껴질 수 있다. 하지만 첫 걸음을 내딛는 순간, 우리는 고통이 우리의 삶과 우리 자신을 정의하도록 내버려 두는 것을 멈춘다. 대신 우리는 취약성을 두려워하기보다는 받아들이고, 마주하며, 심지어 포용하는 법을 배운다. 이제 아픔과 괴로움에 대한 우리의 인식은 이러한 공감적 공명으로 가득 차게 된다. "아, 여기 고통이 있구나. 괜찮아. 친절과 배려로 함께할 수 있어." 고통의 한가운데 온전히 존재하려는 우리의 의지가 자비로운 대응을 위한 새로운 기회를 창출한다는 것이 분명해진다.

## 마음챙김과 공감적 공명

다음 단계는 '공감적 공명'과 이해가, 아픔과 고통을 완화하기 위한 생각, 말, 행동으로 전환하는 것이다. 이는 우리 자신과 타인의 크고 작은 고통의 징후에 용기 있게 마주하는 것을 의미한다. 모하메드에게는 활동량의 조절, 자세 관리, 약물 복용 등 만성 통증에 대한 신체적 자기 관리가 여기에 포함되었다. 하지만 이와 마찬가지로 중요한 것은, 고통을 가중시키는 '두 번째 고통의 화살'을 쏘려는 순간을 알아차리고, 그 순간에 반응적 사고의 사슬을 끊는 정신적 자기 관리였다. 그는 이렇게 말했다: "나는 매 순간 이 아픔을 고치거나 견뎌야 할 필요가 없다. 그저 지금 이 순간에 존재하며 그것을 손님처럼 맞이하고, 친절과 돌봄으로 대하면 된다." 우울증으로 어려움을 겪는 링의 경우, 그녀는 "기분이 끔찍해. 내 온몸이 이불 속으로 뛰어들어 숨고 싶어해"라는 생각을 "아, 내 검은 개가 여기에 있구나. 나는 경험을 통해 그 파괴적인 충동을 따르기보다는, 그 검은 개를 데리고 나가 운동을 시켜야 한다는 것을 알고 있다"라고 바꾸어 대처했다.

마음챙김은 우리 삶에서 겪는 아픔과 고통에 대해 다른 사람이나 자신을 비난하고, 수치스러워하고, 판단하는 경향을 진정시키는 법을 가르친다. 비난과 판단은 괴로움을 완화하는 데 거의 도움이 되지 않으며, 오히려 그것을 악화시키고 우리가 괴로움을 이해하거나 해결하려는 능력을 방해한다. 비난과 판단은 끝없는 이야기와 반추를 만들어 내어, 아픔과 괴로움을 완화할 다른 방안을 볼 수 없게 만든다.

모든 역경과 괴로움의 순간은 우리가 원하지도 않았고 통제할 수도 없는 일련의 조건에서 비롯된다. 예를 들어, 모하메드의 끊임없는 허리 통증은 직장에서 해결해야 할 문제들에 대한 그의 걱정 사이에서 주의가 분산된다. 소피아의 주의는 손자와의 포옹에서 느낀 기쁨에서, 점점 악화되는 자신의 신체 건강이라는 반갑지 않은 현실로 빠르게 이동한다. 우리는 종종 고통을 실수, 실패, 혹은 잘못된 행동에 대한 벌로 간주하며, 자신과 타인, 그리고 자신이 처한 상황을 비난하고 부끄러워하며 판단하는 경향이 있다.

마음챙김은 우리 마음속에서 끝없이 반복되는 "이건 불공평해"라는 내러티브를 진정시키는 기술을 가르친다. 이 내러티브는 괴로움에 공감적으로 대처하려는 우리의 능력을 마비시킬 뿐이다. 소피아는 자신과 파킨슨병의 관계에서 전환점을 이렇게 묘사했다: "왜 나에게 이런 일이 일어났을까?"라는 질문을 멈추고, "왜 나에게 이런 일이 일어나지 않을까?"라고 말할 수 있게 되었을 때, 치유가 시작될 수 있었다." 우리는 판단과 수치심의 이야기에 귀를 기울이며, 이것들 역시 상실, 비탄, 아픔, 외로움만큼이나 공감할 가치가 있는 고통의 표현이라는 사실을 알게 된다. 아인슈타인은 이를 상위 원칙으로 이렇게 표현했다: "인간의 진정한 가치는 그가 자아로부터 얼마나 해방되었는지, 그리고 이를 얼마나 느낄 수 있는지에 의해 주로 결정된다"(Einstein, 1956/1999, pp. 7-8).

자비의 풍경을 탐구한다는 것은 아픔, 고통, 괴로움에 대한 개인적인 관계의 역학을 탐구하는 것이다. 우리 중 많은 사람들에게, 고통스럽고 어려운 상황에 대한 우리의 관계는 우리가 스스로를 누구라고 믿는지를 정의하며, 우리의 가능성과 삶의 방식을 형성한다. 인간의 삶에 내재된 고통과 연약함에 대한 취약성을 두려워하기 시작하면, 우리는 자신을 무능력하고, 무력하며, 가치 없는 존재로 여기기 쉽다. 우리는 상처로부터 자신을 보호할 수 있다고 믿으며 초조함과 회피의 행동을 하게 된다. 어렵고, 불확실하며, 반갑지 않은 일에 직면하면, 우리는 바쁘게 움직이며 받아들이거나 포용할 수 없다고 느끼는 것을 고치기 위한 해결책과 방법을 찾으려는 경향이 있다. 우리는 끊임없이 행동하고 문제를 해결하려는 사람들이며, 고통을 없애기 위해 용감하게 노력하는 존재이다. 그러나 바쁜 일상은 고통을 있는 그대로 마주하는 대신, 우리 자신과 타인의 어려움에 대한 **공감적 공명**을 방해한다. 우리는 우리의 정신적, 신체적 경험, 현재 순간, 그리고 인간 공동체로부터 점점 멀어지고, 결국 불안에 찬 삶이 시작된다. 우리는 아픔이 우리를 압도할 것이라는 두려움을 안고 살아가며, 삶의 가장 큰 도전 속에서 균형, 힘, 자비를 찾을 수 없다는 깊이 내재된 믿음을 품는다.

마음챙김을 기르고 있는 그대로의 현재를 바라볼 때, 고통에 대한 해결책이 항상 있는 것은 아니지만, 또 항상 가능한 대응이 있다는 것도 이해하게 된다. 모든 고통을 해결할 수 없다는 것을 이해하는 것은 수동적인 자세를 취하라는 처방이 아니다. 그 대신, 아무리 극심한 아픔과 고통이라도 돌볼 수 있는 대응책을 찾도록 격려하는 것이다. 고통으로부터 도망치지 않겠다는 의지를 찾는 것이 자비로운 대응을 위한 첫걸음이다. 모든 고통과 아픔을 해결할 수는 없지만, 부드러움과 자비로 보듬을 때 모든 고통과 아픔은 완화된다.

배려와 공감의 자세를 기르면, 지속적인 어려움 속에서도 고통과 그 원인, 그리고 그 끝을 이해하는 데 도움이 된다. 이러한 이해는 현재의 경험을 결코 축소하거나 무시하지 않으며, 우리는 혼자가 아니라 취약성을 핵심으로 하는 인류 공동체의 일원임을 이해하게 된다. 자비가 길러질수록 우리는 존엄성을 얻고 타인의 고통, 즉 더 넓은 공통의 인류성 안에 존재하는 고통을 포함하도록 우리의 관심을 넓힐 수 있다. 자비의 매트릭스와 단계는 나와 너, 너와 나의 구분을 허물고, 고통과 기쁨이 인간 조건의 일부로 여겨지고, 인정되고, 충족되고, 허용되는 세상을 엿볼 수 있게 한다. 이는 보다 자비로운 반응을 위한 조건을 만들어 준다. 이러한 이해가 없다면, 자비를 우리가 마땅히 받아야 한다고 생각하는 조건과 사람들에게만 제한하기 때문에 흔들릴 수 있으며, 그 결과 이는 마치 일종의 인종 차별적 격리 정책처럼 이데올로기적이고 제한적인 것이 될 수 있다.

이런 종류의 조건부 자비는 필연적으로 두려움과 소외감을 조장하는 역효과를 낳는다. "이 정도 고통은 괜찮아, 이것은 아니야. 이 사람은 자비를 받을 자격이 있고, 이 사람은 그렇지 않다." 이해와 자비는 함께 일어나며, 마음챙김 연습은 우리에게 배려하는 방법을 가르쳐 준다. 아픈 아이, 쓰나미와 같은 자연재해에 휩쓸린 사람, 건강이 나빠지는 노인 등 누구의 탓도 아닌 곳에서 고통받는 사람들을 생각해 보라. 그런 다음 가해자, 인종 분쟁을 피해 피난 온 난민, 피해를 당한 사람이 다른 사람에게 피해를 주는 상황을 떠올려 보라. 이러한 예는 비난, 가해자, 피해자를 포함하는 내러티브를 만들어 내는 마음의 자연스러운 경향을 보여 준다. 하지만 이해와 공감이 함께 일어날 때, 우리는 마음과 마음으로 대응할 수 있다. 이는 습관적인 반응을 줄여주고, 우리를 보호하고 균형과 배려를 가지고 대응할 수 있도록 돕는다. 또한 우리의 대응에 의도성이 깃들도록 한다.

소피아의 파킨슨병이 진행되면서 그녀는 가족과 친구들이 자신의 기능 저하를 받아들이려고 고군분투하며 고통스러워하는 모습을 보게 되었다. 소피아는 그들의 눈에서 종종 무엇을 말하거나 행동해야 할지 몰라 당황하는 모습을 발견할 수 있었다. 치료와 치유를 중심으로 하는 의료진인 의사와 간호사에게도 마찬가지였다. 이미 할 수 있는 모든 조치를 취했는데도 질병이 끊임없이 진행되는 상황에서, 그들은 무엇을 말하거나 행동해야 할까? 소피아는 수년간의 마음챙김 수행을 통해 가족, 친구, 간병인들을 이해와 자비로 대할 수 있었다. 이를 통해 그들의 불확실성과, 때때로 그녀가 그들의 얼굴에서 보았던 거부감이 완화되었다. 이는 가족 및 친구들과 일상적인 대화뿐만 아니라 진정한 대화가 가능하게 해 주었다.

## 지속성과 변화

지속성은 공감과 자비의 핵심적인 측면이다. 마음챙김을 배우는 사람들은 지금 이 순간, 몸과 마음에서 일어나는 일에 반복적으로 주의를 돌리는 방법을 익힌다. 아픔, 두려움, 도망치고 싶은 욕구와 같은 모든 상황 속에서 지속적으로 마음챙김을 할 수 있는 능력을 키우는 것은, 우리가 점점 더 꾸준함과 회복탄력성을 가지게 되었음을 보여 준다. 이를 통해 우리는 괴로움에 자비로 맞설 수 있다는 자신감을 얻게 된다. 그러나 지속성은 이를 악물고 금욕적으로 고통을 견디는 것을 의미하지 않는다. 지속성은 상실, 원치 않는 변화, 아픔을 두려움 없이 마주할 수 있는 돌봄과 이해를 배우는 것이다.

우리는 우리 자신의 삶과 끝이 없어 보이는 세상의 슬픔으로부터 깊은 영향을 받는다. 옛 가르침에서는 "사라지지 않는 삶을 어떻게 해야 할까?"라는 질문을 던진다. 이를 다르게 표현해 본다면, "끝없는 듯한 상실, 아픔, 질병, 해결책도 없어 보이는 고통을 안고 살아가는 삶을 어떻게 대처할 수 있을까?"라는 질문을 스스로에게 던질 수 있다. 자비와 돌봄으로 이 삶과 순간에 주의를 기울이는 것은 자유와 균형의 열쇠를 제공한다. 현재가 어떠해야 한다는 서사에 빠지지 않고, 있는 그대로의 현재에 주의를 기울일 때, 우리는 회복탄력성과 용기를 기르기 시작하며, 이는 자비를 키우는 초석이 된다.

마음챙김 프로그램에서 이러한 치유적 변화는 특정한 방식으로 이해된다. 변화는 괴로움과 고통이 사라지는 것을 의미하지 않는다. 현재의 괴로움을 초래한 조건을 분석하기 위해 과거를 깊이 파헤치는 것은 거의 권장되지 않는다. 그러한 조건과 사건은 되돌릴 수 없는 것이다. 대신, 마음챙김 프로그램에서는 "현재를 변화시킬 때 과거와 새로운 관계를 형성할 수 있다"는 점을 배우게 된다. 현재의 변화란, 과거의 내러티브와 신체적 흔적이 현재에 떠오를 때 그것과의 관계를 변화시킴으로써, 괴로움을 가중시키는 불안, 판단, 그리고 내러티브의 층위로부터 벗어나는 과정이다. 이러한 변화된 관계의 중심에는 자비가 자리 잡고 있다.

링(Ling)은 학대와 심리적으로 불안정한 부모로부터 받은 어린 시절의 트라우마가 자신의 삶을 지배하고 있다고 말했다. 어렸을 때, 링은 매일 분노로 가득 찬 아버지와 함께 살며 마치 살얼음판을 걷는 듯한 생활을 했다. 이후, 그의 강압적인 학대는 링의 자아감을 무너뜨렸다. 어머니는 두려움에 떨며 알코올에 의지했고, 술에 취해 자주 집을 비웠다. 분노, 두려움, 혼란, 거짓말, 그리고 당혹감의 파동이 가족 전체를 휘몰아쳤다. 링이 보호 시설에 들어갔을 때, 그녀의 가족은 물리적으로도, 정신적으로도 완전히 흩어졌다.

이러한 경험으로 인해 링은 관계를 두려워하게 되었고, 미래의 가능성을 제한당했으며, 트라우마는 꿈속에서도 그녀를 괴롭혔다. 그녀는 종종 끝없는 반추 속에 빠졌다: "왜 나에게 이런 일이 일어난 걸까? 내가 이런 일을 초래했을까? 다르게 행동했어야 했을까?" 그녀는 자신을 탓했고, 자신을 버린 아버지로 인해 결핍과 분노로 가득 차 있었다. 위탁 가정과 보호 시설로 옮긴 후, 그녀는 마음을 닫았고, 이 문제들은 또래 친구들과 양부모들과의 관계에서도 반복되었다. 권위적인 인물과의 만남이나 다른 사람의 비우호적인 시선은 공포와 무력감의 파도를 불러일으키며 그녀를 과거로 되돌려 놓았다. 심지어 사랑의 표현조차 의심과 적대감을 불러일으켰다. 그녀는 반응적인 태도 외에는 다른 방법을 알지 못했다. 그것이 그녀를 보호하고 안전하다고 느끼게 해 주었다.

10대와 성인 초기에 링은 아버지가 사촌을 학대했다는 사실을 깨닫지 못했던 자신을 의심하며 자책했다. 그녀는 스스로에게 물었다: "내가 사촌을 보호하고 가족을 지키기 위해 뭔가 할 수 있었을까?" 밤이면 가족들이 모였던 장면을 떠올리며, 자신이 어떻게 그토록 보지 못했는지 궁금해했다. 그녀는 왜 아버지의 학대를 그렇게 오랫동안 방치했는지 자문했고, 사촌과 자신에게 실망을 안겨준 모든 생각이 꼬리에 꼬리를 물었다. 그녀는 아직 어린아이였음에도 가족이 해체된 것에 대해 자신을 탓했다.

링이 20대였을 때, 두 명의 다른 사람이 링의 아버지로부터 학대를 받았다고 고백했다. 그는 기소되었고 무죄를 주장했다. 링은 법정에서 학대에 관한 끔찍한 이야기를 들으며 자신이 겪었던 학대를 밝히지 못한 채 재판을 지켜보았다. 그녀의 아버지는 형이 선고되기 전에 감옥에서 사망했고, 그의 죽음으로 정의와 해결의 가능성은 모두 사라졌다. 죄책감, 수치심, 분노로 짓눌린 마음으로 살아가던 링은 절박한 심정으로 도움을 구했다.

그녀는 개인 상담을 통해 가족 중 그 누구도 과거의 사건들에 대해 완전한 화해나 행복한 결말에 이를 수 없다는 사실을 이해하게 되었다. 치료를 통해 자신의 경험을 받아들이고 이를 재구성하면서, 지속적인 수치심과 분노, 반응에서 벗어나 삶을 살아가는 법을 배우기 시작했다. 개인 상담 이후, 그녀는 삶이 안정기에 접어들면서 8주간의 마음챙김 기반 인지치료(MBCT) 프로그램에 참여했다. 마음챙김 연습을 통해 그녀는 트라우마 기억과 그 영향에 대해 자비심을 가지고 조금씩 다가갈 수 있다는 것을 깨달았다. 그녀는 이러한 기억이 항상 끔찍할 것이지만, 이를 "조심스럽게 만지고 달랠 수 있는 상처"라고 표현했다. 그녀의 연습이 깊어지면서, 링은 이러한 촉발 순간을 점점 더 명확히 인식하게 되었고, 단순히 발이 땅에 닿는 감각과 몸의 평온한 부분을 느끼는 능력을 계발하기 시작했다. 그녀는 몸통에서 느껴지는 긴장과 수축이 두려움과 불안의 표현임을 인식했다. 이에 즉각적으로 반응하기보다는, 그녀는 이를 안정감과 안전함을 느끼게 해 주는 신호로 받아들이고, 자신을 돌볼 수 있을 만큼 충분히 안정된 상태를 유지하는 데 사용했다.

링의 몸은 피난처가 되었다. 과거의 생각과 이미지가 여전히 떠오르긴 했지만, 이제 그녀는 그것들을 단순한 생각과 이미지로 바라볼 수 있었으며, 점점 더 그 생각과 이미지에 빠지지 않고 현재에 머물 수 있었다. 그녀는 말했다: "수치심과 판단 대신 점차 커지는 자비심으로 과거의 어린 소녀와 지금의 여성을 바라볼 수 있었다. 그것은 자유와 새로운 시작을 엿보는 순간이었다."

결정적으로, 이 능력은 시간이 지나면서 링이 부모로서 사용할 수 있는 중요한 자원이 되었다. 그녀는 자신의 수치심과 자책감에 덜 얽매이게 되면서 자녀들에게 더

> 많은 관심을 기울일 수 있었다. 그녀는 자녀들과의 관계에서 자신의 감정 변화와 반응을 인식하며, 이를 허용하고 최선을 다해 대응하는 연습을 반복했다. 그녀는 점점 더 불가피한 양육의 도전 속에서도 안정감을 유지할 수 있었으며, 특히 어린 시절이 학대와 불안정으로 점철되었던 것을 고려하면 이는 더욱 큰 도전이었다.

다른 모든 능력과 마찬가지로, 우리의 자비심 역시 관심을 기울이고 함양할 때 성장한다. 자비심을 키울 기회는 언제나 열려 있으며, 극적인 고통이나 괴로움의 순간을 기다릴 필요도 없다. 우리는 부드러움과 보살핌으로 몸 안에서 느껴지는 작은 괴로움의 속삭임에 마음챙김으로 귀 기울이는 법을 배울 수 있다. 수치심, 불안, 비난과 같은 생각과 감정을 판단이 아닌 부드러움으로 인식하는 법을 배우면서, 우리는 내면의 삶과 현재 순간에 더욱 잘 조율된다. 우리는 점점 더 주변 세상에 눈을 뜨기 시작하고, 하루 동안 마주하는 많은 순간 속에서, 다양한 사람들의 연약함을 자연스럽게 알아차리게 된다. 예를 들어, 어린아이의 울음소리, 조심스럽게 걷는 노인의 걸음걸이, 길거리에서 구걸하는 사람의 모습 등을 보면서 우리는 그 순간에 주의를 기울이게 된다. 이 주의 속에서 우리는 자비에 마음을 열고, 괴로움 앞에서 떨리는 마음을 우리 내면에서 느끼기 시작한다. 두려움이나 판단으로 외면하는 대신, 이러한 순간을 공감과 자비로 포용할 수 있는 용기와 균형을 점차 발견하게 된다.

## 8주 마음챙김 기반 프로그램에서 자비심을 기르는 방법

마음챙김이 프로그램의 모든 부분에 스며들어 있는 것처럼, 친밀감과 자비의 태도적 차원도 모든 과정에 포함되어 있다. 실제로 1장에서는 이러한 태도적 차원을 주의와 알아차림의 핵심으로 삼아 마음챙김을 정의했다. 『우울증 재발 방지를 위한 마음챙김 기반 인지치료(Mindfulness-Based Cognitive Therapy for Depression)』 2판에서는 친절과 자비에 관한 새로운 장이 추가되었는데, 그 이유는 "MBCT 프로그램에서 사람들이 배우는 가장 중요한 것 중 하나가 친절과 자기 자비"(Segal et al., 2013, p. 137)이기 때문이다. 마음챙김 기반 스트레스 감소(MBSR)에서도 마찬가지로, "클리닉의 전체적인 분위기는 항상 자애(loving-kindness)를 체화하려고 노력해 왔다"(Kabat-Zinn, 2005, p. 285)고 한다.

따라서 마음챙김 프로그램에서 자비심을 가르치는 첫 번째 방법은 마음챙김 지도자의 체화를 통해 이루어진다. 예를 들어, 지도자가 참가자들을 "환자라기보다는 손님으로 대하며, 참가자들이 프로그램에 참석했다는 것만으로도 보여 준 용기에 대해 따뜻한 환대와 존중을 가지고"(Segal et al., 2013, p. 137) 대할 때, 이러한 체화를 볼 수 있다. 자비는 참가자들을 대하는 방식, 수업을 관리하는 방식, 연습을 소개하고 이끄는 방식, 그리고 참가자들의 학습을 지원하고 존중하는 방식 등 프로그램의 모든 측면에 스며들어 있다. 이러한 의미에서 자비는 지도자의 체화된 가르침을 통해 암묵적으로 전달되며, 이것은 의도적인 과정이다.

우울증이나 기타 임상적 장애를 가진 사람들은 여러 가지 정신적 상태가 쉽게 유발될 수 있다. 예를 들어, "나는 우울증을 이겨내야 해"라는 성과에 대한 집착, "이것은 무섭다, 차라리 모래 속에 머리를 묻고 싶다"는 회피, 또는 "나는 가치가 없다. 이런 도움을 받을 자격이 없다"는 강한 자기 비판적 내면의 목소리 등이 그러하다. 숙련된 마음챙김 지도자는 이러한 경향을 잘 이해하고 있다. 참가자에게 "친절하게 대하라"고 명시적으로 권유하는 것은 오히려 기존의 신념과 성향을 강화하여 역효과를 낼 수 있다. 예를 들어, 학대적인 가정에서 자란 링의 경우, 누군가가 그녀에게 친절이나 관심을 보이면 의심을 품고 뒤로 물러서거나, 때로는 적대감을 보였다. 그녀는 자신의 취약성과 과도한 반응을 숨기기 위해 어두운 안경을 쓰기도 했다. 링과 같은 사람이 친밀감과 자비의 태도에 접근할 수 있도록 안전하다고 느끼게 하려면, 마음챙김 지도자가 높은 수준의 기술을 발휘해야 한다. 안전한 환경과 마음챙김 연습 자체는 링이 자비심과 친밀감을 키우는 데 도움을 주었다. 이는 그녀가 고통과 반응을 "인식하고, 허용하고, 공명하며, 치유로 나아가는 단계"를 거칠 수 있는 안전한 공간을 제공했다. 이러한 조건과 연습은 마음챙김 지도가가 제공한 환경에서 이루어졌고, 이는 그녀가 자비심을 배운 방식이었다.

마음챙김 프로그램의 초기 단계에서는 몸을 주의 집중의 대상으로 삼는다. 참가자들은 지속적인 주의를 기울이고, 불가피하게 발생하는 애착과 혐오를 다루는 방법을 배운다. 참가자들이 통증에 직면했을 때, 마음챙김 연습의 안내와 인콰이어리 과정을 통해 그 통증을 관심과 친절로 맞이하도록 격려받는다. 이를테면 통증과 괴로움에 대해 "환영 매트"를 깔아주는 것과 같은 태도를 최선을 다해 유지하라는 것이다. 처음 세 번의 세션에서는 바디스캔, 마음챙김 움직임(스트레칭과 걷기), 호흡에 대한 마음챙김과 같은 다양한 핵심 마음챙김 연습을 통해 친절과 연계된 의도적인 주의를 기르는 데 초점을 맞춘다. 이러한 연습은 주의 집중의 근육을 계발할 뿐만 아니라, 충동적이고 습관적인 사고 패턴, 부정적인 마음 상태와 판단에 대한 혐오를 드러내는 데 도움을 준다. 예를 들어, 샘은 마음챙김 연습 중 자신의 건선으로 인한 가려움증(이를 진정시키고 없애고 싶은 이해할 수 있는 충동)과, 중독에서 회복하는 동안 쉽게 촉발될 수 있는 갈망(예: "이 12단계 헛소리 다 집어치우고 당장 한 방 해야 해"라는 생각) 같은 모든 일반적인 방해 요소를 확인했다.

마음챙김을 통해 우리는 자기 판단과 자책으로부터 힘을 빼내는 능력을 키울 수 있다. 이러한 자기 판단과 자책은 우울증적 사고를 연료처럼 부추길 뿐이다. 하지만 습관적인 사고 패턴에서 의도적으로 벗어나 보면, 우리는 새로운 경험을 하게 된다. 참가자들은 자신의 호흡과 몸에 대한 마음챙김 능력을 계발하며, 현재 순간에 주의를 기울이고 더 큰 감각적 알아차림을 키운다. 참가자들이 두 번째 주에 작성하는 즐거운 경험 기록지는 우울증으로 인해 암울함에 물들지 않은 세상과 연결되고, 우리가 숨겨왔거나 인식하지 못했던 감사와 연결의 능력을 드러낸다. 마음챙김 프로그램에서는 호기심, 친밀감, 친절을 지속적으로 강조하며, 이는 내적이든 외적이든 불쾌한 사건에 직면했을 때 활용할 수 있는 기술적, 태도적 기반을 계발하도록 돕는다. 우리는 스스로 몰랐던 새로운 기쁨의 능력을 발견하게 된다. 마음챙김 프로그램은 사람들이 일상에서 발생하는 즐거운 경험과 불쾌한 경험 모두에 주목하도록 유도한다. 이때 비롯되는 감각, 감정, 생각, 충동을 어떤 식으로든 고치거나 바꾸려 하지 않고 관찰하는 것이 핵심이다. 이를 통해 평정심을 기르고, 프로그램의 나머지 요소와 함께 긍정적인 변화를 지원한다.

재발성 우울증을 위한 마음챙김 기반 인지치료(MBCT) 프로그램의 후반부에서는, 우울증 재발의 개인적 징후에 대해 마음챙김과 자비를 적용해 능숙한 대응을 가능하게 한다. 참가자들은 자신의 사고와 행동에서 습관적인 반응 패턴을 인식하게 된다. 하지만 이제는 친밀감과 자비의 방향성으로 접근한다다. 특히, 윈스턴 처칠이 자신의 우울증을 설명하기 위해 사용했던 "검은 개" 은유는 이를 잘 설명한다. 그의 "검은 개"는 어두운 존재였지만, 좋든 나쁘든 그의 삶의 일부였다. 매튜 존스톤은 그의 책 『나는 검은 개를 키웠다(I Had a Black Dog)』(2007)에서 우울증과의 변화된 관계를 아름답게 묘사했다. 이 책에서는 검은 개가 그의 모든 경험을 어떻게 강력하게 형성했는지, 이후 그와 친구가 되고 그와 함께 사는 법을 배우며, 시간이 지나면서 검은 개를 다르게 바라보게 되는 과정을 일러스트로 보여 준다.

모든 마음챙김 프로그램은 참가자들에게 공통된 인류애를 느끼게 한다. 예를 들어, 우울증 환자를 위한 마음챙김 기반 인지치료(MBCT)에서 이루어지는 인콰이어리 과정은 모든 참가자에게 우울증이 개인의 실패가 아니라, 많은 사람들이 겪는 보편적인 고통이라는 것을 일깨운다. 만성 질환을 앓고 있는 사람들, 암 환자들 역시 마찬가지이다. 나만의 고통이라고 여겼던 것이 다른 사람들도 경험한다는 사실을 깨닫는 것은, 고통의 보편성에 대한 강한 감각을 키우는 데 도움이 된다. 우리는 고통 속에서도 혼자가 아님을 깨닫게 된다. 최근에는 8주 마음챙김 프로그램을 확장하여, 자비의 명시적 교육을 강화하는 새로운 접근법이 개발되고 있다(van den Brink & Koster, 2015). 또한 자비심을 기르는 것이 회복탄력성을 향상하는 데 효과적이라는 증거도 점점 늘어나고 있다(Schuling et al., 2018).

크리스토퍼 거머와 크리스틴 네프는 자기연민을 명시적으로 가르치는 방법을 개발하며, 이를 주요 목표로 하는 8주 프로그램을 만들었다(Germer, 2009; Neff & Germer, 2013). 그들은 사람들이 언제 고통과 괴로움에 마음을 열고, 언제 더 신중히 거리를 둘지 판단할 수 있도록 돕는 심리 교육의 중요성을 강조했다. 이들은 '**역류**'라는 은유를 소개했는데, 이는 불이 난 방의 문이나 창문을 열었을 때 산소가 급속히 들어와 불이 확대되는 현상을 말한다. 예를 들어, 혐오 성향이 강한 사람이 친절과 자비를 접하면, 이로 인해 역효과가 발생할 수도 있다. 따라서 그들은 친절과 자비를 얼마나, 언제 열어야 하는지를 아는 데 심리 교육과 숙련된 기술이 필요하다고 주장했다. 이는 트라우마를 다루는 마음챙김 교육에서도 유사한 맥락에서 발견된다.

많은 마음챙김 지도자들은 자비심을 기르는 명시적 방법을 탐구하고 있으며, 이 능력을 가장 효과적으로 계발하는 방법을 검토하기 위한 신중한 연구가 필요하다. 관심 있는 독자는 관련 연구(Germer, 2009)를 참고할 수 있다. 또한 〈글상자 7-2〉에 제시된 자비 관련 마음챙김 연습도 시도해 볼 수 있다.

### 글상자 7-2 마음챙김 연습: 자비심

자리에 앉아 지금 이 순간의 경험에 주의를 돌리며, 몸에서 가장 편안하고 안정적인 느낌이 드는 곳에 먼저 주의를 기울여 봅니다. 예를 들어, 손바닥의 감각이나 발이 땅에 닿는 감각에 집중해 보세요. 고요하고 안정된 몸에 주의를 기울이며, 긴장이 느껴지는 부위를 의식적으로 부드럽게 풀어줍니다. 호기심과 따뜻한 주의를 기르는 것이란 무엇인지 느껴 봅니다.

그런 다음, 같은 마음챙김의 태도로 몸에서 불편하거나 긴장이 느껴지는 부위로 주의를 확장해 봅니다. 건강하거나 편안한 느낌이 드는 부위와, 긴장이나 스트레스가 느껴지는 부위를 번갈아 가며 주의를 기울여 봅니다. 고통에 공감과 자비로 깊이 귀 기울이는 것이 무엇인지 느껴봅니다.

여력이 된다면, 주의의 영역을 넓혀 자신이 아끼는 사람들, 그리고 매일 만나는 수많은 사람들을 포함해 보세요. 그들 모두 각자의 삶 속에서 기쁨과 슬픔을 경험하는 사람들입니다. 예를 들어, 상실, 연약함, 질병과 같은 원치 않는 고통으로 힘들어하는 사람의 이미지를 떠올려 봅니다. 그리고 그 사람을 공감적으로 품는다는 것이 무엇인지 경험해 봅니다.

다음과 같은 간단한 문구를 사용해 실험해 볼 수 있습니다:

"허용" "평화" "편안함" "돌봄"

## 기쁨

기쁨은 마음의 기쁨, 부드러움, 그리고 따뜻함을 포함하는 본질적인 마음의 태도로서, 감상(感想), 만족감, 그리고 감사를 느낄 수 있는 능력을 키운다. 우리의 마음이 고통 앞에서 떨리는 것처럼, 행복과 아름다움 앞에서도 떨릴 수 있다. 기쁨의 정서적 어조는 즐거움, 생동감, 활력이다. 기쁨은 만족감, 경이로움, 빛나는 자부심, 감사, 환희와 같은 다양한 감정과도 연결되어 있다.

공감은 자비심을 키우는 데 필수적일 뿐만 아니라, 기쁨을 키우는 데에도 중심적인 역할을 한다. 즐거운 상태를 마주할 때, 공감은 감탄 어린 기쁨, 만족감, 감사함로 꽃피울 수 있다. 이 섹션에서는 이러한 세 가지 측면에 대해 차례로 논의하며, 동시에 무엇이 기쁨을 가리고 방해할 수 있는지도 살펴본다.

기쁨의 가까운 적은 감상적 태도와 과도하게 들뜨는 상태이다. 우리는 순간 속에서 진정한 기쁨을 느끼기보다, 기쁨이라는 개념에 휩쓸려 그것을 억지로 만들어 내려 할 때가 있다. 예를 들어, 특정한 날을 기념일로 정해 축하하지만, 그 순간에 자연스럽게 피어나는 기쁨을 있는 그대로 받아들이기보다는 형식적인 즐거움이나 의무적인 분위기에 휩쓸릴 수도 있다. 기쁨은 어려움에 친밀함을 가져가고, 평정심과 자비로 고통에 대처할 수 있도록 돕는다. 우리는 스스로 기쁨을 느낄 수 있는 능력뿐만 아니라, 다른 사람의 행복과 성공에서도 기쁨을 찾을 수 있는 능력을 가지고 있다. 기본 가르침에서는 기쁨의 공감적이고 이타적인 측면을 강조하며, 이는 연결과 조화를 이루는 조건을 형성한다.

기쁨의 먼 적은 원한과 독일어로 “샤덴프라우데(Schadenfreude)”라고 불리는 다른 사람의 실패에서 기쁨을 느끼는 태도이다. 다른 사람의 행복에서 기쁨을 찾는 것은 원한에 대한 해독제가 되며, 우리 자신의 부족함을 덜 느끼게 하고 시기심을 완화하는 효과가 있다. 우리가 시기, 원망, 탐욕, 끊임없는 판단으로부터 마음과 정신을 해방할 때, 우리는 자신과 타인의 행복을 진정으로 감사할 수 있게 된다.

기쁨은 주의, 친밀감, 자비와 마찬가지로 의도적이며, 훈련과 실천이 필요한 태도이다. 기쁨은 종종 간과되지만, 이는 모든 사람이 가지고 있는 잠재력일 뿐만 아니라, 훈련과 계발을 통해 키울 수 있는 능력이다. 기쁨은 소중함, 지속적인 만족감, 자신감, 감사함의 순간을 포함하는 심리적 안녕감의 주요 구성 요소이다. 우리는 마음챙김 연습과 일상의 삶의 방식을 통해 기쁨이라는 태도를 함양할 수 있다. 우리가 의도적으로 기쁨을 키울 때, 기쁨은 우리가 머무를 수 있는 내면의 집이 될 수 있으며, 우리는 기쁨 속으로 귀환하게 된다. 또한 결핍감에서 비롯된 집착이 고통과 괴로움의 정교한 판단을 불러일으키는 경향에서 자유로워질 수 있다.

## 기쁨과 의도성

기쁨의 기초는 간단하다. "친절과 자비에 뿌리를 둔 생각, 말, 행동"(Feldman, 2017, p. 94)이다. 우리의 생각, 말, 행동이 괴로움과 고통을 종식시키는가? 그것들이 행복과 안녕을 지원하는가? 5장과 6장에서 살펴본 것처럼, 알아차림과 의도적인 반응은 기쁨이 자랄 수 있는 조건을 형성한다.

수년 동안 소피아는 하루를 30~60분간의 마음챙김 수행으로 시작했다. 이 연습은 보통 자신을 포함해 그날 마주칠 사람들을 떠올리고, 그들의 안녕을 기원하는 것을 포함했다. 이러한 연습을 통해 소피아는 하루 동안 만나는 사람들, 특히 어려운 상황에서 마주칠 것으로 예상되는 사람들을 친절하게 대하는 방향으로 마음을 기울일 수 있었다.

샘은 하루하루 중독에서 벗어나며 그의 마음이 점점 맑아지고 안정되었다. 그 결과, 그는 자신과 주변 사람들에게 친절하고 자비롭게 행동할 수 있는 여유를 가질 수 있었다.

링은 자녀의 아버지와 별거하는 과정에서 자녀 양육권, 누가 집에서 살아야 하는지, 재정 문제 등을 협상해야 했다. 이 과정에서 무방비 상태로 거친 말을 하거나 징벌적인 행동을 할 가능성이 있었다. 하지만 그녀는 주의를 기울이고 충동에 저항함으로써, 자신과 전 파트너 모두가 자녀와 서로 좋은 관계를 유지할 수 있는 기반을 마련했다.

친절과 자비에 뿌리를 둔 의도성은 우리 자신과 타인에게 기쁨의 조건을 만들어 준다. 또한 우리의 마음에 후회와 부끄러움의 잔재가 남지 않도록 한다.

## 감상(感想)하는 기쁨

음악을 즐기고, 하늘의 별을 바라보며, 나뭇잎 위에서 반짝이는 햇빛을 감상하고, 사랑하는 사람들과 함께하는 시간, 맛있는 식사, 또는 현재 몸이 경험하는 모든 감각을 온전히 알아차리는 데는 마음챙김과 온전한 주의의 작은 한 걸음이면 충분하다. 이러한 순간들은 늘 우리 곁에 존재하며, 더 깊고 지속적인 만족감을 엿볼 기회를 제공한다. 이 단계는 우리가 자동 조종 상태와 반응하는 것에서 벗어나게 한다. 감상은 보다 대응할 수 있는 역량을 길러준다.

또한 감상은 세상을 판단하거나 익숙하고 자동적인 방식에 의존하려는 경향을 넘어서는 열린 인식의 태도를 요구한다. 예를 들어, 마음챙김 기반 부모 교육 프로그램에서는 8주 과정 초반에 부모들에게 아이가 잠든 모습을 바라보며 그 순간을 온전히 경험하라고 안내한다. 이 시간 동안 부모들은 아이를 바라보며, 자신의 신체 감각, 감정, 그리고 떠오르는 생각을 세심하게 알아차리도록 한다.

감상은 이러한 순간을 인식하고 경험하기 위해 특정한 마음의 정향, 순수한 지각, 훈련이 필요하다. 우리는 이 순간들을 인식하고, 지각의 영역으로 받아들이며, 이를 온전히 경험한다.

> 샘은 부모님이 선물해 준 호숫가의 집에서 살고 있었다. 그는 과거, 중독 상태였을 때에도 여러 차례 이곳을 방문했지만, 회복 후에야 비로소 이 공간을 진정으로 감상할 수 있었다. 어느 날 오후, 그는 자신의 변화된 인식과 감상을 글로 표현해 보았다:
>
> "길고 여유로운 나날들. 호수 너머로 펼쳐진 풍경은 시간에 눌린 채 영원을 응시하는 산맥들. 호수 표면은 카멜레온처럼 무수한 얼굴을 지닌다. 때로는 광란의 리듬, 때로는 비명을 지르는 아이처럼 요동친다. 다시금 조용하고 고요해

지면, 부처의 숨결보다 더 잔잔하다. 황혼이 되면 달빛이 스며들고, 밤이 되면 반짝이며 어둠 속에서 알 수 없는 깊이를 드러낸다.

소나무의 송진, 숯, 시트로넬라, 선탠 로션, 공기 속 알 수 없는 달콤함의 냄새가 스며든다. 나뭇잎의 사각거림, 아이들의 웃음소리와 고함소리, 물 위로 퍼지는 비명소리와 노루의 울음소리. 때로는 벌레 소리조차 없는 고요함. 그 속에서 마음은 부드러워지고, 떨리며, 순수함으로 삶을 만난다.

하지만 때때로, 불현듯 떠오르는 기억이 나를 사로잡는다. 취한 상태로 호수로 향하며 쏟아낸 거친 말과 그로 인한 후회, 도시의 망각 속으로 다시 돌아가고 싶었던 초조함. 하지만 절제와 주의를 기울이며, 여름의 길고 여유로운 날들로 주의를 돌린다. 시간은 멈춘 듯 흐르고, 나는 매 순간 내 삶을 위해 이곳에 있다. 잠시 잃어버렸던 삶을 다시 되찾았다."

이와 같은 감상하는 기쁨은 우리의 경험을 판단하고 라벨을 붙이려는 근본적인 경향과 하루를 자동 조종 모드로 보내는 방식 사이의 연결을 느슨하게 한다. 이 기쁨은 우리가 순수한 지각으로 일상의 순간들을 감상할 수 있도록 열어준다. 이는 간단해 보일 수 있지만, 우리 삶에 깨어 있기 위해서는 의도와 훈련이 필요하다. 감상하는 기쁨의 순간들을 지속적인 만족감으로 전환하려면 훈련과 시간이 필요하다. 〈글상자 7-3〉의 연습을 시도해 보라.

## 만족감

만족감은 일시적인 감상의 순간이 아니라 존재의 방식이다. 이는 우리의 마음과 정신이 쉴 수 있는 곳이며, 몸으로 체득된 이해로서 그 깊은 곳에 만족감과 존재의 편안함, 모든 것이 잘되고 있다는 감각을 품고 있다. 우리의 뇌는 행복이나 마음의 평화보다는 생존과 번식을 위해 진화했으며, 이러한 생물학적 유산은 우리가 문제가 되는 것과 잠재적인 위협에 더 많은 주의를 기울이도록 만든 경향이 있다(Sapolsky, 2017).

**글상자 7-3 마음챙김 연습: 감상하는 기쁨**

기쁨은 진심 어린 감상적 주의에서 비롯됩니다. 하루를 보내는 동안, 내가 세상을 어떻게 접하고 있으며, 또한 세상이 어떻게 나에게 다가오는지에 온전히 주의를 기울이며, 보고, 만지고, 듣는 모든 것에 마음챙김을 가져봅니다. 잠시 멈춰 서서, 피부에 닿는 바람의 촉감을 느끼고, 놀이터에서 들리는 아이들의 웃음소리를 들어보고, 먹는 음식의 맛을 온전히 음미해 봅니다. 오늘 당신에게 주어진 모든 것—세상을 자유롭게 다닐 수 있는 능력, 먹고 따뜻하게 지낼 수 있는 조건, 그리고 자신을 돌볼 수 있는 힘—을 되돌아봅니다. 나무만 보는 것이 아니라 나무를 둘러싼 공간을, 별만 보는 것이 아니라 별을 품고 있는 광활한 하늘을 바라봅니다. 누군가에게 미소를 건네거나 문을 열어주는 작은 친절의 순간, 혹은 그 반대로 타인으로부터 받는 작은 관대함의 순간을 느껴봅니다. 매 순간, 진정으로 현재에 있을 때 마음을 기쁘게 하는 잠재력이 무엇인지 느껴봅니다.

매일 의도적으로, 자신이 규칙적으로 하고 즐길 줄 아는 무언가를 알아차림의 대상으로 삼습니다. 그것은 아침에 마시는 차나 커피 한 잔일 수도 있고, 산책, 좋아하는 간식, 소중하고 사랑하는 사람과의 대화, 애완동물과의 교감, 혹은 여행 중의 여유로운 순간일 수도 있습니다. 온전히 현재에 집중하며 자신의 신체 감각, 감정, 생각을 알아차려 봅니다. 시각, 청각, 미각, 촉각 등 지금 이 순간 존재하는 모든 것을 순수한 지각과 감수성으로 경험해 봅니다. 순수한 지각으로 가득 찬 주의가 그 순간의 세계에 어떤 영향을 미치는지 느껴보세요. 경험의 한가운데에서 가슴이 떨리고, 그 순간의 단순함에서 기쁨을 느껴봅니다.

대부분의 사람들에게, 특히 스트레스를 받을 때, 사랑스럽고 가치 있는 것에 주목하고 시간을 들이는 것이 쉽지 않다. 하지만 우리는 우리 삶의 사랑스럽고 영양이 되는 요소를 인식하고 지속적인 만족감을 함양하기 위한 조건을 조성할 수 있는 연습을 할 수 있다. 시야를 높이고 넓히면, 우리는 일상 속에서 감상하는 기쁨의 순간들을 더 많이 발견할 수 있다. 판단하는 마음에서 벗어나 관찰하고 인식하며 경험하는 것은 지속적인 만족감을 위한 조건을 형성한다.

만족감의 핵심은 끊임없이 판단하려는 마음을 알아차리고 내려놓으며, 있는 현재 순간의 경험 속에서 있는 그대로 머무르는 것이다. 이를 위해, 다음과 같은 질문을 스스로에게 던져볼 수 있다.

> "지금 이 순간 행복해지기 위해 무엇이 필요한가?" "지금 이 순간 무엇이 부족한가?"

이 연습은 판단하는 마음이 만족감을 어떻게 방해하는지 보여 주고, 우리가 현재 순간 속에서 만족감을 더 깊이 받아들이는 데 도움을 준다. 중국 속담 중에는 이런 말이 있다: "마음속에 푸른 나뭇가지를 간직하면, 노래하는 새가 찾아온다."

만족감은 어려움이나 고통을 부정하지 않으며, 현명하게 사용된다면 판단하는 마음의 가치를 부정하지도 않는다. 이것은 어떤 이상화된 긍정적 사고가 아니다. 사실, 만족감은 어려움을 인정하고 그 안에서 안식하며, 두 번째 화살처럼 고통을 지속시키는 투쟁을 내려놓는 것을 의미할 수 있다. 더 나아가, 만족감은 우리가 흔히 어려움과 함께 존재하는 선한 것들을 볼 수 있도록 도와준다. 이런 의미에서, 만족감은 특정 순간에 실제로 존재하는 것들—즐거운 것, 불쾌한 것, 중립적인 것—에 열려 있으며, 완벽함, 목표, 안정이라는 존재하지 않는 것들을 추구하려는 노력을 내려놓는 것이다.

> 소피아는 몇십 년 동안 마음챙김을 실천해 왔으며, 처음 파킨슨병 진단을 받았을 때 이렇게 말했다: "파킨슨병의 떨림이 가장 심할 때에도 저는 여전히 존재의 편안함과 생동감을 경험할 수 있었습니다. 물론, 그것이 즐겁지도 않고, 두렵거나 때로는 공포스럽기도 하지만, 그 와중에도 나는 평온함을 찾을 수 있었고, 그 안에서 안식할 수 있었습니다. 거기에는 제 삶의 모든 좋은 것들도 함께 담겨 있었습니다. 처음 진단을 받았을 때, 저는 며칠, 몇 주 동안 충격을 받았습니다. 저의 정체성과 미래가 완전히 바뀌었습니다. 당연한 일이었지요. 끔찍한 진단과 함께 암울한 예후를 받았으니까요.
>
> 하지만 마음챙김 연습을 통해, 저의 마음을 안정시키는 방법을 다시 떠올릴 수 있었습니다. 파킨슨병을 가진 새로운 소피아에게 친근함과 보살핌을 되찾을 수 있었습니다. 일어나서 차 한 잔을 들고 정원으로 나갔더니, 정원도, 내가 좋아하는 차의 맛도,

새들도, 하늘도 모두 그대로였습니다. 제 몸과 마음도 그대로였지만, 저는 이제 파킨슨병 진단을 받은 사람이었습니다. 그 순간, 저는 다시금 어떤 여유로움을 찾았습니다."

소피아는 마음챙김을 통해 삶의 즐거움과 어려움 모두를 받아들이고, 두려움과 불만족을 유발하는 판단하는 마음을 내려놓는 방법을 보여 주는 좋은 예이다. 만족감은 삶 속에서 사랑스럽고 도전적인 모든 것에 깨어 있을 수 있도록 하는 길이다. 〈글상자 7-4〉의 연습을 통해 만족감을 키우는 연습을 시작할 수 있다.

**글상자 7-4 마음챙김 연습: 만족감**

잠시 시간을 내어 주의를 안정시킵니다. 깨어 있고 위엄 있음을 느낄 수 있는 자세를 취합니다. 잠시 동안 호흡에 집중하며 주의를 닻처럼 고정합니다. 신체 감각, 감정, 생각에 주의를 기울이고, 호흡을 주의의 닻으로 삼아 있는 그대로의 모습을 허용합니다.

연습에 다음 질문을 가져와 봅니다. "지금 이 순간 행복하기 위해 무엇이 필요한가?" "지금 이 순간 무엇이 부족한가?" 가능한 한 이 순간에 깊게 머물러 봅니다. 만약 마음이 판단하거나, 삶에 대한 더 넓은 질문으로 방황하는 것을 알아차린다면, 마음을 부드럽게 다시 이 순간으로 돌아옵니다. 그리고 다시 이렇게 질문합니다: "지금 이 순간 행복하기 위해 무엇이 필요한가?" "지금 이 순간 무엇이 부족한가?" 내면에서 탐구해 봅니다. 이 순간에 편안하게 쉬는 것이 무엇인지, 내쉬는 호흡의 끝과 다음 호흡의 시작 사이의 작은 공간에서 쉬는 것이 무엇인지, 소리 사이의 고요함에서 쉬는 것이 무엇인지, 그리고 몸에서 쉬는 것이 무엇인지 탐색해 봅니다.

## 감사

감사는 감상과 만족감을 키우고 뒷받침하는 역할을 한다. 이는 우리 삶에서 감사할 수 있는 모든 것을 찾아내는 능동적인 선택이다. 낯선 사람이 보여 준 사소한 친절과 같은 것에도 감사할 수 있고, 사랑하는 관계나 건강과 같이 더 깊이 있는 것에도 감사할 수 있다. 감사는 우리 삶에서 부족하거나 불완전한 것을 찾아내려는 마음의 자연스러운 성향에 대한 해독제이다.

감사를 키우는 방법에는 여러 가지가 있다. 그중 하나는 우리가 종종 당연하게 여기는 모든 좋은 것들을 살펴보고 더 깊이 들여다보는 것이다. 이렇게 함으로써 그 모든 것들을 가능하게 한 사람들과 조건들에 대해 감사를 표하고 이를 확장할 수 있다. 예를 들어, 우리가 즐기고 있는 책을 읽으면서 책을 쓴 사람, 출판을 담당한 출판사와 이 작업을 가능하게 한 대규모 팀, 종이를 생산한 제지 공장, 책을 인쇄한 인쇄소, 표지를 디자인한 아티스트, 종이를 만들기 위해 사용된 나무, 그리고 나무가 자랄 수 있도록 한 태양, 비, 흙까지 감사할 수 있다.

감사는 감정적이거나 어려운 것을 부정하는 것도 아니며, 반드시 쉬운 것도 아니다. 이는 마음을 감상의 방향으로 기울이는 훈련으로, 우리가 주의를 어디에 둘 것인지 선택할 수 있도록 돕는다. 예를 들어, 친구에게 좋은 소식이 있을 때, 부러움이 생길 수도 있다. 우리는 이렇게 생각할 수 있다: "왜 저 친구는 이런 것(예: 스포츠나 학업의 성공, 새 차, 새로운 관계)을 가질 수 있지?" 하지만 바로 그 순간, 우리는 부러움에서 한 발짝 물러나 친구의 행복을 감상하며 함께 기뻐하는 선택을 할 수도 있다. 이러한 태도는 어려운 상황에서도 적용될 수 있다. 어려운 상황에서는 마음이 본능적으로 닫히거나 외면하려는 경향이 있지만, 그러한 순간에도 감상을 함양하고 훈련할 수 있는 방법이 있다.

헤로인과 알코올을 끊은 지 5년이 되는 날, 샘은 12단계 모임에서 자신의 경험, 힘, 희망을 나누어 달라는 요청을 받았다. 그는 이렇게 말했다:

"이상하게 들릴지 모르지만, 저는 제 중독에 감사하고 있습니다. 저는 지금 그 어느 때보다 더 생생하게 살아 있고 주변 사람들과 연결되어 있다고 느낍니다. 전에는 느끼지 못했던 방식으로 제 인생의 모든 좋은 것들에 감사하고 있습니다. 물론, 중독으로 인해 제가 겪은 고통을 다른 사람에게 겪게 하고 싶지는 않습니다. 하지만 저는 회복 과정에서 제 눈에서 비늘이 벗겨진 듯한 경험을 했고, 이에 대해 감사하고 있습니다. 매일이 감상과 감사를 실천할 수 있는 기회입니다. 제 주변에는 중독으로 생을 마감한 친구들이 있습니다. 최근에 회복 중이던 한 친구가 '마지막 폭음'이라고 생각한 것을

> 하다가, 몸이 이를 견디지 못해 사망했습니다. 그는 겨우 30대였습니다. 저는 매일 기도로 하루를 시작하며, 내가 회복의 길 위에 있는 오늘에 대해 감사함을 느낍니다."

감사는 소피아와 샘의 사례에서 보듯이, 일상적인 작은 방법들부터 삶을 바꾸고 구원하는 방법에 이르기까지 다양한 방식으로 키울 수 있다.

## 기쁨의 촉진 요인과 장애물

앞서 논의했듯이, 기쁨은 의도, 함양, 실천이다. 우리 모두는 기쁨을 경험할 수 있는 능력을 가지고 있지만, 이 능력은 훈련과 계발을 통해 더욱 강화될 수 있다. 이는 특히 유용한데, 왜냐하면 우리의 기쁨에 대한 능력이 때로는 고갈될 수 있기 때문이다. 예를 들어, 임상가나 지도자는 감당하기 어려울 정도로 큰 고통에 노출될 수 있다. 이 과정에서 일부는 **공감 피로**를 경험하며, 자신을 보호하기 위해 방어기제를 세우기도 한다. 그러나 의도적으로 기쁨, 감상, 환희의 감각을 키우는 것은 내면의 자원을 새롭게 하고 보충함으로써 공감을 지속할 수 있도록 돕는다. 기쁨은 우리의 실천을 지속하게 만드는 원동력이 된다. 기쁨 속에 내재된 보상은 자연스럽게 실천을 지속할 수 있도록 동기를 부여하고, 긍정적인 변화를 지지한다. 우리는 고통 속에서 변화를 갈망하게 될 수 있지만, 고통이 사라지면 다시 기존의 익숙한 상태로 돌아가려는 경향이 있다. 그러나 기쁨이라는 내재적 보상은 고통이 없는 상황에서도 실천과 성장을 가능하게 한다.

기쁨을 경험하면 우리는 시야를 넓히고, 인식의 범위를 확장하며 즐거운 경험을 알아차리고, 이를 온전히 경험할 수 있게 된다. 이때 알아차림의 길에서의 기쁨은 흥분이나 황홀감이 아니라, 종종 마음의 조용한 기쁨, 편안함, 그리고 세상을 감상할 수 있는 능력과 관련이 깊다. 또한 기쁨은 즐거운 경험에 대한 집착이 아니다. 그것은 결핍감과 끊임없는 욕구를 키우는 갈망이기 때문이다(5장과 6장 참조). 기쁨은 나, 내 것, 나의 이야기에 대한 것이 아니라, 오히려 우리가 중심이 되는 내러티브를 만들어 내는 자아 또는 자아화(selfing)에서 벗어나는 본질적인 능력이다.

우리가 알고 있듯이, 많은 고통은 불일치 모니터링에서 비롯된다. 현재의 상태와 우리가 원하는 상태 간의 불일치를 지속적으로 바라보는 경향이 있기 때문이다. 이는 우리가 만들어 내는 이야기들 속에서 더욱 강화된다. 예를 들어, 우리의 행복이 다른 사람들이 가지고 있는 성공과 소유물에 달려 있다고 믿는 것이다. 이러한 모든 것을 얻고 나면 순간적인 행복을 느낄 수 있지만, 곧 익숙한 불만족의 마음이 다시 찾아오면서 행복은 사라진다. 학교나 직장에서 성적이나 성과 평가는 우리의 부적절함을 강화하며, 우리가 되어야 한다고 느끼는 사람으로 끊임없이 노력하도록 만든다. 이러한 끝없는 순환은 기쁨을 추구하는 것으로 착각될 수 있지만, 실제로는 우리의 의도, 감상하는 기쁨, 지속적인 만족감과 단절되는 결과를 초래한다. 우리는 이미 가지고 있는 것에서 기쁨을 찾기보다는, 외부에서 기쁨을 찾으려 하고, 소유, 성취, 목표 달성을 통해 기쁨을 얻으려 한다. 그러나 이러한 햄스터 쳇바퀴에서 벗어나 강박적인 갈망의 충동을 내려놓으면, 우리의 의도와 연결되고, 감상하는 기쁨으로 나아가며, 만족과 감사의 기반을 함양할 수 있다. 〈글상자 7-4〉의 연습에서 보았듯이, 스스로에게 이렇게 물어보는 것이 유용하다: “지금 이 순간 만족하기 위해 무엇이 필요한가?” “지금 이 순간 나에게 정말 부족한 것은 무엇인가?”

우울증, 불안, 만성 통증 및 질환을 겪는 사람들에게 기쁨이 결여되면 마음은 점점 더 절망적이고 암울해질 수 있다. 불안과 우울은 우리 삶에서 기쁨을 소진시킨다. 큰 도전과 어려움의 시기에는 기쁨이 멀게 느껴질 수 있다. 현재의 고통, 질병 또는 우울증이 끝난 후에나 희미하게나마 찾아올 것 같은 전망으로 보이기도 한다. 우리는 역경에 직면하면 우리의 알아차림의 범위가 축소되고 수축되는 것을 예리하게 인식한다. 그렇게 해서 결국 역경이 우리의 마음 풍경에서 유일하게 두드러지는 요소가 되고, 우리의 주의를 사로잡는 상태에 이르게 된다.

기쁨을 키우는 것은 마음의 일정한 정향, 훈련, 엄격한 정직함을 요구한다. 우리의 시선을 들어 삶에서 즐겁고 소중한 모든 것을 보고, 기쁨과 갈망을 구분하며, 필연적으로 떠오르는 이야기를 인식하고 이를 내려놓아야 한다. 또한 즐거운 일과 어려운 일을 함께 다룰 용기를 필요로 한다.

## 마음챙김 기반 프로그램에서 기쁨을 함양하기

마음챙김 기반 프로그램은 여러 가지 방법을 통해 기쁨을 함양한다. 첫 번째 방법은 아마도 가장 섬세한데, 이는 마음챙김 지도자의 체화와 지도자가 수업을 가르치는 방식과 관련이 있다. 마치 오케스트라 지휘자가 어떤 음악가를 어떻게 불러들이고 조화를 이루는지 결정할 수 있는 것처럼, 마음챙김 지도자는 그룹과 협력하여 기쁨을 키울 수 있는 기회를 발견하고, 이것이 학습을 지원하는 시점을 파악할 수 있다. 다음은 샘과 그의 마음챙김 지도자 간의 대화로, 이를 잘 보여 준다:

**샘:** 수련을 시작한 지 20분쯤 되었을 때 제 마음이 정말 안정되고, 모든 잡음과 혼란이 멈춘 것 같았어요. 완전히 편안했죠. 심지어 난방기 소리조차 흥미롭고 즐겁게 느껴졌어요. 정말 좋았어요. 그러다 이런 생각이 들었죠. '와, 이 행복한 상태가 너무 좋다. 이런 기분을 더 자주 느낄 수 있으면 좋겠어.'

**지도자:** 그다음에 무슨 일이 있었나요?

**샘:** 다시 엉켜버렸어요. 자세를 바꾸고 호흡을 조정하면서 다시 그 행복한 상태로 돌아가려고 애썼어요. (갈망하는 마음을 알아차리며 웃음)

**지도자:** 정말 흥미롭고 중요한 부분이에요, 샘. 연습 중에 주의력이 안정되고, 편안함이 있었으며, 심지어 난방기 소리조차 흥미로웠다고 하셨죠. 그런데 생각하는 마음이 개입해서 '이 상태가 너무 좋다' '더 자주 이런 기분을 느끼고 싶다'고 말하기 시작했어요. 그 순간, 판단하는 마음이 다시 작동하며 상황을 바꾸고 고치려는 시도가 시작되었지요. 이런 순간에 우리는 판단하는 마음을 알아차리고, 그동안 배운 주의를 기울여 다시 호흡으로 돌아가, 무엇이 오고 가는지 단순히 관찰하도록 할 수도 있어요. 샘, 판단하기 전에 느꼈던 편안함에 대해 조금 더 이야기해 줄 수 있나요?

**샘:** 주의가 마치 손바닥 위에 앉은 나비처럼 느껴졌어요. 끝없이 떠들던 마음의 소란이 가라앉았고, 몸도 편안했어요. 물 흐르는 소리, 파이프 삐걱거리는 소리, 오고 가는 소리, 방 안의 열기까지도 느껴졌어요. 라디에이터 옆에 앉아 있었는데, 손을 뻗어 라디에이터에 손을 대고 온기를 느껴봤죠. 정말 만족스러웠어요.

**지도자:** 와, 당신의 마음은 손바닥 위에 내려앉은 나비처럼 편안했군요. (고개를 끄덕이며 둘 다 잠시 생각에 잠긴다) 그다음에 나비는 어떻게 되었나요?

**샘:** (웃으며) 무슨 말인지 알겠어요. 그냥 내버려두지 않고 붙잡으려고 했던 것 같아요. 나비가 다른 곳으로 갔다가 내려앉게 두는 대신에요.

이 마지막 부분에서 지도자는 순간에 대한 단순한 감상과 여유, 만족감을 다시금 상기시킨다. 지도자가 기술적으로 전달하려는 교훈은 훈련을 통해 우리가 이런 순간으로 돌아올 수 있다는 것이다. 의도적으로 알아차림의 다양한 부분을 탐색하면, 더 큰 만족감과 존재의 여유를 선택할 수 있는 능력이 길러진다. 샘의 말처럼, 나비를 손바닥 위에 올려놓는 것이다. 하지만 그것을 붙잡으려고 하면, 그의 갈망하는 마음이 작동하기 시작한다. 여기서 그는 마약이 아니라 마음챙김 연습에서 경험한 행복한 상태를 갈망하고 있다.

마음챙김 기반 프로그램의 2주 차에는 참가자들이 매일 즐거운 경험 기록지를 작성하는 일주일간의 집에서 하는 과제를 받는다. 우울증이나 불안으로 어려움을 겪는 사람들에게 이는 처음에 직관적이지 않게 느껴질 수 있다. 이들의 주의는 암울함, 절망, 걱정과 같은 이야기에 반복적으로 끌리기 때문이다. 그러나 이 작업을 의도적으로 수행하면서, 참가자들은 매일 마음을 기쁘게 하는 소소하고 아름다운 순간들이 존재한다는 것을 발견한다. 극적인 순간이 아니라, 아이의 웃음소리, 추운 날 손에서 느껴지는 따뜻함, 막대기를 신나게 쫓아가는 강아지의 모습, 누군가 문을 잡아주는 작은 친절과 같은 단순한 순간들이다. 의도적으로 즐거운 것에 마음챙김으로 기울이면, 마음을 기쁘게 할 많은 것들을 발견할 수 있다.

〈8주 나를 비우는 시간, A Practical Guide to Finding Peace in a Frantic World〉

(Williams & Penman, 2011) 커리큘럼에서는 참가자들에게 매일 5~10가지 감사한 일이나 자신이 감사할 만한 일들을 기록하도록 권장한다. 이때, 감사의 감각이 몸에서 느껴지고, 호흡으로 체화되며, 영양이 되도록 한다. 이 연습의 의도는 우리가 매일 평소에는 지나칠 수 있는 것들을 주목하고, 이를 실제로 경험하는 시간을 가지도록 하는 데 있다.

마음챙김 기반 프로그램이 끝날 무렵, 참가자들은 일상에서 자신에게 영양을 공급하는 것과 감상하는 기쁨을 주는 것을 기록하고, 이러한 경험을 더욱 의식적으로 알아차리도록 권장받는다. 또한 이러한 경험을 생활 속에 더 많이 반영할 방법을 모색하도록 격려한다. 예를 들어, 소피아에게는 마음챙김 수업을 가르치고, 수업에 참석했던 많은 사람들을 위한 추후 세션을 준비하는 일이었다. 배우고 가르치는 일은 그녀에게 큰 기쁨의 순간이었다. 하지만 파킨슨병이 진행되면서 그녀는 자신의 동기 부여에 미치는 영향을 알아차렸고, 참가자들에게 떨림이 불쾌감을 줄까 봐 두려워했다. 그러나 이 일이 얼마나 큰 기쁨과 자양분의 원천인지 알았기에, 그녀는 자기관리의 한 형태로 동료 지도자에게 도움을 구하며 이 일을 지속할 수 있었다. 그녀는 수업 참가자들이 그녀 자신 또한 병을 다루기 위해 마음챙김 연습을 사용하고 있다는 사실을 알 수 있도록 신중하게 이 사실을 공개하기 시작했다. 또한 그녀는 동료 지도자와 함께 마음챙김 수업을 진행할 것임을 알렸다.

즐거운 경험, 감사, 자양분을 음미하는 데 초점을 맞춘 연습을 통해 우리는 중요한 교훈을 얻는다. 우리는 자신의 주의를 무엇에 기울일지, 그리고 어떻게 기울일지를 선택할 수 있다. 즐거운 경험 기록지와 감사 연습은 우리의 주의 영역에서 무엇을 우선시할지 선택하는 연습이다. 어려운 일이나 고통스러운 일이 주의를 사로잡을 때, 우리는 그 고통이 주의의 중심을 차지하고 모든 것을 배경으로 밀어내는 경향을 알아차릴 수 있다. 이러한 어려움 속에서도, 우리는 의도적으로 몸이나 감각 세계에서 편안함을 우선적으로 경험하도록 선택할 수 있다. 이러한 깨달음은 우리의 주의 영역을 넓히고, 부드럽게 하는 데 도움을 준다.

모하메드는 더 이상 미식축구를 할 수 없었지만, 여전히 가능하면 경기를 보러 가거나 TV로 경기를 시청하며 팀을 응원했다. 이러한 순간들은 그가 사랑하는 것 중 하나인 스포츠를 주의의 전경으로 가져오고, 그와 동시에 통증은 배경으로 보내졌다. 어느 날 경기 후 관중들과 함께 경기장을 걸어나가며 승리의 기쁨을 만끽하던 모하메드는 거의 두 시간 동안 통증이 거의 자신의 알아차림 안에 들어오지 않았다는 것을 깨달았다.

마음챙김 연습은 우리를 집착과 반추의 좁아진 공간에서 벗어나, 더 넓은 세상을 온전히 보고 들을 수 있도록 돕는다. 우리는 암울함이 현재 순간의 경험인 것처럼, 기쁨과 감상도 현재 순간의 경험이며, 마음과 주의가 어떤 방향으로 기울어져 있는지에 따라 우리의 세계가 형성된다는 것을 배운다. 또한 슬픔과 비탄이 우리의 감상과 기쁨에 대한 능력을 배제하지 않는다는 것을 배운다. 슬픔과 기쁨은 공존할 수 있다. 기쁨과 여유는 가장 암울하고 위축된 상황 속에서도 발견되고, 가꿀 수 있다. 우리는 기쁨과 감상에 대한 우리의 능력을 기억할 때, 고통스러운 경험만으로 자신을 정의하려는 경향이 줄어든다는 것을 배운다. 기쁨을 억지로 만들어 낼 수는 없지만, 마음챙김을 배우는 사람들은 기쁨을 위한 공간을 만드는 방법을 익힌다. 중국 속담에 "슬픔은 모래에 쓰고, 기쁨은 돌에 새겨라"는 말이 있다. 이는 어려운 점과 불완전한 점에 더 집중하려는 우리의 경향을 인정하면서도, 좋은 것을 간과하지 말라는 가르침이다.

링의 딸은 7세 때 뇌종양 진단을 받았다. 딸과 함께 소아암 병동에서 보낸 몇 주 동안, 링은 걱정과 과잉 경계 속에서 악몽 같은 시간을 보냈다. 그러나 그녀는 딸과 병동에 있는 다른 아이들이 자신과 같은 두려움의 세계에 살고 있지 않다는 것을 점차 깨닫기 시작했다. 아이들은 고통스러운 치료를 받는 어려운 순간들이 많았지만, 곧 다시 일어났다. 그들은 함께 웃고, 함께 놀며, 때로는 함께 울기도 했다. 그 병동은 슬픔과 웃음이 공존하는 공간이었다.

링은 자신이 두려움의 세계에 갇혀 있을 수도 있지만, 두려움이라는 감정의 인간성을 인정하고 마음을 열어 기쁨의 순간들에 감동받고 감상할 수도 있다는 것을 배웠

> 다. 이제 그녀의 딸이 십 대가 되었기에, 링은 때로는 속도를 늦추고 딸과 함께하는 순간들을 음미하곤 했다. 그 순간, 그녀는 딸의 존재와 삶에 대한 감상하는 기쁨을 느낄 수 있었다. 그녀는 딸이 어린 시절 종양을 이겨내고 살아남아, 지금은 활기찬 청소년으로 자라났다는 사실에 감사했다. "저는 속도를 늦춥니다. 그렇게 하지 않으면, 불도저처럼 앞만 보고 달려가다 삶의 기쁨을 놓쳐버릴 수 있기 때문이죠. 그렇게 하면, 삶에서 느낄 수 있는 기쁨을 어느 정도는 포착할 수 있어요."

감상과 기쁨은 우리가 흔히 상상하는 것만큼 멀리 있지 않다. 반추, 상심, 피로, 걱정 속에서도 마음챙김은 우리의 알아차림 영역을 넓히도록 유도한다. 통증이나 질병 속에서도 단순한 의도와 짧은 순간의 마음챙김만으로도 몸에서 건강하고 편안한 부분을 알아차릴 수 있다. 기쁨은 어려운 일을 견뎌내거나 살아남은 것에 대한 보상이 아니다. 오히려 그것은 어려움에 압도되지 않고 이를 포용하며, 건강하고 사랑스럽고 아름다운 모든 것을 감상할 수 있게 해 주는 주의의 중요한 특성 중 하나이다. 한 저명한 마음챙김 지도자는 이렇게 말했다. "평화는 한 번의 숨결만큼 가까이에 있다." 그의 말은 주어진 순간에 우리가 한 번의 호흡을 통해 마음을 안정시키고, 기쁨으로 정향할 수 있다는 것을 의미한다(Thich Nhat Hanh, 1992). "우리는 마음먹은 만큼 행복하다"는 표현 역시, 기쁨을 되찾고 가꾸기 위해 필요한 의도적이고 행동적인 마음의 태도를 암시한다. 감상하는 기쁨은 단지 일시적인 순간에 머물지 않는다. 그것은 "정신과 마음을 깊이 풍요롭게 하는 특성"이자, "존재의 방식"이며, "깨어 있는 마음이 머무는 자리"라고 정의된다(Feldman, 2017, p. 88). 이는 배양되고 성숙할 수 있는 자질과 역량이며, 궁극적으로 만족감으로 발전할 수 있다.

## 평정심

마음챙김의 네 번째 태도적 토대인 평정심은 알아차림, 돌봄, 자비로 가득 찬 내적 균형의 특성을 설명한다. 평정심은 내면과 외면 모두에서 매 순간의 사건에 온전히 관여한다. 정서적 어조는 차분함과 안정감이다. 그 근본적인 의도성은 우리의 경험이 불일치 모니터링과 학습의 역사에 의해 지나치게 형성되는 방식을 드러내는 데 있다. 평정심의 가까운 적은 무관심이며, 이는 삶과 멀어지고 소외되는 것을 의미한다. 이에 반해, 평정심은 모든 상황 속에서 관계적으로 존재하며, 대응하지만 압도되지 않는 상태를 뜻한다. 평정심은 하나의 의도이며, 태도적 헌신이자 실천이다. 평정심의 먼 적은 갈망이다. 이는 사물이 어떻게 되어야 한다는 이상화된 관점에 집착하거나, 우리의 행복과 안전이 특정한 소유물이나 삶의 조건에 달려 있다고 믿으며 끊임없이 갈구하는 상태를 의미한다. 평정심은 여러 면에서 반문화적이고, 명성, 칭찬, 비난, 끝없는 행복 추구, 물질적 부, 학교와 직장에서의 성공을 향한 수많은 문화적 요인들이 존재한다. 이러한 문화적 동력들은 평정심과 대치되는 분투와 갈망을 만들어 낸다.

우리의 몸은 매 순간 여러 감각이 펼쳐지는 복합적 경험을 하고 있으며, 생각은 빠르게 떠오르고 사라진다. 사람들과의 상호작용과 사건들이 우리의 하루를 가득 채운다. 우리는 이미 이러한 모든 것의 한가운데에 존재한다. 평정심은 이 모든 것에 영향을 받으면서, 고요함, 수용성, 안정감으로 순간을 받아들이는 법을 배우는 존재 방식을 가르친다.

평정심은 균형과 이타심을 친밀감에 부여하고, 인내와 용기로 자비를 뒷받침하며, 너무 감성적으로 되는 것으로부터 기쁨을 보호함으로써 친밀감, 자비, 기쁨에 활력을 불어넣는다. 이러한 주의의 특성은 함께 작용하여 이해(5장)할 수 있게 하고, 스트레스를 줄이며 더 큰 번영(6장)으로 나아가는 길을 연다. 친밀감, 자비, 기쁨, 평정심이라는 네 가지 특성은 하나의 매트릭스로 함께 작용한다.

평정심은 기를 수 있는 능력이지만, 이를 위해서는 정말 중요한 순간에 연습하는 것이 필요하다. 평정심은 공식적인 마음챙김 수행뿐만 아니라 우리의 일상적인 내면의 삶, 그리고 세상과의 상호작용 속에서도 길러진다. 필연적으로 변화하는 우리의 마음, 몸, 삶의 모든 순간은 평정심을 기를 수 있는 연습의 기회이다. 평정심을 발전시키는 가장 소중한 기회 중 하나는 우리가 내러티브에 깊이 빠져들어 우리는 때로 이야기의 감독, 제작자, 주연 배우, 주인공, 악역 등을 맡아 연기하거나, 고통, 즐거움, 혹은 욕망이 우리를 압도하는 순간 역시 평정심을 연습할 기회가 된다.

## 평정심과 몸

평정심을 발달시키는 것은 마음챙김 기반 프로그램의 모든 부분에 걸쳐 있다. 실제로, 마음챙김을 배우는 수련생들은 첫 단계에서부터 평정심의 의도와 실천을 익히게 된다. 몸에 대한 마음챙김은 모든 마음챙김 연습의 중심이며, 평정심을 기르는 과정에서 입문 단계이자 심화 단계를 동시에 아우른다. 이는 마치 평정심의 유치원과 대학원 과정과 같다. 몸의 지형을 탐구하면서 우리는 즐거운 감각, 불쾌한 감각, 중립적인 감각을 포함한 감각의 스펙트럼을 만나게 된다. 우리는 흥분된 몸과 평온한 몸을 경험하게 된다. 현대 마음챙김 프로그램의 핵심 수행법 중 하나인 바디스캔은 특정 감각을 강조하거나 다른 감각보다 선호하는 것이 아니라, 신체를 통해 주의를 이동시키는 방법을 가르친다. 마음챙김을 통해 우리는 모든 감각과 동등하게 함께하는 법을 배우며, 즐거운 감각을 선호하거나 불쾌한 감각을 회피하며 중립적인 감각을 무시하는 주의 편향에서 벗어나게 된다. 이것은 우리 삶에서 매우 중요한 교훈이 된다. 주의 편향에서 벗어나게 되면, 우리는 동시에 혐오, 갈망, 집착이 우리의 선호에 따라 습관적으로 작용하는 방식을 인식하고, 그것에서 벗어나는 법도 배우게 된다.다시 불교 가르침으로 돌아가보면, 현대 마음챙김의 근간에 내재된 교훈은 바로 몸을 몸으로 알고, 감각을 감각으로 아는 것이다. 여기서 드러나기 시작하는 가장 중요한 점은, 우리가 균형을 잃고 압도되는 이유가 몸에서 일어나는 사건 자체가 아니라, 그 사건에 대한 우리의 반응 때문이라는 점이다.

## 평정심과 마음챙김

우리는 현재 순간의 경험 속에서 나타나는 생각, 기분, 감정의 연속적 흐름 속에서 마음의 상태를 더 잘 알아차릴 때 평정심의 능력을 더욱 발전시킬 수 있다. 우리는 예를 들어 이득과 손실, 명예와 수치심, 칭찬과 비난, 행복과 불행 등 다양한 상황에서 평정심을 연습할 수 있는 기회를 가진다. 마음챙김은 우리가 이러한 모든 상황의 중심에 서서 온전히 현재에 존재하도록 돕는다. 이를 통해 기분은 기분으로, 생각은 정신적 사건으로, 감정은 감정으로, 충동은 충동으로 더 잘 인식할 수 있게 한다. 이러한 현재 중심적 알아차림, 즉 평정심은 우리가 평소 방식대로 반응하기보다는 보다 의식적으로 대응할 수 있도록 해 주며, 성취, 명성, 칭찬, 우리를 행복하게 할 것이라는 사회적 기대에 따라 자신을 정의하려는 방식을 해체할 수 있도록 돕는다. 기분과 생각을 자신과 동일시하려는 경향이 줄어들면, 우리는 더 자유롭게 자신의 경험과 자신을 돌봄과 자비로 대할 수 있게 된다. 마음챙김은 우리의 마음속에서 변화하는 날씨와 같은 패턴을 인식하게 한다. 이를 통해 우리가 평소의 패턴에 집착하지 않을 때, 혐오나 불안이 변화하고 지나갈 수 있음을 이해하게 된다.

어려운 기분과 생각은 우리가 그것에 혐오로 반응하거나 자신과 동일시할 때 더 오래 지속된다는 사실을 깨닫기 시작한다. 갈망을 포기하면, 순간순간의 사건이나 즐거운 감각, 불쾌한 감각, 중립적인 감각이 떠오르고 사라지는 과정에서, 그것을 끌어당기거나 밀어내려는 충동이 사라진다. 그 결과 강인한 고요함이 나타나며, 고통은 완화되고 기쁨은 커진다.

> 샘은 이렇게 말했다: "제가 한창 중독 상태에 있었을 때, 균형이 무엇인지 잘 알고 있었습니다. 균형은 제가 중독 상태의 양극단에서 오갈 때 잠깐씩 스쳐 지나가는 순간이었죠. [웃음] 지금 저는 제 마음이 무언가를 원하고, 흥분을 필요로 하며, 아드레날린이 솟구치는 느낌을 필사적으로 갈망하는 모습을 볼 수 있어요. 저는 제 호흡과 몸에 제 자신을 고정하려고 노력해요. 그러면 양극단을 오가는 커다란 진자가 보입니

다. 정말 강렬해요."

평정심은 단지 우리의 내면의 삶을 위한 자질이 아니다. 우리의 건강, 삶의 조건, 인간관계, 그리고 세상의 더 큰 도전들은 우리에게 끊임없이 사고하고 성찰할 기회를 제공한다. 이러한 요소들은 순간마다 변한다. 다른 사람들은 항상 우리가 원하는 방식으로 행동하지 않을 수도 있고, 우리의 삶은 우리가 예상한 대로 흘러가지 않을 수도 있다. 세계의 변화하는 기후, 지정학적 문제, 이주 문제는 심각한 도전을 제기한다. 우리는 이러한 모든 요소에 대해 내면적으로, 인간관계에서, 그리고 삶의 전반에서 균형을 찾아야 한다. 우리는 매일 즐거움과 도전이 공존하는 세상과 마주한다.

소피아의 파킨슨병은 평정심을 요구했다. 이 병은 진행은 피할 수 없었고 고통스러웠다. 처음 진단을 받았을 때, 소피아는 병에 대해 조사하고, 여러 의견을 구하며, 식단을 바꾸고, 피트니스 트래커를 구입하고, 다양한 자조 모임에 가입하는 등 분주하게 움직였다. 어딘가에서 자신의 어려움을 해결할 열쇠를 찾을 수 있기를 바랐다. 하지만 그녀의 마음은 걱정, 분노, 때로는 극도의 공포에 휩싸이곤 했다.

어느 날 소피아는 손자 노아와 함께 해변에서 모래성을 쌓고 있었다. 밀물이 들어오는 모습을 지켜보던 그녀는 노아를 무릎에 앉히고, 밀물이 모래성을 덮어가는 것을 함께 즐겼다. 노아는 그녀의 무릎에서 잠이 들었고, 그들은 해가 지고 하루의 더위가 식어갈 때까지 함께 있었다. 그 순간은 생동감 있고 현실감이 넘쳤다. 모래성의 무상함은 보편적인 진리를 드러냈다. 그녀는 진단을 받아들이기 위해 몸부림치던 자신의 분주한 시도가 오히려 고통을 증폭시키고 있었다는 사실을 깨달았다. 친밀감과 돌봄의 태도는 그녀가 피할 수 없고 강력한 진행성 질환과 함께 살아가는 변화된 상황 속에서 평정심을 가지도록 도왔다.

소피아는 의도적으로 매일의 수행에 새로운 목적을 부여하기 시작했다. 그녀는 스스로에게 이렇게 말했다. "나는 나를 깊이 아끼고, 모든 것이 있는 그대로다. 나는 내 몸과 삶에서 옳은 모든 것에서 기쁨을 느낀다. 나는 내 몸에서 악화되는 모든 것을 받아들이고, 허용하며, 최선을 다해 포용한다." 그녀는 이러한 의도를 매일의 일상에 실천하겠다는 다짐과 함께 자신의 마음챙김 수행을 마무리했다. 그녀는 평정심을 지탱하는 무상함에 대한 깊은 이해를 발전시켰다. "이 또한 지나가리라." 강렬한 생각, 감정, 마음 상태, 그리고 삶의 조건이 변화하는 것을 목격한 후, 그녀는 이러한 이해를 체화하고 이를 사랑하게 되었다.

평정심은 예측할 수 없고 불확실한 삶의 여정을 헤쳐나갈 방법을 가르쳐 준다. 해변에서 모래성을 쌓는 것은 즐겁지만, 결국 밀물이 들어와 모래성과 조개껍데기만 남길 것임을 우리는 알고 있다. 성을 쌓고 그것이 씻겨 나가는 모든 순간 속에서 우리가 친밀감, 소중함, 돌봄의 태도로 그 순간을 온전히 마주할 수 있다. 우리는 살아가면서 아름다운 순간들을 마주하고 동시에 각자의 슬픔을 경험한다. 사랑하는 사람들로 인해 기뻐하고 아름다운 것에서 기쁨을 느낀다. 우리는 행복하고 따뜻한 관계 속에 머물기를 바라지만, 우리의 세상이 한순간에 무너질 수 있음을 알고 있다. 사람들에 대한 우리의 관심과 사랑은 그들을 고통과 괴로움에서 완전히 보호할 수 없으며, 우리를 향한 다른 사람의 사랑 또한 삶의 변화무쌍함으로부터 우리를 완전히 지켜줄 수 없다. 우리는 삶과 세상 속에서 나타나는 사랑스럽고 어려운 사건들로 인해 깊이 영향을 받는다. 평정심을 기르는 법을 배우면서, 우리는 삶의 모든 측면—즐거운 것, 불쾌한 것, 중립적인 것, 평가적 판단—을 알아차림, 돌봄, 자비로 대하는 법을 배우게 된다. 〈글상자 7-5〉의 평정심 연습을 시도해 보라.

### 글상자 7-5 마음챙김 연습: 평정심 기르기

잠시 시간을 내어 주의를 안정시키고 호흡에 집중하면서 주의를 닻처럼 고정하고 안정화합니다. 깨어 있고 위엄 있는 자세를 취합니다.

주의가 안정되면, 잘 알고 있는 산을 떠올려 봅니다. 그 산의 기슭과 측면, 단단한 기슭에서 솟아오르는 모습을 상상합니다. 땅에 닿아 있는 단단한 기반처럼, 몸이 안정되어 있고 머리가 몸의 꼭대기를 지탱하고 있는 자신을 산으로 느껴봅니다. 하루하루를, 계절을, 세월을 견디는 산처럼, 자신이 품위 있고 깨어 있는 존재로, 호흡을 닻으로 삼아 경험이 오고 가는 동안에도 흔들리지 않는 산처럼 앉아 있는 모습을 그립니다. 날씨 패턴이 산을 지나가듯, 생각, 이미지, 신체 감각, 충동, 감정이 오고 가더라도, 몸과 마음이 안정되어 있는 모습을 상상합니다. 산의 견고함과 지속적인 특성을 열어두고 느껴봅니다.

하루 중에, 가능한 한 깨어 있는 자세로 하루의 순간들을 알아차리며, 모든 것을 균형 있고 평온하게 인정하고 받아들입니다. 즐거운 경험, 불쾌한 경험, 중립적인 경험에 대해서도 가능한 한 동일한 태도를 유지합니다. 깨어 있는 하루의 매 순간을 인정하고 허용하며, 배려하는 태도로 포용합니다.

## 진심 어린 대응

마음챙김은 기쁨과 슬픔에 깊이 영향을 받는 순간조차도 우리를 압도하거나 길을 잃게 만드는 것은 사건 자체가 아니라 그 사건에 대한 우리의 저항임을 반복적으로 상기시킨다. 삶을 멈춰 세우려는 우리의 헛된 시도는 오히려 상태를 악화시킬 뿐이다. '~해야 한다'와 '반드시~이어야만 한다'와 같은 단어는 우리가 어떤 수준

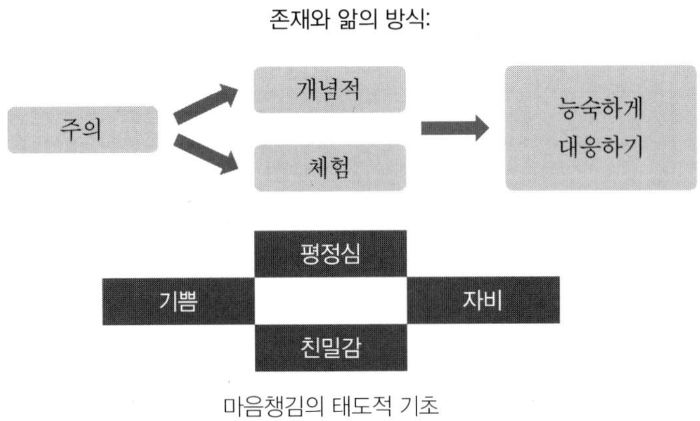


[그림 7-1] 마음챙김 기반 프로그램에서 네 가지 태도가 뒷받침하는 변화의 여정

에서든 현재 순간의 실제 상황에서 스스로를 분리하고, 부정과 거부의 내러티브 속으로 빠져들기 시작했음을 알리는 적신호로 간주할 수 있다.

우리는 삶의 많은 조건들을 통제할 수 없다. 우리의 노력이 항상 긍정적인 결과로 이어질 것이라고 보장할 수도 없다. 날씨를 바꿀 수도 없고, 사랑스러운 사람들과 즐거운 사건들만이 우리의 삶에 등장하도록 할 수도 없다. 그러나 그렇다고 해서 우리가 내면과 외부 세계에 영향을 미칠 능력이 전혀 없는 것은 아니다. 우리는 주의를 안정시키고, 피로, 내러티브에 대한 과도한 몰입, 혹은 지나친 바쁨과 같은 반응을 유발하는 내적 조건들을 인식할 수 있다(5장). 마음챙김은 우리가 예측할 수 없는 삶 속에서도 안정된 주의력의 내적 환경을 조성하고, 새로운 앎과 존재 방식을 길러내어, 균형과 평정심을 유지하며 분별력과 기술로 어려움에 대처할 수 있도록 돕는다(6장). 마음챙김 수행의 네 가지 태도적 차원인 친밀감, 자비, 기쁨, 평정심은 이러한 변혁적인 작업의 기초가 된다([그림 7-1] 참조).

> 마음챙김의 핵심적인 통찰은 친밀감의 태도를 통해 현재 순간의 실제 상황으로 돌아오는 것이다. 이는 고요함과 평온함을 갖춘 몸의 상태를 형성하여, 균형과 자비로 어려움을 마주할 힘을 찾도록 해 준다. 이러한 친밀감의 태도는 사랑스러운 상황과 어려운 상황 속에서도 만족감과 기쁨을 발견할 수 있도록 해 준다.

## 심리 과학

친밀감, 자비, 기쁨, 평정심이라는 네 가지 태도적 기초 중에서 심리학은 특히 친밀감과 자비에 가장 많은 관심을 기울여 왔다. 이러한 모델을 정의하고 이를 검증하기 위한 방법론적으로 엄격한 과학적 연구는 아직 초기 단계에 있다.

연구는 자비를 정의하고 이를 측정 가능한 개념으로 만들어 내는 것에서 시작되었다. "인간의 자비는 다른 종에서 볼 수 있는 자비와 어떻게 연관되는가?" "공감과 자비는 어떤 관계가 있는가?" "자기 자신에 대한 자비와 타인에 대한 자비는 같은가, 아니면 다른가?" "자비를 구성하는 체계는 무엇인가?"와 같은 근본적인 질문들(Strauss et al., 2016)을 제기했다. 앞서 설명한 자비의 체계와 과정을 고려할 때, 어쩌면 당연하게도 자비는 측정하기 어려운 것으로 입증되었다. 자기자비 척도(Self-Compassion Scale)는 널리 사용되는 설문지 도구이다(Neff, 2003, 2016; Williams, Dalgleish, Karl, & Kuyken, 2014). 최근에는 혁신적인 연구자들이 자비를 자기보고(즉, 개인의 주관적 경험 보고), 관찰자 측정(즉, 타인이 개인의 행동에서 관찰할 수 있는 것), 생물행동적 측정(예: Lumma, Kok, & Singer, 2015; Weng et al., 2013) 등의 다양한 방법을 통해 측정하기 시작했다.

이러한 심리 과학적 토대는 연구자들이 중요한 질문을 탐구할 수 있게 했다. 예를 들어, 도전적인 상황에서 공감, 자비, 평가, 재평가가 어떻게 끊임없이 상호작용하며 사람들이 어려운 상황에 최선의 대응 방식을 모색하는가에 대한 연구가 진행되었다(Kanske, Bockler, Trautwein, Lesemann, & Singer, 2016; Kanske, Bockler, Trautwein, & Singer, 2015). 우리는 고통을 인식하고 바라보며, 이를 다양한 관점에서 이해하며, 언제 자비로 대응해야 할지를 알아야 한다.

현재, 자비가 더 나은 정신 건강과 안녕과 관련이 있다는 많은 증거가 있다(Krieger, Berger, & Holtforth, 2016; MacBeth & Gumley, 2012; Neff, Rude, & Kirkpatrick, 2007). 또한 감정 조절(Engen & Singer, 2015)과 긍정적 양육(Mann et al., 2016; Psychogiou et al., 2016)과 같은 주요 차원들과도 연관이 있다. 자비가 고통에 보다 적응적으로 대응하도록 돕는다는 점에서 설득력 있는 실험적 증거도 점점 더 많아지고 있다(Diedrich, Grant, Hofmann, Hiller, & Berking, 2014; Karl, Williams, Cardy, Kuyken, & Crane, 2018). 또한 자비가 도움과 친사회적 행동과 관련이 있다는 초기 유망한 증거도 존재하며(Bornemann, Kok, Bockler, & Singer, 2016; Condon, Desbordes, Miller, & DeSteno, 2013; Leiberg, Klimecki, & Singer, 2011; McCall, Steinbeis, Ricard, & Singer, 2014; Weng et al., 2013), 스트레스로 인한 염증 감소와 같은 생물학적 표지(Breines et al., 2014)와도 연관이 있다. 마음챙김 기반 프로그램이 전반적으로 어떻게 작동하는지를 조사한 연구들에 따르면, 자비의 발달이 변화의 중요한 메커니즘으로 보인다.

즉, 사람들은 이러한 프로그램에서 자비를 배우고, 자비 능력이 증가하면 정신 건강과 안녕감도 향상된다(Birnie, Speca, & Carlson, 2010; Kuyken, Watkins, Holden, White, Taylor et al., 2010; Shapiro, Astin, Bishop, & Cordova, 2005). 연구자들은 MBSR과 같은 8주 프로그램을 구성하는 개별 마음챙김 수행법을 이제 막 분석하기 시작했지만, 결과는 유망하다. 예를 들어, 바디스캔과 같은 마음챙김 훈련은 장기적으로 신체에 대한 인식을 키울 수 있으며, 이러한 인식은 체화된 마음을 활용해 자기 조절을 지원할 수 있다(Bornemann, Herbert, Mehling, & Singer, 2015). 친밀감에 기반한 마음챙김 연습은 감정을 더 잘 관리하고, 존재의 편안함, 기쁨, 타인과의 연결, 그리고 대응하는 법을 키우는 데 도움을 준다(Engen & Singer, 2015).

이 연구 분야에서 가장 중요한 발견들은 아직 남아 있다. 리처드 데이비슨, 폴 길버트, 올가 클리메키, 앙투안 루츠, 크리스틴 네프, 타니아 싱어, 클라라 스트라우스와 같은 심리학자들과 학생들은 이 분야의 기반을 다지는 데 큰 기여를 해 왔다. 이 분야에 관심 있는 독자는 여러 개요(review) 논문을 통해 이 연구 분야를 개괄적으로 살펴볼 수 있다(Davidson & McEwen, 2012; Desbordes et al., 2015; Goetz, Keltner, & Simon-Thomas, 2010; Gu et al., 2015; Hofmann, Grossman, & Hinton, 2011; MacBeth & Gumley, 2012; Strauss et al., 2016 참조).

## 개요

친밀감, 자비, 기쁨, 그리고 평정심은 몸의 건강을 위해 필요한 영양소처럼, 마음챙김을 심화하는 데 필수적인 요소이다. 이 네 가지 태도적 기초는 우리 스스로의 마음챙김의 톤에 귀 기울이도록 도와주어, 친절, 자비, 기쁨, 평정심으로 가득 찬 마음챙김으로 모든 순간을 더 잘 맞이할 수 있게 한다. 이는 반응이라는 불을 가라앉히고, 우리와 주변 사람들의 안녕을 지원하는 방식으로 대응할 수 있는 공간을 만들어 낸다. 이는 의도성, 열정, 생동감을 포기하는 것이 아니라, 의미 있고, 즐겁고, 보람 있는 방식으로 삶을 살아가도록 돕는 새로운 존재와 앎의 방식에서 비롯된 진심 어린 대응이다.

# 체화

## 우리가 열망하는 삶을 사는것

> 사람들이 진정으로 추구하는 것은 온전히 살아 있다는 경험, 즉 물리적 차원에서의 삶의 경험이 우리 자신의 가장 내면 깊은 존재와 현실에 공명하여, 실제로 살아 있다는 환희를 느끼는 것이라고 생각한다.
>
> —Joseph Campbell (1991)

소피아는 첫 손자가 태어난 지 몇 시간 만에 방문할 수 있어 매우 기뻤다. 하지만 집으로 돌아오는 길에 아들에게서 손자가 중병에 걸려 중환자실에 있다는 전화를 받았다. 몇 년 전 자신의 아이를 잃었던 기억이 마치 지금 다시 일어나고 있는 것처럼 되살아났다. 그녀는 강한 메스꺼움을 느꼈고, 충격과 걱정으로 머릿속이 어지러웠다. 그녀는 차를 돌려 병원으로 다시 향했다. 충격과 메스꺼움을 느끼며 차를 몰면서도 그녀는 손자의 회복을 돕기 위한 여정을 시작할 준비를 했다.

그 후 일주일 동안 그녀는 매일 아기와 함께 앉아 많은 시간을 보냈다. "진부한 이야기일 수도 있지만, 뜨개질을 시작했어요. [웃음] 처음에는 손자를 위한 아기 옷을 만들었고, 이후에는 병동의 다른 아기들을 위한 옷을 만들었어요. 그러다 문득 '아, 이제 나를 위해 무언가를 해야 할 때구나'라는 생각이 들어 모자와 스카프를 만들기 시

> 작했죠. 이상하게 들릴 수도 있지만, 저는 손자 곁에서 뜨개질에 몰두하는 것이 정말 좋았어요."
>
> 나중에 그녀는 그 병동이 안식처처럼 느껴지기 시작했다고 말했다. 병동은 고요함이 지배했다. 아기들은 너무 아파서 울지 못했고, 간호사들은 조용한 목소리로 말하며, 문을 조용히 닫고, 아기들을 특별한 관심과 사랑으로 돌보는 데 전념했다. 그녀는 간호사들이 보여 준 고요함과 현재 순간에 대한 세심한 대응에 매료되었다. 간호사들은 가족의 걱정을 진심으로 경청했지만, 주변의 고통과 아픔 속에서도 침착함과 품위를 유지하며 움직였다. 소피아는 자신도 이러한 태도를 체화할 수 있음을 깨달았다. 그녀는 몇 시간 동안 아기의 손을 쓰다듬으며, 조용히 노래를 부르고 속삭였다. 그녀는 이것이 자신과 사랑하는 사람들—아들, 며느리, 그리고 이제는 손자—에게 줄 수 있는 가장 큰 선물이라는 사실을 깨달았다. 이처럼 가장 어려운 상황 속에서도 그녀는 손자와 함께 온전히 존재하며, 삶을 온전히 경험할 수 있었다. 손자의 질병이 가져온 불확실성과 고통에도 온전히 존재할 수 있었다. 심지어 그녀는 그 와중에도 자신이 잃었던 아이의 기억을 자비로운 마음으로 마주할 수 있었다.

체화라는 단어는 우리 내면의 경험과 외부 세계 사이의 공명하는 과정을 나타내며, 이를 통해 우리는 "살아 있음의 황홀함"을 느낄 수 있다. 사전에서는 체화를 특정 자질의 가시적이거나 유형적인 표현으로 정의한다. 불교 심리학의 관점에서 체화는 몸, 마음, 열망, 의도, 주의가 현재 순간에 초점을 맞추어 통합되는 것을 의미하며, 이는 윤리와 친절, 자비의 태도로부터 영향을 받는다. 이러한 통합이 우리의 말, 행동, 선택, 그리고 관계에 구현될 때 체화의 완전한 그림이 완성된다. 우리 삶에서 체화가 이루어진다면, 우리의 가치, 이해, 사고, 행동, 말, 관계 맺는 방식은 매끄럽게 연결된다. 마음챙김 훈련은 우리의 사고, 말, 행동, 그리고 관계에 마음챙김을 스며들게 하며, 체화된 인간으로 살아가는 것이 무엇을 의미하는지 이해하는 여정의 시작이다. 가장 깊은 의미에서 마음챙김은 단순히 기술이나 수행법의 집합이 아니라, 명확하고 친절하며 편안하게 우리 자신과 타인과 함께 우리 삶에 더 많이 존재하도록 안내하는 조명이다. 마음챙김 수행의 길은 삶에 깨어나는 길이며, 마음을 모으는 법을 배우는 길이다.

이 길은 반응을 인식하는 것에서 시작해 친절, 배려, 균형, 그리고 기쁨으로 살아가는 삶으로의 전환을 의미한다(6장과 7장 참조). 마음챙김의 역량을 탐구하면, 마음챙김과 체화 사이에 직접적인 관계가 있음을 알 수 있다. 마음챙김은 단순히 기술이나 이론, 의도성에 그치지 않고, 친절, 배려, 대응을 바탕으로 온전히 존재하는 방식이다. 또한 마음챙김은 가끔 실행하는 기술을 넘어선 것으로, 호기심과 자비가 가득한 삶을 살아가고 세상을 바라보는 방식이다. 마음챙김은 우리의 가장 깊은 바람, 의도, 가치, 이해를 드러내는 삶을 살며, 체화된 인간이 된다는 것의 의미를 탐구하는 과정이다.

이 장에서는 소피아의 첫 손자가 중환자실에 있는 것과 같은 어려움 속에서도, 변화란 현재 순간에 온전히 살아 있는 과정임을 설명한다. 체화의 다섯 가지 차원을 탐구함으로써 체화의 의미를 살펴볼 것이다. 이 다섯 가지 차원은 다음과 같다:

1. 몸에 대한 마음챙김과 통찰로 신체에 기반을 두기
2. 의도와 태도를 체화하기
3. 통찰과 이해를 체화하기
4. 체화된 인간으로 존재하기
5. 체화된 마음챙김 지도자가 되기

체화한다는 것은 어렵고 때로는 깊이 고민스럽게 느껴질 수 있다. 우리는 자신의 가치, 의도, 열망과 우리가 행동하고, 말하고, 생각하고, 느끼고, 관계 맺는 방식 사이의 불일치와 불협화음을 고통스럽게 인식할 때가 있다. 예를 들어, 우리는 마음챙김을 하겠다는 의도를 가지고 자리에 앉지만, 어느새 상념에 빠지거나 계획을 세우며 다시 길을 잃는 자신을 발견할 수 있다. 또는 상담 세션에서 내담자나 환자에게 친절과 호기심으로 어려운 경험을 받아들이라고 제안했음에도, 집으로 돌아오는 길에 파트너에게 날카롭게 반응하거나 스스로 다른 일에 몰두하려는 자신을 발견할 수 있다. 또는 하루를 시작하며 인내심을 가지고 대응하겠다는 다짐을 했으나, 기차가 늦거나 까다로운 동료를 만났을 때 반응에 빠지는 자신을 깨달을 수도 있다. 이러한 불일치를 마주하면, 우리는 쉽게 낙담하거나 스스로를 판단하게 되고, 마음챙김에 실패했다는 느낌에 사로잡히기 쉽다. 하지만 사물이 실제로 존재하는 방식과 우리가 기대하는 방식 사이의 불일치가 바로 알아차림, 공감, 자비의 역량을 키우는 배움의 장이라는 것을 깨달을 수 있다.

이 배움의 장은 우리가 불일치를 마주할 때 스스로를 이해하고 성장하도록 돕는 공간이며, 체화를 통해 더 온전한 삶을 살아가도록 안내한다.

## 체화된 "몸"

몸에 대한 마음챙김은 체화의 다섯 가지 차원 중 하나이며, 고통을 종식시키는 직접적인 방법이다. 몸에 대한 마음챙김(신념처, 身念處)은 기초 단계부터 심화된 수준까지 이어지는 교육과도 같다. 그렇기 때문에 바디스캔은 일반적으로 마음챙김 프로그램에서 가장 먼저 배우는 공식적인 마음챙김 수행법이다. 초기 가르침에 따르면 몸에 대한 마음챙김이 없으면 마음챙김 자체가 없다고 본다. 현재 순간에 대한 인식을 훈련하는 과정을 시작하면서, 우리는 얼마나 자주 몸에서 벗어나 있는지를 깨닫게 된다. 예를 들어, 길을 걷고 있으면서도 마음은 이미 목적지에 도착해 있다. 누군가와 대화하면서 부분적으로 듣고 있지만 동시에 어떻게 대답할지 계획하고 있다. 음식을 먹으면서도 몽상에 빠져 맛을 거의 느끼지 못한다. 시골길을 거닐다 돌아왔지만, 내일의 회의 계획에 몰두하느라 주변의 아름다움을 거의 인식하지 못했다는 것을 깨닫는다.

우리의 몸과의 관계는 한편으로는 집착하거나, 벗어나거나, 또 한편으로는 무관심으로 혼재되어 있다. 몸이 아프거나 통증이 있거나, 노화하거나 허약해질 때 우리는 얼마나 쉽게 몸에 대한 불안한 집착에 빠지는지 알게 된다. 두려움과 혐오의 반응은 끔찍한 미래를 상상하거나 더 이상 자신의 죽음을 외면할 수 없다는 현실을 깨닫게 만들며, 이는 반추로 이어진다. 문화적으로 우리는 "외모가 곧 나 자신"이라는 메시지를 내면화하며, 어릴 때부터 타인과 자신이 자신의 몸을 어떻게 평가하는지를 기준으로 자신의 가치와 사랑받을 자격을 판단하기 시작한다. 이러한 집착은 몸이 어떻게 되어야 하고, 어떻게 보여야 하는지에 대한 끊임없는 불일치의 사고로 나타난다.

몸에 대한 집착은 고통을 해결하거나 몸을 우리가 생각하는 이상적인 모습으로 바꾸기 위한 전략을 찾도록 만들며, 동시에 자신을 비판하게 만든다. 체화를 어렵게 만드는 요소들은 다양하다. 학대, 만성 통증, 중독, 질병의 병력이 있거나 자신의 몸에 대해 혐오감을 느낄 경우, 몸과 함께 존재하기란 쉽지 않다. 고통스러운 기억, 기분 혹은 괴로운 생각에 직면했을 때, 당연히 마음과 함께 있는 것을 꺼리는 경향이 있다. 자신을 불충분하거나, 가치 없거나, 사랑받을 수 없는 존재로 여길 때는 자기 자신에게 친밀하거나 자비로운 마음을 가지기가 어렵다. 실망, 상실, 고난으로 가득 찬 삶에 직면하면 우리는 있는 그대로의 현재 순간에 온전히 존재하기보다는 도망치려는 경향을 보인다. 자동 조종 상태로 돌아가면, 우리는 우리 존재와 앎의 직접적인 경험과 단절되고, 순간에 온전히 존재하는 능력을 잃게 된다.

제임스 조이스는 그의 고전 소설집 『더블린 사람들』에서 많은 사람들이 자신의 몸에 대한 인식 없이 살아가는 삶에 대해 썼다. 우리가 몸과 마음, 정신으로부터 스스로를 분리하는 방식은 다양하다. 우리는 몸이나 마음이 경험하는 것을 견딜 수 없을 때 해리에 의존한다. 생각, 환상, 계획, 약물 남용, 무감각을 통해 현재의 경험에서 주의를 돌리는 데 능숙해진다. 우리는 몸의 삶을 회피하면서 마음이 만들어 낸 세계 안에서 살아간다. 학대, 중독, 신체적 고통의 역사를 가진 사람들에게 해리는 종종 참을 수 없는 경험으로부터 마음을 보호하기 위한 생존 메커니즘이다. 만성적이거나 극심한 통증과 질병에서도 해리와 같이 몸에서 벗어나려는 경향이 나타난다. 몸에서 일어나는 괴로움에 압도될 것이라는 두려움은 도망치고자 하는 충동, 무감각 속에서 위안을 찾으려는 충동을 유발한다. 이 과정에서 몸은 '적'으로 간주되어, 벗어나야 할 투쟁의 근원으로 여겨질 수 있다. 마음챙김과 연결된 삶을 가꾸는 여정에서, 우리는 해리라는 습관이 무력감과 절망감을 더 심화시키는 충동임을 깨달아야 한다.

몸은 삶에서 지속적인 동반자이다. 젊고, 건강하며, 활력이 넘칠 때는 몸과의 관계가 비교적 쉽게 느껴질 수 있다. 하지만 몸이 아프거나 병들거나 죽음에 가까워질 때, 몸은 훨씬 더 다루기 어려운 동반자가 된다. 이러한 순간은 우리가 죽음의 현실과 취약성을 직면해야 하는 시점이며, 무섭고 감당하기 어려운 현재의 경험에서 벗어나고 싶어질 때이다. 존 카밧진(1990)은 이를 다음과 같이 표현했다: "낙하산은 비행기에서 뛰어내리기 직전에 준비해서는 안 된다."

몸에 대한 마음챙김을 통해, 우리는 몸의 아름다움뿐만 아니라 취약성과 연약함, 죽음에 대해서도 주의를 기울이게 된다. 오랫동안 호스피스에서 근무한 한 간호사는 죽음에 가까운 사람들을 돌보면서 그들이 죽음을 받아들이는 방식의 스펙트럼에 대해 말했다. 그는 어떤 이들은 "예상치 못한 은총과 평화"를 발견한다고 했다. 그러나 또 다른 이들에게는 삶 동안 익숙하게 연습했던 부인, 불안, 통제 메커니즘이 기본 반응이 되었다고 한다. 그는 이렇게 말했다:

> 의료진으로서 우리는 죽음을 받아들이고, 그 수용을 환자들에게 전달하고자 합니다. 하지만 많은 사람들이 죽음을 이길 수 없는 싸움으로 여기는 것을 목격하는 것은 여전히 놀랍습니다. 우리가 할 수 있는 것은 지금 이 순간을 자비와 보살핌으로 맞이하도록 돕는 것뿐입니다. 이것이 우리가 제공할 수 있고 체화할 수 있는 전부이며, 이것이 변화를 가져올 수 있다고 믿습니다.

몸이 통증, 배고픔, 욕망, 갈증과 같은 강렬한 신호를 보내지 않을 때, 우리는 몸에 대해 무관심해지기 쉽다. 우리는 바쁜 일상과 목표와 계획에 집중하느라 몸이 살아가는 순간을 거의 알아차리지 못한다. 극적인 전개와 흥분으로 가득한 생각이 우리를 사로잡고, 감정과 이야기 속에 사로잡혀 몸에 미치는 영향을 거의 알아차리지 못한다. 우리는 과거와 미래에 집중하고, 몸을 무시함으로써 현재의 순간 역시 무시한다. 우리의 주의는 외부로 향해, 우리를 흥분시키고 살아 있다고 느끼게 하는 자극을 찾는다. 우리는 신체적 경험에 둔감해지며, 그것을 주목할 가치가 없는 것으로 여긴다. 마음챙김은 초조, 불안, 해리 속에서도 평온한 몸, 마음챙김의 몸, 민감함의 몸을 가꾸고 살아갈 가능성을 열어주는 대안을 제시한다.

> 모하메드는 마음챙김 기반 스트레스 감소 프로그램(MBSR)을 시작하기 전, 수년 동안 만성 통증에 시달렸다. 그는 24시간 내내 지속되는 통증에 압도당하지 않기 위해 스스로 만들어 낸 해리적 패턴에서 벗어나기까지 많은 시행착오를 겪었다고 이야기했다. 수면과 공상이 주요 탈출구가 되었지만, 이는 일시적인 안도감만 제공했다. 그는 두려워하게 된 자신의 몸을 마주하는 일이 얼마나 본능에 반하는 경험이었는지 이야기했다.
>
> 하지만 그렇게 하기 시작하면서 그는 몸의 통증과 그 주변에 얼마나 많은 불안이 자리 잡고 있는지 선명하게 자각하게 되었다. 그는 조심스럽게 자신의 몸이라는 풍경을 탐색하기 시작했고, 통증이 없는 부위들—예를 들어 귓불, 손바닥, 발바닥, 얼굴—을 알아차렸다. 또한 그는 자신의 손과 얼굴에 얼마나 많은 감각이 있는지 알게 되었다.
>
> 통증이 없는 부위에 마음챙김의 초점을 맞추면서, 그는 통증 속에서도 평온하고 편안한 몸에 머무를 수 있는 자신의 능력에 감사하기 시작했다. 통증은 완전히 사라지지 않았지만, 불안과 두려움은 현저히 감소했다. 그는 통증에 집중할 때, 얼굴, 어깨, 등에서 긴장과 수축이 유발되어 통증이 더욱 악화된다는 점을 알아차렸다. 이와 대조적으로, 그는 "평온한 몸"이 이전에 의존했던 공상과 해리의 패턴보다 훨씬 더 신뢰할 수 있는 피난처와 안식처가 되었다고 말했다.

고대와 현대의 마음챙김 가르침은 우리가 몸을 온전히 살피지 않는다면, 현재 순간이나 삶을 온전히 살지 못한다고 강조한다. 고대와 현대 가르침 모두에서, 몸을 중심에 두는 것이 마음챙김의 주요 영역으로 간주되는 것은 놀라운 일이 아니다. 반면, 몸과 단절될 때 우리는 몸에 대한 마음챙김이 제공하는 가장 심오한 삶의 교훈을 놓치게 된다. 사띠파타나 담론은 "서 있든 앉아 있든, 걷든 누워 있든, 움직이든 가만히 있든, 몸 안에 마음챙김을 확립하라. 이것이 세상에서 가장 고귀한 삶의 방식이다"(Bhikkhu Analayo, 2003)라고 권장한다. 이 권유를 탐구하는 것은 충동, 습관, 고통의 지배를 받는 우리 자신을 해방하는 첫걸음이다.

몸은 항상 현재 순간에 존재한다. 마음챙김은 우리가 생각하는 대로가 아닌, 지금 이 순간 몸이 있는 그대로를 만나는 법을 배우도록 돕기 때문에 불일치 사고를 종식시키는 첫걸음이다. 몸에 대한 마음챙김을 기르는 것은 자동성, 무관심, 반응 대신 호기심, 친근함, 민감성, 배려, 대응을 기르는 것이다. 몸에 대한 마음챙김을 통해, 우리는 정신, 마음, 신체적 경험이 끊임없이 소통하며 서로에게 지속적으로 신호를 보내고 형성하는 방식을 발견하기 시작한다. 무감각, 슬픔, 분노의 신호가 몸에 각인되는 것처럼, 평온함, 안녕, 친절의 메시지도 몸에 흔적을 남긴다. 몸에 대한 마음챙김이 없으면, 정신, 마음, 몸 사이의 상호작용이 반복되는 부정적이고 반복되는 악순환을 형성하며, 이는 괴로움을 점점 더 고착되게 만든다. 마음과 몸은 긴밀하게 결합되어 있어, 한쪽이 고통을 겪으면 다른 한쪽도 영향을 받는다.

우리가 몸에 더 의도적으로 머물기 시작하면, 마음과 몸, 현재 순간의 경험을 통합할 수 있다. 우리는 변화와 죽음의 현실을 받아들일 수 있는 용기를 기를 수 있다. 몸이 끊임없이 변화한다는 사실에 점점 더 민감해지면서, 우리는 그 변화들 중 많은 부분을 우리가 통제할 수 없음을 깨닫고 예측 불가능성을 수용하는 법을 배운다. 몸에 머무르는 능력이 커질수록, 우리는 생각과 반추의 세계에 휩쓸릴 가능성이 줄어든다. 몸에 더 온전히 머무르면서, 우리는 더 온전히 배우고, 보고, 듣고, 만지고, 감각하며, 감각의 문이 감각적 인상의 세계에 대한 깊은 감상을 위한 통로가 된다. 우리는 고통을 두려움과 회피가 아닌 자비로 맞이할 수 있음을 발견한다. 의도적으로 몸 안에 존재할 때, 우리는 갈망과 반응의 습관이 진정되기 시작한다.

마음챙김의 초기와 현대 가르침 모두 "몸을 몸으로 알아야 하며, 신체적 경험 안에서 자아의 감각을 분산시켜야 한다"고 강조한다. 이는 단순히 더 정교한 해리 메커니즘이 아니라, 몸과 주의력, 호기심, 친절, 배려의 관계를 직접적으로 구축하는 방식이다. 이러한 자질은 자아와 개념적 앎이 방해가 될 때 종종 사라지기 쉽다.

핵심적인 통찰은 몸에 대한 마음챙김을 통해 우리는 자신의 몸의 변화뿐만 아니라 모든 몸이 공유하는 보편적인 이야기를 이해하게 된다는 것이다. 이 보편적인 이야기는 연약하고 변화하며, 죽음을 맞이하는 몸으로서 자비와 보살핌을 받을 자격이 있는 모든 존재를 포괄한다. 마음챙김에서 배울 수 있는 모든 것은 몸에 대한 마음챙김에서 배울 수 있다.

## 체화된 태도와 의도성

체화의 두 번째 차원은 태도와 의도의 체화이다. 마음챙김은 명확한 윤리적, 태도적 기반에 뿌리를 두고 있다. 이러한 기반은 다음과 같은 질문으로 요약될 수 있다: "이 순간 나와 타인의 안녕을 뒷받침하는 것은 무엇인가?" "이 순간에 필요한 것은 무엇인가?" "나는 섬세함, 친근함, 자비, 배려의 태도를 가져올 수 있는가?" 이러한 윤리적, 태도적 토대가 마음챙김의 변화적 역량을 가능하게 한다.

8주간의 마음챙김 프로그램을 마친 참가자들은 종종 친절의 변화적 교훈을 처음으로 배운다. 지도자와 동료 참가자들이 판단 없이, 우리가 온전히 민감함과 자비로 경청받는 경험을 통해, 우리 자신에게도 동일한 방식으로 경청하는 법을 배우게 된다. 고대와 현대의 가르침 모두에서, 마음챙김을 지탱하는 심리적, 정서적 태도는 우리가 삶과 자신을 대하는 방식에 근본적인 변화를 가져오도록 이끈다. 이러한 태도는 우리의 삶에 깊이, 풍요로움, 의미를 가져다주며, 우리는 이를 현재, 타인과의 관계, 자신과의 관계에서 체화하는 법을 배워야 한다.

카밧진(1990)은 그의 저서에서 마음챙김을 이해하는 데 본질적인 태도적 기반을 강조한다. 판단하지 않음, 인내, 초심자의 마음, 애쓰지 않음, 수용, 내려 놓기, 의도성은 모두 마음챙김 수행의 중요한 측면이다. 우리는 혐오에 기반한 판단을 덧씌우는 대신, 현재 순간의 경험을 환영하는 법을 배운다. 또한 혐오적 판단이 부조화와 불일치 사고의 증상임을 이해하기 시작한다. 우호적인 호기심을 의식적으로 길러내는 것이 판단에 대한 대응 방식이 될 수 있다. 마음챙김을 실천하는 사람은 이 여정이 요구하는 인내와 노력의 깊이를 이해하기 시작한다. 마음챙김은 고통에 대한 빠른 해결책이 아니며 평생을 이어가는 여정이다. 마음챙김을 실천하는 사람은 이 여정이 요구하는 인내와 노력의 깊이를 이해하기 시작한다. 우리는 조바심이 혐오의 또 다른 형태이며, 우리가 편안해지기 위해 무엇인가를 없애야 한다고 요구하는 것임을 깨닫기 시작한다. 마음챙김이 깊어질수록, 우리는 불완전함 속에서도 안녕을 위한 우리의 내적 역량을 발견하기 시작한다. 이러한 과정을 통해, 우리는 이전 장에서 탐색했던 친절, 자비, 기쁨, 평정심과 같은 근본적인 특성들을 체화하기 시작한다.

마음챙김의 여정은 평생에 걸쳐 지속되는 과정이며, 우리는 반복되는 생각과 산만함, 반응의 패턴에 절망하는 대신, 매 순간 다시 시작할 수 있는 용기의 가치를 배우게 된다. 마음챙김을 실천하는 사람들은 지금 있는 그대로의 자신이 아니라 다른 사람이 되기 위해 애쓰는 것이, 실패와 관련된 모든 고통을 불러오는 원인임을 이해한다. 애쓰지 않음은 온전히 존재하기 위해 필요한 노력 자체를 포기하는 것이 아니라, 평화와 행복이 다른 곳에 있다고 믿는 사고방식을 내려놓는 것이다. 수용은 수동적이거나 포기하는 것이 아니라, 고난과 역경 속에서도 자신과 현재 순간을 기꺼이 마주하려는 의지이다. 이는 고난과 역경에 우리를 묶어두는 혐오와 두려움을 내려놓는 것이며, 변화의 출발점이 된다.

마음챙김에는 이 외에도 다양한 주의의 특성과 태도가 있다. 호기심, 친절, 자비, 공감, 무조건적 긍정적 존중과 배려는 마음챙김을 변화적으로 만드는 핵심적인 토대이다. 이러한 자질은 투쟁과 고통을 만들어 내고 재생산하는 감정적 습관을 뿌리 뽑는 데 필수적이다. 이러한 특성을 체화하는 과정은 선형적이지 않지만, 마음챙김을 배우는 사람들은 이러한 특성이 현재 순간에 존재하는지, 부재하는지 분별하기 시작한다. 그들은 이러한 태도적 기반을 떠올리고, 이를 현재 순간의 경험 속으로 가져와 체화하는 기술을 배우기 시작한다.

현재 순간의 경험에 점점 더 마음챙김을 하게 되면, 우리는 말, 몸짓, 정신 상태, 생각을 통해 매 순간 무언가를 체화하고 있다는 사실이 분명해진다. 우리는 분노, 혼란, 동요, 무감각, 두려움을 체화할 수도 있고, 침착함, 섬세함, 배려, 자비를 체화할 수도 있다. 모든 것은 의도에서 비롯된다. 우리의 삶은 의식적이든 무의식적이든, 능숙하든 서툴든, 매 순간의 우리의 의도를 반영한다. 의도는 과거, 현재, 미래의 경험을 연결하는 다리이다. "과거를 알고 싶다면 지금 당신의 마음을 보라. 미래를 알고 싶다면 지금 당신의 마음을 보라"는 격언이 이를 잘 설명한다. 의도는 우리의 기분과 감정에 영향을 미치며, 이는 우리의 행동, 말, 생각, 선택에 반영되어 현재 순간의 경험을 형성한다. 우리의 생각, 행동, 말, 선택은 결코 우연이 아니며, 심리적 습관과 자아관에 뿌리를 두고 있다.

의도의 개념은 지금 이 순간 우리의 몸과 마음, 세상을 형성하기 때문에 마음챙김 수행에서 핵심적이다. 예를 들어, 우리는 지금 우리 몸을 형성하고 있는 의도와 태도—조바심, 침착함, 지루함, 호기심, 불안, 평온함—를 얼마나 인식하고 있는지 살펴볼 수 있다. 점심을 먹으러 갈 때, 교통 체증 속에서 앉아 있을 때, 또는 파트너와 대화할 때, 우리가 선택하는 방식에 영향을 미치는 의도를 얼마나 인식하고 있는지 묻는 것이다. 마음챙김은 매 순간을 의식하는 것이며, 의도를 의식하는 것은 선택권을 갖는 것이다. 의도는 마음챙김의 기본 태도를 우리의 말, 생각, 행동에 반영한다.

삶의 기본 원칙 중 하나는 "무엇이든 먹이를 주면 자란다"는 것이다. 우리는 도움이 되는 것이든 그렇지 않은 것이든, 습관이든 대응이든, 꾸준히 실천하는 것을 점점 더 능숙하게 하게 된다. 체화는 마음챙김의 핵심 목표 중 하나이다. 마음챙김이 현재 순간의 수련이라는 점을 강조하지만, 마음챙김에는 정향성도 있다. 우리는 몇 가지 중요한 의도를 체득하고 내면화하는 법을 배우고 있다: 고통을 종식시키고, 마음과 정신이 번영하도록 우리의 잠재력을 실현하며, 마음챙김적인 삶을 사는 것이다. 우리의 경험은 무작위적이거나 우연적이지 않다. 우리가 처한 조건과 사건을 항상 통제할 수는 없지만, 그 상황에서 우리가 가져올 수 있는 대응은 의도성에 뿌리를 두고 있다. 우리의 의도는 현재 순간의 경험과 우리의 생각, 말, 행동을 형성한다.

삶은 불만, 혐오, 혼란이라는 무의식적 의도가 더 큰 고통을 초래할 수 있다는 점을 가르쳐 주었다. 그러나 우리는 이를 마음챙김할 때, 친절, 관심, 자비라는 의식적 의도로 이러한 패턴을 맞이할 수 있음을 배운다. 마음챙김과 습관은 공존할 수 없으며, 무의식과 의식적 의도성 또한 공존할 수 없다는 것이 분명하다. 우리는 이것을 실험할 수 있다. 신발 끈을 무의식적으로 묶으면서 동시에 마음챙김으로 묶을 수 있는가? 길을 걸으면서, 혹은 말을 하면서 습관적으로 그리고 마음챙김으로 동시에 행동할 수 있는지를 탐구해 보라. 마음챙김은 매 순간 우리가 발달시키는 태도, 즉 생각, 말, 행동에 점점 더 체화되는 태도에 대해 의식적인 선택을 가능하게 한다. 친절, 자비, 공감, 감수성은 마음챙김의 실천, 태도, 의도를 통해 지금 이 순간에만 길러질 수 있다.

중독 재활 시설에서 퇴원한 뒤, 샘은 바닥을 치고 회복하기 위해 수년간의 변화 과정을 거쳐야 했다. 초기에는 12단계 모임과 후원자의 지원이 그의 회복에 있어 가장 중요한 버팀목이었다. 이 모임은 자비와 보편적인 인간애를 느낄 수 있는 장소였다. 샘의 후원자는 회복 중인 중독자로서 회복을 체화한 사람이었고, 인내심과 배려로 샘의 동요, 갈망, 재발 가능성이 있는 순간들이 절제, 인내, 친밀함, 자비를 필요로 한다는 점을 깊이 이해하고 있었다. 중독에 대한 마음챙김 프로그램에서는 이를 '갈망의 파도를 타기'라고 한다. 이는 갈망이 절정에 달할 때는 강력하고 압도적으로 느껴질 수 있지만 결국 가라앉을 것임을 이해하는 것이다(Bowen & Vieten, 2012).

후원자와 함께 해변을 오래 걸으면서, 샘은 자신의 초조함, 부정적인 자기관, 갈망, 충동성에 대해 이러한 태도를 적용하는 법을 배우기 시작했다. 자극과 반응 사이의 공간이 커지면서 샘은 스스로에게 묻기 시작했다. "지금 이 순간에 필요한 것은 무엇인가?"

샘은 달리기를 시작했다. "그때가 제가 감정을 풀어낼 수 있는 유일한 시간이었어요. 나머지 시간에는 모든 것을 참아야 했지만, 한 시간 동안 달리기를 하면 그 시간 내내 울음을 터뜨릴 수 있었어요. 예전에는 운동을 '꼭 해야만 하는 것, 하지 않으면 끔찍한 일이 일어날 것 같은 것'으로 여겼어요. [웃음] 하지만 지금은 제 자신에게 훨씬 더 친절해졌고, '내가 피곤한 건 엄청나게 달렸기 때문'이라고 생각하니 괜찮다고 여기게 되었어요. 운동에 대한 강박도 덜해졌고요." [다시 웃음] 샘은 이제 음악 없이 달리기 시작했다. "달리는 동안에는 내 몸과 지금 일어나고 있는 일에만 집중해요. 그래서 저는 더 이상 현실과 단절된 채 달리지 않아요. 지금 달리기를 진짜로 즐기면서 주변의 모든 것을 받아들이고 있어요." 마음챙김 프로그램을 마친 후, 샘은 요가 수업을 찾아 마음챙김 움직임을 이어갔다. "요가는 제 몸에서 제가 알아차리지 못했던 것들을 보게 해 줍니다."

샘의 정기적인 12단계 모임은 성찰을 위한 침묵의 시간으로 시작되었다. 초기에는 이 시간을 통해 중독으로 인해 겪었던 끔찍한 상황을 떠올리며, 다음과 같은 의도를 세웠다. "제발 다시는 그 바닥으로 돌아가지 않게 해 주세요." 하지만 몇 년이 지나면서, 샘은 이 순간에 변화를 느꼈고, 새로운 의도가 떠올랐다. "제 후원자처럼 우정, 여유, 사랑이 있고 도움이 되는 삶을 나도 누릴 수 있게 해 주세요." 샘은 이러한 의도를 체화하기 위해, 자신처럼 회복 초기 단계에 있는 다른 사람들을 후원하기 시작했다. 자신이 도움받았던 방식으로 다른 사람들을 도우면서, 샘은 의미 있는 삶을 살겠다는 의도성과 자신과 타인에 대한 호기심, 감수성, 배려의 태도를 키워나갔다. 이후 샘은 중독 상담사로 훈련을 받았다. "제가 더 살아 있다는 느낌이 들었어요. 이제 제 감정이 더 이상 둔한 상태가 아니에요. 예전처럼 감정이 양극단으로 휩쓸리는 대신, 보통 사람들처럼 슬퍼하고, 화내고, 차분해질 수 있게 되었죠. 그리고 마침내 다시 정상적인 연애 생활을 할 수 있게 되었어요."

핵심적인 통찰은 마음챙김의 삶이 우리가 갈망하고 열망하는 편안함, 평화로움, 대응을 키우는 기반을 형성하는 의도적인 삶이라는 것이다. 친절, 자비, 기쁨, 평정심은 노력해야 할 먼 목표가 아니라, 우리의 경험을 채색하고 형성하는 현재 순간의 태도이다. 마음챙김 수행의 중심에 있는 의도성은 이러한 마음챙김의 기본 태도를 우리의 말, 생각, 행동으로 전환한다.

## 통찰력의 체화

체화의 세 번째 차원은 통찰력의 체화이다. 바쁜 일상 속에서 자동 조종 상태로 반응하는 것은 많은 사람들이 살아가는 방식이며, 이는 괴로움과 고통을 증폭시키는 환경이 된다. 마음챙김을 배우는 여정의 첫 번째 중요한 단계는 이러한 상태를 인식하기 시작하고, 그것이 어떻게 괴로움과 고통을 만들어 내는지 더 깊이 이해하는 것이다. 이러한 순간에 마음챙김으로 대응하는 법을 배우는 것은 중요한 전환점이며, 이는 우리의 경험과 삶 모두에서 새로운 가능성의 범위를 넓혀준다. 이러한 이해를 통해, 우리는 보다 명확한 의도에서 비롯된 새로운 선택을 할 수 있으며, 이는 필연적으로 이후의 삶에 영향을 미치게 된다. 단순히 기존의 반응을 바꾸는 것을 넘어, 완전히 새로운 방식의 대응이 가능해진다.

마음챙김은 우리가 동일한 반응의 패턴에 빠지는 순간을 알아차림의 영역으로 가져온다. 수행자는 이러한 익숙한 패턴을 점점 더 잘 알아차리고, 그 안에서 길을 찾아 탐색하며, 시간이 지나면서 새로운 대응 방식을 계발할 수 있는 역량을 키운다. 이는 습관에서 체화로, 무력감과 절망에서 벗어나, 갈망과 습관 속에서도 현명한 선택을 할 수 있는 역량을 길러가는 여정이다. 또한 이는 개념적 앎에서 그 앎이 자연스럽게 삶 속에 녹아드는 과정이며, 개념적 지식과 경험적 지식을 통합하는 체화된 통찰력으로 나아가는 여정이다.

마음챙김 훈련을 시작하는 많은 사람들은 이미 상당한 자기 지식을 가지고 있다. 이러한 자기 지식은 삶의 경험에서 얻은 교훈과 우리에게 고통과 아픔을 초래하는 사고 및 행동 패턴에 대한 익숙함에서 비롯된다. 우리는 무상함에 대해 알고 있으며, 우리의 삶은 변화의 불가피성을 끊임없이 가르쳐 왔다. 때로는 환영받는 변화도 있지만, 때로는 그렇지 않은 경우도 있다. 그러나 변화는 항상 존재하며, 계절의 흐름 속에서도, 우리의 삶의 변천 속에서도 드러난다. 우리는 삶을 멈출 수 없다는 사실을 알고 있다. 매 순간, 우리는 몸, 생각, 감정 그리고 우리 주변의 모든 것이 끊임없이 변화하는 것을 느낀다. 우리는 상실의 풍경을 알고 있다. 더 이상 우리 곁에 없는 사랑하는 사람들, 멀어져 버린 친구들, 잃어버린 역할, 지위, 관계들—상실의 슬픔은 우리 모두를 찾아왔다. 우리는 불확실성과 불안정성, 그리고 세상이 한순간에 무너질 수 있다는 사실을 잘 알고 있다. 우리는 통제할 수 없는 상황 속에서 지속적인 안정감을 찾을 수 없다는 것도 알고 있다. 우리는 신체적, 정서적, 심리적 고통을 알고 있으며, 관계적이고 취약한 존재로서 삶에서 고통을 피할 수 없다는 사실도 인식하고 있다. 갈망, 두려움, 혐오에 의해 지배되는 삶은 결국 정서적 · 심리적 고통, 방어적 태도와 악의를 초래한다는 것을 알고 있다. 이는 우리가 수없이 반복한 반응의 패턴이다. 우리는 집착이 초조와 위축으로 이어질 뿐이라는 것을 알고 있다.

우리는 또한 관대함, 친절, 자비의 힘을 알고 있다. 우리는 다른 사람들의 친절과 너그러움에 감동을 받은 적이 있으며, 우리가 건넨 작은 친절과 배려의 실천이 다른 이들의 삶에 영향을 준 경험도 있다. 우리 삶에서 가장 어려운 순간에 우리를 지탱하는 것은 조언이나 전략이 아니라 사랑이었다.

그러나 마음챙김의 여정에서 누구나 자신이 알고 있는 것과 실제로 삶에서 말하고, 생각하고, 행동하는 방식 사이에 괴리가 있음을 깨닫는 순간을 맞이한다. 이는 가장 도전적인 단계이며, 쉽게 판단과 절망을 불러일으킬 수 있다. 그러나 이러한 순간이 바로 우리가 체화를 향해 조금씩 나아가는 법을 배우는 배움의 장이 된다. 우리는 무엇이 우리를 망각 상태로 몰아넣는지에 대한 도전적인 질문을 던지기 시작한다. 피로, 바쁨, 지원의 부재 등 다양한 이유가 있겠지만, 대부분은 자기 의심과 심리적 습관으로 귀결된다.

연습을 지속하면, 마음챙김 수행자가 겪는 가장 급진적인 변화 중 하나가 자기 의심에서 자신감으로, 무력감에서 역량의 성장으로의 전환하는 과정임이 분명해진다. 우리는 우리가 아는 것에 비추어 살아가는 법을 배우기 시작한다. 앎이 단순한 개념이 아니라, 느낌으로 체화된 이해로 변하면서, 이 새로운 이해가 우리의 생각, 행동, 말, 그리고 현재 경험과의 관계 맺기의 기반이 된다. 익숙한 반복적 사고 패턴이 다시 나타날 수도 있고, 자기 판단의 목소리가 들리거나, 불안과 혐오의 습관이 모습을 드러낼 수도 있다. 그러나 마음챙김 수행자는 "생각은 사실이 아니며, 나를 정의하지 않는다"는 새로운 통찰을 통해, 이러한 반복적 사고를 직접 바라볼 수 있게 된다. 그 순간에는 이전과는 다른 길을 선택할 가능성이 열린다. 괴로움을 끝내는 길은 오직 괴로움이 일어나는 바로 그 순간에만 걸어갈 수 있으며, 그 사실을 분명히 알게 된다. 마음챙김은 우리가 주의를 어디에, 어떻게 집중할 것인지 선택할 수 있는 자유를 제공한다. 통찰력에 대한 자신감과 역량이 깊어질수록, 우리는 우리 안녕과 행복을 지속시키는 방향으로 삶을 선택할 수 있다. 이는 안녕감을 방해하는 파괴적 습관에 갇혀 사는 대신, 지속 가능한 삶을 선택하는 것이다.

핵심적인 통찰은, 마음챙김 수행과 성찰적인 삶을 통해, 변화를 위한 경로 지도를 내면화할 수 있다는 것이다. 새롭게 발견한 관점의 변화는 우리가 보다 마음챙김적으로, 체화된 삶을 살아갈 수 있도록 한다.

## 체화된 인간 존재

체화의 네 번째 차원은 체화된 인간이 된다는 것을 의미한다. 이는 각자가 겪는 고유한 여정이며, 예측할 수 없는 변화와 도전으로 가득하다. 이 여정에는 인내와 내면과 외면의 경험에 자비롭게 열려 있으려는 의지가 필요하다. 이 여정은 8주간의 마음챙김 프로그램 첫날, 낯선 사람들이 한 방에 모이는 순간부터 시작된다. 이들의 이야기와 삶의 역사는 다양하지만, 공통점은 모두가 괴로움을 겪고 있으며, 그 괴로움을 치유하려는 동기, 그리고 행복과 존재의 편안함을 바라는 소망이다. 프로그램이 진행되는 동안, 참가자들은 자신의 마음과 몸, 강점과 약점을 더 잘 알게 되고, 그룹 내 다른 사람들이 비슷한 과정을 겪는 것을 목격하게 된다. 이는 많은 이들에게 익숙하지 않은 새로운 학습의 장이다. 8주 동안 참가자들은 자신의 가장 깊은 취약점에 마음을 열고, 그 순간에 머무르는 의지를 발견하게 된다. 참가자들이 마음챙김 훈련을 시작할 때, 그들은 종종 말로 다 표현되지 않은 인간으로서 체화된 존재가 되고자 하는 깊은 갈망을 품고 있다. 그들은 현재 순간에 뿌리를 내리고, 깨어 있으며, 창의적이고, 부조화와 해리가 만들어 내는 고통으로부터 자유로워지기를 갈망한다. 마음챙김 훈련은 부조화에서 체화로 나아가는 여정으로 볼 수 있다.

그러나 이 여정은 선형적이지 않으며, 망각과 익숙한 반응의 패턴으로 되돌아가는 순간이 자주 발생한다. 그럼에도 불구하고, 사람들은 '판단과 비난'이라는 두 번째 화살을 덧붙이지 않는 법을 반복해서 배운다. 수행자들은 자신의 깊은 열망과 의도가 일치하고, 내면과 외면의 세계가 조화롭게 연결되는 순간을 경험할 때, 체화의 순간이 가져다주는 행복을 조금씩 맛보기 시작한다. 처음에는 다소 어려운 작업처럼 느껴지던 마음챙김이, 차츰 오랫동안 갈망하던 균형, 대응, 생동감을 제공하기 시작한다.

친절과 자비는 우리의 생각, 말, 행동을 진정으로 뒷받침할 수 있다. 시간이 지남에 따라, 우리는 몸을 더 온전히 살아감으로써 더 깨어 있고 대응적인 삶, 즉 체화된 삶을 살 수 있음을 발견한다. 습관에 지배받는 대신, 우리의 심리적 · 정서적 과정을 더 잘 인식하고, 순간에 대한 우리의 대응을 선택할 수 있는 자유가 있음을 깨닫게 된다. 마음챙김은 그 자체로 완결된 것이 아니다. 경험을 통해 깨닫게 되듯이, 마음챙김은 이해와 변화로 나아가는 열린 문이다.

## 체화된 마음챙김 지도자

교사의 주된 예술은 창조와 지식의 기쁨을 일깨우는 것이다.

—Albert Einstein(1956/1999)

프로그램 참가자들이 학습할 수 있는 안전하고 보호적인 환경을 조성할 책임은 마음챙김 지도자에게 있다. 마음챙김 훈련을 마음챙김적으로 존재하는 것이 무엇을 의미하는지에 대한 단서를 찾는다. 지도자가 어떤 방식으로 존재하는지는 참가자가 자신과 그룹의 다른 사람들과 관계를 맺는 방식을 배우는 데 핵심적인 요소이다. 여기서 지도자의 존재함이란 사용하는 몸짓, 목소리 톤, 어휘뿐만 아니라 주의 깊은 경청, 수용, 따뜻함의 역량을 포함한다. 프로그램 참가자들은 지도자가 자신이 제공하는 수업의 내용을 체화하고 있을 것이라고 기대한다. 이는 많은 마음챙김 지도자들에게 매우 큰, 그리고 종종 두려운 기대일 수 있지만, 지도자가 가르침을 체화할 수 있는 능력은 그룹이 발전하고 심화되는 방식에 중요한 영향을 미친다.

마음챙김 프로그램을 제공하면서, 지도자는 곧 자신들도 지속적으로 마음챙김을 배우는 학생이 되어야 할 필요성을 금방 깨닫게 된다. 참가자들의 학습을 지원하기 위해, 지도자는 사소한 짜증을 보고하는 참가자와 가장 큰 두려움에 직면했다고 말하는 참가자 모두에게 동등한 존중과 지속적이고 공감적인 주의력을 체화해야 한다. 마음챙김 지도자는 어려운 경험이든 아름다운 경험이든 모든 경험을 차별 없이 수용하고 따뜻하게 맞이하는 태도를 체화해야 한다. 또한 참가자들이 자신 안에서 길러가는 호기심을 지도자도 그대로 반영하여, 그들의 경험에 대한 열린 탐구심을 드러내야 한다. 지도자는 개인적인 따뜻함, 관심, 환영을 통해 프로그램에 친절한 분위기를 조성한다. 프로그램 중에 슬픔, 분노, 괴로움, 저항과 같은 감정이 제기될 때, 그 괴로움을 허둥대지 않고, 판단하거나 개인화하지 않으며 여러 층위의 괴로움과 마주할 수 있는 균형을 체화하는 것은 바로 지도자이다. 프로그램 참가자들은 자신이 무엇을 말했는지가 아니라, 어떻게 말했는지, 그리고 자신들이 어떻게 자비롭게 맞이되었는지를 기억한다고 말한다.

다른 사람들과 마찬가지로, 나(WK)도 마음챙김 수행 중 가끔 조급함, 바쁨, 피로, 초조함을 경험하곤 했다. 한번은 아버지가 말기 병으로 투병 중이셨고, 아내는 첫 딸을 임신 중이었으며, 대서양을 건너 이사할 계획을 조율하던 시기에 마음챙김 집중 수련에 참석했었다. 당시 내 마음은 끝없이 요동치는 활동의 급류 같았다. 집중 수련를 이끌던 마음챙김 지도자와의 면담 중, 그녀는 나에게 이렇게 말했다. "아마 지금 이곳이 당신에게 맞지 않을 수도 있습니다. 어쩌면 지금은 집으로 돌아가 돌봐야 할 것들을 돌보는 것이 필요할 것 같습니다." 그녀는 이를 엄청난 안정감과 세심한 태도로 말했다. 그녀의 말투 덕분에 나는 이 말을 진정으로 받아들이고 내 삶에 적용할 수 있었다. 그 순간, 나는 내 안의 요동치는 급류를 인식하고 필요한 행동을 할 수 있었다.

이 경험은 마음챙김 지도자로서 내가 그와 같은 안정감을 체화하는 법을 배우게 해 준 중요한 교훈이었다. 사람들이 초조, 의심, 분노와 같은 어려움을 겪으며 나에게 올 때, 이 교훈이 많은 도움이 되었다. 나는 특히 링과 비슷한 한 참가자를 기억한다.

> 그 참가자는 바디스캔 연습 중 강렬한 혐오감을 경험했다. 그녀는 당장이라도 수업에서 도망치고 싶어 하는 듯한 모습이었다. 연습에 대한 경험을 듣던 중, 그녀의 몸짓과 태도 속에서 그녀에게 무슨 일이 일어나고 있는지를 분명히 볼 수 있었다. 나는 먼저 내 발이 땅에 단단히 닿아 있는지 확인하고, 자세를 곧고 당당하게 유지하며, 내가 체화된 상태임을 인식했다. 그녀가 자신의 경험을 묘사하는 동안, 나는 그녀의 말을 들으며 내 몸에서 울리는 공명을 느꼈다. 동시에 그녀를 위해 문제를 해결해 주고 싶다는 걱정과 충동도 느꼈다. 하지만 내 호흡과 몸에 닻을 내림으로써, 나는 그녀가 자신의 몸에서 현재 순간에 머물 수 있는 곳을 찾도록 도왔다. 그것은 그녀의 발가락이었다. 이를 통해 그녀는 혐오감을 다룰 수 있는 초점을 찾을 수 있었다. 이 작은 발견은 그녀가 자신과 연결될 수 있는 첫걸음이었다.

친절, 자비, 공감, 따뜻함, 주의력, 관심은 억지로 만들어 내기 어렵거나, 거의 불가능하다. 마음챙김 지도자들은 이러한 가르침을 자신의 연습과 취약함을 마주하는 과정 속에서 배운다. 사람들이 마음챙김을 가르치기 위해 훈련할 때, 두 가지 여정이 동시에 이루어지고 있다는 사실을 인식하지 못할 때가 많다. 하나는 가르치는 기술을 배우는 여정이고, 동시에 자신의 몸, 감정, 기분, 생각과 친밀하게 연결되고, 현재에 머무르는 법을 배우는 내면적 여정이다.

마음챙김 프로그램의 이론적 기초와 절차적 기술을 배우더라도 마음챙김 상태를 유지하지 못할 수 있다. 지도자나 치료사가 프로그램에 참여하는 참가자와 라포와 공감을 형성할 수 있는 것은 자신의 수행을 통해 계발한 공감적 주의를 지속하는 능력에서 비롯된다. 체화된 마음챙김 지도자들은 자신의 취약함과 불완전함을 이해하고 수용하면서 자기연민을 배운다. 그들은 자신에게 더 수용적이고 덜 비판적이며 덜 판단적인 태도를 기르는 법을 터득한다. 이러한 기본 교훈은 참가자를 강점과 취약점을 모두 가진 온전한 존재로 바라볼 수 있게 해 준다. 이는 그들을 병리적으로만 바라보며 그것을 치료, 교정, 수정하려는 접근법과는 분명히 대조적이다. 개인적인 수행과 성장을 통해, 마음챙김 지도자들은 결과에 대한 집착을 내려놓는 법을 배운다. 이를 통해, 참가자에게 겉보기에 다루기 어려워 보이는 패턴 속에서도 존재하는 법을 배우는 데 필수적인 인내와 애쓰지 않음의 태도를 전달할 수 있다.

마음챙김 수행은 현재 순간의 어려운 경험 속에서도 주의를 지속하는 능력을 중요시할 뿐만 아니라, 우리가 주의를 기울이는 방식 역시 중요하게 여긴다. 따뜻함, 관심, 친절은 모든 마음챙김 계발의 필수적인 토대를 이룬다. 많은 사람들은 이러한 자질에 익숙하지 않고, 비난, 판단, 수치심의 환경에 더 익숙하다. 체화된 마음챙김 지도자들은 참가자가 판단받을 두려움 없이 이러한 가장 어려운 감정을 드러낼 수 있는 안전한 학습 환경을 조성하는 방법을 배운다. 지도자는 가장 어려운 감정조차도 수용, 배려, 자비로 맞이할 수 있음을 가르친다.

마음챙김 지도자들은 종종 참가자들에게 제공하는 조언과 자신의 삶 사이의 부조화를 예리하게 자각하게 된다. 이러한 순간에, 지도자는 종종 자신을 가짜처럼 느끼기도 한다. 모든 지도자의 삶에는 부조화가 필연적인 것이 아니라 선택할 수 있는 것임을 깨닫고, 자기 연민과 안정감을 키우기 위해 개인 수행과의 연결을 새롭게 할 필요가 있음을 자각하는 순간이 있다. 마음챙김 지도자들은 수업 중 드러나는 괴로움과 고통을 마주하고 그것을 견디기 위해, 내면의 고요함, 평온함, 균형에 접근할 수 있어야 한다는 것을 잘 알고 있다. 체화는 어렵지만, 지도자들이 마음챙김 수행을 지속하고 배우도록 동기를 부여하는 이유이기도 하다.

마음챙김의 체화는 모든 지도자나 참가자에게 동일한 모습으로 나타나지 않는다. 체화는 인위적으로 만들어 낼 수 있는 특성이 아니며, 단일한 모범이 존재하지 않는다. 체화는 강의실에서 배우는 것이 아니라, 자신의 마음챙김 수행과 삶의 경험을 통해 배운다. 마음챙김 지도자들은 존경하는 다른 지도자의 스타일을 모방하려 하기보다는, 자신만의 목소리와 소통 방식을 찾아야 한다는 것을 배운다. 마음챙김 지도자들은 다양한 환경에서 프로그램을 제공한다. 예를 들어, 청소년을 대상으로 학교에서 제공하는 마음챙김 프로그램은 암 환자를 위한 클리닉에서 제공되는 프로그램과 다를 수 있다. 우울증 재발 이력이 있는 참가자를 위한 프로그램은 스트레스를 다루는 경영진을 대상으로 한 프로그램과 다른 형태를 띨 것이다. 어떤 프로그램에서는 지도자가 포괄적인 지침을 제공할 수 있지만, 또 다른 프로그램에서는 침묵과 고요함이 훨씬 더 많이 포함될 수 있다. 마음챙김의 표현과 방식은 다양하지만, 모든 상황에서 지도자의 체화가 중심이 된다. 지도자는 자신의 생생한 수행 경험을 바탕으로 커리큘럼을 가르친다.

응용력은 마음챙김 지도자의 중요한 기술 중 하나이며, 이는 현재 순간에 대응하는 능력에서 비롯된다. 다양한 상황에서 무엇이 필요하고 무엇이 도움이 되는지에 대한 알아차림은 지도자의 자신감, 경청 능력, 그리고 "올바른 방식"에 얽매이지 않는 능력에서 생겨난다. 지도자가 만나는 다양한 그룹에도 변하지 않는 중심 의도는 친절, 배려, 자비이다. 유능한 지도자가 된다는 것은 자신의 경험에서 비롯된 내면의 진정성을 찾는 것을 의미한다.

마음챙김 프로그램이 점점 더 다양한 환경에서 제공됨에 따라, 개발된 프로그램의 전일성을 유지하면서도 다양한 참가자들에게 맞게 조정하는 과정에서 갈등이 발생하기도 한다. 예를 들어, 한 지도자는 프로그램에서 사용하는 용어가 자신이 가르치는 남아프리카 마을 주민들에게 이질적으로 느껴진다고 언급했다. 또 다른 지도자는 런던 도심의 갱단을 가르치며, 프로그램이 참가자들에게 적합하려면 랩 음악을 활용해야 한다고 말했다. 학교 프로그램에서는 프로그램에서 사용하는 용어와 구조가 참여 연령대에 맞게 조정된다. 마음챙김 지도자들은 교육 모델을 그대로 가져와 적용해야 한다는 부담을 느끼기보다, 가르치는 대상의 문화적 · 사회적 · 민족적 배경에 맞춰 프로그램을 조정해야 한다는 필요성을 배우게 된다. 마음챙김 프로그램의 전일성을 유지하면서도 다양한 그룹에 맞게 이를 조정하는 것은 지속적으로 논의되고 발전하는 주제이다.

지도자로서, 우리는 참가자들과 같은 세계관, 삶의 경험, 가치관을 가지고 있다고 가정할 수 없다. 우리가 가르치는 입장에서는 너무나 당연하게 느껴지는 특권적 위치에서 가르치고 있을 수도 있다. 마음챙김을 배우는 사람들은 두 가지 흐름에 맞서 싸우고 있을지도 모른다. 하나는 그들 자신의 괴로움, 우울, 낮은 자존감, 불안의 경험이다. 또 다른 하나는 사회적 · 문화적 불평등과 차별 속에서 자신이 부족하다는 이야기를 반복해서 들으며 살아온 현실이다. 더 특권적인 환경에서 벗어나려는 사람들은 단순히 마음챙김을 배우는 것뿐만 아니라, 다양성과 관련된 복잡한 문제들에 대한 훈련도 필요하다는 것을 깨닫는다. 어느 그룹에서든 체화는 지도자의 수만큼이나 다양한 형태로 나타날 것이다.

> 소피아는 유머 감각이 뛰어난 따뜻한 사람이었고, 학생들을 웃게 만드는 재능을 가지고 있었다. 그녀는 마음챙김 지도자로서의 여정을 유머를 활용하여 시작했지만, 곧 유머가 적어도 부분적으로는 내면의 비판자를 감추는 기능을 한다는 것을 깨달았다. 이로 인해 때때로 그녀의 유머는 가르침에 날을 세우기도 했다. 불편하거나 자신이 부족하다고 느낄 때("내가 뭘 하고 있는지 모르겠어. 내가 사기꾼인 줄 알게 될 거야"), 그녀는 종종 자기비하적 농담으로 사람들을 웃게 만들었다.
>
> 소피아에게 마음챙김 지도자가 되는 것을 배우는 과정은 내면의 비판자를 제대로 직면하고, 친절과 자비로 이를 맞이하며, "이 순간에 필요한 것은 무엇인가?"라는 질문을 던지는 것이었다.

지도자로서 그녀가 부드러워지자, 그녀의 날카로움도 부드러워졌고 결국에는 사라지면서 그녀의 따뜻함과 잠재력이 발휘되기 시작했다. 그녀는 유머를 덜 사용하게 되었고, 사용할 때도 이전과 달리 공감과 인간미가 깃든 유머로 변화했다. 그녀는 더욱 진정성 있고, 매력적이며, 강한 영향력을 가진 지도자가 되었다. 마음챙김 지도자 훈련 프로그램에서는 피드백을 제공하는 과정의 일환으로 종종 지도자들에게 자신의 수업을 영상으로 촬영하도록 요청한다. 자신의 취약한 모습이 영상에 담겨 다른 사람들이 보게 되면, 이는 내면의 비판자를 강렬하게 자극할 수 있다. 특히 가르치는 법을 배우는 초기 단계에서는 수업 중 나타나는 불가피한 실수와 결함을 스스로 보고, 다른 사람들도 이를 본다는 사실이 위축감과 낙담을 유발할 수 있다. 소피아 역시 이러한 경험을 했다:

> "처음에는 제 모습을 영상으로 보는 것이 도저히 견딜 수 없었어요. 온몸이 마비된 듯한 기분이 들었고, 너무 부끄러워 몸서리쳤죠. 하지만 시간이 지나면서 점차 마음이 부드러워졌고, 결국엔 불편함을 경험하면서도 약간의 거리감을 유지하며 애정을 담

아 제 영상을 볼 수 있게 되었어요. 마지막으로 영상을 봤을 때, '아, 소피아를 봐요. 최선을 다하고 있네요. (웃음) 하지만 옷은 좀 별로네요'라고 말하는 저를 발견했어요."

대부분의 지도자들에게 가르침을 배우는 여정은 새로운 것을 배울 때, 특히 그것이 중요하고 영향력 있는 것일 때 활성화되는 내면의 비판자를 인식하고, 허용하며, 이를 친밀하게 맞이하는 과정을 포함한다. 이 작업은 쉽지 않고, 단순하지 않으며, 상당히 도전적인 생각과 신념들을 마주해야 할 수도 있다. 그러나 내면의 비판자를 깊이 들여다보면, 그 구조를 뒷받침하는 건전한 의도를 발견할 수 있다. 이는 종종 "나는 최선을 다하는 좋은 지도자가 되고 싶다" "내가 경험한 변화를 다른 사람들도 경험할 수 있도록 돕고 싶다" "자비로 다른 사람들을 돕고 싶다"와 같은 생각들로 나타날 수 있다. 이러한 핵심을 인식하면, 내면의 비판자를 유지하는 구조가 점차 무너지기 시작한다.

소피아의 마음챙김 연습은 부정적인 사고와 자기 인식(무능하고 무가치하다는 생각)이라는 두꺼운 껍질을 실제로 보고 들여다보는 것으로 시작되었다. 그녀는 일반화된 기억(예: 교생 시절 학생들 앞에서 얼어붙었던 경험)과 실패를 상상하는 시나리오를 통해 이러한 사고를 경험했다. 깊이 들여다보았을 때, 그 껍질 아래에는 배와 가슴의 긴장감, 얼굴의 열감으로 표현되는 두려움의 감정이 있다는 것을 알게 되었다. 그녀는 이러한 경험에 마음을 열고 부드럽게 받아들이는 법을 배웠다.

소피아는 극심한 불안과 삶의 의욕을 앗아가는 우울증으로 다시 고통받았지만, 이를 실패로 여기지 않았다. 오히려 불안과 우울의 영역을 더 깊이 이해하고, 이를 통과하는 길을 배우는 과정으로 바라보았다. 그녀의 내면의 비판자는 점차 부드러워졌고, 이제는 이를 직면하고 친숙하게 다룰 수 있을 정도가 되었다. 이러한 심오한 통찰, 즉 내면의 비판자와 친밀해지는 과정을 통해, 그녀는 그 밑바닥에 좋은 지도자가 되고자 하는 건전한 의도가 있다는 것을 깨달았다. 더 나아가, 이는 단순히 개인적인 성취를 넘어서, 자신의 삶에서 다른 사람들에게 도움이 되고자 하는 깊은 바람과 연결되어 있었다. 이러한 이해는 개념적으로나 경험적으로 내면의 비판자를 해소하는 데 도움을 주었다. 그녀는 자신의 수행이 아닌, 참가자들의 배움을 중심에 둔 봉사적 태도에서 가르칠 수 있게 되었다. 그녀는 자신이 무가치하다는 신념을 점차 놓아버릴 수 있었고, 참가자들의 배움을 지원하고 가르치는 과정을 진정으로 즐기게 되었다.

## 개요

의미, 건강, 안녕감에 대한 인간의 갈망, 존중받고자 하는 마음, 좋은 일을 하고자 하는 마음, 그리고 자신과 타인을 해치지 않고 돕고자 하는 마음은 체화될 수 있다. 체화는 우리의 몸을 알아차림으로써 시작된다. 이는 우리의 의도, 태도, 통찰, 이해로 확장된다. 버드나무처럼, 우리는 깊이 뿌리내린 의도성과 이해를 바탕으로 하되, 변화하는 환경 속에서 유연하게 적응할 수 있어야 한다. 체화는 우리의 가치, 이해, 의도와 생각, 행동, 말, 관계 맺는 방식 사이의 조화로운 일치이다. 이는 마음챙김을 가르치고 배우는 데 있어 기본이 된다.

# 마음챙김 기반 프로그램에서의 윤리와 전일성

오직 개인만이 생각할 수 있으며, 이를 통해 사회에 새로운 가치를 창조하고—나아가 공동체의 삶이 따르는 새로운 도덕적 기준을 정립할 수도 있다. 창의적으로, 독립적으로 사고하고 판단하는 개인이 없다면, 사회의 발전이 불가능한 것과 마찬가지로, 공동체라는 양분을 제공하는 토양 없이는 개인의 발전 또한 상상할 수 없다.

—Albert Einstein (1956/1999)

우리 자신과 타인에게 해로운 방식으로 행동하는 것은 어렵지 않다. 그러나 우리 자신과 타인 모두에게 유익한 방식으로 살아가고 행동하는 것은 훨씬 더 어려운 일이다.

—Acharya Buddharakkhita (1996)

만약 당신이 대형 서점에 가서 현대 심리학 섹션을 둘러본다면, 마음챙김에 관한 많은 책을 발견할 것이다. 하지만 그 책들의 색인에서 전일성과 윤리라는 용어를 찾아보면, 거의 등장하지 않는다는 사실을 알게 될 것이다. 같은 서점의 철학이나 종교 섹션을 살펴보면 윤리, 전일성, 덕목, 가치, 지혜에 대한 논의가 담긴 책들이 선반 가득 놓여 있는 것을 볼 수 있다. 영국 옥스퍼드에 있는 블랙웰(Blackwell) 서점에서는 심리학, 종교, 의학, 법학 서적이 모두 넓은 노턴 열람실에 배치되어 있다. 그 방 한가운데에는 아래 층으로 이어지는 개방형 지하 공간이 있으며, 철학 서적들이 진열되어 있다. 그곳에는 고대 그리스 철학자들에서부터 흄, 칸트, 러셀 등의 철학자들에 이르기까지, 윤리와 전일성을 다루는 책들이 놓여 있다. 그렇다면 왜 윤리는 철학, 명상 전통, 종교, 법학, 의학에서는 중요한 주제로 다뤄지지만, 현대 마음챙김 서적에서는 거의 언급되지 않는 것일까? 윤리는 현대 마음챙김에서 무관한 주제일까? 윤리를 강조하는 것이 세속적 환경에서 문제가 될 소지가 있는가? 아마도 윤리라는 주제가 종교나 특정 철학적 학파와 연관되는 경우가 많기 때문일까? 그렇다면 우리는 윤리와 전일성을 어떻게 정의해야 하는가? 마음챙김 기반 프로그램의 참가자, 지도자, 그리고 이 분야 전체에서 전일성이란 무엇을 의미하는가?

이 장에서는 다음과 같은 내용을 살펴볼 것이다:

- 윤리와 전일성이란 무엇인가
- 마음챙김 기반 프로그램에서의 윤리와 전일성: 도전 과제
- 마음챙김 기반 프로그램에서의 윤리와 전일성: 대응 (내면에서 외부로)
- 이 분야 전반에서 전일성을 보호하는 방법

## 윤리란 무엇인가, 전일성이란 무엇인가

윤리란 우리의 행동을 규율하는 도덕적 원칙과 가치이며, 무엇이 옳고 그른지를 이해하는 기준이 된다. 윤리는 우리가 일상적으로 마주하는—특히 우리의 가치를 시험하는—딜레마를 이해하고 헤쳐 나가는 데 도움을 주며, 최선의 대응 방안을 찾도록 돕는다. 불교 심리학에서는 '옳고 그름'이라는 개념 대신 '건전함(wholesome)'과 '불건전함(unwholesome)'이라는 용어를 사용한다. 어떤 생각, 말, 행동이 고통의 종식을 향해 나아가는가(건전함), 혹은 자신과 타인 또는 둘 모두에게 고통을 초래하는가(불건전함)에 따라 구분된다. 또한 우리는 우리의 생각, 말, 행

동이 이해를 방해하고 자유에서 멀어지게 하는지(불건전함), 혹은 이해를 돕고 자신과 타인의 자유를 향해 나아가게 하는지(건전함)도 살펴볼 것을 권장한다. 이러한 관점은 마음챙김을 관계적인 세계 안에 확고히 자리 잡게 하며, 우리가 단순히 자신의 생각, 말, 행동을 이끄는 의도만이 아니라, 그것들이 타인과 자신에게 미치는 영향과 결과까지 고려하도록 요구한다.

〈글상자 9-1과 9-2〉에 제시된 사례들을 살펴보자. 이는 마음챙김 훈련 과정에서 지도자와 참가자 모두가 직면할 수 있는 질문의 예시이다. 우리는 이 장의 후반부에서 윤리에 관한 구체적인 주제와 실천을 논의하며 이 사례들을 다시 참조할 것이다.

전일성이란 마음 상태와 행동이 윤리적으로 조화를 이루는 것을 의미한다. 전일성은 우리가 윤리에 부합하는 방식으로 살아가고 행동할 때 길러질 수 있다. 즉, 전일성은 건전한 마음 상태를 실천하는 것(즉, 행동이 마음 상태에 의해 형성되

**글상자 9-1 마음챙김 기반 프로그램 지도자의 윤리적 딜레마 사례**

- MBSR 프로그램을 가르치는 동안, 당신은 심각한 건강 문제를 진단받았고 두려움과 걱정을 느끼고 있다. 갑자기 스트레스 수준이 일부 참가자들과 다를 바 없이 높아진 듯 느껴진다.
- 당신은 의료 기관에서 우울증 재발 위험이 있는 사람들을 대상으로 MBCT를 가르치고 있다. 그런데 관리자가 예산이 부족하다며 MBCT 프로그램을 4회 이하로 단축해야 하며, 일대일 오리엔테이션은 절대 불가능하다고 말한다. 또한 대기자 명단에 있는 다른 일반적인 정신 건강 문제를 가진 사람들도 함께 수업을 들을 수 있는지 묻는다.
- 당신은 마음챙김 종일 수련을 지도하고 있다. 한 참가자가 하나의 연습이 끝난 후 해리 경험을 했으며, 스스로를 해치라는 목소리가 들린다고 이야기한다.
- 당신은 지역사회에서 마음챙김 기반 프로그램을 지도하고 있다. 다음 8주 과정에 등록한 사람이 전화를 걸어와 실직 상태이며, 혼자 아이를 키우고 있다고 말한다. 그는 프로그램에 참여하고 싶지만 수강료를 감당할 수 없고, 수업 시간 동안 아이를 돌봐줄 사람이 필요하다고 말한다. 수강료 전액을 지불할 수 없는 사람들을 위한 대안이 있는가?

며, 동시에 행동이 다시 마음 상태를 형성한다는 점을 자각하는 것)과 전일성을 지원하고 발전시키는 훈련을 수행하는 것 모두를 포함한다([그림 9-1] 참조).

마음챙김 프로그램을 듣는 참가자들은, 그것이 극심한 괴로움을 해소하려는 목적이든 안녕감을 증진하려는 목적이든, 마음챙김이 고립된 상태에서는 깊어지거나 발전하지 않는다는 사실을 발견하게 된다. 또한 윤리적 딜레마와 삶의 어려움을 마주하는 과정이 배움과 변화를 위한 기회가 된다는 것을 깨닫게 된다. 다시 말해, 마음챙김은 우리가 자신의 건전한 생각, 말, 행동과 불건전한 생각, 말, 행동을 알아차리고 성찰할 수 있는 기회를 제공하며, 이를 통해 전일성을 갖고 대응할 수 있도록 한다. 〈글상자 9-2〉에 제시된 사례들을 살펴보자.

윤리는 인간의 행동을 결정하는 보다 원초적인 본능과 충동만큼이나 근본적인 요소이다.[1] 우리는 음식, 신체적 편안함, 성적 만족과 같은 본능적 욕구에 대해 쉽게 이해할 수 있다. 그러나 우리의 본성 깊은 곳에는 알아차림, 경험적 · 개념적 이해, 자비의 능력도 존재한다. 이러한 요소들은 전일성을 위한 더 깊은 틀을 제공한다.

우리는 종종 윤리를 직관적으로 감지하며, 무엇이 올바른 대응인지에 대한 감각을 갖는다. 윤리는 때때로 불편함이나 불안감을 불러일으키는데, 이는 우리의 원칙, 특정 상황, 행동 사이에서 정렬되지 않은 부분이 있음을 경고하는 신호일 수 있다. 이런 순간 우리는 무언가 맞지 않는다는 것을 알고 있으며, 체화를 통해 이러한 불편함을 인식할 수 있다. 이는 우리의 마음 상태와 의도를 다시 점검하

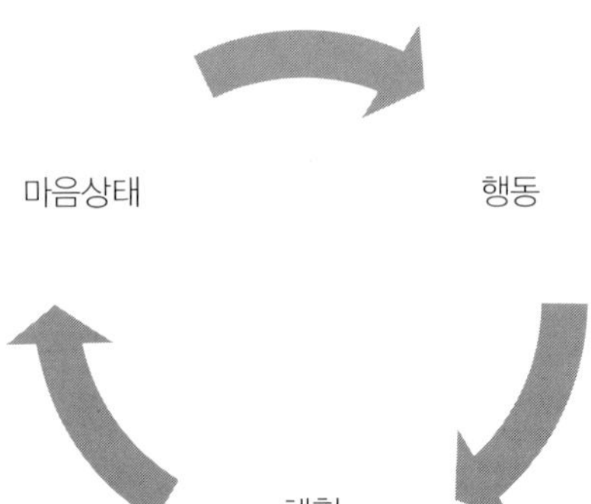


[그림 9-1] 마음 상태와 행동

고, 어떻게 대응할 것인지 숙고할 수 있는 소중한 기회가 된다.

핵심적인 통찰은 윤리가 우리의 행동을 이끄는 도덕적 원칙과 가치라는 점이다. 윤리는 무엇이 옳고 그른지, 무엇이 건전하고 불건전한지를 이해하는 방식이다. 전일성이란 우리의 마음 상태와 행동이 윤리적으로 조화를 이루는 것을 의미한다. 우리가 윤리와 일치하는 방식으로 살아가고 행동할 때, 전일성은 자연스럽게 길러진다. 윤리와 전일성은 마음챙김 지도자와 수행자 모두에게 필수적인 기반이 된다.

**글상자 9-2 마음챙김 기반 프로그램 참가자의 윤리적 딜레마 사례**

- 모하메드에게 이슬람 신앙은 단순한 영적 가치를 넘어, 삶의 방식이자 공동체의 중심이다. 그러나 그의 이맘*은 마음챙김 수업에 참여하는 것과 그것이 이슬람 교리와 어떻게 조화를 이룰 수 있는지에 대해 의문을 제기한다.
- 마음챙김 프로그램을 통해 링은 자신의 반응이 청소년기 자녀를 양육하는 데 큰 어려움을 초래할 수 있음을 점점 더 자각하게 되었다. 그녀는 때때로 자신이 학대적인 부모가 아닐까 걱정하기도 한다. 또한 자신의 어린 시절을 돌아보며, 딸의 나이였을 때 관심과 돌봄을 받기 위해 성적인 행동을 이용했던 기억이 떠오른다. 그녀는 딸이 자신이 저질렀던 실수를 반복하지 않기를 간절히 바라고 있다.
- 중독에서 회복하는 과정과 마음챙김 연습이 깊어질수록, 샘은 자신의 중독이 자신뿐만 아니라 주변 사람들에게도 얼마나 많은 고통과 파괴를 초래했는지를 더욱 선명하게 인식하게 되었다. 그는 어머니의 돈을 훔쳤고, 직장에서 신뢰받지 못해 여러 번 해고당했으며, 타인과 주사기를 공유하기도 했다.
- 샘은 마음챙김 프로그램을 통해 깊은 변화를 경험하며, 지도자로부터 큰 영감을 받는다. 그는 지도자를 이상화하며 지나치게 칭찬하고, 자신이 특별한 참가자가 되기를 바라는 환상을 품기 시작한다.

* (역주) 이슬람 교단의 지도자

## 마음챙김 기반 프로그램의 윤리와 전일성: 도전 과제

1970년대, 존 카밧진이 매사추세츠대학교 의과대학 의료센터의 스트레스 감소 클리닉에서 마음챙김을 가르치기 시작했을 때, 단일하고 일관된 접근 방식이 있었다. 그것이 바로 마음챙김 기반 스트레스 감소 프로그램(MBSR)이었다. 당시 MBSR은 소수의 지도자들에 의해 가르쳐졌으며, 이들은 모두 카밧진의 직접적인 지도와 멘토링을 받았다. 마음챙김 지도자들은 의료 기관에서 활동했으며, 이곳에서는 해를 끼치지 않고 환자의 필요를 어떤 개인적 이익보다 우선할 것이라는 히포크라테스 원칙을 따르는 것이 기본적인 윤리적 책임이었다(Kabat-Zinn, 2014).

현대의 마음챙김 초기에는 MBSR을 가르치는 누구나 스스로의 행동, 의도, 동기에 대해 개인적 책임을 질 것이라는 가정이 있었다. 또한 마음챙김을 가르치는 사람이라면 누구나 깊이 있는 개인적 연습과 자기 발전의 길을 걷고 있으며, 이를 통해 참가자들과의 관계에서도 자비롭고 배려 깊은 태도를 체화할 것이라 믿어졌다. 더 나아가, 마음챙김의 실천과 적용 자체가 자연스럽게 돌봄과 자비라는 깊이 있는 윤리적 태도를 내포하고 있을 것이라는 가정도 있었다. 게다가, 윤리적 기준을 승인하거나 검토할 수 있는 상위 기관이나 규제 기관을 만드는 것에 대한 거부감도 존재했다. 만약 마음챙김 지도자들이 전일성을 체화하고 있다면, 마음챙김 분야를 감독할 필요가 없다고 여겨졌기 때문이다(Kabat-Zinn, 2011, 2014).

그러나 1970년대 이후, 마음챙김 기반 프로그램의 환경은 급격하게 변화했으며, 마음챙김이라는 개념 자체도 다양한 의미를 가지게 되었다. 특히 마음챙김 기반 프로그램이 폭발적으로 증가했으며(Crane, 2017), 초기에는 마음챙김 프로그램이 주로 행동 의학 분야에서 활용되었지만, 현재는 학교, 신체 및 정신 건강 관리 기관, 기업, 군대, 형사 사법 시스템 등 다양한 분야에서 가르쳐지고 있다. 또한 마음챙김과 관련된 과학적 연구가 기하급수적으로 증가했으나, 그 발전이 항상 체계적으로 이루어진 것은 아니었다(Dimidjian & Segal, 2015).

이러한 마음챙김 기반 프로그램의 확산을 잘 보여 주는 예가 바로 영국이다. 영국 국립보건임상연구소(NICE, 2009)는 우울증 재발 예방을 위한 치료법으로 마음챙김을 권장하며, 이는 국민건강서비스(NHS)를 통해 제공되고 있다. 또한 2015년 10월, 마음챙김 초당파 의원 모임(Mindfulness All-Party Parliamentary Group, 2015)은 마음챙김 국가 보고서(Mindful Nation U.K. Report)를 발표했으며, 이 보고서는 의료, 교육, 직장과 형사 사법 시스템에서 마음챙김 훈련을 위한 자금 지원과 실행을 권장하고 있다. 마음챙김 훈련의 범위가 확장됨에 따라, 이용 가능한 훈련의 스펙트럼도 넓어졌다.

초기에는 마음챙김 기반 프로그램이 소수의 지도자들에 의해 가르쳐졌으며, 이들은 마음챙김과 명상 수행의 길을 깊이 탐구해 온 사람들이었다. 그들은 실천에 대한 열정을 지니고 있었으며, 타인을 돕겠다는 확고한 헌신을 가지고 있었다. 또한 이들은 전일성에 대한 포괄적인 가르침을 포함하는 명상 전통에서 훈련을 받았다. 분명한 의도와 깊은 헌신 속에서, 많은 이들은 좋은 직업과 경제적 안정을 포기하면서까지 이 고대의 훈련을 세속적인 환경에서 가르치는 일에 전념했다. 이 과정에서, 불교 심리학이 강조하는 철저한 내면 훈련과 발전의 요소들 중 무엇을 유지하고 무엇을 내려놓을 것인지 신중하게 검토해야 했다. 인간이 행복, 평화, 안녕감, 자유를 추구하는 것은 근본적인 본능이다. 따라서 종교적이거나 신비주의적인 색채나 의식(儀式)은 필수적인 요소가 아니었다. 초기 지도자들은 누구나 공감할 수 있는 언어로 마음챙김을 전달하려 노력했으며, 괴로움을 최소화하고 자신과 참가자들이 번영할 수 있는 역량을 극대화하는 본래의 동기를 유지하고자 했다. 당시 마음챙김을 가르치는 일은 직업적 선택이 아니라, 자비심과 체화된 전일성에 뿌리를 둔 열정이었다.

마음챙김에 대한 관심과 이 분야 자체가 성장하면서, 훈련 과정 또한 다양해졌다. 수년에 걸쳐 진행되는 대학원 석사 과정이 마련되었으며, 이러한 프로그램에서는 마음챙김 기반 프로그램의 이론적 배경을 이해하고, 개인적인 마음챙김 실천을 유지하며, 지도자로서의 가르치는 방법을 배우고 슈퍼비전을 받으며 프로그램을 가르쳐 본 후, 지속적인 개인적 및 전문적 발전에 헌신할 것을 요구한다. 반면, 단기간 내에 마음챙김 지도자 자격증을 취득하는 방법도 존재하며, 심지어 온라인 과정만으로도 자격을 얻을 수 있는 경우가 있다. 또한 일부 마음챙김 지도자들은 전문적인 직업 윤리 강령을 따르며 참가자들과의 관계에서 윤리적 틀을 유지하지만, 어떤 지도자들은 이러한 전문 윤리 체계에 속하지 않는 경우도 있다. 연구의 상당 부분이 8주 과정의 전체 프로그램을 평가하는 데 기반을 두고 있음에도 불구하고, 참가자들을 위한 마음챙김 훈련을 단축해야 한다는 압박이 존재하기도 한다(Dimidjian & Segal, 2015). 연구 결과에 따르면, 장기적인 변화와 마음챙김 연습에 몰입한 시간 사이에는 직접적인 연관성이 있다(Parsons, Crane, Parsons, Fjorback, & Kuyken, 2017). 마음챙김 훈련이 점점 더 다양한 문화와 공동체에서 제공됨에 따라, 의미 있는 프로그램이 되기 위해서는 용어와 전달 방식에 대한 상당한 조정이 필요하다. 이러한 모든 변화 속에서도, 윤리와 전일성에 대한 헌신은 참가자들, 마음챙김 기반 프로그램, 마음챙김 지도자들, 그리고 이 분야 전체를 보호하는 역할을 한다.

마음챙김에 대한 관심과 실천이 급격히 성장함에 따라, 필연적으로 이에 대한 반발도 상당히 증가했다. 마음챙김 훈련이 가치가 결여되었다는 비판, 마음챙김 프로그램의 비용이 경제적으로 취약한 계층을 배제한다는 문제 제기, 누가 마음챙김 지도자가 될 자격이 있는가, 그리고 포괄적인 마음챙김 프로그램이란 무엇인가 등의 질문이 제기되었다. 물론 이는 중요한 윤리적 질문들이다. 그러나 이를 관리할 규제 기관이 없는 상황에서, 마음챙김 분야의 발전과 마음챙김 훈련을 받는 참가자들을 보호하는 역할은 개별 지도자들의 전일성에 대한 개인적 헌신에 의존할 수밖에 없다.

전 세계의 마음챙김 연구 및 훈련 센터들은 마음챙김이 급격히 확산되면서 규제 없이 성장하는 데 따른 위험성을 우려하고 있다. 핵심 훈련의 일부 요소만 선택적으로 적용되거나, 다른 다양한 분야와 결합되면서 본래의 의미가 왜곡될 가능성이 있다. 마음챙김이 단순한 주의력 훈련으로만 제시되면서, 그 근본적인 의도, 태도, 윤리적 기반이 사라질 수도 있다. 마음챙김 프로그램에 참여하는 사람들은 마음챙김 연습이 처음이거나 심리적으로 취약한 상태일 수도 있으며, 따라서 자신이 참여하는 과정이 철저한 훈련을 받은 지도자에 의해 진행되며, 그들의 취약함을 존중하고, 위험을 최소화하며, 긍정적인 효과를 극대화할 수 있는 역량을 갖추었는지 보장받을 권리가 있다. 많은 연구 및 훈련 센터들은 마음챙김 교육이 윤리적 기반을 가져야 한다는 점을 깊이 인식하고 있다. 이들은 일반적으로 마음챙김 지도자가 자신의 개인적 · 전문적 발전에 대한 책임을 지고, 자비롭고 마음챙김적인 태도로 가르칠 수 있는 능력을 갖추어야 한다는 입장을 취한다.

마음챙김 훈련이 의료 시스템과 직장 환경에 도입되면서—표면적으로는 직원들의 안녕감을 지원하기 위한 목적이지만—마음챙김의 책임이 개별 직원들에게만 전가될 위험도 존재한다. 즉, 조직이 스스로 변화를 수용하고 마음챙김적인 환경을 조성할 의지나 능력이 없는 상태에서, 직원들이 과중한 업무와 스트레스를 더 잘 감당할 수 있도록 만드는 수단으로 마음챙김이 활용될 수 있다. 다시 말해, 마음챙김이 기업의 경제적 목표를 달성하는 데 이용될 가능성이 있으며, 개인의 마음챙김과 조직의 마음챙김 간의 관계는 거의 논의되지 않고 있다.

핵심적인 통찰은 마음챙김 분야가 성장하고 변화하면서, 훈련과 기준에 대한 중요한 윤리적 질문들이 제기되었으며, 이에 대한 적절한 대응이 필요하다는 점이다.

## 마음챙김 기반 프로그램의 윤리와 전일성: 대응

전일성을 이해하고 증진하기 위해서는 내면에서 외부로의 접근 방식과 외부에서 내면으로의 접근 방식이 모두 필요하다. 불교를 포함한 많은 명상 전통에서는 전일성이란 우리의 의도, 정신적 풍경, 행동을 면밀히 살피는 실천이라고 가르친다. 즉, 내면에서 외부로의 접근 방식이다. 우리의 생각, 말, 행동이 자신과 타인에게 미치는 영향은 무엇인가? 이것이 핵심적인 요소이다. 마음챙김은 본질적으로 윤리적이다. 그것은 이해의 길이며, 해로움을 주지 않고 이로움을 실천하는 태도와 행동 방식에 뿌리를 두고 있다. 만약 이러한 의도에 기반하지 않는다면, 그것은 마음챙김이 아니다.[2] 또한 이 분야에서 활동하는 사람들을 보호하고 전일성을 촉진할 수 있도록 윤리와 전일성을 위한 체계를 구축하는 것은 공동체의 책임이다. 이는 외부에서 내면으로의 접근 방식이다.

우선, 내면에서 외부로의 작업(즉, 전일성과 체화를 발전시키기 위한 마음챙김 실천의 역할)을 살펴본다. 이후, 마음챙김 기반 프로그램, 지도자 훈련, 마음챙김 지도자, 그리고 궁극적으로 이 분야 전체를 위한 원칙과 실천에 대해 논의할 것이다.

## 마음챙김의 윤리와 전일성: 내면에서 외부로

### "모든 것은 의도의 끝에 달려 있다"

"마음은 경험의 선구자이다"라는 표현은 지혜의 전통과 세계 종교에서 윤리를 이해하는 데 핵심적인 개념이다. 건전한 의도를 바탕으로 한 마음은 윤리적인 행동을 지지하며, 좋은 삶을 위한 조건을 형성한다. 반면, 불건전한 의도에 뿌리를 둔 마음은 파괴적인 행동에 취약해진다. 자신의 마음을 알아차리는 것은 의도와 행동을 점검하고 이해할 수 있도록 한다. 이를 통해 건전한 의도를 키우고, 자신과 타인에게 긍정적인 영향을 미치는 방식으로 행동할 수 있는 기반이 마련된다. 전일성은 건강한 관계, 사회, 공동체의 핵심이다. 공동체가 전일성에 헌신하는 것은 가족, 공동체, 사회의 안녕감을 지키는 핵심 요소로 간주된다. 전일성은 개인적 만족보다 공동체의 안녕을 우선시한다. 윤리적 지침에 대한 헌신은 내면의 도덕적 나침반을 설정하여 자신의 마음 건강을 보호할 뿐만 아니라, 주변 사람들에게도 긍정적인 영향을 미치는 역할을 한다. 전일성은 심리적 건강의 토대이자, 깊은 이해와 내면의 자유를 확장하는 데 중심이 된다.

고대와 현대의 명상 전통에서는 윤리적 지침을 수행의 기초로 둔다. 윤리적 지침은 단순한 규칙이 아니라, 지속적인 훈련, 탐구, 헌신의 과정으로 제시된다. 수행을 시작하는 학생들이 처음부터 윤리적 토대를 갖추고 있을 것이라는 가정은 없다. 오히려, 수행을 시작하는 학생들은 기존에 지니고 있던 혼란, 고통, 신념, 정신적 · 행동적 패턴을 함께 가지고 올 것이라고 본다. 전통적으로 윤리적 실천은 특정한 규칙이나 옳고 그름의 척도가 아니라, 세상과의 관계를 의도적으로 설정하는 방식으로 제시된다. 그것은 해로움을 주지 않고, 모든 존재의 안녕을 보호하기 위한 길이다.

"전일성 없이 이 길을 깊이 탐구할 수 있다고 기대할 수 있는가? 전일성이 없으면, 해로운 마음 상태가 마음을 지배할 조건을 만들어 낼 뿐이다"(Sayadaw U Pandita). 적대감은 우리의 마음을 어둡게 만든다. 가혹한 자기 비판은 죄책감과 수치심을 불러일으키며, 심하면 자기 혐오로 이어지기도 한다. 윤리적 나침반을 잃으면, 우리는 후회하거나 자신과 타인에게 해로운 방식으로 행동하고, 말하며, 생각하게 된다. 2장에서 5장까지 살펴본 바와 같이, 이러한 마음 상태의 고통스러운 속성은 도움이 되지 않는 사고 및 행동 패턴을 형성하며, 우리의 안녕감을 약화시키고 괴로움을 만들어 내고 지속시키는 역할을 한다.

불교 심리학에서는 올바르고 숙련된, 또는 지혜로운 마음챙김을 함양하는 것을 강조하지만, 동시에 잘못된 혹은 서투른 마음챙김이 존재할 수 있음을 지적한다. 예를 들어, 명확한 지각과 집중된 주의력은 컴퓨터 게임을 할 때나 소매치기를 할 때, 혹은 극단적인 예로 저격수가 목표를 조준할 때 중요한 능력이 될 수 있다. 이러한 행위들은 지각과 주의력의 예시이긴 하지만, 마음챙김의 범주에는 속하지 않는다. 윤리가 없다면, 우리는 분명한 지각과 주의력을 해로운 행동으로 변질시킬 위험에 처하게 된다. 주의력과 지각이 윤리적 의도에 기반할 때, 건전한 사고와 행동이 더욱 가능해진다. 결국, 이해와 마음챙김의 태도적 요소들에 뿌리를 둔 마음은 보다 자연스럽게 주의력과 명확한 지각을 발전시킬 수 있게 된다.

### 윤리는 의도적이고 관계적이다

우리 중 누구도 홀로 살아가거나 번영할 수 없다. 우리는 관계적 존재로서, 주변 세계의 영향을 끊임없이 받으며, 동시에 우리의 생각, 말, 행동을 통해 세상과 타인의 삶에 영향을 미친다. 불교에서는 전일성에 대한 헌신을 통해 이러한 상호의존성과 상호연결성을 보호하고자 했다. 불교는 전일성을 건전한 생각, 말, 행동을 통해 자비와 친절을 실천하는 것으로 설명한다. 마음챙김을 통해 우리는 의도적인 방식으로 살아가는 법을 배우며, 우리의 생각, 말, 행동이 세상에 남기는 흔적에 민감하게 인식하게 된다. 앞서 논의한 마음챙김의 보호적 요소는 깊이 윤리적인 성격을 지니며, 이는 단순히 자신의 마음 건강을 보호하는 것뿐만 아니라, 우리가 관계를 맺는 세상을 보호하는 것에도 헌신하는 태도이다. 마음챙김이 제공하는 보호는 타인과 자신을 해칠 수 있는 악의적 충동을 절제하는 것에서 비롯된다. 우리의 관계는 가장 큰 취약성이 드러나는 공간이자, 가장 깊은 실망과 가장 큰 행복이 공존하는 자리이다. 우리는 관계 속에서 만나는 사람들이, 그것이 아무리 상처를 주거나 해로운 행동을 하더라도, 그들의 마음과 행동을 통제할 수 없다. 우리가 할 수 있는 것은 오직 자신의 행동, 말, 생각의 근원을 알아차리는 것뿐이다. 민감성, 마음챙김, 자비심을 키워 나갈수록, 이러한 자질들이 우리의 삶을 이끄는 방식에 더 큰 영향을 미친다는 사실을 발견하게 된다. 한 친구이자 동료가 이를 이렇게 표현했다. "우리는 걸어가면서 길을 만든다"(Crane, 2017). 즉, 우리는 건전한 의도를 담아 내딛는 걸음과, 해로움이나 악의를 품은 걸음을 피하는 과정을 통해 삶의 길을 만들어 간다.

### "걸어가면서 길을 만든다"

많은 명상 전통에서는 전일성이 훈련될 수 있으며, 우리가 길을 걸어가면서 길을 만든다고 보는 급진적인 관점을 취한다(Crane, 2017). 이 훈련은 핵심적인 윤리적 지침을 기반으로 시작된다. 초기 가르침에서는 수행을 시작하거나 가르치는 누구에게나 〈글상자 9-3〉에 나열된 다섯 가지 주요 윤리적 지침을 제시하였다. 이 지침들은 명령이 아니라, 내면과 외부 세계의 관계를 건강하게 형성하도록 마음을 기울이는 훈련으로 제시된다. 이것들은 깊은 변화를 이루는 근본적인 뿌리이다. 이 지침들은 우리가 존중과 자비를 체화하도록 안내하며, 이는 우리 자신에게 주는 선물이다. 그 목적은 수치심, 죄책감, 판단을 조장하거나, 금욕주의적이거나 처벌적인 방식으로 타인과 관계를 맺게 하는 것이 아니다.

전일성은 이해의 길로 제시되며, 이는 의도의 끝에서 시작되는 다짐을 기반으로 한다. 첫 번째 지침인 해를 끼치지 않고, 생명을 존중하고 보호하는 것은 나머지 네 가지 지침의 나침반 역할을 한다. 해를 끼치지 않겠다는 근본적인 다짐은 우리의 말, 행동, 성(性), 생각에 스며든다. 물론 우리는 살아가면서 의도치 않게 다른 생명에게 해를 끼치지 않을 수 없다는 사실을 알고 있다. 예를 들어, 때로는 정직하게 말하는 것이 타인에게 상처를 줄 수도 있다.

**글상자 9-3 불교의 주요 윤리적 지침**

- 생명체를 해치는 행위를 삼가고, 모든 생명을 존중하고 소중히 여기는 것에 헌신한다.
- 자발적으로 주어진 것이 아닌 것을 취하지 않으며, 가진 것을 신중하게 사용하고, 시간과 소유물, 행동을 통해 관대함을 실천하는 데 헌신한다.
- 거짓되거나 해로운 말을 삼가며, 배려와 존중을 담아 정직하게 말하는 데 헌신한다.
- 감각적 욕망과 성적 관계에서 부적절한 행위를 삼가며, 성적 에너지를 존중과 세심함을 가지고 사용하는 데 헌신한다.
- 마음을 흐리게 하거나 방심을 유발하는 물질을 오용하지 않으며, 알아차림과 명료함을 기르는 훈련에 헌신한다.

비록 우리가 이 사실을 알고 있다 하더라도, 타인의 안녕과 자신의 마음을 보호하려는 헌신을 지속적으로 키워나갈 수 있다. 마음챙김적인 주의라는 것은, 그 본질에 있어서 해치지 않고 존중을 포함한다는 의미이다. 해를 끼치지 않고 친절함을 실천하는 첫 번째 지침은 마음챙김과 체화의 태도적 요소를 구축하는 기초가 된다. 실제로, 이 원칙은 우리가 지금까지 살펴본 마음의 지도와 마음챙김의 길 전체에 스며들어 있다(2~8장). 특히 친밀함을 형성하는 태도와 자비심은 전일성의 핵심 요소이다. 이는 괴로움과 고통에 대한 깊은 이해와 공명을 포함할 뿐만 아니라, 나아가 자신과 타인의 고통을 줄이기 위한 행동을 수반하기 때문이다 (Armstrong, 2011).

### 개인의 전일성을 뒷받침하는 요소는 무엇인가

전일성을 가지고 살아갈 때, 우리는 "이 마음 상태와 행동(말과 신체적 행동)이 나와 타인에게 어떤 영향을 미치는가?"라는 질문을 할 수 있다. 우리는 이 질문에 대한 답을 바탕으로 순간순간의 대응을 조율하고, 윤리적 딜레마를 인식하고 대응할 수 있다.

불교 심리학에서는 전일성을 발전시키기 위한 세 가지 단계의 훈련을 제안한다:

1. 절제와 보호적 마음챙김은 습관적인 충동과 반응을 인식하고 절제하는 것을 포함한다. 절제는 불건전한 충동이 일어나고 그것을 실행하기까지의 사이에 마음챙김을 가지고 잠시 멈추는 것이다. 우리가 이러한 인식과 절제를 친밀함과 배려의 태도로 실천할 때, 우리는 절제의 친절함과 변화를 가져오는 힘을 배우게 된다. 이를 반복할수록 점점 자연스러워지며, 시간이 지나면서 주의와 알아차림이 더욱 안정적이고 넓어져 충동과 반응을 보다 넓은 관점에서 바라볼 수 있게 된다. 절제를 배우면, 우리는 자신의 충동과 반응을 마치 거대한 강 속의 소용돌이처럼 바라볼 수 있다. 우리는 그 소용돌이에 휘말릴 필요가 없으며, 오히려 능숙한 카약 선수처럼 그곳에서 머물며 숙고한 뒤 적절한 대응을 선택할 수 있다.

   그러나 절제와 포기는 여러 가지 유사한 가까운 적들과 혼동될 수 있다. 포기는 자칫 억압, 박탈, 또는 스스로에게 벌을 가하는 듯한 금욕과 동일시될 위험이 있으며, 이는 단순히 불쾌한 것을 회피하는 방식이나, 미니멀리즘의 합리화, 더 나아가 허무주의로 변질될 위험이 있다. 그러나 진정한 포기란, 자신과 타인에게 내적 · 외적으로 괴로움을 초래하는 충동에 대한 행동을 멈추는 친절한 행위이다.

   안녕감이 증진될수록, 우리는 포기와 절제가 건전하고 긍정적인 방식으로 변할 수 있는 힘을 지닌다는 것을 이해하게 된다. 예를 들어, 자녀와 함께하는 시간을 더 갖고 싶다면, 삶 속에서 다른 것들을 내려놓아야 할 수도 있다. 강박적인 바쁨을 내려놓으면, 더 많은 여유를 가질 수 있다. 절제와 억압의 차이는 억압이 본질적으로 혐오와 부정에서 비롯된 반면, 절제는 마음챙김에 뿌리를 두고 있다는 점이다. 억압은 현재 떠오르는 생각과 감정을 충분히 인정하지 않으려는 태도에서 비롯된다. 반면, 절제는 마음의 패턴을 있는 그대로 바라보고, 동시에 해로움과 고통을 초래하는 패턴에 휘말리지 않겠다는 진정한 의지를 기반으로 한다. 이러한 마음에 대한 깊은 이해는 보호적 알아차림과 절제를 발전시키는 데 도움을 준다(5장 참조). 우리는 충동적으로 반응하는 대신, 선택적으로 대응할 수 있음을 배웠기 때문이다(6~8장 참조). 이를 위해서는 견고함과 여유가 필요하며, 정말로 중요한 것이 무엇인지, 우리가 소중히 여기는 가치가 무엇인지 기억하는 것이 필수적이다. 이는 친절함과 탐구심이 스며든 실천이기도 하다.

2. **우리의 가치와 의도, 긍정적인 행동을 함양하고 강화한다.** 마음챙김 훈련은 처음에는 직관적이지 않게 느껴질 수 있다. 우리는 습관적인 사고 패턴, 반응, 두려움, 혐오에 자동적으로 휩쓸리는 대신, 새로운 길을 배우고 걸어가야 한다. 마음챙김 훈련은 이러한 습관적 패턴을 호기심, 주의 깊음, 의도성, 친절함으로 대체하는 법을 가르쳐 주며, 이를 통해 더 건전한 마음 상태를 기를 수 있도록 돕는다.

우리가 나(me), 내 것(mine), 자아(self)라는 서사에 사로잡히면, 우리의 신념이 활성화되면서 괴로움과 고통이 일어난다("나는 좋은 사람이다" 혹은 "나는 나쁜 사람이다"). 이때, 불일치 모니터링이 작동하면서 판단하는 마음이 개입한다("내가 좀 더 관대했다면, 나는 더 나은 사람이었을 텐데"). 그러나 우리 모두가 보편적이면서도 개별적인 취약성과 회복력을 지니고 있음을 이해하게 되면, 이러한 신념들이 단지 생각일 뿐이며, 사실이 아님을 알게 된다. 마찬가지로, 불일치 모니터링 또한 단순한 정신적 과정일 뿐이며, 고정된 정신 구조가 아니라는 것을 깨닫게 된다. 우리의 관점은 마치 지형이 지진으로 인해 변하듯 변화할 수 있다.

관대함은 감상(感想)하는 기쁨, 존재의 편안함, 평정심을 기르는 데 중요한 요소이며, 자기 몰입과 두려움을 해독하는 역할을 한다. 관대함은 마음을 열고, 타인과 자신을 연결하며, 자기 몰입을 넘어설 수 있도록 돕는다. 그것은 관계에 대응하는 마음의 깊은 선율을 연주하며, 기쁨(감상하는 기쁨)과 고통(자비심) 모두에 응답한다. 관대함은 두려움에게 이렇게 말한다. "두려움이여, 너는 이 집에서 가장 초라한 방을 차지하고 있구나. 나는 당신이 더 나은 곳에 머물기를 바란다."[3] 또한 관대함은 결핍감에 대한 해독제이다. 그것은 세상에 충분히 나눌 것이 있다는 풍요의 감각을 품고 있으며, 관대해진다고 해서 유한한 자원을 소진하는 것이 아님을 이해한다. 관대함은 아름답고 사랑스러운 것을 바라보되, 그것에 집착하지 않는 배려와 무상에 대한 이해를 바탕으로 한다. "나는 너를 본다, 내 손바닥 위에 앉은 한 마리 나비처럼."

전일성과 관대함은 서로 연결되어 있다. 전일성은 관대함을 뒷받침하며, 때로는 관대함의 실천이 불편하거나 환영받지 못할 때조차도 그것을 지속할 수 있도록 한다. 사회적으로 어떤 그룹이 특정 개인이나 소집단을 배척할 때, 사회적 규범은 모두가 그 사람을 멀리하도록 요구할 수 있다. 그러나 관대함이란 그러한 순간에도 여전히 우정을 베푸는 것이다. 초등학교 시절, 필자(WK)의 딸은 스포츠를 매우 좋아하는 아이였다. 초등학교 마지막 학년이 되자, 남학생들은 스포츠에 더 몰입하게 되었고, 여학생들은 사교 활동과 게임에 집중하게 되었다. 이때까지 스포츠를 즐기던 여자아이들 중 대부분이 스포츠를 포기했지만, 내 딸만은 계속 운동을 했다. 그 아이가 좋아하는 것을 계속할 수 있도록 지지해 준 친구들은 극소수였으며, 심지어 대부분의 남학생들보다 스포츠를 더 잘했음에도 불구하고, 남학생들조차 그 아이를 인정하지 않았다. 그녀에게 가장 힘들었던 점은 자신에게 관대함과 친절을 베푸는 것, 즉 자기 자신을 존중하고, 스스로의 선택을 지지하며, 학교를 포함한 삶의 여러 영역에서 강하게 자리 잡은 성별 고정관념에 굴복하지 않는 것이었다.

관대함과 친절은 개인의 마음에서부터 사회적 집단, 기관, 그리고 더 큰 사회적 운동까지 모든 차원에서 반영될 수 있다. 예를 들어, 유대인이나 무슬림, 난민과 망명 신청자, 혹은 성별, 인종, 성적 지향을 이유로 특정 집단에 대한 증오가 확산될 때, 이에 맞서는 움직임에도 관대함과 친절이 스며들 수 있다. 불교 심리학에서 관대함은 더 깊은 이해, 포기, 인내, 친밀감, 평정심, 돌봄으로 나아가는 발판이자 첫걸음이다. 이는 전일성과 체화를 위한 핵심 요소이며, 우리가 걸어가면서 길을 만들어 나갈 수 있도록 해 준다(Crane, 2017).

3. **타인의 안녕을 위해 삶을 헌신한다.** 친절, 자비, 관대함이 우리의 생각, 말, 행동에 스며들 때, 우리는 더 깊은 관계, 신뢰, 안녕을 발견할 수 있다. 자신의 삶을 타인의 안녕을 위해 헌신하는 것은 이러한 성장을 더욱 촉진한다. 전일성은 서로를 강화하는 동심원과 같으며, 먼저 자신의 마음과 행동에서 시작되어, 가까운 관계 속 사람들에게 확장되며, 나아가 더 넓은 공동체와 우리가 살아가는 세상으로 퍼져나간다([그림 9-2] 참조). 많은 마음챙김 지도자들이 이 길을 선택한 이유는 타인을 돕겠다는 깊은 헌신과 봉사의 정신 때문이다.

이러한 불교의 가르침은 원래 긴 시간 동안 반복적으로 설법을 통해 가르쳐졌

[그림 9-2] 상호 강화하는 동심원와 같은 전일성

다. 이는 이 실천이 반복적이고 지속적인 훈련을 필요로 한다는 점을 강조하기 위한 방식이었다. 예를 들어, 건전한 행동과 불건전한 행동에 대한 가르침에서는 의도, 행동, 성찰의 과정을 설명하며, 이를 통해 점진적인 훈련의 단계를 보여 준다(Thanissaro Bhikkhu, 2017). 다음의 인용문[4]은 올바른 말에 대한 훈련을 제시하고 있다:

> 말을 하기 전에, 스스로 이렇게 되물어야 한다: "이 말이 나에게 고통을 초래할 것인가, 타인에게 고통을 초래할 것인가, 혹은 둘 다 초래할 것인가? 이 말이 불건전한 언어적 행위가 되어, 고통스러운 결과를 초래하는가?" 만약 성찰한 결과, 이 말이 고통을 초래하고 불건전한 언어적 행위로 이어질 것임을 알게 된다면, 그러한 말은 결코 해서는 안 된다. 그러나 만약 성찰한 결과, 이 말이 고통을 초래하지 않고, 건전한 언어적 행위가 되어 유익한 결과를 가져올 것임을 안다면, 그러한 말은 해도 된다.
>
> 말을 하는 동안에도, 스스로 이렇게 되물어야 한다: "지금 내가 하고 있는 이 말이 나에게 고통을 초래하는가, 타인에게 고통을 초래하는가, 혹은 둘 다 초래하는가? 이것이 불건전한 언어적 행위로, 고통스러운 결과를 초래하는가?" 만약 성찰한 결과, 이 말이 고통을 초래하고 있음을 알게 된다면, 즉시 그 말을 멈추어야 한다. 그러나 만약 성찰한 결과, 이 말이 고통을 초래하지 않는다면, 계속 말해도 된다.
>
> 말을 한 후에도, 스스로 이렇게 되물어야 한다: "내가 한 이 말이 나에게 고통을 초래했는가, 타인에게 고통을 초래했는가, 혹은 둘 다 초래했는가? 이것이 불건전한 언어적 행위로, 고통스러운 결과를 초래했는가?" 만약 성찰한 결과, 이 말이 고통을 초래했으며, 불건전한 언어적 행위로 이어졌음을 알게 된다면, 그것을 인정하고, 드러내고, 지도자나 지혜로운 다른 사람에게 털어놓아야 한다. 그렇게 고백한 후에는, 미래에 같은 실수를 반복하지 않도록 절제해야 한다. 그러나 만약 성찰한 결과, 이 말이 괴로움을 초래하지 않았으며, 건전한 언어적 행위로서 유익한 결과를 가져왔음을 알게 된다면, 마음을 상쾌하고 기쁘게 유지하며, 밤낮으로 건전한 정신적 자질을 연마해야 한다.

이 담론의 구조와 내용은 앞에서 설명한 지침을 우리의 생각, 몸, 말, 행동에 적용하여 반복한다. 이는 길고 반복적인 형식을 취하고 있으며, 전일성을 각 영역에서 지속적이고 체계적으로 훈련해야 한다는 필요성을 강조하는 역할을 한다.

### 윤리는 분별력을 필요로 한다

건전한 의도가 전일성의 선행 조건이자 토대라면, 우리는 또한 분별력을 길러야 한다. 이를 통해 좋은 선택을 할 수 있으며, 상황에 맞는 말과 행동을 신중하게 판단하고 결정할 수 있다([그림 9-1] 참조). 분별력이란 특정 상황에서 어떤 대응이 필요한지 알고, 그 대응의 근본적인 의도를 인식하는 것이다. 전일성이란 우리의 생각, 말, 행동 속에서 불건전한 것과 고통을 초래하는 것을 분별하고, 건전한 것과 존재의 편안함 및 자유로움을 증진하는 것을 선택하는 데 헌신하는 것이다. 불교 심리학에서는 불건전함을 악의, 갈망, 무지(탐욕, 증오, 망상)로 설명한다. 이러한 요소들은 우리의 생각, 말, 행동 속에서 표현되며, 내면과 외부 세계 모두에 고통의 흔적을 남긴다. 반면, 건전함은 친밀감, 관대함, 지혜로 나타난다. 이 역시 우리의 생각, 말, 행동 속에서 표현되며, 내적으로는 존재의 편안함과 기쁨을, 외적으로는 마음챙김적인 삶과 세상에 긍정적인 영향을 미칠 수 있는 조건을 만들어 낸다. 불교 심리학에서는 이러한 개념이 우리의 마음, 몸, 말, 행동 속에 표현된다고 본다. 따라서 분별력이란 건전한 의도와 불건전한 의도, 건전한 행동과 불건전한 행동을 구별하는 능력을 의미한다(〈표 9-1〉 참조).

대부분의 윤리적 문제는 복잡한 요소들이 얽혀 있어, 우리는 이를 전체적으로 바라보아야 최선의 대응 방안을 분별할 수 있다. 앞서 논의했듯이, 전일성과 분별력은 우리가 적절하게 대응할 수 있도록 돕는다(6장). 경험적 이해와 개념적 이해를 모두 활용할 수 있을 때, 우리는 상황을 더 깊이 이해하고 그에 따라 대응할 수 있는 능력이 향상된다.

반면, 의도성에 대한 알아차림이 거의 없거나 부족한 좁은 관점은 일반적으로 반응을 유발한다(6장). 이는 고통받는 사람에게 연민 어린 대응을 보이는 것과, 그를 타인으로 여기고 비난하는 것의 차이와 같다. 예를 들어, 난민 신청자를 마주할 때, 우리는 그를 박해를 피해 도망친 사람으로 보는가, 아니면 우리 자신의 안전을 위협하는 존재로 보는가?

> 분별력이 자비의 동기와 결합될 때, 우리는 윤리에 대한 포괄적인 접근 방식의 두 가지 핵심 요소를 갖추게 된다. 자비는 두려움과 불신을 줄여 우리의 마음과 정신에 차분하고 안정된 공간을 형성하며, 이 공간은 우리가 분별력을 발휘하는 것을 훨씬 더 쉽게 만든다. (Dalai Lama, 2011b, p. 81)

불교 심리학에서 전일성은 안녕감에 대한 헌신이며, 이는 세상에 긍정적인 영향을 미치는 선한 삶을 살겠다는 의지이다. 우리는 완전히 윤리적인 마음 상태에 도달할 때까지 기다릴 필요 없이 윤리적으로 살아갈 수 있다. 친절하게 행동하기 위해 친절하다고 느낄 필요도 없고, 너그럽게 행동하기 위해 너그럽다고 느낄 필요도 없고, 자비롭게 행동하기 위해 자비롭다고 느낄 필요도 없다. 이는 우리의 감정

**표 9-1 건전한 의도와 불건전한 의도 및 행동**

| 건전함 | 불건전함 |
|---|---|
| **마음** | |
| • 친밀감, 공감, 따뜻한 주의와 알아차림<br>• 평정심<br>• 이해와 지혜 | • 악의<br>• 탐욕<br>• 알아차림의 부족, 무지, 두려움, 분노 |
| **말** | |
| • 진실하고 친절하며 도움이 되고 시의적절하며 해롭지 않은 말<br>• 신뢰와 존중을 바탕으로 하는 말 | • 험담<br>• 거짓되거나 거칠거나, 비방하고, 자기 과시적이며, 해로운 말 |
| **행동** | |
| • 자신과 타인에게 중립적이거나 긍정적인 결과를 가져오는 행동<br>• 건전한 의도에서 비롯되고 이를 상호 강화하는 행동 | • 자신과 타인에게 부정적인 결과를 가져오는 행동<br>• 불건전한 의도에서 비롯되고 이를 상호 강화하는 행동 |

과 생각이 곧 진실이며, 그것이 곧바로 행동으로 이어져야 한다는 기존의 사고방식에 의문을 제기한다. 일시적인 감정과 생각에 권위를 부여하는 대신, 마음챙김은 반복적으로 다음과 같은 질문으로 돌아오도록 우리를 이끈다. 즉, 무엇이 우리와 타인의 안녕에 도움이 되는가? 무엇이 보호하고, 무엇이 건전함을 길러 주는가?라는 질문이다. 우리가 친절과 자비가 담긴 생각, 말, 행동에 전념하기로 선택할 때, 우리의 마음은 알아차림과 친절, 자비가 지닌 해방의 힘을 배우기 시작한다.

이제 〈글상자 9-1〉의 윤리적 과제들 중 첫 번째 사례를 살펴보자. 이는 자신이 심각한 건강 상태에 있을 때 지도자가 마음챙김을 가르치는 상황이다.

> 소피아는 파킨슨병 진단을 받은 후, 몇 주에 걸쳐 윤리적 딜레마를 자신의 아침 마음챙김 연습에 가볍게 포함시키며 몇 주 동안 탐색했다. 그녀는 먼저 자신이 운영하는 8주 마음챙김 프로그램의 참가자들에게 헌신하고 봉사하려는 깊은 의식을 자각하게 되었다. 오히려 진단을 받은 이후, 그녀의 봉사 의식과 참가자들과의 공통된 인간성이 더욱 깊어지는 듯했다. 그녀의 수업에는 종종 같은 병을 앓고 있는 사람들이 있었기 때문이다.
>
> 동시에 그녀는 자신을 돌보고, 새로운 건강 상태와 함께 살아가는 법을 배우며, 필요한 치료를 받아야 할 필요성도 자각하게 되었다. 그녀는 이 질문을 자신의 멘토와 논의한 후, 그 대화를 곰곰이 되새겼다. 이후, 그녀는 8주 과정의 수업을 도와줄 공동 지도자를 모집하기로 결정했다. 소피아는 매번 새 과정이 시작될 때 참가자들에게 자신을 소개하면서, 자신의 건강 상태를 간략히 공유하고 공동 지도자와 함께 수업을 진행하게 되었음을 설명했다. 그 순간, 공통된 인간성과 함께하는 여정에 대한 감각이 강하게 느껴졌고, 소피아는 자신과 참가자들을 위해 이전과는 다른 방식으로 함께할 수 있었다. 이후, 소피아는 공동 지도자의 도움을 받아 8주 과정을 수료한 참가자들을 위한 마음챙김 수업에 참가자로서 매달 참여하기로 했다. 그녀의 병세가 악화되어 더 이상 지도자로서 가르칠 수 없다는 사실을 받아들이고, 지도자의 역할을 내려놓은 채 참가자로서 수업에 참여하며 스스로를 돌보는 길을 선택했다.

우리가 설정한 윤리적 딜레마들은 지도자와 참가자 모두 내면에서 외부로 고려할 수 있다(〈글상자 9-1, 9-2〉 참조). 각 딜레마를 개인적 전일성과 분별력의 관점에서 차례로 성찰하는 시간을 가져보라.

> 핵심적인 통찰은 다음과 같다. 우리의 의도, 마음 상태, 행동(말과 신체적 행동)은 서로 얽혀 있으며, 이는 우리 자신의 안녕뿐만 아니라 우리 주변 사람들, 더 나아가 우리가 살아가는 세상 전체에도 영향을 미친다는 것이다.

## 마음챙김의 윤리와 전일성: 외부에서 내면으로

이제까지 우리는 마음챙김에서의 윤리와 전일성을 내면에서 외부로 바라보았다. 이제는 마음챙김 기반 프로그램, 지도자 양성 과정, 마음챙김 지도자, 그리고 이 분야의 원칙과 실천이 윤리와 전일성을 외부에서 내면으로 어떻게 지원하는지를 살펴보자.

### 마음챙김 기반 프로그램

마음챙김 기반 프로그램에 대한 관심이 폭발적으로 증가하고 확산됨에 따라, 무엇이 마음챙김 기반 프로그램이며 무엇이 아닌지에 대한 명확성이 필요하다. 혁신적인 시도들이 많았지만, 마음챙김 개 산책, 마음챙김 서핑, 마음챙김 컬러링북과 같은 본래의 의미가 퇴색된 사례들도 등장했다. 마음챙김 기반 프로그램의 개발자들은 프로그램의 의도, 내용, 구조, 프로그램의 순서를 명확히 정의했다(Kabat-Zinn, 1990; Segal et al., 2013). 우리는 마음챙김 기반 프로그램의 필수 요소를 다룬 논문을 요약한 바 있다(6장, 〈표 6-1〉 참조; Crane et al., 2017). 이러한 프로그램의 수용 가능성, 효과, 실용성을 평가하는 가장 신뢰할 만한 과학적 연구들은 프로그램의 일관성을 엄격히 유지하는 데 주의를 기울인다(Weck, Bohn, Ginzburg, & Stangier, 2011). 이는 연구가 실제로 해당 프로그램이 원래 의도된 방식대로 가르쳐지고 있으며, 지도자들이 이를 능숙하고 충실하게 전달하고 있는지를 평가해야 한다는 것을 의미한다(Dimidjian & Segal, 2015). 따라서 마음챙김 기반 프로그램 수준에서의 전일성이란, 지도자의 개인적 관심사나 선호에 맞춰 프로그램을 변형하는 것이 아니라, 프로그램의 본래 전일성을 존중하는 것을 의미한다.

프로그램의 전일성을 존중하는 것과 동시에, 전일성을 갖춘 혁신도 가능하다. 훌륭한 사례로는 재발성 우울증을 위한 마음챙김 기반 인지치료(MBCT)(Segal et al., 2013)와 약물 의존이 있는 사람들을 위한 마음챙김 기반 접근법(Bowen & Vieten, 2012)이 있다. 이러한 새로운 프로그램들의 특징은 명확한 필요성이 존재하며, 개발의 의도, 적용 대상, 맥락에 세심한 주의를 기울였고, 그 혜택과 잠재적 비용을 평가하는 데 전념한다는 것이다.

〈글상자 9-1〉에 제시된 두 번째 윤리적 도전 과제를 살펴보자:

> 당신은 우울증 재발 위험이 있는 사람들을 대상으로 한 의료 시설에서 마음챙김 기반 인지치료(MBCT)를 가르치고 있다. 시설 측은 예산이 부족하는 이유로 프로그램을 4회기 이하로 단축해야 하며, 프로그램 전 개별 면담은 불가능하다고 통보한다. 또한 대기자 명단에 있는 다른 일반적인 정신 건강 문제를 가진 사람들도 프로그램에 참여할 수 있는지 묻는다.
>
> 이 마음챙김 지도자는 MBCT를 매뉴얼, 근거 기반 연구, 명상 가이드, 자신이 배워 온 내용과 다르게 운영해야 한다는 요청을 받았을 때 느낀 불편함을 먼저 자각했다. 그녀는 담당자와 대화를 시작했고, 대기자 명단을 줄이기 위한 목표와 비용 절감이 이러한 지시의 배경임을 알게 되었다. 담당자 역시 서비스와 자신의 직책에 대해 걱정하고 있었으며, 조직 전체의 압박에 대응해야 한다고 느끼고 있었다. 그러나 그녀는 프로그램을 단축하고 대기자 명단에 있는 사람들에게 프로그램을 개방해야 한다는 입장에서는 물러서지 않았다.
>
> 이 지도자는 슈퍼비전을 요청하고, 다른 기관의 동료들에게 조언을 구했다. 그 과정에서, 다른 기관에서 유사한 요구에 맞춰 MBCT를 조정한 사례를 확인했다. 이들은 수정할 때 매우 신중하게 접근했으며, 기대한 효과를 입증할 수 있도록 지속적으

로 평가를 수행하고, 예상치 못한 부작용이 없는지 면밀히 모니터링했다. 또한 해당 기관에서는 직원들에게 긍정적인 영향을 미치고, 서비스 전체에도 긍정적인 변화를 가져올 수 있게 직원들을 위한 마음챙김 그룹 또한 원했다. 이러한 폭넓은 이해와 슈퍼비전을 바탕으로, 지도자는 단계적으로 프로그램을 확대하고 직원을 위한 프로그램도 포함하는 방향으로 협상할 수 있었다. 하지만 프로그램의 기간을 줄이라는 요구에는 단호하게 반대했다. 그녀는 관리자를 설득하며, MBCT는 참가자들이 많은 노력을 기울여야 하는 프로그램이며, 원래 8주 프로그램 자체도 이미 비교적 짧은 것이라는 점을 강조했다. 또한 프로그램이 참가자들에게 얼마나 적절하게 받아들여지고 효과를 발휘하는지를 평가하는 과정을 마련했다.

결과적으로, 이 프로그램은 대기자 명단에 있던 사람들에게 받아들여졌으며 그들에게 유용한 것으로 입증되었다. 이들 중 다수는 배운 내용을 활용하여 해당 기관에서 제공하는 다른 증거 기반 심리 치료에 더 적극적으로 참여하게 되었다. 이로 인해 서비스 전반을 통한 회복률도 향상되었다. 기존 서비스와 마찬가지로, 그룹 프로그램은 직원들의 MBCT에 대한 이해도를 높였고, 일부 직원들의 안녕감을 증진시켰다. 또한 관리자를 포함하여 직장을 떠나기로 결정한 몇몇 직원들에게는 스트레스에 대응하기 위해 스스로의 삶의 변화를 필요로 한다는 점을 인식하게 하는 계기가 되었다.

## 마음챙김 기반 지도자 양성 프로그램

마음챙김 분야가 발전하면서, 마음챙김 기반 지도자를 어떻게 가장 효과적으로 교육할 것인가에 대한 합의와 명상 가이드 지침이 형성되어 왔다(Crane, Kuyken, Hastings, Rothwell, & Williams, 2010; Segal et al., 2018). 또한 지속적인 슈퍼비전과 멘토링을 어떻게 지원할 것인가에 대한 논의도 이루어졌다(Evans et al., 2015). 지도자 양성 과정에서는 마음챙김 기반 프로그램을 가르치는 것이 일정한 전제 조건, 기초 교육, 기본 지도자 양성, 그리고 슈퍼비전과 멘토링을 포함한 도제 과정을 거치는 하나의 여정임을 인식한다. 지도자가 마음챙김 프로그램을 가르칠 수 있는 역량을 갖추었다 하더라도, 지속적인 학습과 발전에 대한 헌신이 반드시 필요하다.

특히 중요한 것은, 지도자가 마음챙김을 체화하기 위해서는 개인적인 마음챙김 연습을 지속적으로 실천해야 한다는 점에 대한 합의가 있다는 것이다. 이는 규칙적이고 지속적인 마음챙김 연습과 함께, 보다 깊은 이해를 위해 집중 수련 기회를 가지는 것도 필수적이다(Peacock et al., 2016). 또한 지도자 양성 과정에서는 전일성을 함양하고, 기본 가르침에서 제시된 방식으로 전일성을 훈련하며, 윤리를 보다 공식적으로 교육한다. MBCT 교육 과정에서는 학습 목표 중 하나를 다음과 같이 명시한다. "마음챙김 기반 인지치료 지도에 대한 윤리적 틀을 성찰하고, 임상 환경 내에서 발생하는 복잡한 문제에 이를 적용한다"(Segal et al., 2018, p. 7). 또한 기초 교육에는 다음과 같은 내용을 포함해야 한다고 제안한다: "마음챙김 기반 인지치료를 안전하고 윤리적으로 제공하는 방법에 대한 교육, 적절한 MBCT 참가자의 참가/제외 기준 설정, 참가자 평가 및 선별(필요한 경우 적절한 외부 의뢰 포함)과 오리엔테이션, 결과 모니터링 및 위험 관리/의뢰/임상적 지원"(p. 9). MBSR 프로그램 또한 교육 과정의 핵심에 윤리를 포함한다.

심리치료(인지치료와 같은) 및 심리사회적 프로그램(MBSR, MBCT와 같은)은 정신적, 신체적 고통을 겪고 있으며 종종 취약한 상태에 있는 사람들을 대상으로 한다. 인지행동기법과 마음챙김 연습은 개인의 마음을 드러내고 변화시키는 과정이다. 따라서 이를 수행하는 데 필요한 교육은 외과의사의 훈련과도 유사하다. 외과의사가 신체를 안전하고 효과적으로 다루기 위해 철저한 훈련이 필요한 것처럼, 마음챙김 지도자도 철저한 교육을 받아야 한다. 양질의 지도자 양성 교육을 받는 것은 시간과 에너지를 투자할 가치가 크며, 이를 통해 지도자는 오랜 기간에 걸쳐 많은 보상을 얻게 된다. 경험이 풍부한 지도자들은 새로운 과정을 가르칠 때마다 새로운 것을 배우게 된다고 말한다. 이는 참가자들의 개인 및 그룹 전체의 몸과 마음 상태가 무수히 다양하게 나타나기 때문이다. 개인적인 마음챙김 수행이 깊어질수록 지도자는 마음챙김을 더욱 체화하게 되며, 가르치는 방식도 발전한다. 이러한 의미에서, 마음챙김 지도자의 학습은 평생 지속되는 과정이다.

현재까지 보편적으로 합의된 마음챙김 지도자 자격증 또는 공인 제도는 존재하지 않는다. 그러나 투명성과 개방성의 원칙에 따라, 마음챙김을 배우려는 사람들은 지도자의 교육 수준과 역량을 알 권리가 있다. 마음챙김 지도자들은 자신의 훈련 수준과 한계를 솔직하고 개방적으로 공유하는 것이 자신들의 안녕감과 보호를 위해서도 바람직하다.

### 마음챙김 지도자

각 마음챙김 지도자는 자신의 윤리적 성장과 지도 방식의 질과 전일성에 대한 책임을 져야 한다.

마음챙김 기반 프로그램의 윤리적 기반, 가치 체계, 철학적 토대는 교육 과정에서 명시적으로 드러나기보다는 암묵적으로 존재하기 때문에, 지도자는 조용히 개인적인 책임을 지고 전일성을 유지해야 한다. 이는 겉으로 보이지 않는 많은 작업을 포함한다. 지도자는 인간의 마음에 대한 이론적·실천적 이해를 바탕으로, 이를 마음챙김 명상 실천과 어떻게 접목할 수 있는지를 지속적으로 준비하고 있다. 이러한 이론적 틀은 주로 현대 심리학과 불교 심리학의 일부 개념에서 도출되며, 참가자들이 경험 속에서 떠오르는 관찰들을 이해하는 데 도움이 되도록 활용된다. 또한 지도자는 자신의 전문 직종과 소속 기관의 윤리 강령을 준수해야 한다. 이러한 이유로, 지도자는 가르침의 진정성을 전달하는 중심적인 역할을 하며, 동시에 과정이 적합한 윤리적 틀 안에서 유지되고 체화되도록 신중하게 조율해야 한다(Crane, 2017).

마음챙김 기반 프로그램에 몇 가지 특징이 있듯이, 마음챙김 지도자 또한 특정한 특성을 지닌다(6장, 〈표 6-1〉). 전일성을 갖춘 마음챙김 지도자의 특징은 주로 지도자가 적절한 훈련을 받고, 필요한 역량과 경험을 갖추며, 지속적으로 학습을 이어가는 데 있다. 이는 지도 역량의 모든 영역, 이론적 지식, 전문적 훈련, 체화의 측면에 적용된다(〈표 9-2〉 참조).

전일성을 가지고 가르치려면 지도자가 마음챙김 수행을 유지하고, 스스로 실천하는 대로 가르치며, 개념적으로나 경험적으로 충분히 이해한 내용을 지도하는 것을 의미한다. 또한 지도자로서의 체화가 지속적인 연습의 일부가 되어야 한다. 우리는 참가자들에게 우리가 직접 수행하고 헌신할 의사가 없는 것을 요구하지 않는다.

그러나 마음챙김을 가르치고 실천하는 과정에서, 지도자의 의도와 실제 삶 사이의 불일치가 드러나며 불편한 감정을 유발할 수 있다. 지도자는 참가자들에게 매일 연습할 것을 요구하지만, 정작 스스로의 수행이 소홀해졌을 수도 있다. 지도자는 참가자들에게 삶의 모든 영역에서 마음챙김을 실천하라고 권장하지만, 정작 자신의 삶은 바쁜 일정과 마음챙김과는 거리가 먼 관계들에 휩싸여 있을 수도 있다. 지도자는 참가자들에게 아름다운 것들을 음미하고 어려운 것들을 직면할 수 있는 역량을 기르라고 격려하지만, 정작 스스로는 어려움을 피하려 하거나 소중한 순간을 놓치고 지나가는 경우가 있을지도 모른다.

### 불일치는 부정적인 것이 아니다

불일치는 반드시 판단과 비난을 초래하는 것이 아니다. 오히려 창의적인 긴장감을 일으키며, 깨어 있는 순간을 경험하고, 우리의 깊은 열망과 가치를 체현하는 삶을 살아가도록 돕는다. 불일치는 하나의 배움의 과정이 될 수 있으며, 우리가 스스로의 체화를 가능한 한 정직하게 성찰해야 한다는 신호일 수도 있다. 지속적인 수행과 동료들과의 슈퍼비전에 참여하는 것은 전일성을 유지하는 중요한 태도로, 이는 마음챙김을 가르치는 것이 곧 마음챙김을 배우는 것임을 인정하는 것이

**표 9-2 마음챙김 기반 지도자의 필수 요소 및 대상/맥락별 요소**

| 필수 요소 | 대상/맥락별 요소 |
|---|---|
| • 마음챙김 기반 프로그램을 효과적으로 전달할 수 있는 역량을 갖추고 있다.<br>• 가르치는 과정에서 마음챙김의 특성과 태도를 체화하여 전달한다.<br>• 적절한 교육을 이수하였으며, 지속적으로 명상 수행을 유지하는 데 헌신한다.<br>• 참가자, 내담자, 환자 등과 함께하는 참여적 학습 과정을 만들어 간다. | • 마음챙김 기반 프로그램을 가르칠 특정 대상 집단에 대한 지식, 경험, 전문적 교육을 갖추고 있다.<br>• 특정 상황이나 대상 집단에 대한 적합한 가르침을 뒷받침하는 이론적 과정에 대한 지식을 갖추고 있다. |

참고. Crane et al. (2017, p. 993)에서 재인용.

다. 앞서 체화에 대해 다룬 장(8장)에서 논의했듯이, 건강과 안녕을 향한 갈망, 타인을 존중하고 사랑하고자 하는 마음, 해를 끼치지 않고 돕고자 하는 의지는 강력한 내면의 비판자 아래 자리한 건전한 의도일 수 있으며, 이러한 내면의 불일치는 현실과 우리가 바라는 모습과의 차이에서 비롯될 수 있다. 이러한 의미에서, 지도자의 전일성은 하나의 과정이며, 훈련의 일부이자 지속적인 개인적 · 전문적 성장의 일부이다.

마음챙김 연습은 종종 지도자의 삶을 변화시키는 역할을 하며, 이는 그들의 이념적 가치, 신념 혹은 영성과 종교와 연결될 수 있다. 그러나 마음챙김 기반 프로그램은 지도자가 개인적인 영적 · 종교적 가치를 전달하기 위한 수단이 아니다. 전일성이란, 지도자가 진정성을 유지하면서도 모든 신앙과 배경을 가진 사람들, 심지어 특정 신앙을 경계하는 사람들이나 신앙이 전혀 없는 사람들도 접근할 수 있도록 프로그램을 제공하는 것을 의미한다(Crane, 2017). 어떤 참가자는 마음챙김 프로그램을 통해 변화를 경험한 것을 자신의 영적 · 종교적 가치 및 수행과 통합할 수도 있다. 그러나 이것이 프로그램의 의도이거나 요구 사항은 아니다.

〈글상자 9-2〉에서 다룬 윤리적 딜레마 중 하나는 모하메드의 무슬림 신앙과 관련된 것이었다. 그의 신앙은 단순한 영적 요소를 넘어, 삶의 방식이자 공동체의 일부로서 중요한 의미를 지니고 있었다. 그러나 그의 이맘은 마음챙김 수업이 이슬람 교리와 조화될 수 있는지에 대해 의문을 제기했다.

여기서 윤리적 문제는 무엇인가? 마음챙김 지도자는 어떻게 대응해야 할까?

이 경우, 마음챙김 지도자는 모하메드와 신중하게 논의하며, 마음챙김 프로그램이 세속적인 것이며, 그가 이를 자신의 만성 통증과 전반적인 삶에 적용할 방법을 찾을 수 있도록 돕는 것이 중요하다는 점을 강조했다. 모하메드는 하루에 다섯 번 기도하지만, 그것이 습관적으로 반복되는 행위가 되었다고 말했다. 그는 마음챙김을 활용하여 기도하는 동안 더욱 깨어 있고, 기도에 온전히 집중할 수 있도록 연습했다. 모하메드가 이러한 변화를 이맘에게 설명하자, 이맘은 안심했고, 이는 모하메드가 자신의 기도와 종교적 헌신을 더욱 깊이 발전시키는 계기가 되었다. 또한 이맘은 많은 무슬림들이 기도를 기계적으로 수행하는 경향이 있음을 알고 있었기에, 마음챙김이 기도를 통해 신과의 연결을 더욱 깊게 할 수 있다는 점에 흥미를 느꼈다.

## 마음챙김 기반 프로그램에서 참가자의 안전 보장

윤리와 전일성은 마음챙김 기반 프로그램에 참여하는 사람들에게 여러 방식으로 적용된다. 먼저, 해를 끼치지 않음의 원칙에 따라 참가자의 안전을 보장해야 한다. 루스 베어와 저자(WK)는 참가자의 안전을 보장하는 세 가지 수준의 틀을 제안했다: 참가자의 취약성, 프로그램의 강도, 지도자의 역량(Baer & Kuyken, 2016). 참가자의 취약성이 높고, 연습의 강도가 높아질수록, 지도자는 더 높은 수준의 역량과 기술(모든 마음챙김 기반 지도자가 훈련 과정에서 습득해야 하는 요소)을 갖추어야 한다.

예를 들어, 우울증 재발 예방을 위한 MBCT에서는 참가자의 안전을 보장하는 한 가지 방법으로, 프로그램 시작 전에 오리엔테이션 세션에 참석할 것을 요구한다. 이 오리엔테이션에서 참가자가 프로그램을 시작하는 것이 적절한지 여부를 상호적으로 결정한다. 현재 외상 후 스트레스 장애(PTSD) 증상을 경험하고 있거나, 해리 상태를 겪고 있거나, 약물을 남용하고 있거나, 중요한 삶의 변화를 겪고 있는 사람들은 현재 삶의 상황이 마음챙김 프로그램을 수행하기에 적절하지 않을 수 있다. 프로그램 참가자의 안녕을 보호하는 것은 지도자로서의 전일성을 실천하는 중요한 행위이며, 이를 위해 충분한 훈련과 절차를 갖추는 것이 필수적이다.

〈글상자 9-1〉에서 다룬 또 다른 윤리적 딜레마는 하루 집중 수련에서 발생한 사례였다. 한 참가자가 한 연습이 끝난 후, 자신이 극심한 해리 경험을 겪고 있고, 스스로를 해치라는 목소리를 들었다고 말했다.

여기서 윤리적 문제는 무엇인가? 마음챙김 지도자는 어떻게 대응해야 할까?

분명한 것은, 이 참가자의 안전이 최우선이며, 상황의 맥락을 고려해야 한다는 점이다. 지도자는 이미 이 참가자가 이러한 증상을 겪을 가능성이 있다는 것을 알고 있었는가? 지도자는 보건 또는 정신 건강 분야의 임상적 자격을 갖춘 전문가인가? 지도자는 이 참가자의 경험을 평가하고 다룰 수 있는 역량을 갖추었는가? 다른 참가자들은 이 상황에 어떻게 반응하고 있는가? 지도자는 침착함과 체화를 유지하며 신중한 대응을 할 수 있는가, 아니면 반응하고 있는가?

이러한 맥락적 질문에 대한 답이 신중한 대응을 결정하게 된다. 임상적으로 자격을 갖추고 경험이 풍부한 마음챙김 지도자—이 참가자의 해리에 대한 취약성을 미리 알고 있으며, 이미 이런 취약성에 대처한 경험이 있다면—참가자가 이러한 정신적 상태를 안전하고 건설적인 방식으로 다룰 수 있도록 충분한 지원을 제공할 수 있을 것이다. 또한 지속적인 평가를 통해 참가자가 적절한 지원을 받고 있는지 확인할 수 있다. 반면, 이러한 역량을 갖추지 않은 지도자는 참가자에게 특정 시점에서 마음챙김 연습을 잠시 중단하도록 권장할 수도 있으며, 대신 정신 건강과 안전을 유지할 수 있는 다른 방법을 찾도록 안내할 수 있다. 또한 지도자는 슈퍼비전을 받거나, 참가자를 보다 나은 도움을 줄 수 있는 전문가에게 의뢰할 수도 있다. 어떤 경우든 참가자의 안녕이 최우선이며, 지도자는 자신의 역량 범위 내에서 작업해야 한다.

참가자의 안전을 보호하기 위해서는, 지도자의 역량, 지도자가 마주할 수 있는 심리적 고통 또는 정신병리에 대한 이해, 그리고 프로그램을 운영하는 환경에 대한 지식이 반드시 일치해야 한다. 마음챙김은 만병통치약이 아니며, 지도자가 모든 정신적 상태를 다룰 수 있는 것은 아니다.

전일성과 윤리는 마음챙김을 배우고 가르치는 모든 과정에 스며들어 있다. 우리는 〈글상자 9-2〉에서 몇 가지 사례를 제시했다. 여기서 다루는 네 가지 사례에는 어떤 전일성과 윤리적 쟁점이 포함되어 있을까? 첫 번째 사례는 한 참가자가 마음챙김을 통해 자신의 불안과 충동성이 어떻게 상처 주는 말로 이어져 딸과의 관계를 해친다는 사실을 깨닫게 되는 과정이다. 그녀는 보호적 알아차림과 자제력을 기르면서, 딸과의 관계와 자신의 정신적 상태에 긍정적인 변화가 생기는 것을 경험한다.

> 어느 날 아침, 링은 잠을 설쳐서 짜증이 난 상태로 일어났다. 십 대 딸이 아침을 먹으며 노트북으로 동영상을 보면서, 동시에 남학생과 문자를 주고받는 모습을 보았다. 버스를 타러 나가려면 10분밖에 남지 않은 상황이었다. 링은 욕실 불이 켜져 있고, 바닥에는 젖은 수건이 널브러져 있으며, 냉장고 문이 닫히지 않은 채 우유가 싱크대 위에 놓여 있고, 시리얼 상자가 열려 있는 것을 발견했다.
>
> 이 엉망진창인 욕실과 주방을 본 순간, 링의 마음속에는 짜증이 밀려왔고, 딸을 잔소리로 다그치고 싶은 충동이 들었다. 그녀의 머릿속에 이런 말이 떠올랐다: "10분 안에 밥 먹고 욕실과 주방을 정리해." 그리고 자신이 딸과 같은 나이였을 때, 위탁 가정에서 지냈다는 기억이 떠오르며, 짜증은 분노로 바뀌었고, 잔소리하고 싶은 마음은 언성을 높이고 싶은 충동으로 변했다: "대체 뭐 하는 짓이야? 나는 네 하녀가 아니야. 네가 학교 가고 나면 엄마가 이 엉망진창인 것들을 치우라는 거야?"

여기에서 문제는 무엇이며, 이 상황이 초래할 수 있는 해로움과 이로움은 무엇인가? 링은 자신이 배운 것을 어떻게 활용하여 능숙하게 대응할 수 있을까?

> 십 대 자녀를 둔 부모라면 누구나 링이 느낀 짜증을 공감할 것이다. 사춘기 자녀를 양육하는 과정에서는 십 대들의 자기중심적인 행동을 이해하고, 감정의 변화와 정체성 형성을 지켜보며 균형을 유지해야 한다. 부모는 일관성, 명확한 경계, 흔들리지 않는 사랑을 보여 주어야 하지만, 많은 부모가 자녀의 말과 행동을 감당하기 어렵다고 느낀다. 감정적으로 반응하기 쉬운 상황이 많다.
>
> 링은 잠시 멈추어 자신의 충동과 반응을 알아차렸다. 그녀는 혀끝에서 막 나오려는 잔소리, 머릿속에서 형성되기 시작한 분노 어린 말들, 그리고 언성을 높이고 싶은 충동을 의식적으로 살펴보았다. 이전 경험을 떠올려 보았을 때, 그녀는 이 상황이 어떻게 흘러갈지를 예상할 수 있었다. 딸은 못마땅한 표정을 짓고, 툭 내뱉듯이 무례한 말을 하고, 마지못해 몇 가지를 정리하는 시늉을 하다가, 가방을 들고 나가면서 인사도

> 없이 문을 닫을 것이다. 그리고 그녀는 좌절감과 무력감에 사로잡혀, '정신이 이상한 엄마를 가진 건 애들 잘못이 아니야' '나는 끔찍한 부모야, 딸도 나를 싫어해' '그냥 오늘은 집에만 있고 침대에 가서 누우면 안 될까?' 같은 부정적인 생각 속으로 빠져들 것이다. 그러나 링은 이 싸움이 감정적으로 휩쓸릴 만한 가치가 없다고 판단하고, 아무 말도 하지 않기로 했다. 대신, 딸이 문을 나서려 할 때, "좋은 하루 보내, 사랑해"라고 말했다. 그러자 딸은 뒤돌아보며 미소를 지으며 "고마워, 엄마도 좋은 하루 보내"라고 답했다. 딸은 링이 아침에 무슨 생각을 했는지, 자신이 남긴 어질러진 흔적이 어떤 기분을 불러일으켰는지 전혀 알지 못했다. 하지만 딸이 나간 후, 링은 화를 내지 않은 것에 대해 안도감을 느꼈다: "나는 아이들에게 쉽게 짜증을 내는 경향이 있어, 특히 기운이 없거나 우울할 때. 하지만 그렇게 한다고 나아지는 것도 아니고, 결국 내가 더 기분이 나빠질 뿐이야."
>
> 그날 저녁, 링은 딸을 친구 집까지 차로 데려다주었다. 차 안에서 딸은 자신에게 한 남학생이 성적인 관계를 강요하고 있지만, 자신은 아직 준비되지 않았고, 그 남학생을 좋아하는지도 모르겠다고 털어놓았다. 하지만 그는 학교에서 매우 인기 있는 학생이며 친구들은 모두 그가 멋지다고 생각한다고 말했다. 두 사람은 대화를 나누었고, 링은 자신의 경험을 공유하며, 어린 시절 자신이 원하는 관심과 애정을 얻기 위해 성적인 행동을 이용했던 경험을 이야기했다. 그리고 딸이 그 남학생과의 상황을 어떻게 다룰 것인지 함께 계획을 세웠다. 링은 자신이 아침에 화를 냈다면, 딸이 이렇게 중요한 고민을 자신과 나누지 않았을지도 모른다는 생각이 들었다. 그리고 딸은 자신이 그 나이였을 때보다 훨씬 더 안정적이고 강인하다는 사실에 안도감을 느꼈다.

이 사례는 링이 자신의 생각과 충동을 알아차림으로써 반응하는 것이 아니라 선택적으로 대응할 수 있었던 과정을 보여 준다. "갑자기 화를 내고 이성을 잃지 않으면, 호흡을 가다듬고 중심을 잡을 수 있어. 그러면 화를 내지 않고 좀 더 생각할 수 있어." 그날 늦은 오후, 이러한 성찰적 알아차림을 통해 그녀는 충동을 절제한 것이 가져온 긍정적인 결과를 돌아볼 수 있었다. 이러한 사례는 의도(딸의 성장을 돕고 싶다는 마음), 생각(잔소리를 하고 싶은 충동을 알아차리지만 참기로 결정함),

그리고 행동(이 경우, 자제)이 조화를 이루는 방식의 예시이며, 마음챙김 기반 프로그램에서 강조하는 의도의 윤리가 참가자들이 더 나은 삶을 살아가는 데 어떻게 기여하는지를 보여 준다.

> 수는 내가(WK) 진행한 MBCT 프로그램에 참여했던 사람 중 한 명이었다. 링과 마찬가지로, 그녀는 학대의 경험이 있었고 두 자녀를 키우고 있었으며, 감정적으로 폭발하여 거친 말을 내뱉는 경향이 있었다. 수는 마음챙김 가르침을 깊이 오해하고 있었다. 그녀는 이렇게 말했다. "나는 아이들에게 심한 말을 퍼붓곤 해요. 내 말이 가끔 칼처럼 날카로울 때가 있어요. 그러고 나면 후회되죠. 하지만 이제는 스스로에게 '아니야, 넌 나쁜 사람이 아니야. 이 후회를 놓아버려. 아이들에게 소리 지르는 건 누구나 다 하는 일이야'라고 말해요." 분명히, 자신의 행동이 끼친 해로운 영향을 인식하고 후회하는 것은 도움이 될 수 있으며, 이는 자극과 즉각적인 반응 사이의 공간에서 나타나는 중요한 과정이다. 하지만 이 경우, 수는 자신의 짜증과 분노를 만들어 내는 생각과 감정을 자비롭게 받아들이는 법을 배우는 것뿐만 아니라, 아이들에게 해롭거나 파괴적인 행동을 하지 않도록 돕는 실질적인 양육 기술도 필요했다. 이러한 과정이 그녀가 반응성의 연쇄 과정에서 더 이른 단계에서 알아차림을 가질 수 있도록 도와주며, 궁극적으로 그녀가 보다 건전한 의도를 가지고 대응할 수 있도록 하는 길이었다.

세 번째 사례는 〈글상자 9-2〉에서 언급한 샘의 중독 회복 과정이었다. 그는 회복 과정에서, 자신의 중독이 자신뿐만 아니라 주변 사람들에게도 얼마나 큰 고통과 파괴를 초래했는지를 더욱 명확하게 알아차렸다. 그는 어머니에게서 돈을 훔쳤고, 신뢰를 저버렸으며, 여러 직장에서 해고당했고, 타인과 주사를 공유하기도 했다.

> 샘은 중독 상태에서 수많은 윤리적 선을 넘어서곤 했다. 그러나 마음챙김 연습을 하면서 자신의 행동과, 자신과 사랑하는 사람들의 안녕을 진심으로 바라는 마음 사이에 강한 불일치를 경험하게 되었다. 앞서 논의했듯이, 12단계 회복 프로그램에서는

> 회복의 후반부 단계에서 자신의 과거 행동에 대해 만회하는 과정이 포함된다. 샘은 마음챙김 연습을 통해 자신의 의도와 행동을 신중하게 탐색하면서, 언제, 어떻게 만회를 해야 할지 깊이 이해할 수 있었다. 그의 어머니는 샘이 중독 상태에 있을 때 수많은 변명과 사과를 들어왔다. 샘은 신뢰를 회복하기 위한 자신의 행동이 말보다 더 강력한 형태의 사과가 될 것임을 깨달았다. 결국, 몇 년에 걸쳐 그는 자신의 행동으로 관계를 회복해 나갔고, 어느 순간부터는 더 이상 사과의 말조차 필요하지 않게 되었다.

이러한 사례들에서 볼 수 있듯이, 마음챙김 기반 프로그램에서는 의도, 생각, 행동, 그리고 그 결과로 나타나는 영향을 깊이 성찰하는 것이 윤리의 핵심을 이룬다. 이는 단순히 참가자에게만 적용되는 것이 아니라, 프로그램을 지도하는 지도자에게도 동일하게 적용된다.

### 마음챙김 프로그램 지도자와 참가자의 관계

마음챙김 지도자와 마음챙김을 배우는 참가자 간의 관계에는 명확성과 세심한 균형이 필요하다. 지도자는 마음챙김 연습을 지도하고 안내하며, 안전한 배움의 장을 조성한다. 마음챙김 지도자로서 훈련을 받았으며, 관련된 지식과 경험을 갖추고 있다. 이러한 의미에서, 지도자는 풍부한 경험을 바탕으로 참가자들의 학습을 이끌어 낼 수 있는 힘을 가지고 있다는 점에서 일종의 권위를 가지게 된다.

그러나 마음챙김 프로그램의 의도는 참가자들이 스스로 배움에 참여하고, 경험적이며, 자신의 성장으로 이어지는 과정이어야 한다는 것이다. 훌륭한 마음챙김 지도자는 이러한 학습 방식을 촉진하며, 참가자들이 연습을 통해 스스로 배우고, 연습 중 일어나는 경험을 탐구하는 과정을 반복할 수 있도록 돕는다. 지도자의 역할은 단순히 참가자가 프로그램과 마음챙김 연습을 통해 배움을 얻을 수 있도록 하는 것이다. 그러나 이러한 관계의 비대칭성으로 인해 지도자는 때때로 스승이나 권위자로 보일 위험이 있다.

반면, 마음챙김 연습이라는 매개체는 지도자와 참가자 모두에게 동일하며, 결국 지도자 역시 참가자와 같은 여정을 걷고 있는 존재이다. 지도자는 자신이 배운 것을 가르칠 뿐이며, 이러한 의미에서 관계는 평등하다. 따라서 지도자와 참가자 간의 관계는 참가자의 배움을 돕는 방식으로 형성되어야 하며, 지도자가 대가나 권위자로 이상화되지 않도록 주의해야 한다. 물론 지도자는 참가자들에게 유용한 지식과 경험을 제공할 수 있지만, 궁극적으로 참가자들이 스스로 배움을 발견할 수 있도록 돕는 것이 핵심이다. 참가자들은 지도자를 이상화하거나, 감정적 또는 성적으로 끌릴 수도 있다. 마찬가지로, 지도자 역시 참가자에게 유사한 감정을 느낄 수도 있다. 지도자는 이러한 지도자–참가자 관계에서 존재하는 힘의 차이를 이해해야 하며, 항상 지도자의 책임하에 서로 다른 역할의 경계를 적절히 유지해야 한다.

마음챙김 지도자들은 종종, 8주 프로그램을 잘 구성하고 초반 몇 회기를 효과적으로 운영하면, 중반부터는 참가자들이 스스로 프로그램을 이끌어 가기 시작한다고 이야기한다. 즉, 프로그램의 구조, 참가자들의 마음챙김 수행, 그리고 참가자들 간의 공동 학습 경험이 자연스럽게 자리를 잡는다는 것이다. 그러나 마음챙김 지도자의 특정한 역할과, 일반적으로 그룹 내에서 발생할 수 있는 상호작용의 과정은 의존성, 이상화, 지도자와 참가자 사이의 권력 관계를 형성할 가능성이 있다.

전일성은 오직 참가자의 최선의 이익에만 초점을 맞추며, 물질적 보상이나 칭찬 혹은 의존성을 추구하지 않는다. 마음챙김 연습과 체화는 강력한 신호와 지침을 제공하며, 지도자는 이를 유념해야 한다. 만약 자신이 권위자의 역할에 빠지거나, 칭찬과 참가자의 의존성을 즐기거나, 참가자에게 성적 끌림을 느낀다면, 이러한 순간이야말로 잠시 멈추어 신중하고 이해심 깊게 대응해야 할 순간이다. 다음 사례에서는 샘이 집에서 하는 과제에 대해 공유하는 시간에 지도자를 과장되게 칭찬하는 장면이 등장한다. 지도자는 스스로가 그 칭찬에 들뜨고 자아가 부풀어 오르는 반응을 보이고 있음을 인지한다.

**샘:** 지난 주에 바디스캔 연습에 대해 해 주신 말씀이 저에게 정말 큰 도움이 되었어요. 감사합니다. 선생님은 참 지혜로우세요.

지도자: [샘이 자신을 지혜로운 존재로 여기고 있음을 알아차리고 자신이 우쭐해지는 느낌을 인식한다. 그 말이 자신에게 미친 영향을 인지한 후, 안정감을 느낄 수 있게 자세를 바로잡으며 감정에서 한 걸음 물러선다. 그런 다음, 샘이 스스로의 연습과 배움을 스스로 탐색할 수 있도록 돕기 위해 질문을 던진다.] 그 말에서 무엇을 배웠나요?

샘: 아시다시피, 저는 너무 초조했어요.

지도자: 집에서 바디스캔을 하면서 그 초조함을 어떻게 다루었나요?

샘: 말씀하신 것처럼, 초조함을 있는 그대로 보려고 노력했어요. 그리고 잠시 그 감각에 머물러 알아차린 후, 다시 몸으로 돌아오는 연습을 했죠. 선생님께서 이것을 강아지를 훈련하는 것과 같다고 하셨는데, 저는 어릴 때 강아지를 키웠기 때문에 그 비유가 정말 큰 도움이 되었어요.

지도자: 아, 좋네요. 그렇다면 강아지를 훈련할 때 활용했던 어떤 태도를 당신의 마음을 훈련하는 데 적용했나요? [미소 지으며]

샘: [웃음] 글쎄요, 단호함과 친절함, 그리고 인내심이요. 강아지를 훈련하는 데 시간이 걸리는 것처럼, 제 마음을 훈련하는 것도 마찬가지였어요. 쉽지는 않았지만, 말씀하신 대로 7일 중 6일은 바디스캔을 했어요. 물론 한 주가 끝날 때까지 완전히 훈련시킨 건 아니지만, 적어도 초조함이 올라올 때마다 즉각 반응하지는 않게 되었어요.

지도자: 공유해 주셔서 고마워요. 단호함과 친절함을 가지고 마음을 다룰 수 있는 능력을 키워가고 있고, 강아지를 훈련했던 경험을 활용해 자신의 마음을 훈련하고 있다는 것이 참 인상적이네요. [그룹 전체를 바라보며] 제가 여러분 모두에게 전하고 싶은 것은, 우리에게 가장 중요한 마음챙김 지도자는 바로 스스로의 마음챙김 연습 자체라는 점입니다. 저는 여러분이 그 배움을 발견하도록 돕는 역할을 할 뿐이고, 여러분이 직접 실천하며 그 결실을 얻게 될 것입니다.

마음챙김 지도자의 전일성을 유지하는 데 있어 동료 간의 도움, 슈퍼비전, 공동체는 중요한 역할을 한다. 불교 전통에서는 자신의 전일성을 키울 수 있도록 도와줄 사람을 선택하는 것이 핵심적인 요소로 여겨진다. 슈퍼비전과 동료 간의 지원 또한 마음챙김 지도자를 위한 모범적인 명상 안내 지침에서도 중요한 부분을 차지한다(Crane, 2011).

우리는 마음챙김 지도자들이 각 회기 전에 마음챙김을 연습하는 시간을 가지도록 권장한다. 이는 마음을 안정시키고 마음챙김의 태도를 함양하는 데 도움을 준다. 그런 다음, 참가자 한 명 한 명을 떠올려 보면 효과적인 지도에 도움이 될 수 있으며, 지도자가 주목해야 할 점이나 다루어야 할 문제를 미리 인식하는 데 도움이 될 수 있다. 이러한 과정에는 자연스럽게 떠오르는 생각과 감정, 반응도 포함된다: "저 사람 정말 마음에 들어, 참 훌륭해" "저 사람은 안 왔으면 좋겠어, 너무 회의적이야" "저 사람의 분노가 두려워. 어떻게 도와야 할지 모르겠고, 내가 부족한 지도자라는 게 드러날 것 같아." 이러한 생각과 감정을 알아차리는 것이, 체화와 전일성을가지고 지도하는 데 있어 핵심 요소가 된다.

## 더 넓은 마음챙김 분야

건강, 교육, 형사 사법, 직장과 같은 다양한 분야에서 마음챙김에 대한 폭넓은 관심을 받게 되면서, 그 의도성, 윤리적 틀, 그 영향력에 대해 의문의 목소리가 나오고 있다(Baer, 2015; Cook, 2016; Monteiro, Musten, & Compson, 2015). 이에 따라, 마음챙김 분야 전반에 걸쳐 안전장치와 윤리적 틀을 마련해야 한다는 대응이 이루어지고 있다(Crane, 2017). 우리는 장기적인 관점에서 윤리와 전일성을 유지하려면 일련의 의도적인 조치를 취해야 한다고 주장해 왔다(Kuyken, 2016).

일각에서는 미국심리학회나 영국심리학회와 같은 전문 기관이 마음챙김 분야의 윤리와 전일성을 제공할 수 있다고 주장한다. 이러한 전문 기관들은 수십 년에 걸쳐 윤리 지침을 신중하게 검토하고 발전시켜 왔다(Baer, 2015). 일반적으로 전문 기관의 윤리 지침은 세 가지 접근 방식을 따른다: (1) 서문에서 윤리 강령의 기본 원칙을 설명하고, (2) 행동 강령(해야 할 일과 하지 말아야 할 일의 최소한의 기준을 정하고, 그 기준 아래로 내려가서는 안 되는 것)과, (3) 지침(의무는 아니지만 권장되는 것)을 제시한다. 실제 현장에서 윤리 강령은 우리의 업무를 위한 지침을 제공하고, 윤리적 딜레마를 해결하도록 돕는다. 또한 한 세대에서 다음 세대로 윤리적 기준을 전수하며, 문제가 제기된 행동을 평가할 수 있는 기준을 마련하고, 직업적 전일성을 확립하며, 사회적/법적 규제나 강제적인 감시 없이도 직업군을 보호하는 역할을 한다. 이러한 윤리 강령은 마음챙김 지도자들에게 유용한 지침이 되며, 지도자는 자신의 전문적 배경과 근무 환경에 적절한 윤리적 틀을 준수하도록 권장된다(Crane, 2011).

그러나, 전문적인 교육을 받지 않은 마음챙김 지도자들도 있으며, 이 경우 가장 관련성이 높은 전문 기관의 윤리 강령을 따를 것을 권장하고 있다. 이는 수행의 안전성을 보장하고 최선의 안내를 할 수 있도록 장려하기 위한 것이다(Segal et al., 2018). 우리는 이러한 윤리 지침이 매우 유용하지만, 전일성을 이루는 요소 중 하나일 뿐이라고 말해 왔다.

여러 환경에서 형성된 권장되는 표준 지침에 대한 합의가 중요한 역할을 해 왔으며, 이는 공통된 기준을 만들고 지도자들과 그들이 가르치는 각 분야에 실질적인 방향을 제공해 왔다(Crane, 2011). 예를 들어, 영국에서는 표준 지침이 처음에는 마음챙김 지도자들 간의 공동체 의식을 형성하는 데 기여했다. 이후, 이는 보건의료 시스템 및 기타 분야에서 마음챙김 서비스를 구축하고 교육하는 데 있어 유용한 지침으로 자리 잡았다(Mindfulness All-Party Parliamentary Group, 2015).

한 지도자는(Baer, 2015)는 마음챙김을 전달하는 방식이 이 분야의 전일성을 유지하는 핵심 요소라고 설득력 있게 주장했다. 여기에는 마음챙김 지도자가 마음챙김 기반 프로그램의 한계를 알고 이를 명확히 전달하는 것, 해당 프로그램이 누구에게 적합한지 혹은 부적합한지 파악하는 것, 그리고 자신이 어떤 사람을 가르칠 훈련을 받았고 받지 않았는지를 아는 것이 포함된다. 모든 사람과 모든 상황에서 마음챙김이 최적의 선택이 아닐 수 있음을 인정하는 데는 정직성과 전일성이 필요하다. 만약 내담자가 즉각적인 위험에 처해 있거나, 정신병적 증상으로 진행될 위험이 있거나, 마음챙김 훈련의 강도를 감당할 수 없는 상태라면, 이를 인정하고 그 사람이 적절한 도움을 받을 수 있도록 지원해야 한다. 이러한 정직하고 정보에 기반한 의사소통은 마음챙김 기반 프로그램이 과장된 효과를 주장한다는 정당한 비판을 방지하는 데 도움이 된다.

돈과 권력은 매우 강력한 유혹이 될 수 있으며, 이는 전일성을 훼손할 위험이 있다. 현대 마음챙김이 발전하던 초기에는, 마음챙김 교육의 경제적 측면이 고려되었으며, 많은 지도자들이 전일성을 유지하기 위해 기부하는 방식으로 교육을 제공했다. 즉, 그들은 보수를 기대하지 않고 가르쳤으며, 참가자들은 감사의 마음을 가지고 자발적으로 수강료를 정하여 내는 방식이었다. 이는 윤리적인 생계를 유지하는 데는 도움이 되었다. 일부 국가에서는 보험 및 의료 시스템이 마음챙김 프로그램의 참여 비용을 부담하지만, 이는 보편적이지 않고, 많은 사람들이 비용 부담으로 인해 프로그램에 접근하지 못하는 것이 현실이다. 특히, 심리적 고통을 겪으며 생계를 유지하는 능력이 제한된 사람들은 프로그램에서 배제되는 경우가 너무나 많다.

〈글상자 9-1〉에서 제시된 마지막 사례는 지역사회에서 마음챙김 기반 프로그램을 가르치는 한 지도자의 이야기다. 그녀는 다음 8주 과정에 등록한 한 사람으로부터 전화를 받았다. 전화를 건 사람은 실직한 상태이며, 한 부모로서 프로그램에 참여하고 싶지만 수업료를 감당할 수 없으며, 수업 시간 동안 아이를 돌봐줄 사람이 필요하다고 말했다.

마음챙김의 발전 과정에서 전일성은, 경제적 여건이 부족한 사람들을 어떻게 포함시킬 것인가라는 질문을 우리에게 던진다. 이에 대한 쉬운 해답은 없다. 많은 마음챙김 지도자들은 보상을 받지 않고도 기꺼이 시간을 내어 가르치지만, 동시에 지도자 스스로의 생계를 유지해야 하는 현실적인 문제도 존재한다. 일부 지도자들은 경제적으로 어려운 사람들을 위해 일정 인원만 할인된 비용으로 수강할 수 있도록 하거나, 참가자들이 감당할 수 있는 할부 방식을 마련하기도 한다. 또한 어떤 지도자들은 수강료를 책정할 때 일정 금액을 장학금으로 적립하여 경제적 부담 때문에 프로그램에 참여할 수 없는 사람들이 도움을 받을 수 있도록 조정하기도 한다.

경제적 전일성의 문제는 매우 깊이 있는 주제이며, 접근성, 포용성, 권력, 의도성과 관련된 다양한 쟁점을 제기한다. 경제적 문제에 윤리적으로 대응하는 방법은 모든 마음챙김 지도자가 고민해야 할 핵심 과제이다.

**가치와 문화의 다양성에 대해 존중해야 한다.** 마음챙김이 우리 사회에 뿌리를 내리면서, 우리는 사회가 얼마나 다양한지를 인정하고, 마음챙김이 이 다양한 환경 속에서 어떻게 자리 잡을 수 있을지를 고민해야 한다. 신앙이 있든 없든 모든 사람들이 마음챙김을 쉽게 배울 수 있도록 하고, 다양한 공동체가 쉽게 받아들일 수 있도록 지도 방식과 사용하는 용어를 조정하고, 마음챙김 프로그램이 백인과 교육받은 중산층만을 위한 것이라는 인식을 불러일으키는 경제적 · 사회적 장벽을 허물기 위해 어떤 조치가 필요한가? 이를 위해서는 서로 다른 사회적, 교육적 배경과 인종적 정체성을 가진 사람들의 목소리에 귀 기울이는 것이 중요하다. 마음챙김 지도자는 핵심 가르침을 훼손하지 않으면서도 포용적이고 적절한 방식으로 프로그램을 전달하는 방법을 배워야 한다. 이는 현재뿐만 아니라 미래에도 계속될 도전이며, 동시에 윤리적 과제이기도 하다. 우리는 고통이 얼마나 다양한 형태로 나타날 수 있는지, 그리고 그것이 표현되는 방식이 얼마나 다른지를 늘 상기해야 한다.

앞서 언급한 사례들은 다양성, 접근성, 포용성의 맥락에서 다시 살펴볼 수 있다. 모하메드의 무슬림 신앙과 링의 학대 경험은 마음챙김을 배우는 과정에서 장애물이 될 수도 있었지만, 동시에 깊은 배움의 기회가 되기도 했다. 우리의 신념과 학습 경험 또한 마찬가지다. 그것들은 장애물이 될 수도 있고, 새로운 가능성을 열어줄 수도 있다. 다양성을 다루는 과정은 **내면에서 외부로**, 그리고 **외부에서 내면으로** 이루어지는 탐구 과정이다.

> 핵심적인 통찰은 다음과 같다. 높은 수준의 마음챙김 지도는 마음챙김 프로그램의 전일성, 철저한 지도자 양성 과정, 그리고 전일성을 체화하며 지속적인 학습과 슈퍼비전에 헌신하는 지도자들을 통해 이루어진다. 전일성은 마음챙김 프로그램, 지도자, 그리고 이 분야 전반에 걸쳐 깊이 스며들어야 한다.

## 개요

전일성과 윤리의 문제는 끊임없이 탐구해야 할 주제이다. 이 탐구는 개인적인 차원에서뿐만 아니라, 마음챙김 연구자와 지도자들이 함께 수행하는 공동의 노력이기도 하다.

이는 최고 수준의 가르침과 배움을 실천하기 위한 노력이며, 그 중심에는 해를 끼치지 않고, 모든 사람의 안녕을 증진한다는 기본적인 윤리적 원칙이 자리 잡고 있다. 마음챙김 지도자는 내면에서 외부로, 그리고 외부에서 내면으로 전일성이 수렴하는 지점을 배우는 동시에, 그 과정에서 발생하는 긴장감도 경험하게 된다. 이러한 탐구와 배움은 끊임없이 이어지는 과정이다.

현대 마음챙김 관련 서적에서 윤리와 전일성이 크게 다뤄지지는 않지만, 우리는 이것이 마음챙김 프로그램에서 가르침과 배움의 본질적 요소라고 주장해 왔다. 윤리와 전일성은 결코 편안한 주제가 아니며, 윤리적 질문에 대한 쉬운 해답은 존재하지 않는다. 한 동료는 "윤리에 대한 질문이 우리를 불편하게 만들지 않는다면, 우리는 그 질문을 제대로 이해하지 못한 것이다"라고 말한 바 있다. 마음챙김 공동체에서는 점점 더 윤리가 개인적인 책임일 뿐만 아니라, 공동의 책임이라는 인식이 확산되고 있다.

마음챙김 수행가이자 지도자로서 우리는 깊이 있는 질문을 던질 용기와 준비가 되어 있어야 한다. 물론, 마음챙김 수업에서 참가자의 개인적인 윤리를 직접적으로 문제 삼는 것은 적절하지 않다. 그러나 마음챙김 연습 자체가 이러한 질문을 자연스럽게 불러일으킨다. 또한 우리는 개인적 차원뿐만 아니라 공동체적 차원에서도 전일성을 어떻게 이해하고 있는지를 성찰해야 한다. 윤리는 단순히 좋은 의도를 가지는 것에서 끝나지 않는다. 우리는 자신의 의도가 초래할 결과에 대해서도 깊이 인식해야 한다. 우리는 마음챙김을 가르침으로써 타인을 돕겠다는 선한 의도를 가질 수 있지만, 만약 우리가 충분한 훈련과 역량을 갖추지 못했다면 그 결과는 심각한 해로움을 초래할 수도 있다. 또한 개인적으로 어려운 시기를 겪고 있어 자신의 마음챙김 연습이 소홀해진 상태에서 수업을 진행하게 된다면, 몸에 밴 긴장감이 자연스럽게 참가자들에게 전달될 수도 있다. 때로는 전일성을 지킨다는 것이, 지도자로서 가르치는 일을 잠시 멈추고 스스로를 돌보는 데 집중하는 것을 의미할 수도 있다. 소피아의 사례에서도 보았듯이, 그녀는 건강이 악화되었을 때 더 이상 가르칠 수 없다고 판단하고 지도자의 역할을 내려놓았다.

윤리는 복잡한 영역이다. 이는 우리의 선택, 행동, 생각, 말에 깔려 있는 의도를 탐구하는 과정을 포함하며, 분별력뿐만 아니라, 언행에서의 자제와 신중한 대응을 요구한다. 건전함과 불건전함이라는 단어는 단순히 옳고 그름의 무거운 의미를 지닐 수도 있지만, 우리가 자신과 세상을 대하는 윤리적 태도를 성찰하는 기준이 될 수도 있다(예: 우리의 심리적 · 신체적 행동이 고통을 유발하는가, 아니면 고통을 줄이는가? 자유를 향해 나아가는가, 아니면 자유에서 멀어지는가? 더 큰 자비로 이어지는가, 아니면 더 큰 가혹함으로 향하는가?). 정직성, 용기, 존중 그리고 절제는 윤리적 삶의 핵심 요소이며, 이는 거창한 이상이 아니라, 지금 이 순간을 살아가는 방식이자 선한 삶을 실천하는 태도이다.

마음챙김 훈련을 도입하려는 기관과 조직들은 더 체계적인 규제와 공인된 지도 역량의 기준을 요구하고 있다. 그러나 마음챙김 공동체 내에서는 이러한 규제에 대한 우려와 의문이 존재한다. 지도 역량의 기준은 누가 결정하는가? 누가 이를 감독할 것인가? 현재 다양한 형태의 마음챙김 훈련과 프로그램이 존재하는 상황에서, 이를 포괄적으로 규제하는 것은 사실상 불가능할 것이다. 이러한 문제에 대한 해결책으로, 보다 폭넓은 전일성과 윤리적 지침에 대한 공동의 약속이 필요할 수 있다. 전일성은 단순히 개인적인 책임이 아니라, 우리의 관계, 업무, 세상과의 상호작용과 깊이 연결된 개념이다. 전일성은 마음챙김 기반 프로그램이 지속적으로 발전하고 긍정적인 변화를 이루어 나가는 데 있어 보호막이자 안전장치 역할을 하며, 이를 위한 기본적인 틀을 제공한다.

# 마지막 한마디

> 우리는 서로 이해하고, 연민을 가지고, 섬세하게 대응하며 살아가는 세상,
> 우울의 파괴적인 영향 없이 살아가는 세상,
> 그리고 아이들이 존재하는 법을 배우고, 성장할 수 있는 세상,
> 그런 세상을 상상해 볼 수 있을까?

우리는 마음챙김이 삶의 필연적인 변화무쌍함을 받아들이는 능력을 깊이 키우며, 회복탄력성을 강화하는 과정임을 강조해 왔다. 초조함, 불안 혹은 우울에 쉽게 사로잡히지 않는 마음을 기르는 능력을 키울수록, 우리는 더욱 효과적으로 대응하고 행동할 수 있는 힘을 얻게 된다. 그렇게 기쁨을 받아들일 수 있게 된다.

- 모하메드는 만성 통증 속에서도 좋은 삶을 살아갈 수 있었다.
- 링은 우울과 학대의 고통에도 불구하고 스스로의 삶을 구축하고, 그 안에서 기쁨을 찾을 수 있었다.
- 샘은 중독에서 회복된 삶을 살아갔으며, 그 경험을 받아들여 같은 어려움을 겪는 사람들을 돕는 일을 자신의 삶의 사명으로 삼았다.

• 소피아는 마음챙김을 삶의 모든 영역에 녹여냈다.

본질적으로, 마음챙김 연습은 우리가 도전, 기쁨, 타인을 돕는 순간들을 마주할 때 우리를 지지해 주는 친구와 같은 마음을 길러 준다. 이는 삶의 매 순간을 헤쳐 나가는 동안 우리를 안내하는 길잡이가 되어 준다.

불교 심리학, 심리 과학, 우리의 마음챙김 연습과 지도 경험을 바탕으로, 마음챙김을 가르치는 사람과 배우는 사람을 위한 **마음의 지도**를 제시해 왔다. 이 지도는 단순히 마음의 풍경을 그려내는 것이 아니라, 고통에서 벗어나 편안함과 번영으로 나아가는 길을 찾도록 돕는다. 어떤 여정이든 필요한 기술이 있다. 카약을 타는 사람은 기본적인 카약 조종 기술뿐만 아니라, 거센 급류 속에서도 안전하게 항해하는 법을 익혀야 한다. 마찬가지로, 마음챙김 훈련이라는 여정에서도 이러한 지도, 경로, 기술이 모두 필요하다.

다음은 이 책에서 다룬 핵심적인 통찰을 요약한 내용이다:

• 불교 심리학과 현대 과학은 현대 사회가 직면한 주요 과제와 어떻게 잘 살아갈 것인가라는 질문에 대해 유용한 관점을 제공한다.
• 불교, 현대 마음챙김, 심리학 간의 대화는 항상 순탄한 것은 아니다. 기본적인 전제와 중심 의도, 용어의 사용, 전문적 정체성, 윤리 등에서 갈등이 발생할 수 있다. 그러나 서로를 분리하는 장벽을 세우기보다, 다리를 놓고 상호작용을 모색하는 것이 더 건설적인 접근 방식이다.
• 마음챙김은 자연스럽고 훈련 가능한 인간의 능력이며, 이는 모든 경험에 주의와 알아차림을 기울이는 능력이다. 또한 마음챙김은 어떤 순간에도 열린 태도로 경험을 있는 그대로 받아들이며, 호기심, 친절함, 자비, 분별력을 바탕으로 고통을 줄이고, 더 큰 안녕감을 누리며, 의미 있고 보람찬 삶을 살아가도록 돕는다.
• 마음챙김은 여러 가지 핵심 기능을 수행한다. 여기에는 단순한 앎, 보호적 알아차림, 탐구적 알아차림, 지각과 관점의 재구성이 포함된다.

심리 과학은 마음챙김 지도자와 수행자들에게 유용한 방식으로 마음의 주요 특성을 탐색해 왔다.

- 마음은 많은 시간을 자동 조종 모드로 작동하며, 이는 장점도 있지만 단점도 존재한다.
- 마음은 자주 방황하며, 훈련되지 않은 방황하는 마음은 불행한 마음이 되기 쉽다.
- 지각은 감각 기관에서 시작되지만, 이는 뇌가 수행하는 창의적이고 능동적으로 구성하는 과정이다.
- 우리가 어떤 방식으로 주의를 기울이느냐에 따라 세상을 경험하는 방식이 달라진다(즉, 우리는 적극적으로 자신의 경험을 만들어 간다).
- 우리의 경험은 신체 감각, 감정, 행동, 생각으로 구성된다.
- 마음은 역동적이며 끊임없이 변화한다.
- 평가, 판단, 불일치 모니터링은 지각과 주의의 모든 단계에서 작동하며, 이는 우리의 경험을 강력하게 형성한다.
- 마음은 마음챙김 연습을 통해 훈련되고 변화시킬 수 있다.
- 우리는 세상에 대한 앎과 존재의 다양한 방식을 가지고 있으며, 그중 두 가지인 경험적 마음 모드와 개념적 마음 모드를 강조해 왔다. 이 두 가지 모드는 각각 다른 방식으로, 그리고 다른 시점에서 우리에게 도움을 준다.
- 마음은 매 순간 경험을 바탕으로 의미를 지속적으로 만들어 내고 패턴을 찾으려는 경향이 있다. 이를 해석하는 방식은 외부 환경뿐만 아니라, 현재 우리의 내적 상태 또한 중요한 맥락으로 작용하며, 이 맥락이 우리가 경험을 이해하는 데 중요한 요소가 된다.

불교 심리학 또한 마음의 주요 특성을 탐색해 왔다.

- 고통은 두 개의 화살과 같다. 첫 번째 화살은 통증, 질병, 그리고 궁극적으로

죽음(삶의 일부)과 같고, 두 번째 화살은 고통에 걱정, 저항, 회피, 파국적 사고(선택 가능한 것)를 더한 것이다.

- 모든 것은 변한다, 변하지 않는 것은 없다.
- 분투, 부정, 집착, 혐오는 고통과 괴로움을 증폭시키는 요소이다.
- 마음챙김 수행의 네 가지 기초(사념처, 四念處)가 있다:
  - ◦ 몸에 대한 마음챙김(즉, 신체적 경험): 신념처(身念處)
  - ◦ 느낌의 톤에 대한 마음챙김(경험을 즐거움, 불쾌함, 중립적으로 평가하는 1차적 인식): 수념처(受念處)
  - ◦ 마음 상태와 기분에 대한 마음챙김(인지적 · 감정적 경험의 영역): 심념처(心念處)
  - ◦ 세상에 대한 경험의 마음챙김(인지적 · 언어적 경험, 즉 안녕감을 지원하는 요소와 방해하는 요소 포함): 법념처(法念處)
- 마음챙김 연습을 통해 마음이 차분해지고 안정되면서, 회복탄력성과 평정심이 더욱 강하게 자리 잡는다.

이러한 심리 과학과 불교 심리학의 통찰을 통합하고 정리하여, 마음챙김 지도자와 마음챙김을 배우는 사람들에게 길잡이 역할을 할 수 있는 마음의 지도를 제공할 수 있다.

마음은 적어도 부분적으로는 설명될 수 있으며, 우리가 이해하고 활용할 수 있는 정도로 파악될 수 있다. 우리는 대부분의 시간 동안, 삶의 풍경을 이루는 수많은 자극을 자동적이고 신속하게 처리하며, 그에 대한 자신의 반응조차 인식하지 못하는 경우가 많다. 알아차림과 이해는 자극과 반응 사이에 공간을 열어주며, 그 공간 안에서 우리는 보다 유연하고 창의적이며 능숙하게 대응할 선택을 할 수 있게 된다.

자극에서 반응으로 가는 직접적인 경로는, 자극을 신체 감각이나 정신 상태(첫 번째 화살)로 경험한 후 즉각적인 반응을 유발하는 과정이다. 우리는 자신을 보호하기 위해, 그리고 고통과 괴로움에서 벗어나기 위해 충분히 이해할 수 있는 방식으로 반응하며, 이러한 반응들은 단기적으로는 도움이 될 수도 있다. 그러나 그 중 일부 반응은 오히려 고통을 가중시키며, 이는 고통의 두 번째 화살로 설명될 수 있다.

괴로움과 고통이 유지되고 악화되는 방식은 "무엇"과 "어떻게"로 나눌 수 있다. 무엇은 우리의 경험을 감각, 감정, 생각, 행동으로 나누어서 보는 것을 의미한다. 어떻게는 경험을 분류하고(즐거움, 불쾌함, 중립적), 이어서 그것을 더욱 정교하게 해석하는 과정을 의미한다. 이러한 과정은 즐거움에 대한 갈망, 자신과 삶에 대한 이상화, 때로는 망각을 원하는 욕망에 의해 작동한다. 반응은 경험을 있는 그대로 받아들이지 못하는 데서 비롯되며, 이는 어려운 경험을 급진적으로 수용할 수 없는 상태에서 비롯된다. 우리 모두는 반응적인 방식으로 대처하지만, 이는 충분히 이해할 수 있는 일이다. 그러나 이를 면밀히 살펴보면, 이러한 반응이 문제를 해결하기보다 오히려 지속시키는 방식으로 작용하는 경우가 많음을 알 수 있다.

신체 건강과 정신 건강은 고통이 마음속에서 어떻게 생성되고 다시 만들어지는지를 이해하는 데서 비롯된다. 이러한 과정을 인식하고 변화시킬 수 있을 때, 우리는 새로운 방식으로 대응할 수 있게 된다. 우리는 주의를 안정시키고 조절하는 능력을 의도적이고 효과적으로 개발할 수 있으며, 경험적 방식과 개념적 방식으로 앎과 존재의 새로운 방식을 익히고 언제 이를 적용할지 알게 된다. 마음챙김 훈련은 분별력, 지혜, 대응력을 키울 수 있는 공간을 열어 준다. 또한 이는 우리가 친절함, 자비, 기쁨, 평정심을 바탕으로 삶을 살아갈 수 있도록 돕는다. 이러한 마음챙김 수행의 네 가지 기초는 우리가 자신의 마음챙김의 본질을 세심하게 들여다볼 수 있도록 도와주며, 반응의 불길을 가라앉히고, 자신과 타인의 안녕을 지원하는 방식으로 대응할 수 있는 공간을 만들어 준다.

체화는 몸을 온전히 경험하는 것에서 시작된다. 이는 점차 우리의 의도, 태도, 통찰, 이해하는 것까지 포함하도록 확장된다. 버드나무처럼, 우리는 의도성과 이해에 단단히 뿌리를 내리면서도 변화하는 환경 속에서 유연하게 흔들릴 수 있다. 체화란 우리가 가진 가치, 이해, 의도와 우리의 생각, 행동, 말, 관계 맺는 방식이 일치하는 상태를 의미한다. 이는 마음챙김을 가르치고 배우는 과정에서 근본적으로 중요한 요소이다.

전일성은 단순히 개인적인 책임이 아니라, 우리가 맺는 관계, 하는 일, 세상과의 상호작용과 깊이 연결되어 있다. 전일성은 마음챙김 기반 프로그램의 핵심인 긍정적인 변화와 성장을 위해 보호하고 틀을 제공하며, 이를 안전하게 유지하는 역할을 한다.

## 장기적인 관점에서 보기

우리가 지금 어떤 존재인가 하는 것은 우리가 어떤 삶을 살아왔는가의 결과이며, 우리가 내일 어떤 존재가 될 것인가 하는 것은 우리가 지금 어떻게 살아가고 있는가의 결과가 될 것이다. 이는 개인적으로도 그렇고, 앞으로 마음챙김이 어떻게 발전할지를 결정할 우리 공동체에도 해당된다. 현재 마음챙김은 의료, 교육, 형사 사법, 직장 분야 등 다양한 분야에서 주류로 자리 잡아가고 있다. 이는 마음챙김의 새로운 응용 가능성을 여는 흥미로운 기회를 제공하지만, 동시에 중요한 질문들을 제기한다. 장기적인 관점에서, 이 분야가 지속 가능한 방식으로 발전할 수 있도록 무엇이 뒷받침되어야 하는가? 이 장에서는 마음챙김과 마음챙김 훈련이 현대 사회에서 지속적으로 발전해 나가기 위해 필요한 요소들에 대해 성찰하며 마무리하고자 한다.

먼저, 모든 마음챙김 기반 프로그램은 그 의도, 목표, 맥락을 분명히 해야 한다. 존 카밧진(1982)이 비범한 통찰력을 가지고 마음챙김 기반 스트레스 감소 프로그램(MBSR)을 개발할 때, 그는 고대의 명상 수행이 만성 건강 문제를 겪는 사람들에게 많은 도움을 줄 수 있다는 점을 명확히 하고 있었다. 그는 이후, 마음챙김을 북미 병원 시스템 내에서 어떻게 효과적으로 제공할 것인지 신중하게 고민했다. 그 결과, 현재까지 수만 명이 참여한 8주간의 MBSR 프로그램이 탄생했다. 시걸, 윌리엄스, 티즈데일(2013) 역시 재발성 우울증을 위한 마음챙김 기반 인지치료(MBCT)를 개발할 때 같은 원칙을 적용했다. 그들은 우울증에 대한 이론적 모델을 실험 연구를 통해 구체화하고 정교하게 다듬었다. MBCT의 핵심은 바로 이 우울증 이론이며, 지도자는 이론적 일관성을 유지하며, 프로그램 전반에 걸쳐 MBCT의 핵심 주제를 전달한다. 이를 통해 참가자들은 우울증이 재발하는 결정적 순간들을 알아차리고, 보다 회복탄력성을 가지고 대응하는 법을 배울 기회를 갖게 된다. 이러한 마음챙김 기반 프로그램들은 분명한 의도를 가지고 있으며, 이론적 전일성을 유지하고 있다. 또한 각 프로그램이 어떤 대상에게 적합한지를 신중하게 고려하며, 제공되는 맥락에 맞는 교육 방식을 선택하고 있다. 새로운 방법을 시도할 때 또한 이러한 원칙을 따르며, 각각의 특정 환경을 명확히 이해하고, 그 환경에 맞춘 경로를 설계하며, 참가자들이 이를 효과적으로 익히도록 돕는 방법을 깊이 고려해야 한다.

둘째, 서로 다른 관점 간의 연결을 시도할 때는 필연적으로 충돌이 발생한다. 인간에게는 자신이 속한 집단이 우월하다고 여기고 다른 집단을 폄하하는 **파벌주의**(sectarianism)의 경향이 거의 보편적으로 존재한다. 마음챙김 연습은 우리가 불필요한 판단에 빠지거나, 개인적인 감정을 개입시키거나, 악의적인 감정을 품게 되는 순간을 알아차리는 데 도움을 줄 수 있다. 모든 변화의 핵심은 자신을 경험의 중심에서 분리하는 법을 배우는 것에 있다. 우리는 존중과 존엄에 대한 교훈을 배울 필요가 있다. 마음챙김은 삶을 보다 효과적으로 관리하는 치료적 도구로 볼 수도 있으며, 혹은 고통의 원인을 이해하고 그것을 제거하며 더 큰 안녕을 키우는 변화를 위한 경로의 일부로 볼 수도 있다. 전통적인 명상 수행 계보에서는 현대 마음챙김이 해탈을 향한 전체적인 훈련 과정에서 특정 요소만을 분리하여 전체 가르침인 것처럼 제시하고 있다고 비판하기도 한다. 반면, 현대 마음챙김 수행가들은 불교 전통 공동체가 세속적 마음챙김이 윤리와 깨달음의 전체적 과정에 대해 지속적으로 탐구하고 있다는 점을 이해하지 못한 채, 자신들을 오해하고 판단한다고 느낄 수도 있다. 우리는 마음챙김을 깊이 이해하기 위해서는 불교 심리학과 현대 심리학에서 설명하는 핵심 심리 과정들을 깊이 탐구해야 한다고 주장해 왔다. 하지만 동시에, 어떤 이들은 마음챙김의 기원이 되는 고대 가르침을 이해하는 것이 전혀 중요하지 않다고 주장하기도 한다.

마음챙김을 삶을 헤쳐 나가는 데 도움을 주는 기술이자 태도로 보는 관점과, 그것을 변화를 위한 길의 중요한 요소로 보는 관점은 서로 배타적인 것이 아니다. 마음챙김은 즉각적인 효과를 가지는 동시에 장기적인 관점을 필요로 한다. 알아차림, 고요함, 평온함, 이해를 기르는 진지한 길을 걸어온 사람이라면 누구나, 이것이 평생의 과정이라는 것을 알고 있을 것이다. 8주 과정은 많은 사람들이 단기간 내에 놀라운 통찰과 변화를 경험할 수 있도록 돕는다. 그러나 이는 단지 시작일 뿐이며, 명상의 입문 과정이나 일주일짜리 집중 수련을 경험하는 사람들에게도 마찬가지이다. 우리는 아직까지도 사람들이 지속적으로 실천하고 성장할 수 있도록 지원하는 포괄적인 방식을 완전히 개발하지 못했다. 서구의 전통적인 명상 공동체에서는 명상 센터를 설립하고 집중 수련을 제공하는 데 집중했지만, 집중 수련이 끝난 후에도 사람들이 삶 속에서 지속적인 지원과 영감을 받을 수 있는 방안을 마련해야 한다는 점을 점차 인식하게 되었다. 8주 과정 이후, 우리는 사람들에게 단순히 살아남는 것이 아니라 번영할 수 있도록 격려하고, 그들이 8주 동안 쌓은 배움을 더욱 발전시켜 나가도록 돕는 방법을 고민해야 한다. 이는 아직 진행 중인 과제이며, 사람들이 따라갈 수 있는 단계적 경로를 개발하는 것은 현대 사회에서 마음챙김을 정착시키는 또 다른 중요한 단계가 될 것이다. 우리는 누구나 쉽게 접근할 수 있는 마음챙김 입문 과정, 대중적인 8주 프로그램, 그리고 보다 집중적인 프로그램과 집중 수련을 폭넓게 제공하는 미래를 구상하고 있다.

셋째, 마음챙김의 과학적 연구를 발전시키고, 근거 기반을 신중하게 다듬어 나가야 한다. 마음챙김 과학의 현재 상태를 검토한 중요한 논문에서는, 이 분야가 유망한 기초 연구와 초기 연구가 풍부한 상태이지만, 이제는 이를 체계적으로 정리하여 설계가 탄탄한 대규모 연구로 발전시켜야 한다고 지적한다(Dimidjian & Linehan, 2003). 이를 통해 마음챙김 훈련의 효과성, 작용하는 방식, 누구에게 언제 적절한지, 실제 환경에서 마음챙김을 어떻게 가장 효과적으로 더 넓게 적용할 수 있는지를 규명하는 데 초점을 맞추어야 한다. 모든 학문 분야는 발전과 성숙의 단계를 거치며, 마음챙김 연구도 예외가 아니다. 대부분의 과학자들은 우리가 아직 모르는 것이 얼마나 많은지, 그리고 마음과 세상 자체가 얼마나 신비로운지를 잘 알고 있다. 예를 들어, 아인슈타인(1956/1999)은 신비로움에 대해 다음과 같이 말했다. "진정한 예술과 과학의 탄생을 가능하게 하는 근원적인 감정은 신비로움이다. 만약 신비로움을 알지 못하고 더 이상 경이로움을 느끼지 못하는 사람이라면, 그는 이미 죽은 것이나 다름없다. 마치 불이 꺼진 촛불처럼"(p. 5). 달라이 라마(2005) 역시 과학에 대해 상호 보완적인 관점을 오랫동안 견지해 왔다. 그는 "어린 시절 티베트에서 자랄 때부터 나는 호기심 많은 소년으로서 과학에 관심을 가졌다. 시간이 지나면서 과학과 기술이 현대 세계를 이해하는 데 얼마나 중요한지 깨닫게 되었다. 나는 단순히 특정한 과학적 개념을 이해하는 것에 그치지 않고, 과학이 인간 지식과 기술의 발전을 통해 가져온 더 넓은 의미까지 탐구하려 노력했다"라고 말했다. 그는 과학이 주의해야 할 몇 가지 중요한 점들을 지적하면서도, 다음과 같이 결론 내렸다. "나는 이 두 가지 탐구 전통(과학과 마음챙김)의 긴밀한 협력이, 우리가 '마음'이라고 부르는 복잡한 내면의 주관적 경험을 확장하는 데 크게 기여할 수 있다고 믿는다."

마음챙김, 마음챙김 훈련, 마음챙김 기반 프로그램에 대한 과학적 연구는 아직 발전 초기 단계에 있지만, 유망한 가능성을 보여 주고 있다. 축적된 연구들은 마음챙김이 정신 건강, 회복탄력성, 인간 잠재력 실현에 중요한 역할을 할 수 있다는 점을 시사하는 고무적인 통찰을 제공한다. 우리는 과학적 연구를 책임감 있게 보고하고, 그 한계를 인식하며, 남아 있는 수많은 질문들에 대해 강력한 연구 방법을 사용하여 가능한 최선의 답을 찾으려 노력해야 한다. 예상치 못한 연구 결과는 환영하고 투명하게 공유해야 하며, 종종 예상했던 것보다 훨씬 더 흥미로운 방향을 제시할 수도 있다. 과학은 이론을 구축하고, 효과적인 개입 방법을 개발하며, 마음챙김 지도자를 훈련하는 최적의 방식을 탐색하고, 마음챙김이 가장 필요한 사람들에게 이를 전달하는 데 기여할 수 있다.

넷째, 전일성을 중심으로 한 리더십이 중요하다. 지난 25년 동안, 매사추세츠대학교 마음챙김 센터, 옥스퍼드 마음챙김 센터, 뱅거 마음챙김 연구 및 수행 센터, 그리고 엑서터대학교 등의 기관들은 MBCT 지도자를 어떻게 훈련할 것인지, 그들이 언제 MBCT를 가르칠 준비가 되었는지, 그리고 언제 다른 지도자들을 훈련할 수 있는 수준에 도달했는지를 결정하는 데 있어 합의를 구축해 왔다. 우리는 이러한 기준을 존중해야 하며, 대중이 지도자가 이러한 기준을 충족하는지 여부를 알 수 있도록 보호 장치를 마련해야 한다. 유럽, 아시아, 북미의 여러 교육기관에서는 지도자 훈련을 제공하고 있다. 우리는 30대 초반의 지도자가 평생 동안 약 4,000명의 사람들에게 MBCT를 가르칠 수 있으며, 20명의 지도자가 함께한다면 80,000명에게 영향을 미칠 것이라고 추정한다. 따라서 높은 수준의 지도자 양성에 투자하는 것은 충분한 가치가 있다. 이러한 지도자들이 현재 그리고 앞으로 미칠 영향은 매우 깊고 광범위할 것이다.

마지막으로, 우리는 자신의 마음챙김 수행과 훈련, 과학적 연구를 통해 계속해서 배워나가야 한다. 역사를 돌아보면, 명상 전통은 지도자들이 스스로도 배워야 한다는 사실을 잊었을 때 큰 어려움을 겪어왔다. 자신을 특정한 역할과 동일시시켜, 이것이 평생의 여정임을 망각하는 것이다. 또한 지도자는 마음챙김 가르침을 구현하는 능력이 자신의 수행이 얼마나 생생하게 살아 있는가에 직접적으로 연관되어 있음을 잊을 수도 있다. 마음챙김은 단순히 남을 가르치기 위해 배우는 기술이 아니라, 그보다 훨씬 깊은 것이다. 우리가 마음챙김을 배우고 그 이해를 심화시키는 과정에서는 두 가지 여정이 동시에 이루어진다. 하나는 마음챙김 기반 프로그램을 개발하고 적용하는 데 필요한 기술을 배우고 발전시키는 여정이다. 그리고 또 하나는, 우리 자신의 경험 세계가 어떻게 형성되는지 이해하고, 개인적인 고통을 만들어 내는 습관적 패턴에서 벗어나는 자유를 찾는 내면의 여정이다. 성실하고 지속적인 개인의 수행을 통해, 우리는 자신의 마음과 내면을 알아차리는 능력을 키우게 된다. 그리고 이 알아차림은 우리가 타인과 함께할 때 자비, 따뜻함, 수용, 이해를 실천할 수 있는 근본적인 토대가 된다. 이 과정은 초대적이고, 경험적이며, 참여적이고, 그리고 민주적이다.

마음챙김이 진정으로 뿌리내리고 번성하기 위해서는, 명확한 의도와 탄탄한 과학적 기반이 필요하다. 또한 우리는 스스로가 마음챙김을 어떻게 체화하고 있으며, 전일성을 유지하고 있는지 지속적으로 점검할 의지를 가져야 한다. 우리는 각자 자신의 수행과 가르침에 대한 개인적 책임을 지기 위해 최선을 다할 수 있다.

그러나 마음챙김이 진정으로 우리 문화 속에 깊이 자리 잡기 위해서는, 우리가 속한 기관 및 조직이 지도 방식과 역량을 유지하는 데 있어 공동의 책임을 요구 하게 될 것이다.

마음챙김은 혼란과 역경 속에서 발전한 엄격한 훈련 과정이다. 우리는 자신의 훈련과 수행, 가르침의 질을 포괄적으로 책임질 수 있다. 우리는 마음챙김 가르침과 연구를, 봉사와 자비라는 가장 깊은 동기에서 출발하도록 신중하게 다듬을 수 있다. 우리는 그 문턱을 쉽게 넘지 못하는 사람들까지도 포용할 수 있도록, 폭넓은 관심을 가질 수 있다. 우리는 이해, 공감, 전일성, 자비, 돌봄의 씨앗을 타인과 우리 자신 안에서 더욱 깊이 뿌리내리게 하는 마음챙김의 기술과 예술, 과학을 배우는 데 헌신할 수 있다. 우리는 깨어남과 자비를 배우는 수행자이자, 이를 가르치는 지도자로 살아가기로 다짐할 수 있다. 앞으로 어떤 일이 펼쳐질지는 함께 지켜보자.

부록 1

# 주요 용어의 정의

건강(Health): 우리는 WHO(2011)에 명시된 정의를 채택한다. 즉, "건강은 단순히 질병이나 허약함이 없는 상태가 아니라, 신체적 · 정신적 · 사회적 안녕이 완전하게 조화를 이루는 상태이다." 우리는 이 정의가 이상적이라는 것을 알고 있으며, 이 책에서 전개한 논지와 일치하기 때문에 이 정의를 선택했다.

고통(Suffering): 괴로움이 생성되고, 유지되며, 악화될 수 있는 과정과 그 결과를 설명하는 단어이다. 고통은 통증(pain), 괴로움(distress), 어려움(hardship)뿐만 아니라, 질병과 노화와 같은 삶의 본질적인 도전까지 포괄한다. 중요한 것은 우리가 **고통**이라는 용어를 사용할 때, 우리는 직접적인 감각이나 삶의 사건에 대한 일차적인 경험과 그 경험에 마음이 개입되는 차원, 즉 상황이 원래 그랬어야 했거나, 그래 왔거나, 앞으로 그래야 한다고 생각하는 **불일치적 사고**의 차원을 포함한다는 점이다. 이는 첫째, 경험의 보편성, 즉 우리 모두는 나이가 들고 병에 걸리며 이러한 경험으로 어려움을 겪으며 고통을 겪을 수 있다는 것을 의미한다. 둘째, 고통을 이해하는 방식이 존재하며, 따라서 고통의 심리적 차원을 완화하고 심지어 종식시킬 수 있는 잠재적 방법이 있다는 것을 암시한다. 일부 고통은 선택 사항이다! 괴로움에 대한 반응은 고통을 유발한다(Reactivity to distress causes suffering).

괴로움(Distress): 불만족스러운 느낌을 수반하는 모든 상태이다. 가벼운 불안감부터 극심한 고통의 괴로움까지 다양하다. 신체적, 감정적, 정신적 또는 이 모든 것이 복합적으로 나타날 수 있다. 우리는 이러한 구체적인 경험을 괴로움이라는 용어로 표현한다. 팔리어에서 괴로움(Dukkha, 苦)은 우리가 여기서 사용하는 괴로움과 일부 겹치지만, 더 넓은 의미에서 불만족스러운 느낌을 내포한다. 때로는 이 특별한 의미를 나타내기 위해 디스-이즈(Dis-ease), 즉 편안함-상실이라는 용어를 사용한다. 심리학에서는 슬픔이나 통증과 같은 부정적인 감정과 상태를 포함하지만, 그 범위가 더 넓어 걱정, 불안, 그리고 막연한 두려움이나 절망과 같은 더 일반적인 용어까지 포괄한다.

느낌의 톤(Feeling tone): 경험의 기본적인 결로, 불교 심리학에서는 베다나(Vedanā)라고도 하며, 과학 심리학에서는 일차적 평가라고도 한다. 경험을 즐거운, 불쾌한 또는 중립적인 것으로 단순히 평가하는 것이다.

마음(Mind): 우리의 정신 경험을 구성하는 상태, 과정 및 기능을 말한다. 이는 의식적인 알아차림뿐만 아니라 알아차리지 못하는 과정 및 기능도 포함한다. 우리의 정신 기능은 뇌와 신경계의 구조와 기능, 그리고 정신 경험을 형성하는 신체 기관과 시스템에 위치해 있다. 심리학에서 체화된 인지는 신체가 인지에 관여하는 방식을 말하며, 마음은 뇌의 본질, 신체 경험과 기능, 그리고 물리적 세계에서의 경험에서 비롯된다(예: "이 아름다운 봄날은 나를 크게 미소 짓게 하고, 내 눈까지 기쁨에 들뜨게 한다"). 팔리어 단어 시타(citta)는 심리학에서 말하는 마음보다 훨씬 더 넓은 의미를 지니고 있다. 시타는 직관, 앎, 알아차림뿐만 아니라 마음의 에너지적인 특성을 의미하며, 어떤 면에서는 체화된 인지라는 개념과 유사하다. 또한 주의가 집중되지 않을 때도 활기차고 활동적인 알아차림의 큰 전체를 포함한다. 요컨대, 불교와 현대 심리학에서 마음이라는 단어가 사용되는 방식에는 유사점이 있지만 중요한 차이점도 있다. 우리는 마음이라는 단어를 사용할 때 "우리의 정신 경험을 구성하는 상태, 과정 및 기능"이라는 정의를 사용한다.

마음챙김(Mindfulness): 모든 경험에 주의와 알아차림을 가져오는 자연적이고 훈련 가능한 인간의 능력이다. 고통을 덜 받고, 더 큰 행복을 누리며, 의미 있고 보람 있는 삶을 살기 위해 호기심, 친밀감, 자비, 분별력의 태도로 주어진 순간에 존재하는 모든 것에 동등하게 개방적이다.

마음챙김의 삶(Mindful life): 주어진 순간에 존재하는 모든 것에 열려 있는 알아차림으로 살아가는 삶이다. 마음챙김의 삶은 고통을 덜 받고, 더 큰 행복을 누리며, 의미 있고 보람 있는 삶을 영위하기 위해 호기심, 친절함, 분별력을 갖춘 태도로 가득 찬 삶을 말한다. 이는 개인뿐만 아니라 다른 사람 및 세상과의 상호작용을 포함한다. 모든 순간을 알아차림으로 살아간다는 것은 피로를 유발할 수 있으므로, 매 순간을 알아차림으로 살아간다는 뜻이 아니라, 좋은 삶을 살기 위해 언제, 어떻게 마음챙김을 발휘할지 선택할 수 있는 능력을 의미한다. 명상 전통, 종교, 철학에서는 특정한 이해와 실천이 개인과 사회에 다양한 긍정적인 결과를 가져온다는 관점에서 좋은 삶에 대한 많은 연구가 이루어져 왔다. 예를 들어, 아리스토텔레스 철학에서 좋은 삶 또는 윤리적 삶을 영위하는 것을 말한다. 유데모니아(eudaimonia)나 아레테(arete)와 같은 용어는 행복, 복지, 미덕을 의미한다. 윌리엄 맥아스킬과 리처드 로티와 같은 현대 실용 철학자들은 이러한 삶을 살기 위한 실용적인 방법을 제시한다.

명상(Meditation): 주요 종교 전통은 모두 명상의 형태를 제공하며, 관상, 기도, 성찰, 의식 등이 그 예이며, 각각 다른 형태와 의도를 가진다. 불교 전통에는 마음의 평온과 한 가지 대상에 집중하는 능력을 기르고 친절, 자비, 기쁨, 평정심과 같은 마음의 특성을 개발하기 위한 다양한 기법과 수행법이 있다.

반응(Reactivity): 깊이 뿌리내린, 종종 학습된 인식 및 행동 방식에 의해 자동적으로 반응하는 경향을 의미한다. 자극과 반응 사이에는 간격이 없어 선택의 여지가 없다. 반응은 기능적일 수도 있지만, 역기능적일 수도 있다.

분별력(Discernment): 통찰력과 지혜를 바탕으로 사물을 구별하고, 이해하고, 판단하는 과정이다. 분별력은 선한 의도와 윤리적 틀에 기반한 지혜로운 판단을 의미한다. 즉, 어떤 생각, 말, 행동이 고통을 초래하는 것뿐만 아니라 어떤 생각, 말, 행동이 건전한 것이며, 괴로움과 고통을 끝내고 행복과 번영의 조건을 만드는지를 아는 것을 의미한다.

안녕감(Well-being): 긍정적인 정신적, 신체적 건강, 사회적 관계 및 삶의 기능을 의미하는 광범위하고 다차원적인 개념이다. 이는 사람들이 만족스러운 삶을 영위할 수 있도록 돕는 건강한 상태와 기능을 모두 포함한다.

역량(Capacity): 어떤 일을 수행하거나 이해하거나, 혹은 특정한 것을 담거나 감당할 수 있는 잠재력, 가능성 또는 능력이다. 예를 들어, 불편함이나 기쁨과 같은 상태를 인식하고 견딜 수 있는 능력을 의미한다.

의도/의도성(Intention): 의도는 주의, 인지, 행동의 방향을 설정한다. 의도는 우리가 경험과 관계 맺는 방식과 행동을 결정한다. 의도성과 윤리는 서로 밀접하게 연결되어 있으며, 분별력 있는 의도에서 비롯된 행동은 긍정적인 결과를 가져온다. 의도는 포기(즉, 부정적인 생각과 성향을 포기하는 것) 또는 긍정적인 행동으로 이어질 수 있다. 이것은 팔리어 단어 '세타나(Cetanā)'와 가장 밀접하게 연관되어 있다. "모든 것은 의도의 끝에 달려 있다"는 표현은 마음챙김 기반 프로그램에서 의도가 얼마나 중요한 역할을 하는지 잘 보여 준다. 이는 고통과 괴로움이 지속되는 과정에 관여하는 요소들을 설명하는 이론적 개념과, 심리과학에서 정신 건강과 안녕감을 촉진하는 요소들에 대한 개념과 연결된다.

이해력(Understanding): 올바른 판단과 능숙한 행동을 선택할 수 있게 하는 지식과 정신적/행동적 능력 및 역량이다. 요컨대, 이해력이라는 단어를 사용할 때 우리는 좋은 삶을 영위하는 데 도움이 되는 통찰력을 의미한다. 이는 경험적이면서 개념적인 이해를 포함한다. 불교에서 '지혜'라는 단어는 올바른 견해, 현명한 주의(요니소 마나시카라, yoniso manasikāra), 올바른 이해를 가리키는 데 사용된다. 지혜는 마음챙김 수행의 탐구 작업과 함께 분명한 의도를 통해 생겨난다. 이는 다시 분명한 의도, 마음챙김 수행, 일상생활을 뒷받침한다.

정신 건강(Mental health): 긍정적인 감정(예: 행복감), 심리 상태(예: 만족감, 낙관주의), 기능(예: 변화하는 상황에 직면하여 감정을 조절하는 능력)을 포함하는 긍정적이고 심리적 · 정서적 안녕 상태를 말한다. 정신 건강은 반응에 휘둘리지 않고, 평화와 창의성을 위한 전일성과 역량을 갖춘 마음을 의미하며 신뢰와 존중의 관계를 형성하여 주변 세계에 분별력, 이해력, 기술로 더 잘 대응할 수 있는 마음을 의미한다. 정신 건강은 종종 정신과적 장애를 설명할 때 문제라는 단어와 함께 사용된다.

탐구적 알아차림(Investigative awareness): 괴로움을 인식하고, 괴로움의 근원을 탐구하며, 괴로움이 끝나는 경로를 식별하는 마음챙김의 기능이다. 탐구적 알아차림은 분별력을 키우고, 다양한 선택지를 인식할 수 있도록 돕는다.

형성(Shape): 우리의 경험에 특정한 형태를 부여하고, 창조하고, 틀을 잡고, 다듬는 과정을 의미한다. 예를 들어, 마음챙김은 마음이 경험하는 것에 대해 무엇을 어떻게 받아들일지 더 잘 선택할 수 있게 되므로, 마음챙김 수행이 마음을 형성한다고 말할 수 있다. 수동적인 의미로는 강이 침식을 통해 산비탈을 형성하는 방식에 비유할 수 있지만, 능동적인 의미로는 조각가가 자신의 작품을 조각하는 것과 같다. 여기에서 습관적인 반응이 마음을 형성하는 것(수동적)과 통찰력과 지혜를 바탕으로 한 의도적인 반응이 마음을 능동적으로 형성하여 통찰력과 지혜를 함양하는 것을 의미할 수 있다.

회복탄력성(Resilience): 건강과 안녕감으로 이어지는 적응적 방식으로 도전에 대응할 수 있는 능력이다. 어려움은 사소한 것(예: 가벼운 신체적 불편함)일 수도 있고 중대한 것(예: 불치병)일 수도 있다. 내적(예: 걱정)일 수도 있고 외적(예: 실직)일 수도 있다. 회복탄력성은 도전에 적응하는 과정을 의미하며, 이를 통해 개인이 어려움을 관리하고, 가능하면 해결할 수 있도록 돕는다. 어려움을 바꾸거나 해결할 수 없는 경우(예: 만성 질환), 회복탄력성은 어려움과 함께 살아가는 방법을 배우는 것을 뜻한다.

# 부록 2

# 마음챙김 훈련과 마음챙김 기반 프로그램이란 무엇인가

마음챙김은 인간이 본래 지닌 보편적 정신적 능력이다. 이는 우리가 '하는 것'이 아니라 순간을 살아가는 방식이며, 깊은 이해에서 자연스럽게 나타나는 결실이다. 마음챙김은 우리의 경험이 순간마다 어떻게 구성되는지 이해하도록 도와주며, 이를 통해 치유와 변화, 자비롭고 윤리적이며 의미 있는 삶을 살 수 있도록 역량을 극대화하게 한다. 1장에서는 마음챙김의 정의를 더 자세히 다룬다.

## 마음챙김 훈련이란 무엇인가

숙련된 정원사가 정원을 가꾸듯, 마음챙김도 적절한 환경에서 길러지고 발전시킬 수 있다. 명상과 같은 마음챙김 수행은 이러한 마음챙김을 기르는 데 사용되는 도구이다. 이러한 수행은 우리가 더 이해하고 더 잘 대응하여 좋은 삶을 살 수 있도록 돕기 위한 것이다.

마음챙김 수행법에는 여러 종류가 있으며, 각각의 목표는 다소 다를 수 있다. 어떤 수행은 주의력을 안정시키는 것을 목표로 한다. 다른 수행은 이해와 통찰력을 기르는 것을 목표로 하거나 특정 태도를 함양하는 것을 목표로 한다. 숙련된 마음챙김 지도자는 특정한 개인이 특정한 시점에서 원하는 효과를 얻을 수 있도록 어떤 훈련이 필요한지 알고 있다. 명상 전통에서는 다양한 마음챙김 훈련 방식을 사용하며, 일부는 더 집중적인 '집중 수련'의 형태로, 일정 기간 명상과 성찰적 수행에 몰입할 수 있는 기회를 제공한다. 이때 수행자들은 종종 지도자의 안내와 지지를 받으며 훈련을 받는다. 명상 수행은 성찰적 전통의 목표와 의도 안에서 이루어지며, 예를 들어 신과 가까워지는 것과 같은 목적을 가질 수도 있다.

명상 수행은 각 전통의 목적과 의도에 따라 다르게 구성된다. 예를 들어, 기독교, 이슬람교, 유대교에서는 경건한 기도를 사용하고, 불교의 특정 형태에서는 명상을 통해 주의력을 기르고 특정 마음의 자질을 함양한다. 대부분의 종교는 윤리적 계율과 삶의 규범을 따르도록 권장한다.

각 종교에는 고유한 수행 방식이 전승된다. 예를 들어, 기원후 3세기, 기독교 사막 교부들은 이집트의 세테스 사막으로 들어가 침묵과 기도의 수도원 생활을 하며 하느님의 임재를 수련했다. 이와 비슷한 시기에 인도와 티베트에서는 불교 수도사들이 주의력과 통찰력을 기르기 위해 모여 함께 수행을 했다. 종교마다 마음챙김을 훈련하는 방식이 다양하고 풍부하다는 점은 인정하지만, 이 책에서는 종교적 방법 대신 세속적인 환경에서의 마음챙김 훈련에 중점을 둔다. 타니아 싱어의 연구팀은 붓다가 가정한, 즉 이러한 다양한 수행 방식이 서로 다른 방식으로 마음과 몸에 영향을 미친다는 것을 입증하기 시작했다(예: Kok & Singer, 2017).

디지털 마음챙김(앱, 웹사이트, 동영상), 자기계발서, 워크숍, 예술을 통한 마음챙김 등 주류 환경에서 마음챙김 훈련이 점점 더 확산되고 있다. 이러한 접근 방식은 마음챙김을 대중에 알리고, 수백만 명이 마음챙김 훈련을 접할 수 있도록 했다. 이 접근 방식들은 대개 짧고 강도가 낮은 형태로, 사람들이 마음챙김을 접하고 배우며 일상에 적용할 수 있는 방법을 제시한다.

마지막으로, 마음챙김 개념을 반영한 여러 프로그램들도 존재한다. 예를 들어, 수용전념치료(Hayes, 2004), 자비중심치료(Gilbert, 2014), 변증법적행동치료(Linehan, 1993a, 1993b), 마음챙김 자기자비(Germer, 2009)와 같은 마음챙김 기반 프로그램과 긍정심리학(Seligman & Csikszentmihalyi, 2000)의 분야에서도 마음챙김 연습을 포함한 다양한 발전이 이루어지고 있다. 이러한 프로그램들은 각각 고유한 목표, 이론적 틀, 구조, 효과를 평가하는 연구 프로그램을 갖추고 있다. 이들은 마음챙김 훈련을 여러 도구 중 하나로 사용하여 고통을 이해하고 특정 방식으로 변화를 이끌어 내는 방법에 통합하고 있다. 그러나 이 책에서는 이러한 프로그램들을 다루지 않는다.

## 마음챙김 기반 프로그램의 정의는 무엇인가

존 카밧진(1982)이 마음챙김 기반 스트레스 감소 프로그램(MBSR)을 처음 개발한 이후, 다양한 마음챙김 기반 프로그램들이 급격히 확산되었다. 이 분야의 지속 가능한 발전을 지원하기 위해, 우리는 "무엇이 마음챙김 기반 프로그램을 정의하는가"라는 제목의 논문에 기여했다(Crane et al., 2017). 이 논문은 마음챙김 기반 프로그램의 몇 가지 핵심적이고 필수적인 요소를 명시하고 있으며, 이러한 요소는 6장의 〈표 6-1〉에 요약되어 있다.

마음챙김 기반 프로그램은 불교 심리학, 과학, 의학, 심리학 및 교육의 주요 학문에서 도출한 인간 경험의 기본 모델을 사용한다. 이들은 최선의 이해를 바탕으로 특정 대상 집단과 맥락에 맞게 적용한다(Hayes, 2016; Hayes, Long, Levin, & Follette, 2013; Kuyken, Padesky, & Dudley, 2009).

마음챙김 기반 프로그램은 사람들로 하여금 현재 순간에 집중하고, 탈중심화하며, 동기를 부여하는 특징을 가진 새로운 방식으로 경험과 관계를 맺을 수 있도록 돕는다.

마음챙김 명상 수행은 경험적 탐구 기반의 학습 방식으로서 마음챙김 기반 프로그램의 핵심 요소이다. 마음챙김 기반 프로그램을 통해 우리는 자신의 마음을 명확하게 바라보고, 그 마음이 우리의 경험을 어떻게 창조하는지 그 방식을 구체적으로 이해할 수 있게 된다. 마음챙김과 인지행동 연습을 통해, 우리는 이러한 연습들이 삶에서 적용될 때 가지는 잠재적인 변혁적 힘을 발견하고 배운다(Allen, Bromley, Kuyken, & Sonnenberg, 2009). 이는 참가자들이 마음챙김 프로그램을 통해 실천하는 하나의 경험적 탐구 방식이라 할 수 있다.[1] 또한 마음챙김 기반 프로그램은 과학적 탐구 수준에서 경험주의를 포용한다—즉, 과학적으로 밝혀졌거나 연구를 통해 탐구할 수 있는 것을 기반으로 한다(Dimidjian & Segal, 2015; Van Dam et al., 2018).

마지막으로, 현대의 마음챙김과 마음챙김 기반 프로그램은 불교 심리학의 뚜렷한 계보를 가지고 있음은 부정할 수 없지만, 세속적 성격을 유지하고 있다. 즉, 이들은 경험적으로 뒷받침되거나 검증 가능한 이해와 수행만을 포함한다.[2] 현대 마음챙김 기반 프로그램은 명상 전통의 종교적 차원이나 보다 심오한 사상이나 실천을 포함하지 않는다. 대신, 인간에 대한 깊은 이해를 유지하면서 새로운 지식과 이해를 추가하기 위해 지속적으로 경험적으로 검증하고, 검증을 통과한 내용만을 제시한다.[3] 또한 마음챙김 프로그램은 주류적이고 접근하기 쉬운 용어와 형식으로 이해와 실천을 전달한다.

- “무엇이 괴로움과 고통을 일으키는가?”
- “어떻게 하면 괴로움과 고통을 끝낼 수 있는가?”[4]
- “무엇이 안녕감과 번영을 지원하는가?”
- “어떤 마음챙김 훈련이 이러한 변화를 지원할 수 있을까?”
- “이것을 어떻게 하면 최대한 접근 가능하게 만들 수 있을까?”

# 후주

## 저자 서문

1. 크리스티나 펠드먼(2016)은 현대 마음챙김 기반 프로그램의 역사와 그 기원에 대한 기조연설을 했다. 이 연설은 기록되어 온라인에서 제공되고 있다.
2. 이곳은 윌럼이 16년 동안 근무했던 영국 엑서터대학교이며, 1983년 크리스티나가 가이아 하우스 불교 명상 수련 센터를 공동 설립한 곳과 가까운 위치에 있다.

## 1장

1. 물론 우리는 여전히 세계 인구 증가, 기후 변화, 다양한 형태의 불공정과 불평등, 그리고 광범위한 인구 이동이라는 주요 과제를 안고 있다.
2. 이 사례는 우리가 함께 작업했던 여러 사람들의 경험을 종합한 것이며, 특정 개인을 식별할 수 없도록 세부 사항을 크게 변경하였다.
3. 이것은 마두핀디카 경(Madhupindika Sutta)의 핵심 가르침을 의역한 것이다: 꿀의 공(The Ball of Honey; MN 18).
4. 이 용어는 신경과학에서 사용되는 방식과 동일하게 쓰이며, 우리의 뇌가 학습과 실천을 통해 구조적 · 기능적으로 변화할 수 있는 능력을 가진다는 의미를 담고 있다.
5. 우리는 기원후 200년경 스리랑카 승려들이 이러한 가르침을 위해 특별히 개발한 언어인 팔리어 경전을 참고한다. 모든 경전은 액세스 투 인사이트(Access to Insight) 웹사이트에 잘 번역되어 자유롭게 제공되고 있다. 그러나 이러한 경전들은 Wisdom Press에서 여러 권으로 출간된 붓다의 담론 시리즈에도 전문으로 포함되어 있다.
6. 붓다의 사상은 급진적이면서도 실용적이었다. 그는 성별, 나이, 문화적 배경, 종교에 관계없이 모든 사람이 자신의 가르침을 받아들일 수 있다고 주장하며, 이를 통해 급진적인 인물로 자리 잡았다. 그는 사회가 카스트에 의해 조직되고 정치적 분쟁, 갈등, 극심한 빈곤과 상대적 부의 격차가 존재하던 시대에 살았다. 당시 남성과 여성이 동일하

게 영적 길을 걸을 수 있는 기회는 열려 있지 않았다. 이 모든 상황 속에서 그는 내면의 자유로 이끄는 자신의 명상적 길을 통해 발견한 통찰이 모든 사람들의 마음에 관한 보편적인 것임을 깨달았다. 그 가르침은 성별, 계급, 종교를 초월하여 모든 사람들이 삶 속에서 실천할 수 있는 것임을 제시했다. 그는 이 가르침이 보편적이며 모든 사람이 따르고 실천할 수 있는 것이라는 급진적인 입장을 취했다.

7. 정신의학과 임상 심리학에서는 지난 50년 동안 우울증, 불안, 약물 남용 등 다양한 정신 질환을 극복하고 회복할 수 있는 심리 치료법이 개발되었다. 여기에는 정신역동적 심리치료, 행동 치료, 인지 치료, 대인관계 치료와 같이 잘 확립된 치료법이 포함되며, 현재 수백 건의 임상시험을 통해 그 효과가 잘 뒷받침되고 있다(Gabbard, Beck, & Holmes, 2005). 이러한 치료법은 많은 사람들에게 효과적이지만, 일부는 부분적으로만 효과가 있고, 또 어떤 사람들에게는 전혀 효과가 없을 수도 있는 등 만병통치약과는 거리가 멀다.
8. 리처드 버넷, 크리스 컬렌, 크리스 오닐은 8주간의 마음챙김 기반 인지 스트레스 감소 및 마음챙김 기반 인지 치료 커리큘럼을 어린이를 위한 커리큘럼에 적용하고, 이 비유를 그들의 커리큘럼에 사용했다.

## 2장

1. 지도(또는 이론)는 우리 모두에게 적용되는 보편적으로 이해되는 고차원적인 표현일 수 있으며, 우리가 세상에 관심을 기울이고 의미를 부여하는 방법, 그리고 세상에서 반응하고 행동하는 방식에 관한 것이다. 우리는 시각, 청각, 촉각 등을 사용하여 지각을 통해 우리 자신의 삶과 경험을 구성한다. 이는 인간을 특징짓는 심리적 과정이다. 지도(또는 이론)는 특정 집단이나 특정 상황에 국한될 수도 있다. 예를 들어, 심리학자들은 주요 정신 건강 문제(예: 불안 및 우울증)에 대한 이론과 특정 현상(예: 이타주의)을 설명하는 이론을 각각 개발했다.
2. 심리학은 다른 학문과 마찬가지로 인지 심리학, 사회 심리학, 임상 심리학 등의 하위 분야가 있다. 각 하위 분야는 이론적, 경험적으로 독립적으로 발전하는 경향이 있다. 실제로 마음을 지도화하려면 이러한 하위 분야를 통합해야 한다.
3. 이러한 차별화는 사람들이 자신의 경험을 분석하여 더 나은 이해와 대응을 할 수 있도록 돕기 위한 것이다. 실제로 이들은 정신 구조와 뇌 구조/기능 측면에서 밀접하게 연

결되어 있는 경우가 많다. 감정은 평가(생각, 이미지, 신념)로 구성될 수 있으며, 행동 충동과 밀접하게 연결될 수 있다.

때로는 차별화가 어려울 정도로 밀접하게 연관되어 있다. 물론 이러한 구분이 자연을 가장 정확하게 나누는 것은 아닐 수도 있지만, 사람들이 자신의 마음을 지도화하는 데 도움이 되는 구분이다.

4. 르두(2000)는 공포 기반 처리가 빠른 패턴 매칭을 통해 발생하며(예: 막대기의 움직임을 뱀의 움직임으로 착각하는 것), 이는 시상-편도체회로를 활성화하여 즉각적인 도피 행동을 유발한다고 설명했다. 이러한 과정은 뇌의 더 신중하고 논리적인 부분인 대뇌 피질(cortex)을 우회하며, 이후에야 논리적 사고가 개입한다.

## 3장

1. 스티븐 핑커의 이 인용문 앞에는 "마음에 대한 가장 깊은 두 가지 질문은 '무엇이 지능을 가능하게 하는가'와 '무엇이 의식을 가능하게 하는가'이다. 인지과학의 등장으로 지능은 이해 가능한 것이 되었다. 최소한 가장 추상적인 분석 수준에서는 이 문제가 사실상 해결되었다고 볼 수도 있다. 하지만 치통, 붉은색, 짠맛, 중간 C음*과 같은 원초적 감각이 포함된 의식 자체는 여전히 '수수께끼 속에 감춰진 신비 속의 불가사의'로 남아 있다."라고 되어 있다.

2. 특히, 존 티즈데일은 세상을 아는 다양한 방식이 어떻게 우울증을 유발할 수 있으며, 동시에 우울증에서 벗어날 수 있는지를 연구하는 데 많은 시간을 보냈다(Teasdale, 1993, 1999; Teasdale & Barnard, 1993; Teasdale & Chaskalson, 2011a, 2011b). 2016년에 존은 필자(WK)에게 경험적 및 개념적 존재와 앎의 방식에 대한 유형학을 매우 포괄적이고 설득력 있게 설명한 이언 맥길크리스트(2009)의 저서 『주인과 심부름꾼(The Master and His Emissary)』을 소개해 주었다. 이러한 유형학은 4장에서 소개한 불교의 마음챙김 수행의 네 가지 기초 (사념처, 四念處)와 다니엘 카네만(2011), 로버트 사폴스키(2017), 프란스 드 발(2009)과 같은 과학자들의 연구와 겹치는 부분도 있다. 카네만의 중요한 연구에 따르면, 인간은 이성적이고 논리적이며 체계적인 사고를 할 수 있

* (역주) 음악 음계

는 엄청난 잠재력을 가지고 있지만, 기본적으로는 더 빠르고 자동적이며 직관적인 시스템을 사용하며, 이는 맥락과 감정에 의해 강력하게 형성된다. 사폴스키(2017)와 드발(2009, 2013)은 진화와 동물 행동이 인간의 경험과 행동을 이해하는 데 중요한 역할을 한다고 주장한다. 사폴스키의 저서 『행동(Behave)』은 뉴런 수준에서 인간의 현재와 과거를 아우르는, 진화적 계보를 포함한 광범위한 영향력이 인간 행동을 형성하는 방식을 다룬 훌륭한 책이다.

3. 우리의 생각, 감정, 신체 감각, 행동의 역동적인 상호 관계에 대한 이 모델은 우리 자신의 경험과 심리학의 많은 증거에 의해 뒷받침된다. 예를 들어, 일부 실험에서는 정보를 우리가 의식적으로 인식할 수 없을 만큼 짧은 시간 동안 제시한 다음, 연구자들이 감정 상태에 미치는 영향을 관찰한다. 부정적인 단어나 이미지는 부정적인 기분(슬픔, 두려움)을, 긍정적인 단어와 이미지는 긍정적인 기분(행복)을, 중립적인 단어와 이미지(예: 식물)는 중립적인 상태를 만들어 낸다. 이것은 역동적인 현상이다. 기존의 기분 상태는 이러한 작업 수행 방식에 영향을 미친다.
   슬픈 사람은 중립적인 정보에 대해서도 부정적인 평가를 내리는 경향이 있다. 우리가 제시하는 모델은 복잡한 분야를 간단하게 사용할 수 있는 수준으로 압축한 것이다. 실제로 이 모델 뒤에는 인지, 감정, 감각, 지각, 의미 생성 간의 역동적 관계가 포함된 복잡성이 자리하고 있다. 일레인 폭스(2008)의 『감정 과학(Emotion Science)』과 같은 인지 및 감정에 관한 훌륭한 참고 자료는 이 분야를 포괄적으로 설명한다.
4. '이해'라는 단어를 사용할 때 우리는 종종 언어를 통한 이해를 의미한다. 하지만 경험적 앎은 언어에 의존하지 않는다. 은유, 이미지, 음악, 예술, 비언어적 사회적 단서, 자연은 언어에 의존하지 않고도 강력하게 의미를 전달할 수 있다. '은유(메타포, metaphor)'라는 단어는 '건너다'라는 뜻의 그리스어 '메타(meta)'와 '운반하다'라는 뜻의 '페레(phere)'에서 유래했으며, 말 그대로 우리를 이해의 장소로 데려간다는 뜻이다. 은유는 구체적인 문자적 의미를 넘어서는 더 높은 수준의 의미 창출과 연결을 유도하며 전체를 바라보게 한다. '고양이가 매트 위에 앉아 있다'라는 말은 문자 그대로의 단순한 의미를 전달한다. 우리는 매트 위에 앉아 있는 고양이를 보고 이해한다. 하지만 '그녀는 그의 가시 돋친 말에 마음이 꺾였다'라는 말은 이미지와 은유를 통해 더 깊은 의미를 내포한다. 사회적으로, 눈 맞춤, 몸짓, 촉각 같은 비언어적 단서들은 소속감, 안전, 권력, 위계질서를 직접적으로 전달하는 강력한 소통 수단이 될 수 있다. 음

악 또한 강력한 소통 방식으로, 인간의 진화에서 언어보다 먼저 존재했을 가능성도 있다(Dunbar, 2004). 분명한 것은 우리의 비언어적, 비개념적 경험에도 이해가 크게 작용한다는 것이다. 언어에서는 은유와 시가 복잡하고 더 총체적인 의미를 전달하는 수단이다. 경험적으로, 우리는 안전과 연결 같은 상태를 이해할 수 있다. 세상에 대한 우리의 이해와 대응 방식은 이러한 신체적, 비언어적 단서에 의해 형성된다(Ackerman, Nocera, & Bargh, 2010).

## 4장

1. 이 장과 이후 장에서 '사띠파타나(satipatthana)' 담론의 발췌문을 제공한다. 인용된 번역을 그대로 사용하되, '그' 또는 '그의' 등의 지칭을 '그녀' 또는 '그들'로 대체하여 남성과 여성을 모두 지칭하도록 했다. 또한 담화에서 일부 '승려'로 지칭된 부분을 '사람'으로 더 일반적으로 표현했다.
2. 데카르트의 오류는 우리의 경험에서 드러난다. 마음과 몸은 본질적으로 상호 연결되어 있다.
3. '사띠파타나' 담론에서 몸에 대한 마음챙김을 확립하는 지침은 수행자가 순간순간의 민감성과 주의력을 확립하도록 반복적으로 격려하면서 이렇게 말한다. 수행자는 긴 숨을 들이쉴 때 '나는 긴 숨을 들이쉬고 있다'는 것을 알고, 긴 숨을 내쉴 때 '나는 긴 숨을 내쉬고 있다'는 것을 안다. 짧은 숨을 들이쉴 때 '나는 짧은 숨을 들이쉬고 있다'는 것을 알고, 짧은 숨을 내쉴 때 '나는 짧은 숨을 내쉬고 있다'는 것을 안다. '온몸을 경험하며 나는 숨을 들이쉴 것이다'라고 스스로를 훈련한다. '온몸을 경험하며 나는 숨을 내쉴 것이다'라고 스스로를 훈련한다. '몸의 활동을 진정시키며 나는 숨을 들이쉴 것이다'라고 스스로를 훈련한다. '몸의 활동을 진정시키며 나는 숨을 내쉴 것이다'라고 스스로를 훈련한다.
4. '사띠파타나' 담론에서는 이를 다음과 같이 설명한다: "여기서 한 사람은 즐거운 감정을 경험할 때 '나는 즐거운 감정을 경험한다'는 것을 알고, 괴로운 감정을 경험할 때 '나는 괴로운 감정을 경험한다'는 것을 알고, 즐겁지도 괴롭지도 않은 감정을 경험할 때 '나는 즐겁지도 괴롭지도 않은 감정을 경험한다'는 것을 안다."
5. 팔리어 정경에서 특정 단어들은 번역하기 어려운 복잡한 정신 상태를 설명한다. 예를 들어, 보리(Bodhi, 菩提)라는 단어는 현실의 본질에 대한 완전한 통찰 상태, 즉 고통에

서의 해탈을 뜻한다. 괴로움(Dukkha, 苦)이라는 단어는 우리가 '괴로움'이라고 부르는 일상적인 상태를 설명하며, 사소한 가려움증에서 극심한 고통까지 경험 속에서 느끼는 불만족을 포함한다. 또한 변화와 무상함에 내재된 괴로움이나 감정, 지각, 견해 및 기타 정신 상태가 집합되었을 때 나타나는 조건적 괴로움도 의미할 수 있다(예: 범불안).

6. 정신 상태에 대한 관조를 다룬 원래의 담론 부분에서는 상태를 있는 그대로 알고, 그것들을 일시적인 상태로 보고 이해하며, 정교화와 반추에서 한 발 물러나 가능한 한 단순하게 유지하도록 초대한다.
7. 불교 심리학에서는 네 가지 정진(사정근, 四正勤, cattārimāni sammappadhānāni)을 다음과 같이 설명한다:
   - 아직 발생하지 않은 불건전한 상태가 일어나지 않도록 한다(아누파다야, Anuppādāya).
   - 이미 발생한 불건전한 상태를 제거한다(파하나야, Pahānāya).
   - 아직 발생하지 않은 건전한 상태와 숙련된 특성이 일어나도록 촉진한다(우파다야, Uppādāya).
   - 이미 발생한 건전한 상태를 유지하고, 혼란 없이 증진하며, 풍부하게 확장하고, 발전시켜 궁극적으로 완성한다(티티야, Ṭhitiyā).

## 5장

1. 이 인용문의 출처는 불분명하다. 스티븐 코비(1999)는 자신의 강의에서 이 인용문을 광범위하게 사용했는데, 도서관에서 발견했지만 출처를 확인할 수 없었다고 말했다. 때때로 빅터 프랭클을 인용하기도 하지만 이 주장에 대한 검증 가능한 출처도 없다.
2. 인지 치료에서는 생각과 심상이 감정과 행동의 선행 요소로 간주된다. 이 모델에서는 한 요소가 다른 요소보다 우위에 있는 것보다는, 먼저 경험을 분리한 후 경험의 매 순간 생성되고 재창조되는 요소들 간의 역동적인 상호작용을 살펴보는 데 중점을 둔다. 또 다른 주요 차이점은 인지 치료가 사람들이 자신의 어려움을 유지하거나 악화시키는 근본적인 신념을 식별하도록 돕는 데 중점을 둔다는 점이다. 이러한 신념은 조건부 신념("내가 마음챙김을 완벽하게 가르치면 사람들은 나의 부족함을 보지 못할 것이다")이거나 무조건적 신념, 때로는 핵심 신념(예: "나는 부족하다")일 수 있다.

3. 사폴스키(2017)의 『행동』은 이러한 각 층위가 지금 이 순간 우리의 경험을 어떻게 형성하는지에 대한 훌륭한 저서이다.
4. 사실 우리의 직접적인 경험은 감각, 감정, 생각, 행동으로 구분하는 것보다 더 미세하고 고유할 수 있으며, 5요인 모델은 단지 약식 표현일 뿐이다.

## 6장

1. 보호적 알아차림의 한 가지 사례로, 마음챙김의 선구자인 틱낫한은 우리가 뉴스를 얼마나 소비하고 어떤 방식으로 소비하는지에 대해 분별력을 가질 것을 권장한다. '벨크로 마음'은 24시간 뉴스 주기에 맞춰 끊임없이 뉴스를 소비하려는 경향이 있으며, 이를 허용하면 마음이 뉴스에 의해 형성될 수 있다. 또한 같은 뉴스 기사라도 존재감과 자비심, 평정심을 가지고 읽을 수도 있고, 혹은 의로운 분노와 화를 가지고 읽을 수도 있다. 틱낫한은 세계 뉴스가 중요하지 않거나, 뉴스가 항상 도움이 되지 않는 반응을 불러일으킨다고 말하는 것이 아니다. 단지, 우리가 뉴스를 소비할지, 얼마나 많이 소비할지, 그리고 어떤 방식으로 소비할지를 스스로 선택할 수 있음을 상기시키고자 하는 것이다.
2. 불교 담론에서는 다양한 비유와 용어를 설명에 사용한다. 예를 들어, '얽힘'이나 '덤불'이라는 표현은 그 뚫기 어려움과 풀기 힘든 도전을 시사한다.
3. 탈중심화는 때때로 메타 인식이라고도 불리며, 알아차림을 통해 '메타'적 관점을 취할 수 있는 능력을 의미한다.

## 7장

1. 마음챙김 수행이라는 용어를 선호하는 이유는 호기심, 돌봄, 평정심, 인내심이라는 태도적 요소가 담긴 주의력을 지원하고, 훈련하고, 함양하는 다양한 수행을 포괄적으로 전달할 수 있기 때문이다.
2. '가까운 적'은 친근함으로 쉽게 오인될 수 있지만, 실제로는 친근함과는 본질적으로 다른 개념이다. 반면 '먼 적'은 친근함과 정반대되는 개념을 의미한다.
3. 다윈은 '동정심(sympathy)'이라는 단어를 사용했는데, 당시 영어에서 이 단어는 오늘날 우리가 이해하는 '자비(compassion)'의 선구적 동의어로 사용된 것으로 보인다.
4. 틱낫한과 마틴 루터 킹 주니어를 포함한 많은 사람들은 우리 경험의 상호 연결성 속에

서 이러한 형태의 감사함을 중요하게 여겼다.

## 9장

1. 프란스 드 발(2013)은 동물의 행동(특히 영장류와 같은 사회적 동물)이 사회 집단의 안녕을 지원하기 위해 진화한 원칙에 따라 이루어지며, 이러한 행동을 도덕적 또는 윤리적으로 간주할 수 있다고 주장했다.
2. 물론, 이는 마음챙김에만 특징적인 것이 아니라 의학, 교육, 심리학 등 다른 모든 전문 분야에서도 중요한 특징이다.
3. 이것은 수피 속담이다.
4. 최대한 접근하기 쉽게 하기 위해 원문 번역에서 발췌한 내용을 조정했다.

## 부록 2

1. 붓다와 그의 동시대인들은 여러 면에서 마음을 연구한 최초의 심리학자이자 과학자였다. 그들은 체계적인 접근법을 사용하여 마음을 연구했고, 지속적이고 심층적인 검토와 검증 과정을 통해 이해와 변화를 위한 처방을 마련했다. 초기 명상가들은 다양한 접근법을 시도하며, 새로운 통찰이 나타날 때마다 그들의 아이디어를 발전시키고 효과가 없는 접근법은 배제했다. 그들은 변화를 위한 "이론"과 "프로그램"을 수립하는 것을 목표로 삼았다.
2. 여기서 '세속적(secular)'이라는 단어는 특별히 종교적이거나 영적이지 않고 '세속적', 즉 '세상'과 관련된 의미로 사용된다. 흥미롭게도 이 단어의 라틴어 어근 중 하나인 saeculum은 초기 기독교인들이 교회와 대비되는 '세상'을 의미하는 용어로 사용했다(New Penguin English Dictionary, 2001).
3. 아이러니하게도 현대의 마음챙김 기반 접근법은 형이상학적 질문과 입장을 거부하는 붓다의 원래 가르침으로 돌아오게 되었다. 붓다 자신도 이러한 질문이 도움이 되지 않는 견해와 이념을 강화하는 경향이 있다는 점을 예리하게 인식하고 있었다.
4. 불교 경전의 대부분은 증상(고통), 진단(고통을 발생시키고 유지하는 요인), 예후(긍정적 예후로 이어지는 요인), 그리고 치료(고통을 끝내고 건강으로 이끄는 길 또는 행동)에 대한 의학적 비유를 사용한다.

# 참고문헌

Acharya Buddharakkhita. (1996). The dhammapada: The Buddha's path of wisdom. Retrieved from *www.accesstoinsight.org/tipitaka/kn/dhp/dhp.intro.budd.html*.

Ackerman, J. M., Nocera, C. C., & Bargh, J. A. (2010). Incidental haptic sensations influence social judgments and decisions. *Science, 328*(5986), 1712-1715.

Allen, M., Bromley, A., Kuyken, W., & Sonnenberg, S. J. (2009). Participants' experiences of mindfulness-based cognitive therapy: "It changed me in just about every way possible." *Behavioural and Cognitive Psychotherapy, 37*(4), 413-430.

Alsubaie, M., Abbott, R., Dunn, B., Dickens, C., Keil, T. F., Henley, W., & Kuyken, W. (2017). Mechanisms of action in mindfulness-based cognitive therapy (MBCT) and mindfulness-based stress reduction (MBSR) in people with physical and/or psychological conditions: A systematic review. *Clinical Psychology Review, 55,* 74-91.

Armstrong, K. (2011). *Twelve steps to a compassionate life*. London: Random House. Baddeley, A. (1996). Exploring the central executive. *Quarterly Journal of Experimental Psychology Section A—Human Experimental Psychology, 49*(1), 5-28.

Baddeley, A. (2012). Working memory: Theories, models, and controversies. *Annual Review of Psychology, 63,* 1-29.

Baer, R. (2015). Ethics, values, virtues, and character strengths in mindfulness-based interventions: A psychological science perspective. *Mindfulness, 6*(4), 956-969.

Baer, R., & Kuyken, W. (2016). Is mindfulness safe? Retrieved from *www.mindful.org/is-mindfulness-safe*.

Bargh, J. A., Chen, M., & Burrows, L. (1996). Automaticity of social behavior: Direct effects of trait construct and stereotype activation on action. *Journal of Personality and Social Psychology, 71*(2), 230-244.

Barks, C., & Moyne, J. (1997). *The essential Rumi*. New York: Penguin.

Barnard, P. J., Duke, D. J., Byrne, R. W., & Davidson, I. (2007). Differentiation in cognitive and emotional meanings: An evolutionary analysis. *Cognition and Emotion, 21*(6), 1155-1183.

Barnard, P. J., & Teasdale, J. D. (1991). Interacting cognitive subsystems: A systemic approach to cognitive-affective interaction and change. *Cognition and Emotion, 5*(1), 1-39.

Barnett, K., Mercer, S. W., Norbury, M., Watt, G., Wyke, S., & Guthrie, B. (2012). Epidemiology of multimorbidity and implications for health care, research, and medical education: A cross-sectional study. *Lancet, 380*(9836), 37-43.

Beck, A. T. (1976). *Cognitive therapy and emotional disorders*. New York: Meridian.

Beck, A. T. (2005). The current state of cognitive therapy: A 40-year retrospective. *Archives of General Psychiatry, 62*, 953-959.

Beck, A. T., & Dozois, D. J. (2011). Cognitive therapy: Current status and future directions. *Annual Review of Medicine, 62*, 397-409.

Beck, A. T., Emery, G., & Greenberg, R. L. (1985). *Anxiety disorders and phobias: A cognitive perspective*. New York: Basic Books.

Beck, A. T., & Haigh, E. A. P. (2014). Advances in cognitive theory and therapy: The generic cognitive model. *Annual Review of Clinical Psychology, 10*, 1-24.

Beck, A. T., Hollon, S. D., Young, J. E., Bedrosian, R. C., & Budenz, D. (1985). Treatment of depression with cognitive therapy and amitriptyline. *Archives of General Psychiatry, 42*(2), 142-148.

Beck, A. T., Rush, A. J., Shaw, B. F., & Emery, G. (1979). *Cognitive therapy of depression*. New York: Guilford Press.

Bhikkhu Analayo. (2003). *Satipatthana: The direct path to realization*. Birmingham, UK: Windhorse.

Bhikkhu Bodhi. (2005). *In the Buddhas's words: An anthology of discourses from the Pali canon*. Somerville, MA: Wisdom.

Bieling, P. J., Hawley, L. L., Bloch, R. T., Corcoran, K. M., Levitan, R. D., Young, L. T., . . . Segal, Z. V. (2012). Treatment-specific changes in decentering following mindfulness-b; ased cognitive therapy versus antidepressant medication or placebo for prevention of depressive relapse. *Journal of Consulting and Clinical Psychology, 80*(3), 365-372.

Birnie, K., Speca, M., & Carlson, L. E. (2010). Exploring self-compassion and empathy in the context of mindfulness-based stress reduction (MBSR). *Stress and Health, 26*(5), 359-371.

Bishop, S. R., Lau, M., Shapiro, S., Carlson, L., Anderson, N. D., Carmody, J., . . . Devins, G.

(2006). Mindfulness: A proposed operational definition. *Clinical Psychology: Science and Practice, 11*(3), 230-241.

Blakemore, S. J. (2018). *Inventing ourselves: The secret life of the teenage brain.* New York: Doubleday.

Blakemore, S. J., & Robbins, T. W. (2012). Decision-making in the adolescent brain. *Nature Neuroscience, 15*(9), 1184-1191.

Bockting, C. L., Hollon, S. D., Jarrett, R. B., Kuyken, W., & Dobson, K. (2015). A lifetime approach to major depressive disorder: The contributions of psychological interventions in preventing relapse and recurrence. *Clinical Psychology Review, 41,* 16-26.

Bohlmeijer, E., Prenger, R., Taal, E., & Cuijpers, P. (2010). Meta-analysis on the effectiveness of mindfulness-based stress reduction therapy on mental health of adults with a chronic disease: What should the reader not make of it? *Journal of Psychosomatic Research, 69*(6), 614-615.

Booth, R. (2017, October 22). Kabat-Zinn, master of mindfulness: "People are losing their minds: That is what we need to wake up." Retrieved from *www.theguardian. com/lifeandstyle/2017/oct/22/mindfulness-jon-kabat-zinn-depression-trump-grenfell.*

Bornemann, B., Herbert, B. M., Mehling, W. E., & Singer, T. (2015). Differential changes in self-reported aspects of interoceptive awareness through 3 months of contemplative training. *Frontiers in Psychology, 5,* 1504.

Bornemann, B., Kok, B. E., Bockler, A., & Singer, T. (2016). Helping from the heart: Voluntary upregulation of heart rate variability predicts altruistic behavior. *Biological Psychology, 119,* 54-63.

Bowen, S., & Vieten, C. (2012). A compassionate approach to the treatment of addictive behaviors: The contributions of Alan Marlatt to the field of mindfulness-based interventions. *Addiction Research and Theory, 20*(3), 243-249.

Breines, J. G., Thoma, M. V., Gianferante, D., Hanlin, L., Chen, X., & Rohleder, N. (2014). Self-compassion as a predictor of interleukin-6 response to acute psychosocial stress. *Brain Behavior and Immunity, 37,* 109-114.

Brewer, J. A., Elwafi, H. M., & Davis, J. H. (2013). Craving to quit: Psychological models and neurobiological mechanisms of mindfulness training as treatment for addictions. *Psychology of Addictive Behaviors, 27*(2), 366-379.

Brewer, J. A., Worhunsky, P. D., Gray, J. R., Tang, Y.-Y., Weber, J., & Kober, H. (2011). Meditation experience is associated with differences in default mode network activity and connectivity. *Proceedings of the National Academy of Sciences of the USA, 108*(50), 20254-20259.

Campbell, J. (1991). *The power of myth*. New York: Anchor.

Cesario, J., Plaks, J. E., Hagiwara, N., Navarrete, C. D., & Higgins, E. T. (2010). The ecology of automaticity: How situational contingencies shape action semantics and social behavior. *Psychological Science, 21*(9), 1311-1317.

Chabris, C., & Simons, D. (2010). *The invisible gorilla: How our intuitions deceive us*. New York: Crown.

Condon, P., Desbordes, G., Miller, W. B., & DeSteno, D. (2013). Meditation increases compassionate responses to suffering. *Psychological Science, 24*(10), 2125-2127.

Cook, J. (2016). Mindful in Westminster: The politics of meditation and the limits of neoliberal critique. *Hau–Journal of Ethnographic Theory, 6*(1), 141-161.

Covey, S. R. (1999). *The 7 habits of highly effective people*. London: Simon & Schuster.

Crane, R. S. (2011). The UK good practice guidelines for mindfulness-based teachers. Retrieved from *http://mindfulnessteachersuk.org.uk*.

Crane, R. S. (2017). Implementing mindfulness in the mainstream: Making the path by walking it. *Mindfulness, 8*(3), 585-594.

Crane, R. S., Brewer, J., Feldman, C., Kabat-Zinn, J., Santorelli, S., Williams, J. M., & Kuyken, W. (2017). What defines mindfulness-based programs? The warp and the weft. *Psychological Medicine, 47*(6), 990-999.

Crane, R. S., Kuyken, W., Hastings, R. P., Rothwell, N., & Williams, J. M. G. (2010). Training teachers to deliver mindfulness-based interventions: Learning from the UK experience. *Mindfulness, 1*(2), 74-86.

Dalai Lama. (2005). *Science at the crossroads*. Paper presented at the annual meeting of the Society for Neuroscience, Washington, DC. Retrieved from *www.dalailama.com/messages/buddhism/science-at-the-crossroads*.

Dalai Lama. (2011a, February 22). [Facebook post.] Retrieved from *www.facebook.com/DalaiLama/posts/10150096941742616*.

Dalai Lama. (2011b). *Beyond religion: Ethics for a whole world*. London: Random House.

Damasio, A. (1994). *Descartes' error: Emotion, reason, and the human brain*. New York: Putnam.

Darwin, C. (1871). *The descent of man, and selection in relation to sex*. London: John Murray.

Davidson, R. J., & Irwin, W. (1999). The functional neuroanatomy of emotion and affective style.

*Trends in Cognitive Sciences, 3*(1), 11-21.

Davidson, R. J., Kabat-Zinn, J., Schumacher, J., Rosenkranz, M., Muller, D., Santorelli, S. F., . . . Sheridan, J. F. (2003). Alterations in brain and immune function produced by mindfulness meditation. *Psychosomatic Medicine, 65*(4), 564-570.

Davidson, R. J., & McEwen, B. S. (2012). Social influences on neuroplasticity: Stress and interventions to promote well-being. *Nature Neuroscience, 15*(5), 689-695.

De Houwer, J., Thomas, S., & Baeyens, F. (2001). Associative learning of likes and dislikes: A review of 25 years of research on human evaluative conditioning. *Psychological Bulletin, 127*(6), 853-869.

De Waal, F. B. M. (2009). *The age of empathy: Nature's lessons for a kinder society*. London: Souvenir Press.

De Waal, F. (2013). *The bonobo and the atheist: In search of humanism among the primates*. New York: Norton.

Desbordes, G., Gard, T., Hoge, E. A., Holzel, B., Kerr, C., Lazar, S. W., . . . Vago, D. R. (2015). Moving beyond mindfulness: Defining equanimity as an outcome measure in meditation and contemplative research. *Mindfulness, 6*(2), 356-372.

Diamond, A. (2013). Executive functions. *Annual Review of Psychology, 64*, 135-168.

Diedrich, A., Grant, M., Hofmann, S. G., Hiller, W., & Berking, M. (2014). Self-compassion as an emotion regulation strategy in major depressive disorder. *Behaviour Research and Therapy, 58*, 43-51.

Dimidjian, S., & Segal, Z. V. (2015). Prospects for a clinical science of mindfulness-based intervention. *American Psychologist, 70*(7), 593-620.

Donovan, W. L., & Leavitt, L. A. (1985). Cardiac responses of mother and infants in Ainsworth's strange situation. In M. Reite & T. Field (Eds.), *The psychobiology of attachment and separation* (pp. 369-387). Orlando, FL: Academic Press.

Dunbar, R. I. M. (2003). The social brain: Mind, language, and society in evolutionary perspective. *Annual Review of Anthropology, 32*, 163-181.

Dunbar, R. I. M. (2004). *The human story: A new history of mankind's evolution*. London: Faber & Faber.

Dunbar, R. I. M., & Shultz, S. (2007). Evolution in the social brain. *Science, 317*(5843), 1344-1347.

Einstein, A. (1956/1999). *The world as I see it*. Secaucus, NJ: Citadel Press.

Eliot, T. S. (1940). *The waste land and other poems*. London: Faber & Faber.

Engen, H. G., & Singer, T. (2015). Compassion-based emotion regulation up-regulates experienced positive affect and associated neural networks. *Social Cognitive and Affective Neuroscience, 10*(9), 1291-1301.

Evans, A., Crane, R., Cooper, L., Mardula, J., Wilks, J., Surawy, C., . . . Kuyken, W. (2015). A framework for supervision for mindfulness-based teachers: A space for embodied mutual inquiry. *Mindfulness, 6*(3), 572-581.

Farb, N. A. S., Anderson, A. K., Mayberg, H., Bean, J., McKeon, D., & Segal, Z. V. (2010). Minding one's emotions: Mindfulness training alters the neural expression of sadness. *Emotion, 10*(1), 25-33.

Farb, N. A. S., Segal, Z. V., Mayberg, H., Bean, J., McKeon, D., Fatima, Z., & Anderson, A. K. (2007). Attending to the present: Mindfulness meditation reveals distinct neural modes of self-reference. *Social Cognitive and Affective Neuroscience, 2*(4), 313-322.

Feldman, C. (2016). The long view: Perils and possibilities of mindfulness. Retrieved from *http://oxfordmindfulness.org/news/long-view-perils-possibilities-3/?insight_type=blog.*

Feldman, C. (2017). *Boundless heart: The Buddha's path of kindness, compassion, joy and equanimity.* Boulder, CO: Shambhala.

Feldman, C., & Kuyken, W. (2011). Compassion in the landscape of suffering. *Contemporary Buddhism, 12*(1), 143-155.

Fergusson, D. M., & Lynskey, M. T. (1996). Adolescent resiliency to family adversity. *Journal of Child Psychology and Psychiatry and Allied Disciplines, 37*(3), 281-292.

Fox, E. (2008). *Emotion science: Cognitive and neuroscientific approaches to understanding human emotions.* New York: Palgrave Macmillan.

Fredrickson, B. L., & Losada, M. F. (2005). Positive affect and the complex dynamics of human flourishing. *American Psychologist, 60*(7), 678-686.

Friedman, R. S., & Forster, J. (2010). Implicit affective cues and attentional tuning: An integrative review. *Psychological Bulletin, 136*(5), 875-893.

Gabbard, G., Beck, J. S., & Holmes, J. (2005). *Concise Oxford textbook of psychotherapy.* Oxford, UK: Oxford University Press.

Garland, E. L., Fredrickson, B., Kring, A. M., Johnson, D. P., Meyer, P. S., & Penn, D. L. (2010). Upward spirals of positive emotions counter downward spirals of negativity: Insights from the broaden-and-build theory and affective neuroscience on the treatment of emotion dysfunctions and deficits in psychopathology. *Clinical Psychology Review, 30*(7), 849-864.

GBD 2015 Disease and Injury Incidence and Prevalence Collaborators. (2016). Global, regional, and national incidence, prevalence, and years lived with disability for 310 diseases and injuries, 1990–2015: A systematic analysis for the Global Burden of Disease Study 2015. *Lancet, 388*(10053), 1545–1602.

Germer, C. K. (2009). *The mindful path to self-compassion: Freeing yourself from destructive thoughts and emotions*. New York: Guilford Press.

Gethin, R. (2011). On some definitions of mindfulness. *Contemporary Buddhism, 12*(1), 16.

Gilbert, P. (2014). The origins and nature of compassion focused therapy. *British Journal of Clinical Psychology, 53*(1), 6–41.

Glasser, M. F., Coalson, T. S., Robinson, E. C., Hacker, C. D., Harwell, J., Yacoub, E., . . . Van Essen, D. C. (2016). A multi-modal parcellation of human cerebral cortex. *Nature, 536*(7615), 171.

Glockner, A., & Witteman, C. (2010). Beyond dual-process models: A categorisation of processes underlying intuitive judgement and decision making. *Thinking and Reasoning, 16*(1), 1–25.

Goetz, J. L., Keltner, D., & Simon-Thomas, E. (2010). Compassion: An evolutionary analysis and empirical review. *Psychological Bulletin, 136*(3), 351–374.

Gold, M. (Director). (2016). The arc of history [television series episode]. In *Inside Obama's White House*. London: BBC.

Goldstein, J., & Kornfield, J. (1987). *Seeking the heart of wisdom*. Boston: Shambhala.

Goldstein, S. (2013). *Mindfulness: A practical guide to awakening*. Boulder, CO: Sounds True.

Goleman, D., & Davidson, R. J. (2017). *Altered traits: Science reveals how meditation changes your mind, brain and body*. New York: Avery.

Good, D. J., Lyddy, C. J., Glomb, T. M., Bono, J. E., Brown, K. W., Duffy, M. K., . . . Lazar, S. W. (2016). Contemplating mindfulness at work: An integrative review. *Journal of Management, 42*(1), 114–142.

Gopher, D., Armony, L., & Greenshpan, Y. (2000). Switching tasks and attention policies. *Journal of Experimental Psychology—General, 129*(3), 308–339.

Gotink, R. A., Chu, P., Busschbach, J. J. V., Benson, H., Fricchione, G. L., & Hunink, M. G. M. (2015). Standardised mindfulness-based interventions in healthcare: An overview of systematic reviews and meta-analyses of RCTs. *PLOS ONE, 10*(4), e0124344.

Greenberg, M. T., & Harris, A. R. (2012). Nurturing mindfulness in children and youth: Current state of research. *Child Development Perspectives, 6*(2), 161–166.

Gregory, R. (1970). *The intelligent eye*. New York: McGraw-Hill.

Grossman, P., Niemann, L., Schmidt, S., & Walach, H. (2004). Mindfulness-based stress reduction and health benefits. *Journal of Psychosomatic Research, 57*(1), 35-43.

Gu, J., Strauss, C., Bond, R., & Cavanagh, K. (2015). How do mindfulness-based cognitive therapy and mindfulness-based stress reduction improve mental health and wellbeing?: A systematic review and meta-analysis of mediation studies. *Clinical Psychology Review, 37,* 1-12.

Gunaratana, B. H. (2002). *Mindfulness in plain English*. Somerville, MA: Wisdom.

Hamilton, J. P., Furman, D. J., Chang, C., Thomason, M. E., Dennis, E., & Gotlib, I. H. (2011). Default-mode and task-positive network activity in major depressive disorder: Implications for adaptive and maladaptive rumination. *Biological Psychiatry, 70*(4), 327-333.

Hanson, R., & Mendius, R. (2009). *Buddha's brain: The practical neuroscience of happiness, love and wisdom.* Oakland, CA: New Harbinger.

Hasenkamp, W., Wilson-Mendenhall, C. D., Duncan, E., & Barsalou, L. W. (2012). Mind wandering and attention during focused meditation: A fine-grained temporal analysis of fluctuating cognitive states. *NeuroImage, 59*(1), 750-760.

Hawton, K., Rodham, K., Evans, E., & Weatherall, R. (2002). Deliberate self harm in adolescents: Self report survey in schools in England. *British Medical Journal, 325*(7374), 1207-1211.

Hayes, S. C. (2004). Acceptance and commitment therapy, relational frame theory, and the third wave of behavior therapy. *Behavior Therapy, 35*(4), 639-665.

Hayes, S. C. (2016). The situation has clearly changed: So what are we going to do about it? *Cognitive and Behavioral Practice, 23*(4), 446-450.

Hayes, S. C., Long, D. M., Levin, M. E., & Follette, W. C. (2013). Treatment development: Can we find a better way? *Clinical Psychology Review, 33*(7), 870-882.

Heffernan, V. (2015, April 14). The muddied meaning of "mindfulness." *New York Times Magazine,* p. 13

Higgins, E. T. (1987). Self-discrepancy: A theory relating self and affect. *Psychological Review, 94*(3), 319-340.

Higgins, E. T. (1996). The "self digest": Self-knowledge serving self-regulatory functions. *Journal of Personality and Social Psychology, 71*(6), 1062-1083.

Higgins, E. T., Bond, R. N., Klein, R., & Strauman, T. J. (1986). Self-discrepancies and emotional vulnerability: How magnitude, accessibility, and type of discrepancy influence affect. *Journal of Personality and Social Psychology, 51*(1), 5-15.

Hofmann, S. G., Grossman, P., & Hinton, D. E. (2011). Loving-kindness and compassion meditation: Psychological interventions. *Clinical Psychology Review, 31*(7), 1126-1132.

Hofmann, W., Schmeichel, B. J., & Baddeley, A. D. (2012). Executive functions and self-regulation. *Trends in Cognitive Sciences, 16*(3), 174-180.

Holmes, E. A., & Mathews, A. (2010). Mental imagery in emotion and emotional disorders. *Clinical Psychology Review, 30*(3), 349-362.

James, W. (1890). *The principles of psychology.* New York: Holt.

Jha, A. P., Krompinger, J., & Baime, M. J. (2007). Mindfulness training modifies subsystems of attention. *Cognitive, Affective, and Behavioral Neuroscience, 7*(2), 109-119.

Johnstone, M. (2007). *I had a black dog.* London: Robinson.

Joyce, J. (1914/1996). *Dubliners.* London: Penguin.

Kabat-Zinn, J. (1982). An outpatient program in behavioral medicine for chronic pain patients based on the practice of mindfulness meditation: Theoretical considerations and preliminary results. *General Hospital Psychiatry, 4*(1), 33-47.

Kabat-Zinn, J. (1990). *Full catastrophe living: How to cope with stress, pain and illness using mindfulness meditation.* New York: Delacorte.

Kabat-Zinn, J. (2005). *Coming to our senses: Healing ourselves and the world through mindfulness.* London: Piatkus Books.

Kabat-Zinn, J. (2006). Mindfulness-based interventions in context: Past, present, and future. *Clinical Psychology: Science and Practice, 10*(2), 144-156.

Kabat-Zinn, J. (2011). Some reflections on the origins of MBSR, skillful means, and the trouble with maps. *Contemporary Buddhism, 12*(1), 281-306.

Kabat-Zinn, J. (2014). Witnessing Hippocratic integrity. *Mindfulness, 5*(4), 460-461.

Kahneman, D. (2011). *Thinking, fast and slow.* London: Penguin Books.

Kallapiran, K., Koo, S., Kirubakaran, R., & Hancock, K. (2015). Review: Effectiveness of mindfulness in improving mental health symptoms of children and adolescents: A meta-analysis. *Child and Adolescent Mental Health, 20*(4), 182-194.

Kanske, P., Bockler, A., Trautwein, F. M., Lesemann, F. H. P., & Singer, T. (2016). Are strong empathizers better mentalizers?: Evidence for independence and interaction between the routes of social cognition. *Social Cognitive and Affective Neuroscience, 11*(9), 1383-1392.

Kanske, P., Bockler, A., Trautwein, F. M., & Singer, T. (2015). Dissecting the social brain: Introducing the EmpaToM to reveal distinct neural networks and brain-behavior relations for empathy and theory of mind. *NeuroImage, 122,* 6-19.

Karl, A., Williams, M. J., Cardy, J., Kuyken, W., & Crane, C. (2018). Dispositional self-compassion and responses to mood challenge in people at risk for depressive relapse/recurrence. *Clinical Psychology and Psychotherapy, 25*(5), 621-633.

Khoury, B., Sharma, M., Rush, S. E., & Fournier, C. (2015). Mindfulness-based stress reduction: A meta-analysis. *Journal of Psychosomatic Research, 78*(6), 519-528.

Killingsworth, M. A., & Gilbert, D. T. (2010). A wandering mind is an unhappy mind. *Science, 330*(6006), 932.

Kings Fund. (2016). Long-term conditions and multi-morbidity. Retrieved from *www.kingsfund.org.uk/time-to-think-differently/trends/disease-and-disability/long-term-conditions-multi-morbidity.*

Klonsky, E. D., Oltmanns, T. F., & Turkheimer, E. (2003). Deliberate self-harm in a nonclinical population: Prevalence and psychological correlates. *American Journal of Psychiatry, 160*(8), 1501-1508.

Kok, B. E., & Singer, T. (2017). Phenomenological fingerprints of four meditations: Differential state changes in affect, mind-wandering, meta-cognition, and interoception before and after daily practice across 9 months of training. *Mindfulness, 8*(1), 218-231.

Krieger, T., Berger, T., & Holtforth, M. G. (2016). The relationship of self-compassion and depression: Cross-lagged panel analyses in depressed patients after outpatient therapy. *Journal of Affective Disorders, 202,* 39-45.

Kuyken, W. (2016). Taking the "long view" on mindfulness and mindfulness-based cognitive therapy. Retrieved from *www.dc.nihr.ac.uk/blog/preventing-depression-with-mindfulness-based-cognitive-therapy-from-evidence-to-practice.*

Kuyken, W., Beshai, S., Dudley, R., Abel, A., Gorg, N., Gower, P., . . . Padesky, C. A. (2016). Assessing competence in collaborative case conceptualization: Development and preliminary psychometric properties of the Collaborative Case Conceptualization Rating Scale (CCC-RS). *Behavioural and Cognitive Psychotherapy, 44*(2), 179-192.

Kuyken, W., & Evans, A. (2014). Mindfulness-based cognitive therapy for recurrent depression. In R. Baer (Ed.), *Mindfulness-based treatment approaches: Clinicians' guide to evidence and applications* (pp. 27-60). London: Elsevier.

Kuyken, W., Nuthall, E., Byford, S., Crane, C., Dalgleish, T., Ford, T., . . . MYRIAD Team. (2017). The effectiveness and cost-effectiveness of a mindfulness training programme in schools compared with normal school provision (MYRIAD): Study protocol for a randomised controlled trial. *Trials, 18*(1), 194.

Kuyken, W., Padesky, C. A., & Dudley, R. (2009). *Collaborative case conceptualization: Working effectively with clients in cognitive-behavioral therapy*. New York: Guilford Press.

Lakhan, S. E., & Schofield, K. L. (2013). Mindfulness-based therapies in the treatment of somatization disorders: A systematic review and meta-analysis. *PLOS ONE, 8*(8), e71834.

Langer, E. J. (1989). *Mindfulness*. Reading, MA: Addison Wesley Longman.

Lazar, S. W., Kerr, C. E., Wasserman, R. H., Gray, J. R., Greve, D. N., Treadway, M. T., . . . Fischl, B. (2005). Meditation experience is associated with increased cortical thickness. *NeuroReport, 16*(17), 1893-1897.

Lazarus, R. S. (1993). Coping theory and research: Past, present, and future. *Psychosomatic Medicine, 55*(3), 234-247.

LeDoux, J. E. (2000). Emotion circuits in the brain. *Annual Review of Neuroscience, 23,* 155-184.

Leiberg, S., Klimecki, O., & Singer, T. (2011). Short-term compassion training increases prosocial behavior in a newly developed prosocial game. *PLOS ONE, 6*(3), e17798.

Levenson, R. W., Ekman, P., & Ricard, M. (2012). Meditation and the startle response: A case study. *Emotion, 12*(3), 650-658.

Lewin, K. (1951). *Field theory in social science: Selected theoretical papers* (D. Cartwright, Ed.). New York: Harper & Row.

Linehan, M. M. (1993a). *Cognitive-behavioral treatment of borderline personality disorder*. New York: Guilford Press.

Linehan, M. M. (1993b). *Skills training manual for treating borderline personality disorder*. New York: Guilford Press.

Lippold, M. A., Powers, C. J., Syvertsen, A. K., Feinberg, M. E., & Greenberg, M. T. (2013). The timing of school transitions and early adolescent problem behavior. *Journal of Early Adolescence, 33*(6), 821-844.

Loftus, E. F., & Palmer, J. C. (1996). Eyewitness testimony. In P. Banyard & A. Grayson (Eds.), *Introducing psychological research* (pp. 305-309). London: Palgrave.

Lomas, T. (2016). Towards a positive cross-cultural lexicography: Enriching our emotional landscape through 216 "untranslatable" words pertaining to well-being. *Journal of Positive Psychology, 11*(5), 546-558.

Luders, E., Cherbuin, N., & Gaser, C. (2016). Estimating brain age using high-resolution pattern recognition: Younger brains in long-term meditation practitioners. *NeuroImage, 134,* 508-513.

Luders, E., Toga, A. W., Lepore, N., & Gaser, C. (2009). The underlying anatomical correlates of long-term meditation: Larger hippocampal and frontal volumes of gray matter. *NeuroImage, 45*(3), 672-678.

Lumma, A.-L., Kok, B. E., & Singer, T. (2015). Is meditation always relaxing?: Investigating heart rate, heart rate variability, experienced effort and likeability during training of three types of meditation. *International Journal of Psychophysiology, 97*(1), 38-45.

Lutz, A., Brefczynski-Lewis, J., Johnstone, T., & Davidson, R. J. (2008). Regulation of the neural circuitry of emotion by compassion meditation: Effects of meditative expertise. *PLOS ONE, 3*(3), e1897.

Lutz, A., Slagter, H. A., Dunne, J. D., & Davidson, R. J. (2008). Cognitive-emotional interactions: Attention regulation and monitoring in meditation. *Trends in Cognitive Sciences, 12*(4), 163-169.

Lutz, A., Slagter, H. A., Rawlings, N. B., Francis, A. D., Greischar, L. L., & Davidson, R. J. (2009). Mental training enhances attentional stability: Neural and behavioral evidence. *Journal of Neuroscience, 29*(42), 13418-13427.

MacBeth, A., & Gumley, A. (2012). Exploring compassion: A meta-analysis of the association between self-compassion and psychopathology. *Clinical Psychology Review, 32*(6), 545-552.

MacLean, K. A., Ferrer, E., Aichele, S. R., Bridwell, D. A., Zanesco, A. P., Jacobs, T. L., . . . Saron, C. D. (2010). Intensive meditation training improves perceptual discrimination and sustained attention. *Psychological Science, 21*(6), 829-839.

Mann, J., Kuyken, W., O'Mahen, H., Ukoumunne, O. C., Evans, A., & Ford, T. (2016). Manual development and pilot randomised controlled trial of mindfulness-based cognitive therapy versus usual care for parents with a history of depression. *Mindfulness, 7*(5), 1024-1033.

Marlatt, A., & Gordon, J. (1985). *Relapse prevention: Maintenance strategies in the treatment of addictive behaviors*. New York: Guilford Press.

Masicampo, E. J., & Baumeister, R. R. (2007). Relating mindfulness and self-regulatory processes. *Psychological Inquiry, 18,* 255-258.

McCall, C., Steinbeis, N., Ricard, M., & Singer, T. (2014). Compassion meditators show less anger, less punishment and more compensation of victims in response to fairness violations. *Frontiers in Behavioral Neuroscience, 8,* 424.

McGilchrist, I. (2009). *The master and his emissary: The divided brain and the making of the*

*Western world*. New Haven, CT: Yale University Press.

McLaren, I. P. L., & Mackintosh, N. J. (2000). An elemental model of associative learning: I. Latent inhibition and perceptual learning. *Animal Learning and Behavior, 28*(3), 211-246.

Mindfulness All-Party Parliamentary Group. (2015). Mindful Nation UK Report. Retrieved from *https://themindfulnessinitiative.org.uk/publications/mindful-nation-uk-report*.

Mirsky, A. F., & Duncan, C. C. (2001). A nosology of disorders of attention. *Adult Attention Deficit Disorder, 931*, 17-32.

Moffitt, T. E., Arseneault, L., Belsky, D., Dickson, N., Hancox, R. J., Harrington, H., . . . Caspi, A. (2011). A gradient of childhood self-control predicts health, wealth, and public safety. *Proceedings of the National Academy of Sciences of the USA, 108*(7), 2693-2698.

Monteiro, L. M., Musten, R. F., & Compson, J. (2015). Traditional and contemporary mindfulness: Finding the middle path in the tangle of concerns. *Mindfulness, 6*(1), 1-13.

Morrison, A. B., Goolsarran, M., Rogers, S. L., & Jha, A. P. (2014). Taming a wandering attention: Short-form mindfulness training in student cohorts. *Frontiers in Human Neuroscience, 7*, 897.

Mrazek, M. D., Franklin, M. S., Phillips, D. T., Baird, B., & Schooler, J. W. (2013). Mindfulness training improves working memory capacity and GRE performance while reducing mind wandering. *Psychological Science, 24*(5), 776-781.

Nanamoli, B., & Bodhi, B. (Trans.). (1995). Dvehavitakka Sutta: Two kinds of thought. In *The middle length discourses of the Buddha: A translation of the Majjhima Nikaya* (pp. 207-210). Somerville, MA: Wisdom.

Nanamoli, B., & Bodhi, B. (Eds.). (2009). *The middle length discourses of the Buddha: A translation of the Majjhima Nikaya* (4th ed.). Somerville, MA: Wisdom.

National Institute for Health and Care Excellence. (2009). Depression in adults: Recognition and management. Retrieved from *www.nice.org.uk/guidance/cg90*.

Neff, K. D. (2003). Self-compassion: An alternative conceptualization of a healthy attitude toward oneself. *Self and Identity, 2*, 85-101.

Neff, K. D. (2016). The Self-Compassion Scale is a valid and theoretically coherent measure of self-compassion. *Mindfulness, 7*(1), 264-274.

Neff, K. D., & Germer, C. K. (2013). A pilot study and randomized controlled trial of the mindful self-compassion program. *Journal of Clinical Psychology, 69*(1), 28-44.

Neff, K. D., Rude, S. S., & Kirkpatrick, K. L. (2007). An examination of self-compassion in relation to positive psychological functioning and personality traits. *Journal of Research in Personality,*

*41*(4), 908-916.

Nelson, P. (1993/2012). Autobiography in five short chapters. Retrieved from *https://en.wikipedia.org/wiki/Portia_Nelson*. *The New Penguin English Dictionary*. (2001). London: Penguin Books.

Norman, D. A., & Shallice, T. (1986). Attention to action: Willed and automatic control of behavior. In R. J. Davidson, G. E. Schwartz, & D. Shapiro (Eds.), *Consciousness and self-regulation* (pp. 1-18). New York: Plenum Press.

Nyanaponika Thera. (1962). *The heart of Buddhist meditation: A handbook of mental training based on the Buddha's way of mindfulness*. Kandt, Sri Lanka: Buddhist Publication Society.

Ophir, E., Nass, C., & Wagner, A. D. (2009). Cognitive control in media multitaskers. *Proceedings of the National Academy of Sciences of the USA, 106*(37), 15583-15587.

Padesky, C. A., & Mooney, K. A. (1990). Clinical tip: Presenting the cognitive model to clients. *International Cognitive Therapy Newsletter, 6,* 13-14.

Paivio, A. (1969). Mental imagery in associative learning and memory. *Psychological Review, 76*(3), 241-263.

Pamuk, O. (2002). *My name is red* (E. M. Goknar, Trans.). London: Faber & Faber.

Parsons, C. E., Crane, C., Parsons, L. J., Fjorback, L. O., & Kuyken, W. (2017). Home practice in mindfulness-based cognitive therapy and mindfulness-based stress reduction: A systematic review and meta-analysis of participants' mindfulness practice and its association with outcomes. *Behaviour Research and Therapy, 95,* 29-41.

Peacock, J., Baer, R., Segal, Z., Crane, R. S., Kuyken, W., & Surawy, C. (2016). The role of retreats for MBCT teachers. Retrieved from *http://oxfordmindfulness.org/insight/role-retreats-mbct-teachers*.

Phelps, E. A., Delgado, M. R., Nearing, K. I., & LeDoux, J. E. (2004). Extinction learning in humans: Role of the amygdala and vmPFC. *Neuron, 43*(6), 897-905.

Phelps, E. A., & LeDoux, J. E. (2005). Contributions of the amygdala to emotion processing: From animal models to human behavior. *Neuron, 48*(2), 175-187.

Pinker, S. (1997). *How the mind works*. New York: Norton.

Pinker, S. (2011). *The better angels of our nature: A history of violence and humanity*. New York: Penguin.

Posner, M. I. (1980). Orienting of attention. *Quarterly Journal of Experimental Psychology, 32,* 3-25.

Posner, M. I., Snyder, C. R. R., & Davidson, B. J. (1980). Attention and the detection of signals. *Journal of Experimental Psychology—General, 109*(2), 160-174.

Psychogiou, L., Legge, K., Parry, E., Mann, J., Nath, S., Ford, T., & Kuyken, W. (2016). Self-compassion and parenting in mothers and fathers with depression. *Mindfulness, 7*(4), 896-908.

Raichle, M. E., MacLeod, A. M., Snyder, A. Z., Powers, W. J., Gusnard, D. A., & Shulman, G. L. (2001). A default mode of brain function. *Proceedings of the National Academy of Sciences in the USA, 98*(2), 676-682.

Reinherz, H. Z., Giaconia, R. M., Pakiz, B., Silverman, A. B., Frost, A. K., & Lefkowitz, E. S. (1993). Psychosocial risks for major depression in late adolescence: A longitudinal community study. *Journal of the American Academy of Child and Adolescent Psychiatry, 32*(6), 1155-1163.

Rhys Davids, T. W. (1881). *Buddhist suttas.* Oxford, UK: Clarendon Press.

Rode, S., Salkovskis, P. M., & Jack, T. (2001). An experimental study of attention, labelling and memory in people suffering from chronic pain. *Pain, 94*(2), 193-203.

Rogan, M. T., Staubli, U. V., & LeDoux, J. E. (1997). Fear conditioning induces associative long-term potentiation in the amygdala. *Nature, 390*(6660), 604-607.

Roscoe, G. (1990). *The good life: A Buddhist trilogy.* Bangkok, Thailand: Pacific Rim Press.

Rosling, H., Rosling, O., & Rosling-Ronnlund, A. (2018). *Factfulness: Ten reasons we're wrong about the world—and why things are better than you think.* New York: Flatiron Books.

Salkovskis, P. M., Warwick, H. M. C., & Deale, A. C. (2003). Cognitive-behavioral treatment for severe and persistent health anxiety (hypochondriasis). *Brief Treatment and Crisis Intervention, 3*(3), 353-367.

Sapolsky, R. M. (2004). *Why zebras don't get ulcers* (3rd ed.). New York: St. Martins Griffin.

Sapolsky, R. M. (2017). *Behave: The biology of humans at our best and worst.* London: Penguin Random House.

Schuling, R., Huijbers, M., Jansen, H., Metzemaekers, R., Van den Brink, E., Koster, F., . . . Speckens, A. (2018). The co-creation and feasibility of a compassion training as a follow-up to mindfulness-based cognitive therapy in patients with recurrent depression. *Mindfulness, 9*(2), 412-422.

Schutte, N. S., & Malouff, J. M. (2014). A meta-analytic review of the effects of mindfulness meditation on telomerase activity. *Psychoneuroendocrinology, 42,* 45-48.

Segal, Z. V., Kennedy, S., Gemar, M., Hood, K., Pedersen, R., & Buis, T. (2006). Cognitive reactivity to sad mood provocation and the prediction of depressive relapse. *Archives of*

*General Psychiatry, 63*(7), 749-755.

Segal, Z. V., Williams, J. M. G., & Teasdale, J. D. (2013). *Mindfulness-based cognitive therapy for depression* (2nd ed.). New York: Guilford Press.

Segal, Z. V., Williams, J. M. G., Teasdale, J. D., Crane, R., Dimidjian, S., Ma, H., . . . Kuyken, W. (2018). Mindfulness-based cognitive therapy training pathway. Retrieved from *http://oxfordmindfulness.org*.

Segal, Z. V., Williams, J. M., Teasdale, J. D., & Gemar, M. (1996). A cognitive science perspective on kindling and episode sensitization in recurrent affective disorder. *Psychological Medicine, 26*(2), 371-380.

Seligman, M. E. P., & Csikszentmihalyi, M. (2000). Positive psychology: An introduction. *American Psychologist, 55*(1), 5-14.

Shantideva, A. (1997). *A guide to the Bodhisatva way of life* (V. A. Wallace & A. A. Wallace, Trans.). Ithaca, NY: Snow Lion.

Shapiro, S. L. (2009). The integration of mindfulness and psychology. *Journal of Clinical Psychology, 65*(6), 555-560.

Shapiro, S. L., Astin, J. A., Bishop, S. R., & Cordova, M. (2005). Mindfulness-based stress reduction for health care professionals: Results from a randomized trial. *International Journal of Stress Management, 12*(2), 164-176.

Shonin, E., Van Gordon, W., & Griffiths, M. D. (2013). Mindfulness-based interventions: Towards mindful clinical integration. *Frontiers in Psychology, 4,* 194.

Singer, T. (2006). The neuronal basis and ontogeny of empathy and mind reading: Review of literature and implications for future research. *Neuroscience and Biobehavioral Reviews, 30*(6), 855-863.

Slagter, H. A., Davidson, R. J., & Lutz, A. (2011). Mental training as a tool in the neuroscientific study of brain and cognitive plasticity. *Frontiers in Human Neuroscience, 5,* 17.

Smallwood, J., & Schooler, J. W. (2015). The science of mind wandering: Empirically navigating the stream of consciousness. *Annual Review of Psychology, 66,* 487-518.

Souman, J. L., Frissen, I., Sreenivasa, M. N., & Ernst, M. O. (2009). Walking straight into circles. *Current Biology, 19*(18), 1538-1542.

Strauss, C., Taylor, B. L., Gu, J., Kuyken, W., Baer, R., Jones, F., & Cavanagh, K. (2016). What is compassion and how can we measure it?: A review of definitions and measures. *Clinical Psychology Review, 47,* 15-27.

Teasdale, J. D. (1993). Emotion and 2 kinds of meaning: Cognitive therapy and applied cognitive science. *Behaviour Research and Therapy, 31*(4), 339-354.

Teasdale, J. D. (1999). Metacognition, mindfulness and the modification of mood disorders. *Clinical Psychology and Psychotherapy, 6*(2), 146-155.

Teasdale, J. D. (2016). *Understanding mindfulness and awakening.* Oxford, UK: University of Oxford Mindfulness Centre YouTube Channel.

Teasdale, J. D., & Barnard, P. J. (1993). *Affect, cognition, and change: Re-modeling depressive thought*. Hove, UK: Erlbaum.

Teasdale, J. D., & Chaskalson, M. (2011a). How does mindfulness transform suffering?: I. The nature and origins of dukkha. *Contemporary Buddhism, 12*(1), 89-102.

Teasdale, J. D., & Chaskalson, M. (2011b). How does mindfulness transform suffering?: II. The transformation of dukkha. *Contemporary Buddhism, 12*(1), 103-124.

Teasdale. J. D., Williams, J. M. G., & Segal, Z. (2014). *The mindful way workbook: An 8-week program to free yourself from depression and emotional distress*. New York: Guilford Press.

Thanissaro Bhikkhu. (2013). Madhupindika sutta: The ball of honey (MN 18). Retrieved from *www.accesstoinsight.org/tipitaka/mn/mn.018.than.html*.

Thanissaro Bhikkhu. (2017). Ambalatthika-rahulovada sutta: Instructions to Rahula at Mango Stone. Retrieved from *www.accesstoinsight.org/tipitaka/mn/mn.061.than.html*.

Thich Nhat Hanh. (1975). *The miracle of mindfulness*. Boston: Beacon Press.

Thich Nhat Hanh. (1992). *Touching peace: Practicing the art of mindful living*. Berkeley, CA: Parallax Press.

Van Dam, N. T., van Vugt, M. K., Vago, D. R., Schmalzl, L., Saron, C. D., Olendzki, A., . . . Meyer, D. E. (2018). Mind the hype: A critical evaluation and prescriptive agenda for research on mindfulness and meditation. *Perspectives on Psychological Science, 13*(1), 36-61.

van den Brink, E., & Koster, F. (2015). *Mindfulness-based compassionate living: A new training to deepen mindfulness with heartfulness*. Abingdon, UK: Routledge.

Van Gordon, W., Shonin, E., & Griffiths, M. D. (2016). Are contemporary mindfulness-based interventions unethical? *British Journal of General Practice, 66*(643), 94.

Watkins, E. R. (2008). Constructive and unconstructive repetitive thought. *Psychological Bulletin, 134*(2), 163-206.

Weck, F., Bohn, C., Ginzburg, D. M., & Stangier, U. (2011). Treatment integrity: Implementation, assessment, evaluation, and correlations with outcome. *Verhaltenstherapie, 21*(2), 99-107.

Weng, H. Y., Fox, A. S., Shackman, A. J., Stodola, D. E., Caldwell, J. Z. K., Olson, M. C., . . . Davidson, R. J. (2013). Compassion training alters altruism and neural responses to suffering. *Psychological Science, 24*(7), 1171-1180.

Williams, J. M. G. (2008). Mindfulness, depression and modes of mind. *Cognitive Therapy and Research, 32*(6), 721-733.

Williams, J. M. G., Barnhofer, T., Crane, C., Hermans, D., Raes, F., Watkins, E., & Dalgleish, T. (2007). Autobiographical memory specificity and emotional disorder. *Psychological Bulletin, 133*(1), 122-148.

Williams, J. M. G., Crane, C., Barnhofer, T., Brennan, K., Duggan, D. S., Fennell, M. J. V., . . . Russell, I. T. (2014). Mindfulness-based cognitive therapy for preventing relapse in recurrent depression: A randomized dismantling trial. *Journal of Consulting and Clinical Psychology, 82*(2), 275-286.

Williams, J. M. G., & Penman, D. (2011). *Mindfulness: A practical guide to finding peace in a frantic world*. London: Piatkus.

Williams, M. J., Dalgleish, T., Karl, A., & Kuyken, W. (2014). Examining the factor structures of the Five Facet Mindfulness Questionnaire and the Self-Compassion Scale. *Psychological Assessment, 26*(2), 407-418.

Wittgenstein, L. (2009). *Philosophical investigations* (4th ed.). Chichester, UK: Wiley Blackwell.

Wolever, R. Q., Bobinet, K. J., McCabe, K., Mackenzie, E. R., Fekete, E., Kusnick, C. A., & Baime, M. (2012). Effective and viable mind-body stress reduction in the workplace: A randomized controlled trial. *Journal of Occupational Health Psychology, 17*(2), 246-258.

World Health Organization. (2011). Health statistics and information systems: Disease burden. Retrieved February 23, 2013, from *www.who.int/healthinfo/global_burden_disease/estimates_regional/en/index1.html*.

Yeung, N., & Monsell, S. (2003). Switching between tasks of unequal familiarity: The role of stimulus-attribute and response-set selection. *Journal of Experimental Psychology—Human Perception and Performance, 29*(2), 455-469.

Zenner, C., Herrnleben-Kurz, S., & Walach, H. (2014). Mindfulness-based interventions in schools: A systematic review and meta-analysis. *Frontiers in Psychology, 5*, 603.

Ziegert, D. I., & Kistner, J. A. (2002). Response styles theory: Downward extension to children. *Journal of Clinical Child and Adolescent Psychology, 31*(3), 325-334.

# 찾아보기

## 인명



## 내용

# 저자 소개

**크리스티나 펠드먼**(Christina Feldman)은 통찰 명상 커뮤니티의 수석 원로 지도자이다. 그녀는 영국 엑서터대학교와 네덜란드의 라드바우드대학교를 비롯한 여러 대학원의 마음챙김 프로그램에 기여하는 교수진의 일원이다. 영국 가이아 하우스의 공동 설립자이자 매사추세츠주 배리에 위치한 통찰 명상 협회의 지도자로도 활동하고 있다. 다수의 저서를 집필한 펠드먼은 영국의 보디 칼리지의 핵심 강사로, 불교 심리학과 현대의 마음챙김 사이의 관계에 깊이 관여하고 있다.

**윌럼 카이큰**(Willem Kuyken) 박사는 영국 옥스퍼드대학교의 마음챙김 및 심리 과학 분야의 리블랫 교수이자 옥스퍼드 마음챙김 센터의 소장이다. 그의 연구는 우울증과 우울증의 예방 및 치료에 중점을 두고 있다. 특히 마음챙김과 마음챙김 기반 프로그램이 어떻게 우울증을 예방하고 삶 전반에 걸쳐 인간의 잠재력을 향상시킬 수 있는지 연구하고 있다. 그는 마음챙김 기반 프로그램의 효과, 메커니즘, 실행에 관한 주요 논문을 포함해 100편 이상의 학술지 논문을 발표했다.

# 역자 소개

유나래(You, Narae)

가톨릭대학교 간호대학 학사

서울불교대학원대학교 상담심리학 석사 및 박사

미국 Tamalpa Institute, Movement based Expressive Arts Therapy and Education 수료

Oxford Mindfulness Foundation, MBCT Teacher Training 비학위과정 수료

Oxford Mindfulness Foundation, Mindfulness: Teaching in the Workplace 수료

Harvard Medical School, MBCT Teacher Intensive 수료

전 삼성서울병원 간호사

가톨릭대학교 간호대학 연구강사 및 선임연구원

목포가톨릭대학교 전임상담사

삼성화재애니카손사 책임상담사

Saint Paul American Scholar 국제학교 상담교사

현 삼성물산 리조트부문 책임상담사

〈자격〉

(사)한국상담심리학회 상담심리사 2급

한국가톨릭상담심리학회 상담심리사 1급

International Expressive Arts Therapy and Education Association, Registered Expressive Arts Therapist(REAT)

Oxford Mindfulness Foundation, MBCT Competence Teacher

Access MBCT Therapist

〈주요 역서〉

트라우마와 몸(공역, 학지사, 2019)

트라우마 치유를 위한 최신 인지치료(공역, 학지사, 2025)

김늘푸른솔(Kim, Nurpurunsol)

와세다대학교 인간과학부 학사

와세다대학교 대학원 인간과학연구과 석사

Oxford Mindfulness Foundation, MBCT Teacher Training 비학위과정 수료

Trauma Sensitive Mindfulness Japan 13 Months Course 비학위과정 수료

전 일본 정신과/심료내과 임상심리사

일본 사립 중 · 고등학교 스쿨 카운셀러

현 B Mindfulness Center 센터장

〈자격〉

일본 임상심리사

일본 공인심리사

Oxford Mindfulness Foundation, MBCT Trained Teacher

Mindfulness in Schools Project Teach .b & Teach .breathe Teacher

Access MBCT Therapist

Mindfulness Teachers Network Japan 강사

## 감수자 소개

박성현(Park, SungHyun)

연세대학교 경영학과 학사

가톨릭대학교 대학원 상담심리학 석사 및 박사

전 (사)한국상담심리학회 회장 역임

현 서울불교대학원대학교 상담심리학과 교수

〈자격〉

(사)한국상담심리학회 상담심리사 1급

(사)한국명상학회 명상지도전문가 R급

〈주요 역서〉

자아초월심리학과 정신의학(공역, 학지사, 2008)

자비중심치료(공역, 학지사, 2014)

자비의 심리학(공역, 학지사, 2014)

마음챙김과 자비(공역, 학지사, 2020)

명상과학입문 (공저, 담앤북스, 2021)

자비중심치료 가이드 (공역, 학지사, 2021)

자비과학핸드북 (공역, 학지사, 2023)

트라우마 치유를 위한 최신 인지치료(공역, 학지사, 2025)

# 마음챙김

고대의 지혜와 현대 심리학의 만남

Mindfulness: Ancient Wisdom Meets Modern Psychology

2025년 8월 20일 1판 1쇄 인쇄
2025년 8월 25일 1판 1쇄 발행

지은이 • Christina Feldman · Willem Kuyken
옮긴이 • 유나래 · 김늘푸른솔
감수자 • 박성현
펴낸이 • 김진환
펴낸곳 • ㈜학지사
04031 서울특별시 마포구 양화로 15길 20 마인드월드빌딩
대표전화 • 02-330-5114 팩스 • 02-324-2345
등록번호 • 제313-2006-000265호

홈페이지 • http://www.hakjisa.co.kr
인스타그램 • https://www.instagram.com/hakjisabook

ISBN 978-89-997-3476-2 93180

정가 23,000원